प्रस्तावना

यह GPH की पुस्तक "प्राथमिक स्तर पर कला, स्वास्थ्य और शारीरिक तथा कार्य शिक्षा का अधिगम (D.El.Ed. – 508)" प्रत्येक विद्यार्थी को कला, स्वास्थ्य व शारीरिक और कार्य शिक्षा प्रदान करने के लिए तैयार की गई है। तीनों घटकों को पर्याप्त ज्ञान प्रदान करने और प्राथमिक शिक्षकों के बीच वांछित कौशल बढ़ाने के लिए शामिल किया गया है, ताकि वे इन क्षेत्रों में सीखने के लिए अपने विद्यार्थियों को सुविधाजनक बनाने में सक्षम हो सकें।

कला मानवीय कल्पना, कौशल और आविष्कार द्वारा सृजित विचारों की एक अभिव्यक्ति है। कला शिक्षा अधिगम का एक प्राथमिक रास्ता है, सौंदर्यपरक अनुभव के लिए शिक्षण के अर्थ के खोज की एक यात्रा है। कला एक प्रकार का कृत्रिम निर्माण है जिसमें शारीरिक और मानसिक कौशलों का प्रयोग होता है। विद्यालयी शिक्षा की प्राथमिकता में शिक्षकों को अपने विद्यार्थियों में कलात्मक विकास की प्रक्रिया, उनकी रचनात्मक अभिव्यक्ति की प्रक्रिया और उनके बीच अनुभवी शिक्षा के लिए अनुकूल वातावरण बनाने के लिए अपेक्षित हैं।

दूसरी ओर, स्वास्थ्य और शारीरिक शिक्षा सभी स्तरों पर विद्यालय शिक्षा का एक अभिन्न अंग है। शिक्षकों के लिए एक अच्छी तरह से संरचित शिक्षक कार्यक्रम की आवश्यकता है ताकि उन्हें ज्ञान शिक्षा और कौशल अर्जित करने का अवसर प्रदान किया जा सके जो छात्रों और शिक्षकों के बीच स्वस्थ जीवन-शैली को बढ़ावा देने में मदद कर सकें।

कार्य शिक्षा का मनोवैज्ञानिक एक सामाजिक आधार है। यह विद्यार्थी को आनंद भी प्रदान करता है। मात्र पुस्तकीय ज्ञान बच्चों में शिक्षा के प्रति अरुचि पैदा करता है, जबकि हस्तकार्यों से संलग्नता उनमें जीवंतता, उत्साह व उमंग पैदा करती है। कार्य शिक्षा के उद्देश्य बच्चों को अपनी, अपने परिवार व समुदाय की आवश्यकताएँ जानने के लिए उत्साहित करते हैं। श्रम के महत्त्व व श्रमजीवियों के प्रति सम्मान की भावना विद्यार्थियों में विकसित कर पाना कार्य शिक्षा का महत्त्वपूर्ण उद्देश्य है।

प्रस्तुत पुस्तक की विषय-सामग्री के विस्तृत एवं जटिल उपबंधों को तर्कपूर्ण एवं संप्रभावी ढंग से संक्षेप में प्रस्तुत किया गया है। पुस्तक की भाषा उपयुक्त, सरल एवं प्रवाहपूर्ण रखने का प्रयत्न किया गया है। पुस्तक के प्रत्येक अध्याय के प्रारंभ में अध्याय की भूमिका दी गई है जिससे छात्रों को अध्याय को समझने में सरलता होगी।

इस पुस्तक की सबसे बड़ी और महत्त्वपूर्ण विशेषता यह है कि इसके अंतर्गत आपको गत वर्षों के प्रश्न पत्र हल सहित दिए जाते हैं जो आपकी परीक्षा को न केवल सरल बनाते हैं अपितु आपको परीक्षा में अच्छे अंक प्राप्त करने में भी सहायक होते हैं। पुस्तक में प्रश्न पत्रों के प्रारूप को आपके सामने बिल्कुल उसी प्रकार प्रस्तुत किया गया है जैसा आपके सामने परीक्षा केंद्र में प्रस्तुत होता है, जो आपको अपने आप में एक अलग प्रकार का आत्मविश्वास बढ़ाने में सहायक होगा।

आगामी संस्करण में आपके सुझावों को यथास्थान साभार सम्मिलित किया जाएगा। अत: अपने सुझाव नि:संकोच हमें हमारी **Email : feedback@gullybaba.com** पर या सीधे प्रकाशन के पते पर लिखें और हमें अपने सुझावों से अनुग्रहित करें।

प्रकाशक (GPH) अपने कार्यरत सहायकों व लेखकों का सहृदय आभार प्रकट करता है, जिनके सहयोग और प्रयासों के कारण ही इस पुस्तक का प्रकाशन संभव हो पाया है।

हम आपकी सफलता की कामना करते हैं।

Topics Covered

ब्लॉक-1 : कला शिक्षा
(Art Education)

इकाई-1 कला और कला शिक्षा को समझना (सैद्धांतिक)
Understanding Art and Art Education (Theory)

इकाई-2 दृश्य कला एवं शिल्प (प्रायोगिक)
Visual Arts and Crafts (Practical)

इकाई-3 प्रदर्शन कला (प्रायोगिक)
Performing Arts (Practical)

इकाई-4 प्रारंभिक कक्षाओं के लिए कला शिक्षा की योजना व संगठन
Planning and Organisation of Arts Education for Elementary Classes

इकाई-5 कला शिक्षा में मूल्यांकन
Evaluation in Art Education

ब्लॉक-2 : स्वास्थ्य एवं शारीरिक शिक्षा
(Health and Physical Education)

इकाई-6 स्वास्थ्य का अर्थ एवं अभिप्राय
Meaning and Significance of Health

इकाई-7 विद्यालय स्वास्थ्य शिक्षा कार्यक्रम के प्रमुख पहलू
Main Aspects of School Health Education Programme

इकाई-8 आवश्यक 'स्वास्थ्य' सेवाएँ
Essential Health Services

इकाई-9 शारीरिक शिक्षा का अर्थ एवं अवधारणाएँ
Meaning and Concept of Physical Education

प्राथमिक स्तर पर कला, स्वास्थ्य और शारीरिक तथा कार्य शिक्षा का अधिगम

LEARNING ART, HEALTH & PHYSICAL AND WORK EDUCATION AT ELEMENTARY LEVEL

(D.El.Ed.-508)

प्रारंभिक शिक्षा में डिप्लोमा (डी.एल.एड.) हेतु

For Diploma in Elementary Education [D.El.Ed.]

NIOS, SCERT, B.El.Ed. (DU), DIET, JBT, IGNOU

इत्यादि के लिए महत्त्वपूर्ण अध्ययन सामग्री

GPH BOOK ®

गुल्लीबाबा पब्लिशिंग हाउस प्रा. लि.

आई.एस.ओ. 9001 एवं आई.एस.ओ. 14001 प्रमाणित कं.

Published by:
GullyBaba Publishing House Pvt. Ltd.

Regd. Office:	**Branch Office:**
2525/193, 1ˢᵗ Floor, Onkar Nagar-A, Tri Nagar, Delhi-110035 (From Kanhaiya Nagar Metro Station Towards Old Bus Stand) 011-27387998, 27384836, 27385249 +919350849407	1A/2A, 20, Hari Sadan, Ansari Road, Daryaganj, New Delhi-110002 Ph. 011-45794768

E-mail: hello@gullybaba.com, **Website**:GullyBaba.com

New Edition

ISBN: 978-93-88149-05-1
Author: Gullybaba.com Panel

Copyright© with Publisher
All rights are reserved. No part of this publication may be reproduced or stored in a retrieval system or transmitted in any form or by any means; electronic, mechanical, photocopying, recording or otherwise, without the written permission of the copyright holder.

Disclaimer: Although the author and publisher have made every effort to ensure that the information in this book is correct, the author and publisher do not assume and hereby disclaim any liability to any party for any loss, damage, or disruption caused by errors or omissions, whether such errors or omissions result from negligence, accident, or any other cause.

If you find any kind of error, please let us know and get reward and or the new book free of cost.

The book is based on IGNOU syllabus. This is only a sample. The book/author/publisher does not impose any guarantee or claim for full marks or to be passed in exam. You are advised only to understand the contents with the help of this book and answer in your words.

All disputes with respect to this publication shall be subject to the jurisdiction of the Courts, Tribunals and Forums of New Delhi, India only.

Home Delivery of GPH Books

You can get GPH books by VPP/COD/Speed Post/Courier.
You can order books by Email/SMS/WhatsApp/Call.
For more details, visit gullybaba.com/faq-books.html
Our packaging department usually dispatches the books within 2 days after receiving your order and it takes nearly 5-6 days in postal/courier services to reach your destination.

> **Note:** Selling this book on any online platform like Amazon, Flipkart, Shopclues, Rediff, etc. without prior written permission of the publisher is prohibited and hence any sales by the SELLER will be termed as ILLEGAL SALE of GPH Books which will attract strict legal action against the offender.

इकाई-10 शारीरिक शिक्षा कार्यक्रम की योजना और संगठन
Planning and Organisation of Physical Education Programme

इकाई-11 खेल, क्रीड़ा एवं योग
Games, Sports and Yoga

ब्लॉक-3 : कार्य शिक्षा
(Work Education)

इकाई-12 कार्य शिक्षा की अवधारणा
Concept of Work Education

इकाई-13 कार्य शिक्षा का कार्यान्वयन (सैद्धांतिक एवं प्रायोगिक पक्ष)
Implementation of Work Education (Theory and Practical)

इकाई-14 कार्य शिक्षा में कौशलों का विकास (प्रायोगिक कार्य)
Skill Development in Work Education (Practical)

इकाई-15 विद्यालय में कार्य शिक्षा
Community and Work Education

इकाई-16 कार्य शिक्षा में मूल्यांकन
Evaluation of Work Education

विषय-सूची

1. कला शिक्षा..1-77
   (Art Education)
2. स्वास्थ्य एवं शारीरिक शिक्षा..........................79-178
   (Health and Physical Education)
3. कार्य शिक्षा..179-227
   (Work Education)

प्रश्न पत्र

1. अप्रैल-2016..231-240
2. अक्तूबर-2016..241-252

1. कला शिक्षा
(Art Education)

भूमिका

कला का जीवन से एक अनूठा रिश्ता है। हमारे चारों ओर कला का बिखराव देखा जा सकता है। कला, किसी भी विषय को रुचिकर बनाने में सक्षम है, बच्चों को नियमित पाठ्यपुस्तकों से हटकर रचनात्मक शैली की ओर ले जाती हैं, जिससे बच्चा आत्मनियंत्रण सीखता है, और उसका आत्म-विश्वास मजबूत होता है। बच्चे की एकाग्रता में सुधार लाता है। मानव मनोविज्ञान निरंतर स्वयं विकास के अंतर्गत सुधार की ओर अग्रसर रहता है। अत: कला ही इसकी एकमात्र रचनात्मक विधि है। यह बच्चे को सीखने और बेहतर प्रदर्शन में सहायता प्रदान करती है। कला के विभिन्न रूप नृत्य, रंगमंच, संगीत, मॉडल बनाने, मिट्टी के बरतन, कठपुतली, चित्रकला आदि, किसी भी माध्यम से सीखना बच्चों में रचनात्मकता का विकास करता है। जो भविष्य में आय स्रोत का सुगम रास्ता भी बन सकता है। भारत कला क्षेत्र में समृद्ध संस्कृति वाला देश है। आज क्षेत्रीय कला अपना वैभव खो जाने की कगार पर है, इसलिए जरूरी है कि प्राचीन कला शैली को जीवित रखने के प्रयास किए जाएँ और इन्हें संरक्षिता प्रदान की जाए। यह स्कूली शिक्षा द्वारा ही संभव है।

प्रश्न 1. कला की परिभाषा एवं विशेषताओं का वर्णन कीजिए।

उत्तर– दुनिया में सभी व्यक्तियों का अभिव्यक्ति का तरीका प्रायः अलग-अलग होता है। किसी की अभिव्यक्ति दृश्य हो सकती है, किसी की श्रव्य, किसी की स्पर्शात्मक। जब एक शिक्षक इन भिन्न-भिन्न अभिव्यक्ति के माध्यम को अपनी शिक्षण प्रक्रिया में शामिल कर लेते हैं, तब वे व्यक्ति की संप्रेषण क्षमता को और प्रभावी बनाने में सक्षम हो जाते हैं। अभिव्यक्ति कला शिक्षण (Expressive Art Education) का तात्पर्य कला (Art), संगीत (Music), नृत्य (Dance), ड्रामा (Drama), कविता (Poetry), रचनात्मक लेखन (Creative Writing), खेल (Play), रेत चित्र (Sand Tray) आदि विधाओं के शिक्षण अधिगम की प्रक्रिया में उपयोग से है ताकि ये प्रक्रियाएँ और प्रभावी हो सकें और बच्चों के सर्वांगीण विकास में मदद कर सकें।

कलाओं का तात्पर्य विचारों, अनुभवों एवं भावनाओं की संगीत, चित्र, भाषा, मुद्रा, गति एवं भाव-भंगिमाओं के माध्यम से सुनियोजित अभिव्यक्ति है। कलाएँ बच्चे को संवेदी, भावनात्मक, बौद्धिक एवं रचनात्मक रूप से समृद्ध करती हैं और उसके सर्वांगीण विकास में मदद करती हैं। समाज में उपलब्ध कई स्तरीय वस्तुएँ कई प्रकार की कलाओं से विकसित हुई हैं और वे सांस्कृतिक विकास में सहायक एवं समाज कल्याण की भावना के विकास में सहायक हैं। कला शिक्षा छात्रों को संप्रेषण के वैकल्पिक तरीके सीखने में मदद करता है। यह विभिन्न व्यक्तिगत एवं नवीन विचारों को प्रोत्साहित भी करता है और बच्चे में बहुबुद्धि (Multiple Intelligence) के विकास में अत्यंत सहायक है। प्राथमिक स्तर पर एक उद्देश्यपूर्ण कला शिक्षा (Purposeful Art Education) जीवन को उन्नत करने एवं रचनात्मक क्षमता को उत्तेजित करने, विभिन्न कौशलों को बढ़ाने एवं बालक के समायोजन (Adjustment) में सहायक होती है।

सुप्रसिद्ध प्रयोजनवादी शैक्षिक दार्शनिक जॉन डीवी (1906) के अनुसार, "कोई व्यक्ति क्या कर रहा है, इसका अनुभव करना एवं उस अनुभव का आनंद उठाना, उस संगामी अंतर्जीवन की प्रक्रिया के एक पक्ष में खो जाना और सामग्री संदर्भों का तदनुसार सुनियोजित विकास करना ही कला है।"

यदि उपरोक्त परिभाषा का विश्लेषण करें तो पाएँगे कि कला में निम्नांकित विशेषताएँ होती हैं–

- एक नवीन निर्माण करना
- उस नवीन निर्माण का अनुभव करना
- उस नवीन निर्माण के अनुभव की अभिव्यक्ति
- कलाकार का कला निर्माण की प्रक्रिया में खो जाना
- कलाकार के द्वारा कला प्रक्रिया का आनंद उठाना
- कला प्रक्रिया के एक पक्ष में खो जाना
- कलात्मक सामग्री का सुनियोजित विकास
- कला निर्माण के दौरान कलाकार की क्रियाशीलता

प्रश्न 2. कला शिक्षा की अवधारणा को स्पष्ट कीजिए।

उत्तर–कला शिक्षा विद्यार्थियों के सृजनात्मक विकास के लिए महत्त्वपूर्ण उपयुक्त माध यम के रूप में पाठ्यक्रम का अभिन्न हिस्सा है। यह शिक्षा मुख्यतः दो तथ्यों पर आधारित है।

प्रथम तथ्य है कि प्रत्येक विद्यार्थी अनेकों छुपी हुई सृजनात्मक योग्यताओं से परिपूर्ण होता है एवं द्वितीय तथ्य है कि कला शिक्षा बालक की इन सृजनात्मक योग्यताओं को परिपूर्ण करने में सहायक होती है। ये कलाएँ ही विद्यार्थी की उत्सुकता, कल्पना, सृजन, सौन्दर्यानुभूति को विकसित कर सकती हैं। विभिन्न कलाएँ जैसे चित्रकला, मूर्तिकला, सज्जात्मक कला, संगीत, नृत्य, थियेटर, ड्रामा आदि के माध्यम से बालक को उसकी वंशानुगत क्षमताओं को प्रकट करने एवं अभिव्यक्त करने का अवसर प्राप्त होता है।

कला शिक्षा अधिगम मुख्यत: चाक्षुष (Visual) एवं प्रदर्शनकारी (Performing) कलाओं पर निर्भर होती है।

चाक्षुष (Visual Art) कला के अंतर्गत चित्रकला, मूर्तिकला एवं स्थापत्यकला सम्मिलित होती हैं।

प्रदर्शनकारी (Performing Art) कला के अंतर्गत संगीत, नृत्य, नाटक (ड्रामा), फिल्म, काव्य आते हैं।

कला, मानव की मानसिक आवश्यकता है। चाक्षुष एवं प्रदर्शनकारी कलाओं के मूल में भावनाओं की सहज, सौंदर्यपूर्ण, सृजनात्मक अभिव्यक्ति निहित होती है। जब से मानव का अस्तित्व इस दुनिया में आया है, तब से लगातार अलग-अलग रूपों, आकारों से मानव उसे अभिव्यक्त करता आ रहा है। आदिकाल से मानव अपनी बातों को रंगों, रेखाओं, मुद्राओं, सुर, ताल, हाव-भावों से प्रदर्शित करता आ रहा है और अपनी संस्कृति एवं सभ्यता को अपने माध्यम से संजो रहा है। यही कारण है कि जब संस्कृति और सभ्यता की बात आती है, तो उस समय की कला ही उसको जानने और मापने का प्रमुख मापदंड माना जाता है।

ड्रामा एवं कला शिक्षण के पीछे भी उपरोक्त भावनाएँ निहित होती हैं। मनुष्य के समग्र विकास हेतु इन दोनों विधाओं को समाहित कर शिक्षण दिए जाने से विद्यार्थी का मानसिक, शारीरिक, आध्यात्मिक विकास संभव होकर वह एक पूर्ण मानव के रूप में विकसित हो सकेगा। विद्यार्थी में सौंदर्य की समझ विकसित करने में ये विषय सहायक सिद्ध होंगे। साथ-ही-साथ हस्त-कौशल, हस्तशिल्प के महत्त्व से भी विद्यार्थी अवगत हो सकेंगे।

कला शिक्षा जीवन के प्रत्येक पहलू को पूर्णता प्रदान करने की एक प्रक्रिया है। कला जीवन को देखने का नवीन ढंग प्रदान करती है। कला शिक्षा छात्रों के मानसिक विकास में सहायक एवं शिक्षा का मूल आधार सिद्ध होती है, उनके समक्ष यह उच्च कोटि के धार्मिक आदर्शों को प्रस्तुत करती है। कला शिक्षा विद्यार्थियों की विध्वंसात्मक प्रवृत्तियों को सकारात्मक मोड़ देती है। कला शिक्षा बालकों के मध्य प्राचीन सांस्कृतिक भंडार के द्वार खोलती है तथा हस्त कौशल एवं सूक्ष्म निरीक्षण में प्रत्येक छात्र को कुशल बनाती है।

कला का आधारभूत सिद्धांत यह है कि सभी बालक अद्वितीय हैं और उनमें सृजनात्मक योग्यता होती है। प्रत्येक बालक अपनी गति, योग्यता और अनुभव के अनुसार सीखते और कार्य करते हैं। इस कारण सभी को एक जैसा बनना संभव नहीं है, न ही वांछनीय है क्योंकि हर बालक स्वयं में एक अलग व्यक्तित्व है। हर एक का विकास क्रम भी अलग होता है। कला शिक्षण का यह आशय नहीं है कि छात्र कला को ही अपना व्यवसाय चुने, वरन् यह शिक्षा तो उनके जीवन-निर्माण के लिए है, जिसका अर्थ है कि वे सौंदर्य पारखी बनें तथा उनको जीवन में सौंदर्य का बोध हो।

स्कूली शिक्षा में कला के समावेश के विचार के अंतर्गत चित्रकला, मूर्तिकला, मिट्टी की वस्तुओं को बनाना, नृत्य, संगीत, नाटक, कविता, लेखन आदि कलाओं को सम्मिलित किया जाता है।

कला शिक्षण का उद्देश्य बालकों में स्वत्व का विकास (Self Development) एवं स्वतंत्रता प्राप्ति के लिए कार्य क्षेत्रों को प्रस्तुत करना, अनेक प्रकार के पदार्थों से बालकों द्वारा नए-नए प्रयोग करवाना, सुंदर वस्तुओं द्वारा मनोरंजन करते हुए, खेल-खेल में ही रचनात्मक कृतियों की सृष्टि करना है। कला विचारों, सूक्ष्म निरीक्षण शक्ति, मानसिक एवं आत्मिक उन्नति की जन्मदात्री है। कला बालकों में मानवाकृत एवं प्रकृतिकृत सौंदर्य रचना के प्रति सजगता उत्पन्न करती है जिससे वह उमड़-घुमड़कर मँडराते हुए काले बादलों में, दूर ऊँचे पर्वतों की सूर्योदय के समय सुनहरी चोटियों में, सूर्यास्त के समय आकाश में अनोखी लालिमा से रंगे हुए बादलों में, हल्की-हल्की फुहारों में, झूले के सदृश लटकते हुए इंद्रधनुष में सौंदर्य को देख सके तथा अपने हृदय में असीम सुख का अनुभव करके अपने अनुभव को अपनी कलाकृति में अभिव्यक्त कर सके।

इस प्रकार बालक प्रकृति में व्याप्त असीम सौंदर्य को आत्मसात् करता है व उसे अपनी चित्र भाषा द्वारा प्रस्तुत करता है। भाषा की कमी को कला ने ही पूरा किया। मनुष्य ने अपने मन में उठने वाले विचारों को कला के माध्यम से जो साकार या मूर्त रूप प्रदान किया, वह देश-काल की सभी सीमाओं को लाँघकर सबको समान रूप से बुद्धि ग्राह्य हो गया। चित्रकला अथवा मूर्तिकला में अंकित फूल-पत्ती, पेड़, पौधे, पशु, पक्षी, नदी, सरोवर, सूर्य, चंद्र, पृथ्वी, आकाश—संसार के सभी मनुष्यों को समान रूप से ज्ञात हो जाते हैं। इसी प्रकार कलाकृति के माध्यम से दर्शक मानव-जगत के नाना प्रकार के भावों, जैसे—हास्य, उल्लास, क्रोध, दु:ख, दीनता अथवा विवशता से स्वत: परिचित हो जाता है। अस्तु, विचारों को आदान-प्रदान करने के लिए जहाँ मनुष्य की भाषा का प्रभाव क्षेत्र सीमित है, वहाँ मनुष्य की कला का क्षेत्र विस्तृत और सार्वभौमिक है।

इस प्रकार कलाएँ केवल अध्ययन का विषय नहीं हैं। उनकी व्यावहारिक शिक्षा जीवन में कला का सौंदर्य समन्वित करती है। कलाओं की व्यापक शिक्षा से शिक्षा अधिक परिपूर्ण बनकर सर्वांगीण बन जाती है। कला शिक्षा का एक आवश्यक अंग है, शिक्षा में कला का रूप व स्थान तथा संस्कृति के साथ शिक्षा और कला का संबंध विचारणीय है। कला प्रधानत: सौंदर्य की आराधना है। कला का सौंदर्य प्राय: व्यक्तिगत माना जाता है। सौंदर्यशास्त्र में प्राय: कला को शिवम् से स्वतंत्र माना जाता है। इस प्रकार कला शिक्षा एक ऐसा माध्यम है जिसके द्वारा बालक स्वयं के अंतर्मन में उत्पन्न भावों को अभिव्यक्त कर पाते हैं। शिक्षा की दुनिया में सबसे बड़ा गुरुमंत्र शायद यही है—कला को जीवन से अभिन्न कर देने वाला गुर।

कला सदैव उन्नतिशील एवं सृजनात्मकता लिए होती है, सृजन ही विकास की प्रथम सीढ़ी है। इस प्रकार कहा जा सकता है कि कला शिक्षा बालक के विकास में महत्त्वपूर्ण भूमिका रखती है क्योंकि शिक्षा का उद्देश्य बालक को एक आदर्श नागरिक के रूप में विकसित करना है और कला के बिना शिक्षा का रूप अधूरा है। कला शिक्षा द्वारा ही बालक को आत्माभिव्यक्ति के अनेकों अवसर प्राप्त होते हैं।

"In Art Education, training of the hand and body to develop skills is only an objective to build a creative, fulfilled and balanced personality."

जीवन अपने साथ चिरसंगिनी कला लेकर इस धरती पर अवतरित हुआ। जीवन कला द्वारा संगमित होकर ही पूर्ण हुआ। आत्मा का आविर्भाव ही कला का स्रोत है। इस प्रकार कला-निर्मिति में बालक की सार्वभौमिक अनुभूति के दर्शन होते हैं। यही रसानुभूति का माध्यम है तथा रसानुभूति, सौंदर्योन्मुखी मानव प्रकृति के रसबोध का सूत्र है।

"Art is the life-long meditation and not a hobby." Said renowned Indian painter – Nandlal Bose

मानव की सौंदर्यमयी अभिव्यक्ति जब रचनात्मक शक्ति के रूप में फूटती है तो वह कला का रूप धारण करती है। मनुष्य में यह जन्मजात गुण है कि वह जिस वस्तु को देखकर प्रभावित होता है, उसे किसी-न-किसी रूप में अभिव्यक्त करने का प्रयास करता है। कोई उसे सुंदर-से-सुंदर शब्दों में प्रकट कर 'कविता' का स्वरूप प्रदान करता है, कोई उस भाव या घटना को चित्रित कर उसे अमर बना देता है और कोई उसका अंकन कर, तराशकर मूर्ति का रूप दे देता है। ये सभी माध्यम जिनमें उसने भाव, घटना या तथ्य को प्रकट किया है, कला के स्वरूप हैं। कोई साहित्य, कोई संगीत कला, कोई चित्रकला के रूप में अभिव्यक्त हुआ और कोई मूर्ति कला के रूप में अमरत्व प्राप्त कर सका।

कलाओं का संबंध मानव जीवन से है। अतः जीवन के विकास एवं परिवर्तनों के साथ-साथ कलाओं के तत्त्वों और उनकी अभिव्यक्ति में भी परिवर्तन आता रहता है। अतः कलाएँ विभिन्न युगों में विभिन्न आदर्शों एवं आधारों को लेकर चलती हैं।

प्राचीन युग, मध्य युग व आधुनिक युग की कलाओं के आदर्शों, तत्त्वों, अभिव्यक्तियों में अंतर स्पष्ट है क्योंकि इन युगों के जीवन मूल्यों में भी स्पष्टतया बहुत अंतर रहा है। संस्कृति व सभ्यता के विकास के साथ-साथ इन कलाओं का भी विकास होता रहा है।

कला व्यक्ति के समस्त जीवन में व्याप्त है व ऐसी शिक्षा, जिसमें कला का समावेश हो, कला शिक्षा कहलाती है। शिक्षा में कला का स्थान सदैव ही उच्च स्तर का रहा है क्योंकि यह एक ऐसा विषय है जो हमारी सांस्कृतिक विरासत व व्यक्तित्व के विकास में लाभदायक है।

प्रश्न 3. कला की अद्वितीय विशेषताएँ बताइए।

उत्तर– कलाओं की कुछ अद्वितीय विशेषताएँ हैं जो शाब्दिक अभिव्यक्ति में नहीं पाई जातीं। इनमें से प्रमुख हैं–

- स्व-अभिव्यक्ति (Self Expression)
- सक्रिय सहभागिता (Active Participation)
- कल्पनाशीलता (Imagination)
- मन एवं शरीर का संबंध (Mind Body Connections)
- समूह गत्यात्मकता (Group Dynamics)
- समूह भावना का विकास (Development of Team Spirit)
- नेतृत्व क्षमताओं का विकास
- सामाजिक समायोजन (Social Adjustment)
- सहनशीलता (Tolerance)
- धैर्य एवं स्थिरता (Patience and Persistence)

प्रश्न 4. कलाओं के प्रकारों का उल्लेख कीजिए।

उत्तर— यूँ तो कला को विभिन्न प्रकारों एवं रूपों में बाँधना संभव नहीं है परंतु अपने अध्ययन की सुविधा के लिए कला एवं नाट्य शिक्षा के क्षेत्र में प्रचलित उपागमों को दो बड़े भागों—प्रदर्शन कला एवं दृश्य कला में बाँटा जा सकता है, जिनका संक्षिप्त विवरण निम्नलिखित है—

(1) **प्रदर्शन कला (Performing Arts)**—दृश्य कला से इतर प्रदर्शन कला, कला का वह प्रकार है जिसमें शारीरिक भाव-भंगिमा, आवाज, संवादों एवं शारीरिक क्रियाओं के माध्यम से किसी विचार अथवा भाव को अभिव्यक्त किया जाता है। प्रदर्शन कला के दौरान भाव/विचार/कहानी आदि का संप्रेषण थियेटर के विभिन्न अवयवों, यथा—अभिनय, पहनावा, दृश्यों, प्रकाश, संगीत, आवाज एवं संवाद के माध्यम से किया जाता है।

प्रदर्शन कला के प्रकार—

- रंग कला (Drama)
- नृत्य कला (Dance)
- संगीत (Music)
- कठपुतली (Puppetry)

प्रदर्शन कला के अंतर्गत मूल रूप से नृत्य, संगीत, रंगमंच और संबंधित कलाएँ आती हैं और जादू, मैम, कठपुतली, सर्कस, गान और भाषण देना आदि इस बात के दूसरे रूप हैं। निष्पादन कला का प्रदर्शन करने वालों को कलाकार (performer) कहते हैं। ये कलाकार नायक, विदूषक, नर्तक, जादूगर, संगीतकार, गायक आदि हैं। निष्पादन कला के कलाकार वे भी हैं जो इस कला को पर्दे के पीछे से सहारा देते हैं, जैसे कि लिरिसिस्ट और रंगमंच सूत्रधार। कलाकार अपने आवरण से पहचान पाते हैं और इसमें सिमट जाते हैं। कलाकार अपने पहनावे, रंगमंच के आवरण, रोशनी, शब्द आदि से आदत पड़ जाते हैं।

(2) **दृश्य कला (Visual Arts)**—दृश्य कला चित्रात्मक निर्माण के द्वारा रचना एवं संप्रेषण का एक सशक्त माध्यम है। यह एक अद्वितीय सांकेतिक क्षेत्र है एवं एक ऐसा विषय है जिसकी अपनी विशेष अपेक्षाएँ एवं अधिगम हैं। दृश्य कला बच्चे को काल्पनिक जीवन एवं वास्तविक संसार के बीच स्वस्थ संबंध बनाने में एवं अपने विचारों, भावनाओं एवं अनुभवों को दृश्य रूप में नियोजित करने एवं अभिव्यक्त करने में मदद करता है। चित्रकारी, पेंटिंग आदि की रचना करते हुए बालक नए ज्ञान को पुराने अनुभवों से जोड़कर उनकी अर्थपूर्णता को समझने का प्रयास करता है। दृश्य कला शिक्षण खोज, अन्वेषण, प्रयोग आदि के माध्यम से बच्चे की रचनात्मकता एवं सौंदर्यानुभव को बढ़ाता है।

दृश्य कला के विभिन्न प्रकार—

- चित्रकला (Drawing)
- रंग एवं पेंटिंग (Colour and Painting)
- प्रिंट (Print)
- मृत्ति कला/मूर्तिकला (Clay and Sculpture)
- रेत चित्र कला (Sand Tray Art)
- डिजाइन (आभूषण, मिट्टी के बर्तन (pottery), बुनाई, कपड़े आदि और इसके अतिरिक्त डिजाइन के व्यावहारिक क्षेत्रों, जैसे—व्यावसायिक ग्राफिक्स और होम फर्निशिंग)

• समकालीन विषय (फोटोग्राफी, वीडियो, फिल्म, डिजाइन, कंप्यूटर कला आदि)

हमारे चारों तरफ कला है—पेंटिंग, आर्किटेक्चर, मिट्टी के बर्तनों, मूर्तिकला आदि। इसके अतिरिक्त हमारी वास्तुकला, हमारे घरों के अंदर, जिस तरह से हम ड्रेस अप करते हैं, जिस तरह से हम अपना भोजन प्रदर्शित करते हैं, जिस तरह से हम खड़े होते हैं, बैठते हैं या बात करते हैं ... ये सभी एक व्यक्तिगत शैली का बयान करते हैं। हमारे जीवन में एक अवसर और उत्सव में सौंदर्यवादी अभिव्यक्ति शामिल है।

प्रश्न 5. कला शिक्षा की प्रकृति और दायरे (कार्यक्षेत्र) का वर्णन कीजिए।

उत्तर– आज आर्थिक, सामाजिक, शैक्षिक और सांस्कृति पक्षों में कला के महत्त्व और संभावना को पहचाना जा रहा है।

• **वैयक्तिक विकास (Personal Development)–** विद्यार्थी अपनी कला शिक्षा से महत्त्वपूर्ण जीवन कौशलों को चुनते हैं जैसे– अच्छी स्मृति, समझ बढ़ाना और प्रतीकात्मक संचार की योग्यता।

चित्र 1.1

यह विद्यार्थियों की सफलता की चाहत और नई चुनौतियों को ग्रहण करने की योग्यता को बढ़ा सकता है।

• **साकल्यवादी ज्ञान प्राप्त करना (Gaining holistic knowledge)**–इन विशिष्ट रूपों का अधिगम, उनका इतिहास, उनकी रचना, निष्पादन विश्लेषण, समीक्षा और मूल्यांकन अपने आप में अधिगम की प्रगति है।

• **जीवन को सौंदर्यात्मक बनाना (Make Life Aesthetical)**–हमारे प्रतिदिन के जीवन में इसका एक महत्त्व है जो अमापनीय है–भोजन से लेकर पहनावे, घरों से लेकर उत्सवों तक सबका विविध सौंदर्यात्मक अनुभूति और प्रभाव है।

• **संज्ञानात्मक प्रेरण (Cognitive Stimulation)–**

– कला शिक्षा बच्चों में उन्नत संज्ञानात्मक विकास से जुड़ चुका है।

– 1998 की एक रिपोर्ट "तरूण बच्चे और कला: सृजनात्मक संयोजन बनाना" – अनुसंधानकर्त्ताओं ने पाया कि कला शिक्षा बच्चे के संज्ञानात्मक, भाषा और गति कौशलों को सार्थक योगदान प्रदान कर सकता है।

– "अधिगम और कलाएँ: सीमा पार-गमन" कहता है कि मस्तिष्क की जाँच सिद्ध करता है कि जब संगीतकार संगीत बजाता है तब प्रमस्तिष्कीय वल्कल के सभी अंग सक्रिय हो जाते हैं।

- **शैक्षिक उपलब्धि (Academic Achievement)**–
  – कला कक्षाओं में लिप्त विद्यार्थी विद्यालय में बेहतर निष्पादन करते हैं।
  – हावर्ड गार्डेन्स की बहु-बुद्धि सिद्धांत के अनुसार जो बच्चे कला कक्षाओं में भाग लेते हैं वे अधिगम की एक वृहद क्षमता विकसित कर लेते हैं क्योंकि वे अपनी परंपरागत कक्षाओं में भाषाई एवं गणितीय तर्क के अलावा अपनी अधिगम विधि का विस्तार कर लेते हैं।
  – यह पाया गया है कि जो विद्यार्थी कला कक्षाओं में भाग लेते हैं वे शैक्षिक क्षेत्र में बेहतर निष्पादन करते हैं और उनके पास एक उच्च चिंतन सामर्थ्य होती है।

  यह एक कलात्मक विज्ञान अनुभूति का उदाहरण है—एक पौधे में नई अंकुर और नई जड़ का विस्तार ऐसे है जैसे बढ़े बाल मि. स्मार्ट को और जड़ बी वृद्धि मि. भयानक की सदा बढ़ी हुई दाढ़ी को।

- **संप्रेषित संदेश (Conveys Messages)**–सृजनात्मक कलाओं में कलात्मक अनुभूतियों के अनेक रूप शामिल होते हैं जो कि हमें लक्षित दर्शकों को निश्चित संदेश संप्रेषित करने में सहायता देती हैं।

  उदाहरणार्थ—नुक्कड़ नाटक, कला का अनुकरण करना, प्रदर्शन या पोस्टर प्रदर्शन ये सभी आश्चर्यजनक रूप से भारत की राजनीति या प्रदूषण या जनसंख्या विस्फोट और संबंधित समस्याओं को निबंध या लिखे जा सकने योग्य तथ्यात्मक विवरणों की अपेक्षा मनोरंजक और प्रभावी तरीके से प्रस्तुत करते हैं।

- **व्यक्तिगत प्रोफाइल और वृद्धि (Personal profile and growth)**–
  – **व्यवसाय के विविध विकल्प (Varied options of profession)**–ये विद्यालयों में Kindergarten (बाल विहार) से शुरू कर प्राथमिक और माध्यमिक विद्यालयों में पढ़ाए जाते हैं और शिक्षा के उच्च स्तरों जैसे विश्वविद्यालयों में भी एक विकल्प के रूप में होते हैं। कला में अधिक अभिरूचि के साथ आप सफलतापूर्वक बहुत से व्यवसायों में आगे बढ़ सकते हैं जैसे महाविद्यालयों और विश्वविद्यालयों में शिक्षक, व्यवसायिक, कलाकार, रंगमंच या दूरदर्शन धारावाहिकों में अभिनेता/अभिनेत्री, शिक्षक, पेशेवर गायक और नर्तक, वास्तुविद, कॉस्मेटिक शल्य चिकित्सक, designers (अभिकल्पक), आंतरिक अभिकल्पना, फिल्म संसार आदि।

प्रश्न 6. कला शिक्षा का क्या महत्त्व है?

उत्तर– कला शिक्षा के निम्नलिखित महत्त्व हैं–

(1) **मानसिक शक्तियों के विकास में महत्त्वपूर्ण**–कला शिक्षा द्वारा बालक की मानसिक शक्तियों के विकास को तीव्रतर किया जा सकता है। कला द्वारा बालक की कल्पना शक्ति, स्मृति, निरीक्षण शक्ति, स्वतंत्र चिंतन शक्ति, तुलना करने की शक्ति, आत्म-प्रकाशन की शक्ति, आत्म-निर्णय की शक्ति जैसी महत्त्वपूर्ण शक्तियों को विकसित किया जाता है।

कला शिक्षा बालक की कल्पना के आधार पर विभिन्न विचार व भाव उत्पन्न करने की आदत, कविता करने, चित्र की कल्पना करने, लय गुनगुनाने, नृत्य गतियों द्वारा भाव प्रकट करने, प्रकृति का गहन निरीक्षण करते हुए सत्य की खोज करने व ज्ञान-प्रत्ययों (Sense Perceptions) को स्पष्ट व दृढ़ बनाने, नाप व अनुमान के आधार पर तुलना करने, आत्म-संतोष व आनंद-प्राप्ति के आधार पर निर्णय लेने जैसी क्रियाओं द्वारा इन शक्तियों के विकास में महत्त्वपूर्ण

योगदान देती है। स्मृति चित्रण, प्रकृति-दृश्य, वर्णन आदि क्रियाओं को करने में स्मृति (Memory) का विकास होता है। इस प्रकार कला छात्र की मानसिक शक्ति के विकास में महत्त्वपूर्ण भूमिका निभाती है।

(2) बौद्धिक विकास में महत्त्वपूर्ण—बुद्धि की शक्ति का विकास करने में अनुभव (Experience) प्रधान होते हैं। कला के माध्यम से यदि अनुभव प्राप्त किए जाएँ तो बुद्धि का विकास सरलता से हो जाता है, परंतु अनुभव की प्राप्ति तब तक नहीं होती जब तक स्वयं करके सीखने की आदत न डाली जाए। अत: कला शिक्षा द्वारा बालक में स्वयं करके सीखने की आदत उत्पन्न की जाती है, जिससे बालक के अनुभव बढ़ते हैं तथा उसका बौद्धिक विकास होता है।

कला "स्वयं करके सीखने" के लिए पर्याप्त अवसर प्रदान करती है। अत: कला क्रियात्मक विषय (Practical Subject) होने के कारण अनुभवों की वृद्धि करती है जिससे शिक्षार्थी का बौद्धिक विकास सरलता से हो जाता है।

(3) शारीरिक विकास में महत्त्वपूर्ण—गाँधीजी चाहते थे कि हमारे यहाँ ऐसी शिक्षा जन्म ले जो शारीरिक, मानसिक तथा आध्यात्मिक तीनों शक्तियों का विकास करे। आजकल की शिक्षा जितनी बुद्धिवादी हो गई है, उतनी श्रमजन्य नहीं रही। परंतु कला शिक्षा द्वारा शिक्षा में श्रम के मूल्य को आँकने की क्षमता शिक्षार्थियों में उत्पन्न की जाती है। हस्तकला के श्रमयुक्त कार्य, मिट्टी के बर्तन बनाना, लकड़ी (काष्ठकला), चर्मकला, मूर्तिकला, कृषिकला, नृत्यकला—सभी श्रम चाहने वाले क्रियात्मक कार्य शिक्षार्थियों में श्रम (शारीरिक विकास) को विकसित करते हैं। इस प्रकार कला शारीरिक विकास में सहायक सिद्ध होती है।

(4) आत्मिक विकास व चरित्र निर्माण में महत्त्वपूर्ण—कला शिक्षा इसलिए भी महत्त्वपूर्ण है क्योंकि इससे शिक्षार्थी अपनी आत्मिक शक्ति को विकसित करते हुए चरित्र निर्माण कर सकते हैं, जैसे—नाट्यकला का उद्देश्य हमारी भावनाओं को शुद्ध करना है। नाट्यकला आत्मा की परिष्कृति का प्रमुख साधन है। "सत्यम्, शिवम्, सुन्दरम्" के लक्ष्यों को दृष्टि में रखते हुए कला शिक्षा आत्मा के शोधन व उच्च लक्ष्य प्राप्ति में अतुलनीय सहयोग देती है। **नीत्से** के शब्दों में, "कला एक अभूतपूर्व शक्ति और आत्म-प्रेरणा है, उसकी कृतियों के माध्यम से आत्म-ज्ञान हो जाता है अत: अपनी पूर्णता व योग्यता का परिचय मिल जाता है। वास्तव में आत्मानुभूति (Self Realisation) ही चरित्र बल का आधार है।"

Art is an intoxication, the feeling of enhanced power, the inner compulsion to make things a mirror of own fullness and perfection.

जो व्यक्ति आत्मा के दर्शन अपने अंत:करण में कर लेता है, वही आत्मा से शुद्ध और उत्तम चरित्र वाला व्यक्ति होता है। अत: कला को आत्मानुभूति की दिशा में प्रयोग किया जाता है अर्थात् कला द्वारा ही स्वतंत्र भाव प्रकाशन की क्रियाओं—चित्रकला, नृत्यकला, काव्यकला, मूर्तिकला आदि के माध्यम से आत्म-ज्ञान की प्राप्ति होती है, क्रियात्मक अनुभव प्राप्त होता है जिससे बालकों को अपने अंत:स्थल में झाँकने का अवसर प्राप्त होता है।

(5) पूर्ण व्यक्तित्व तथा शैक्षिक विकास में महत्त्वपूर्ण—बालक के पूर्ण व्यक्तित्व का विकास कार्य व्यवहार के संशोधन द्वारा होता है। व्यवहार संशोधन कला शिक्षा का लक्ष्य है। अत: कला को पूर्ण व्यक्तित्व तथा शैक्षिक विकास के दृष्टिकोण से अवश्य ही पाठ्यक्रम में उच्च स्थान दिया जाना चाहिए। आधुनिक मनोवैज्ञानिक मनुष्य की जन्मजात प्रवृत्तियों को ही

कलात्मक सृजन का आधार मानते हैं। ये प्रवृत्तियाँ एकांत में प्रकट नहीं होतीं, वरन् समाज में रहते हुए ही ये प्रवृत्तियाँ क्रियाशील होती हैं। जो प्रवृत्तियाँ चेतन मन के आगे रहती हैं, वे सीधे प्रकट होती हैं, इन प्रवृत्तियों को शिक्षा-क्षेत्र में अधिक उपयोग किया जाता है।

विधायकता (Constructiveness) की प्रवृत्ति को संशोधित रूप देने में कला बालक के विकास में बहुत सहयोग करती है। सभी क्रियाकलाप, जैसे—चित्रकला, मूर्तिकला, काव्यकला, हस्तकला (शिल्प) बालक की विधायकता की प्रवृत्ति को रचनात्मक क्रियाओं में बदलकर उसकी विधायकता को संतुष्ट करते हैं। कला शिक्षा द्वारा बालक नृत्यकला, नाट्यकला, मिट्टी के बर्तन बनाना, चित्रकारी, मूर्तिकला, खेल (Play) इत्यादि खेल (Play) की प्रवृत्ति को विकसित करता है।

(6) सामाजिकता के विकास में महत्त्वपूर्ण—समाज मनोविज्ञान (Social Psychology) के आधार पर जैसा पहले बताया गया है कि चेतन मन (Conscious Mind) के आगे प्रत्यक्ष (Direct) प्रवृत्तियाँ (खेल की प्रवृत्ति व विधायकता की प्रवृत्ति) कार्यरत रहती हैं, उसी प्रकार चेतन मन के पीछे अप्रत्यक्ष रूप में (Indirectly) प्रकट होने वाली कुछ प्रवृत्तियाँ कार्य करती रहती हैं। ये प्रवृत्तियाँ अचेतन मन में उत्पन्न होती हैं।

ये प्रवृत्तियाँ छिपे रूप में अचेतन मन पर प्रकाश डालती रहती हैं और असामाजिक कार्यों को करने के लिए प्रेरित करती रहती हैं। कला इन प्रवृत्तियों को शोधन (Sublimation) की दिशा प्रदान करती है। छात्र-छात्राओं को सम्मिलित रूप से चित्रकला, नाटक खेलना, कविता पाठ करना, नृत्य करना, मूर्ति बनाना आदि क्रियाओं द्वारा इस प्रकार की प्रवृत्तियों को संतुष्ट करने का अवसर मिल जाता है। इस प्रकार छात्र-छात्राओं में सामाजिकता का विकास कला शिक्षा द्वारा ही संभव है।

(7) सांस्कृतिक तथा नैतिक विकास में महत्त्वपूर्ण—कलाकृतियाँ किसी युग की सभ्यता व संस्कृति को सुरक्षित रखती हैं जिनका अध्ययन करने से उस समय की संस्कृति व सभ्यता का प्रमाण मिलता है। अजन्ता की गुफाओं की भित्ति-चित्रकारी, एलोरा की गुफाओं का शिल्प, भारत की नाट्यकला, नृत्यकला आदि कलाएँ आज भी भारतीय सांस्कृतिक परिवेश की साक्षी हैं। इन कलाकृतियों के अध्ययन से देश के सांस्कृतिक विकास की झाँकी मिलती है। अत: कला सांस्कृतिक विकास के प्रसार में सहयोग करती है। कला के माध्यम से बालक स्थान-स्थान की संस्कृति से परिचय कर पाता है। कला नैतिकता प्रदान करने में सामाजिक मान्यताओं का सहारा लेती है। हमारी संस्कृति व कला के आदर्श, नैतिकता की दिशा में मार्ग-प्रदर्शन करते

(8) आर्थिक विकास तथा व्यावसायिकता में महत्त्वपूर्ण—जब एक लेखक अंतर्मन की प्रेरणा से अपनी भावनाओं को व्यक्त करता है, तब यह उसकी लेखन कला का रूप है परंतु जब वह लेखन कार्य इस दृष्टि से करने लगे कि उसे उससे आर्थिक लाभ होने लगे तो उसे शिल्प या उपयोगी कला कहा जाएगा। अत: कला शिल्प का आधार है। कला की उपादेयता शिल्प कला का मार्ग प्रशस्त करती है। व्यक्ति इससे विभिन्न आर्थिक लाभ प्राप्त करता है। इस प्रकार कला व्यक्ति का व्यवसाय भी नियत करती है।

(9) दक्षता व जीवन की दार्शनिकता में महत्त्वपूर्ण—वास्तव में कला जीवन जीने का एक ढंग है। कला ही जीवन है, जीवन ही कला है। हमारे जीवन की पद्धति कला के माध्यम

से व्यक्त होती है। जीवन के प्रत्येक आयाम में कला व्याप्त है। जीवन को किस प्रकार दक्षता के साथ व्यतीत किया जाए—यह कला का ही कार्य है। कला बालक की ज्ञानेंद्रियों को इस प्रकार ढालती है जिससे वे इतने दक्ष हो जाते हैं कि प्रत्येक वस्तु में सौंदर्य भाव की अनुभूति शीघ्रता से हो जाती है। जीवन का अंतिम लक्ष्य मोक्ष प्राप्ति है। बालक कला क्रियाकलापों द्वारा आत्म-संतोष प्राप्त करता है। अत: कला मानव को दक्ष बनाकर उसके जीवन का लक्ष्य निर्धारित करती है।

इस प्रकार कोई भी शिक्षा तब तक पूर्ण नहीं है, जब तक वह बालकों की भावनाओं के परिष्करण व विकास की ओर ध्यान केंद्रित नहीं करती। किसी भी कला विधा के अध्ययन द्वारा संवेदनाओं का प्रशिक्षण सर्वश्रेष्ठ ढंग से किया जा सकता है। कला शिक्षा द्वारा व्यक्तित्व के सभी पहलुओं का विकास करने के अलावा, ऐसी शिक्षा की अत्यंत आवश्यक उपयोगिता है जो कि साधारण व प्राकृतिक ढंग से कौशल व संवेदनाओं को विकसित कर पाए। देखा जा सकता है कि बालकों को नर्सरी व प्राइमरी स्तर पर रंगों के मिलान, वस्तुओं के आकार और माप द्वारा बहुत अच्छे से सिखाया जाता है क्योंकि इस स्तर पर बालक क्रियात्मक विधि द्वारा सीखने में अपनी रुचि दर्शाते हैं। कला बालकों के आंतरिक भावों को उनकी रचनाओं द्वारा बाहर निकालने में सहायक है और इस तरह कला बालकों को उनकी जरूरत से ज्यादा ऊर्जा वाली (विध्वंस) हानिकारक गतिविधियों को सामाजिक व्यवहार व शिष्टाचार में बदल देती है। इस प्रकार बालकों की भावनाओं व रचनात्मक कौशल के विकास की दृष्टि से कला शिक्षा के महत्त्व को शिक्षा में अनदेखा नहीं किया जा सकता है।

प्रश्न 7. प्राथमिक स्तर पर कला शिक्षा के क्या लक्ष्य हैं?

उत्तर— प्राथमिक स्तर पर कला शिक्षा का निर्देशन बालक की आत्माभिव्यक्ति का माध्यम होना चाहिए। कला शिक्षा का उद्देश्य आत्म-प्रकटन, रचनाशक्ति, स्वतंत्रता की भावना और उच्च मानसिक स्वास्थ्य का विकास होना चाहिए।

कला शिक्षा के निम्नांकित सामान्य लक्ष्य हैं—
- बालक को विभिन्न कलाओं द्वारा अपने विचार, भावनाओं एवं अनुभवों की खोज, स्पष्टता एवं अभिव्यक्ति का अवसर प्रदान करना,
- बालकों को सौंदर्यानुभूति प्रदान करना एवं बालक में दृश्य कलाओं, संगीत ड्रामा, नृत्य, साहित्य के प्रति सौंदर्य चेतना विकसित करना,
- बालकों में वातावरण के दृश्य, मौखिक, स्पर्श, स्थानिक गुणों के प्रति जागरूकता एवं संवेदनशीलता विकसित करना,
- बालक में रचनात्मक अभिव्यक्ति की योग्यता एवं क्षमता विकसित करना जो आनंदपूर्ण हो,
- बालक को दैनिक जीवन की विभिन्न समस्याओं को उपयुक्त कल्पनाशीलता का प्रयोग करते हुए रचनात्मक रूप से हल करने में सक्षम बनाना और उसकी मौलिकता को बढ़ावा देना,
- बच्चे की स्व-अभिव्यक्ति के माध्यम से उसमें आत्मविश्वास एवं आत्म-सम्मान की भावना को बढ़ाना,
- बच्चे को विभिन्न संस्कृतियों से परिचित कराना एवं उसमें अपने राष्ट्र, अपनी संस्कृति आदि के प्रति सम्मान एवं श्रेष्ठता का भाव विकसित करना।

प्रश्न 8. प्रदर्शन कला के रूप में नृत्य की व्याख्या कीजिए। छात्रों में नृत्य भाव विकसित करने के लिए सूर्य नृत्य क्रिया की संक्षेप में चर्चा कीजिए।

अथवा

प्रदर्शन कला के रूप में नृत्य को समझाइए। यह बच्चों के लिए किस प्रकार महत्त्वपूर्ण है?

अथवा

शिक्षार्थियों को नृत्य सिखाने के लिए कुछ बुनियादी बातों पर चर्चा कीजिए।

अथवा

कला प्रदर्शन के माध्यम से अभिव्यक्ति के विभिन्न तरीके क्या हैं?

उत्तर— मानव समाज के आरंभ से ही नृत्य विभिन्न समारोहों के साथ किसी-न-किसी रूप में जुड़ा हुआ है, चाहे वे राजनीतिक हों या सामाजिक, धार्मिक हों या आनुष्ठानिक। हाव-भाव आदि के साथ की गई गति को नृत्य कहा जाता है। नृत्य में करण, अंगहार, विभाव, भाव, अनुभाव और रसों की अभिव्यक्ति की जाती है।

(1) गति और अभिव्यक्ति (Motion and Expression)

हम विद्यार्थियों को प्रोत्साहित कर सकते हैं—

- गति संचालन संभावनाओं के एक प्रसार का अन्वेषण करने के लिए
- उनकी तकनीकों को बढ़ाने के लिए और
- विशिष्ट गति संचालनों को दुहराने की योग्यता के लिए।

विषय : सूर्य नृत्य : सूर्य नमस्कार (Topic: Sun Dance : Surya Namaskar)

प्रस्तावित संसाधन—

- पुस्तकें और वीडियो

आप जैसा अनुभव करते हैं वैसे घूमें और जैसे आप घूमते हैं वैसा अनुभव करें— घूमना और निष्पादन करना सीखें।

(Move as you feel and feel as you move....learning to move and perform)

नृत्य की अभिव्यक्ति के विकास के रूप में छोटे कदमों को विद्यार्थियों से विकसित कराया जा सकता है। यहाँ केंद्रबिंदु शरीर का गति संचालन है जो कि सूर्य की हल्की गर्मी/सूर्य के प्रकोप को प्रतिबिंबित करता है और विद्यार्थी ललित गति संचालनों से सूर्य के अराधना की धार्मिक विधि का निष्पादन करते हैं। विद्यार्थी सौम्य तीक्ष्ण/ललित या योगित गति संचालनों के किसी समुच्चय का प्रयोग करके सूर्य नृत्य का सृजन करते हैं। अधिक गति लाने और प्रत्येक बच्चे को सामने आने तथा उनकी योग्यता को प्रदर्शित करने के लिए संरचनाओं को जोड़ें। पृथ्वी और इसके निवासियों पर सूर्य के प्रभाव के लिए सूर्य की मनोदशाओं और संवेगों से एक नृत्य यात्रा का सृजन करें और इसके अतिरिक्त सूर्य नमस्कार की योगिक अभ्यासों के माध्यम से सूर्य की अराधना और फिर शक्ति के लिए सूर्य देवता से निवेदन करें।

(2) विचार और अंतः प्रेरणा (Ideas and Inspirations)

अभिव्यक्तियों के लिए विचार नृत्य के माध्यम से पर्यावरण से आते हैं जो कि विभिन्न रूपों और वैयक्तिक अनुभवों का उद्घाटन करते हैं। जब हम विविध प्रकार के शास्त्रीय नृत्यों

जैसे कथक, कथकली, कुचीपुड़ी या लोकनृत्यों जैसे–बिहु, चेराव, नागा नृत्य, भांगड़ा इत्यादि देखते हैं तब हम विभिन्न गति संचालनों, अभिव्यक्ति, संगीत, सृजनात्मकता आदि का अवलोकन करते हैं।

• क्रोध, करूणा, साहस, घृणा, भय, खुशी, शांति, दु:ख और आश्चर्य पर ध्यान दें।

• विभिन्न आकारों की बनावट में शरीर का प्रयोग और संचालन के द्वारा गति तथा क्रियाओं का अवलोकन करें।

• विचार/क्रिया व्यक्त करने या व्यक्त करने में सहायता के लिए बनाए भंगिमाओं पर बात करें।

• नृत्यों की तुलना और वैषम्य पर विचार करने के लिए इस सूचना का उपयोग करें।

(3) वस्तुओं की समझ बनाना (Making Sense of Things)

नृत्यसर्जक अपने गति संचालन के विचारों को एक रूप में संगठित करते हैं। बेतरतीब गति संचालन निरर्थक है यदि दिए गए रूप में नहीं है। वे नृत्यों के सृजन में गति संचालन की क्रमबद्धता के महत्त्व को समझते हैं।

प्रश्न 9. नाटक (ड्रामा) क्या है? यह कला बच्चों के लिए किस प्रकार महत्त्वपूर्ण है?

अथवा

नाटक की कुछ गतिविधियों पर संक्षेप में चर्चा कीजिए।

अथवा

नाटकों के लिए विचार और अंत:प्रेरणा के कौन-कौन से साधन हो सकते हैं?

[अक्तूबर–2016, प्रश्न सं. 19]

उत्तर– ड्रामा एक सृजनात्मक प्रक्रिया है। इसके द्वारा स्वयं की भावनाओं एवं विचारों को प्रभावी रूप से प्रस्तुत किया जा सकता है। अन्य कला विधाओं की भाँति ही विद्यार्थी अपनी सोच, अपने अनुभवों को अपनी निजी शैली में कलात्मक प्रस्तुति के माध्यम से प्रदर्शित करता है। ड्रामा मानवीय विचारों की आपसी समझ एवं आदान-प्रदान का सशक्त माध्यम है। इसमें मानव मस्तिष्क एवं हृदय की भावनाओं को समझने की अटूट क्षमता होती है। प्राचीन काल से मानव के जीवन के हर पहलू से यह कला जुड़ी हुई है। ड्रामे के द्वारा हम समूह में विद्यार्थी को रोचक ढंग से शिक्षित कर सकते हैं। एक नाटक का प्रभाव दर्शक के मनो-मस्तिष्क पर अपनी गहरी छाप छोड़ता है जिसके माध्यम से मनोरंजन के साथ-साथ शिक्षा भी प्राप्त हो जाती है।

(1) विचार और अंत: प्रेरणा (Ideas and Inspirations)µ निम्नलिखित स्रोतों के माध्यम से नाटक के लिए विचार आ सकते हैं–

- कल्पना
- पर्यावरण
- वैयक्तिक अनुभव
- इतिहास/साहित्य
- तस्वीरें, चलचित्र
- मीडिया

नाटक का अभ्यास अभिव्यक्तिपूर्ण अभिनय (acting with expressions), मुखौटों के माध्यम से अभिव्यक्ति, वृत्तांत, विविध गति संचालनों आदि विभिन्न तरीकों से किया जाता है।

(2) "मुखौटा जादू" (मुखौटा से आँखें, मुँह या समस्त चेहरा ढका हो सकता है।) [**"Mask Magic" (Mask may be for covering the eyes, mouth or the whole face.)**]μमुखौटा एक मजाकिया गतिविधि है और फिर भी बहुत से पहलुओं को संप्रेषित करता है। यह प्रतीकात्मक चरित्र सृजित करता है। उदाहरणार्थ—नीलाभ शरीर और मोर पंख के साथ भगवान कृष्ण, दस सिरों के साथ रावण या कोई जनजातीय अभिव्यक्ति। जिस क्षण बच्चा मुखौटा पहनता है वो रूपांतरित हो जाते हैं, अभिनय करना शुरू कर देते हैं, कल्पना, संवाद सृजन, संचालन और क्रमश: चरित्र की वास्तविकता का अनुभव करने लगते हैं। एक छोटा सा समर्थन और सूचना बच्चों को वस्तुओं को समझने में प्रामाणिक सहायता करता है।

(3) साहित्य को जवाब (Responding to Literature)—महत्त्वपूर्ण लोक कहानियाँ, समकालीन सामाजिक घटनाएँ, ऐतिहासिक तथ्यों आदि अभिनीत की जा सकती हैं।

(4) वस्तुओं की समझ बनाना (Making Sense of Things)—हम यहाँ यह जान सकते हैं कि विद्यार्थियों के अपने नाटक के विचार कहाँ से आते हैं और कैसे वे अपने कार्य को विकसित और प्रस्तुत करते हैं। विद्यार्थी जब एक नाटक का सृजन करते हैं" तो बनाए हुए महत्त्वपूर्ण विकल्पों को देखना शुरू कर देते हैं।

प्रश्न 10. संगीत को परिभाषित करते हुए बताइए कि बच्चों के लिए यह किस प्रकार महत्त्वपूर्ण है?

अथवा

संगीत से संबंधित गतिविधियों की चर्चा कीजिए।

उत्तर— आदिकाल से संगीत की महत्ता कला के क्षेत्र में अनंत है। यह हमारी संस्कृति का अभिन्न अंग है। संगीत में कलाकार स्वर एवं लय के माध्यम से अपने संवेगों की अभिव्यक्ति करते हैं।

पूर्व प्राथमिक एवं प्राथमिक स्तर के अंतर्गत गायन, नृत्य एवं अभिनय की कला सम्मिलित रूप से कराई जाती है। इसके अंतर्गत खेल गीतों का आयोजन किया जा सकता है, जैसे—कोड़ा बदाम छाई पीछे देखे मार खाई आदि। गाँवों में ऐसे अनेक खेल गीतों के माध्यम से खेलते हैं। अपने घरों में या स्थानीय लोकगीत बच्चे अपनी स्वेच्छा से गाएँ। स्वाभाविक रूप से बच्चे मटकते हैं और अपनी भाव-भंगिमाओं को प्रदर्शित कर खुश होते हैं। इसके अलावा इस उम्र के बच्चों में दूसरों की आवाज एवं व्यवहार की नकल करने की सहज प्रवृत्ति होती है। छात्र किसी व्यक्ति, चिड़िया, पशु-पक्षियों के किसी भी व्यवहार की अथवा आवाज की नकल कर सकते हैं। इस माध्यम से वे अपनी प्रतिभा को प्रदर्शित करने का अवसर प्राप्त करते हैं। गीत, नृत्य के साथ बजाए जाने वाले वाद्यों को बच्चे स्वयं बजाएँ। ये गतिविधियाँ समूह में होने से सामूहिकता की भावना का विकास होता है एवं अपनी संस्कृति का परिचय भी मिलता है।

श्रवण अधिगम (Learning to Hear)—विद्यार्थियों की उनकी आवाज अन्वेषण में मदद करना आवश्यक है। विद्यार्थियों को विविध प्रकार के संगीतमय वाद्य यंत्रों जैसे ड्रम, सितार,

घाटम आदि के आवाजों को सुनने और पहचानने के लिए प्रेरित कर सकते हैं। उनकी आँखों पर पट्टी बाँध कर उनको आवाजों की समुचित समझ बनाने को कहा जा सकता है।

रूचिकर गतिविधियाँ (Interesting activities)

• पानी से भरें सिरेमिक के सात कटोरों का प्रयोग करके 'जल तरंग' जैसे अपने वाद्य यंत्र बनाने की कोशिश करें।

• विविध मोटाई के रबर बैंडों तथा सात कोक के बोतलों का प्रयोग कर गिटार बनाएँ।

अब विद्यार्थियों को स्वयं द्वारा सृजित आवाज या किसी संयोजन पर एक दूसरे के लिए या दूसरे वर्ग के लिए निष्पादन करने के लिए कहें।

नाटकों या कहानियों के साथ संगीत का संबंध (Relationship of Music with acts or stories)

1. प्रारंभिक गतिविधियाँ (Introductory Activities)–

• कैसे विभिन्न प्रकार के कलाकार सदियों तक हरेक को उत्प्रेरित करते आए हैं, इस पर विचार कर सकते हैं।

• कहानियों की प्रतिक्रिया में एनीमेटेड चलचित्रों को सृजित किया जा चुका है।

(एनीमेटेड फिल्में हनुमान या मोगली या वॉल्ट डिजनी के कार्यक्रम अपने लाक्षणिक संगीत के साथ अधिगम के लिए अच्छे हैं।)

2. मुख्य गतिविधियाँ (Main Activities)–

छः विद्यार्थियों का एक समूह बनाकर एक सामान्य कहानी चुनें जिसे वे सोचते हैं कि कठपुतली संगीत के लिए एक अच्छा आधार होगा।

कहानी की घटनाओं, चरित्रों और प्रसंग को निर्धारित करने के लिए उनकी कहानी का विश्लेषण करें। विद्यार्थी छोटे समूहों में निम्न के लिए कार्य कर सकते हैं–

• कुछ छोटे गीतों की रचना करना
• एक छोटी कहानी लिखना
• संगीत के लिए कठपुतली चरित्रों को बनाना
• एक कठपुतली मंच का खाका बनाना
• जरूरी उपकरण बनाना
• प्रोन्नत करने वाली सामग्रियों का सृजन करना

3. गतिविधियों का समापन (Concluding Activities)

इस अवस्था पर विद्यार्थी दूसरी कक्षाओं के लिए अपनी कठपुतली प्रदर्शन का निष्पादन कर सकते हैं। कुछ महत्त्वपूर्ण अधिगम सुझाव हैं–

• विद्यार्थी एक कलाकार का साक्षात्कार लें और स्वयं कलाकार से कला रूपों को समझे।

• प्रयुक्त विभिन्न संगीत रूपों को खोजने के लिए विविध अभिलिखित संगीत को सुनो।

पेशे के रूप में जानकारी (Awareness as a career)–

पेशेवरों की सूची बनाई जा सकती है जिसमें संगीत एक मुख्य भूमिका निभाता है। उदाहरणार्थ–गायक, संगीतकार, डिस्क जॉकी, आवाज तकनीशियन, गायक वृंद संचालक, संगीत शिक्षक और संगीत रचयिता आदि।

प्रश्न 11. क्षेत्रीय कला एवं शिल्प कला से आप क्या समझते हैं? साथ ही, समझाइए कि क्षेत्रीय कला और शिल्प के बारे में जागरूकता प्राथमिक स्तर पर कैसे मदद करती है।

उत्तर– क्षेत्रीय कला और शिल्प कला को निम्न बिंदुओं से समझा जा सकता है–

– कला क्षेत्र के लोगों के बीच उनकी पारंपरिक संस्कृति (traditional culture) को प्रवर्तित करता है।

– यह विभिन्न समुदाय जैसे गैर-इसाई (ethnic), जनजातीय धार्मिक, व्यावसायिक और समभौगोलिक समूहों के पारंपरिक कला रूपों को परावर्तित करता है।

– यह अशिक्षित कलाकारों (unschooled artists) के एक समुदाय का कार्य है जिन्होंने विशिष्ट परंपराओं को इसके विशेष संस्कृति में जीवित रखा है।

– इनके पास इनका अपना सौंदर्यबोध है किंतु वे समानुपात एवं सामंजस्य के सिद्धांतों से परिचालित नहीं होते हैं।

– दृश्य कला में यह मुख्यतः उपयोगितावादी और एक आलंकारिक मीडिया है जो कपड़ा, कागज, मिट्टी, लकड़ी, फाइबर, धातु और अधिक वस्तुओं के प्रयोग को शामिल करता है।

प्रारंभिक शिक्षा के साथ क्षेत्रीय कला और शिल्प का संबंध (Teaching Students about Folk Objects and Traditional Arts)–क्षेत्रीय कला और शिल्प की जानकारी निम्न में मदद करती हैं–

1. बच्चों को भारत की बहुलवादी सांस्कृतिक रिक्थ के बारे में संवेदनशील बनाने में (स्थानीय शिल्प की जानकारी)

2. पारंपरिक और समकालीन कला और कलाकृतियों को मान्यता प्रदान करने और प्रोन्नत करने में।

3. शिल्पकारों के कौशलों की कदर और समाज के प्रति उनके योगदान का सम्मान कर हस्तशिल्पों कुटीर उद्योगों और स्व रोजगार गतिविधियों को प्रोन्नत करने में। यह कला के संरक्षण और हमारे सामान्य धरोहर के प्रति सामाजिक उत्तरदायित्व की एक समझ हृदयंगम कराएगा।

प्रश्न 12. लोक पदार्थ क्या है? भारत के संदर्भ में इन लोक पदार्थों और पारंपरिक कला का वर्णन कीजिए।

उत्तर– लोक पदार्थ (folk object) हस्त निर्मित अमूर्त वस्तुएँ हैं जिसे लोग सृजित करते हैं और लोक समूहों में साझा करते हैं। यद्यपि लोक वस्तुएँ प्रायः एक व्यक्ति द्वारा बनाई जाती हैं फिर भी वे समूह की शैली और मनोवृत्ति को प्रदर्शित करती हैं। एक लोक पदार्थ के सृजन में कौशल, विचार, सुंदरता, रंग और गठन बोध शामिल होता है। बहुत से लोक पदार्थ विशिष्ट या ऐसे ही पावन उत्सवों में प्रयुक्त किए जाते हैं।

यह बहुसंस्कृतिवाद का प्रवर्तन और पारंपरिक कला का सम्मान सकारात्मक तरीके से करेगा। हस्तनिर्मित वस्तुओं के सृजन के अध्ययन द्वारा हम एक समुदाय की क्षमता और समझ की एक अंतर्दृष्टि प्राप्त करते हैं। उदाहरण के लिए, निचे दी गई मधुबनी पेंटिंग को देखते हैं हुए हम प्रारूप के सिद्धांतों, प्रतिसाम्य, संरचना, छायांकन, जगह के उपयोग आदि पर विचार विमर्श भी कर सकते हैं।

चित्र 1.2

प्रश्न 13. समकालीन कला, कलाकार और कारीगरों के बारे में बताते हुए, पारंपरिक भारतीय थियेटरों के प्रकार भी लिखिए।

अथवा

पारंपरिक भारतीय रंगमंच के कोई चार उदाहरण दें। [अप्रैल–2016, प्रश्न सं. 17]

उत्तर–आज भारत में कला के सभी क्षेत्रों के विशिष्ट कलाकार हैं जो विविध क्षेत्रों की संस्कृति का विशेष विवरण देते हैं। संगीत के क्षेत्र में हमारे पास जीवन के मानवीय दर्शन पर गीत गाने वाले बीरभूम के बाउल (Bauls) या केरल के लोक थियेटर समूहों के यक्षगान के निष्पादन कर्ता जैसे कलाकार हैं। दृश्य कलाओं में हमारे पास पटचित्र (Patachitro), पिचुई (Pichuai), अल्पना (Alpna), कोलम (Kolam), आदि जैसे आनुष्ठानिक लोक कला हैं। अधिकांश ग्रामीण कलाकार अपने क्षेत्र में बिना किसी औपचारिक प्रशिक्षण के हैं और कलारूप पीढ़ी दर पीढ़ी आगे बढ़ रहा है। औपचारिक प्रशिक्षण शास्त्रीय कला रूपों के क्षेत्र में प्रदान की जाती है क्योंकि उनमें परिष्कृत समर्पण के साथ विशिष्ट सूक्ष्म भूेद हैं।

नृत्य, कठपुतली, संगीत, वाद्ययंत्रों, चित्रकारी, शिल्प, आदि विविध क्षेत्रों से कलाकारों की सूची लंबी है। साधारण परिचय के लिए कलाकारों, नृत्य समूहों, कारीगरों के कुछ नाम नीचे दिए गए हैं।

समकालीन कलाएँ (Contemporary arts)–हमारे देश में कुछ दृश्य कलाओं के रूप इस प्रकार हैं–

कोलम या अल्पना – केरल और पश्चिम बंगाल की सतह चित्रकारी

फुलकारी – पंजाब की कसीदाकारी

हस्त खंड छपाई – सांगनेर

प्रदर्शन कलाओं में (In performing arts)–

शास्त्रीय संगीत – हिंदुस्तारी और कर्नाटक शैली

शास्त्रीय नृत्य – कत्थक, भरतनाट्यम, कत्थकली आदि

क्षेत्रीय संगीत – सूफी, बाउल (Baul) गिद्दा आदि

क्षेत्रीय नृत्य – भांगड़ा, रास, बिहू आदि।
कठपुतली – दस्ताना वाली पुतली जैसे पावा-कत्थकला, साखी कुन्डेई-नाचा आदि।

समकालीन कलाकार और कारीगर (Contemporary artists and artisans)–
हमारे देश में कुछ कारीगर इस प्रकार हैं–

बनमाली महापात्र – गंजीफा कार्ड (Ganjifa Card)
विजय जोशी – फाड चित्रकारी (Phad Painting)
गोकुल बिहारी पटनायक – पट्ट चित्र
अब्दुल जब्बार खत्री – बाँधनी (बाँधना और रंगना)
फिरदोस अहमद ज्ञान – पाश्मीना शाल बुनाई
कांकुबेन लालाभाई परमार – गोटा-पट्ठा

निष्पादन करने वाले कुछ कलाकार (Some performing artists)–
लोक गायक–
- अल्लाह जिलाई बाई
- पम्मी बाई
- तीजन बाई
- रसमयी बालकृष्ण
- पबनदास बाउल
- भोपा

कुछ लोक नृत्य समूह–
- गरबा
- नामजेन (Namgen)
- किन्नौरीनाती
- तेरतली
- चरकुला
- लावनी
- तमाशा
- थांग ता
- चांग लो

कुछ पारंपरिक भारतीय रंगमंच के रूप (Some Traditional Indian theatre forms) निम्न हैं–

- कुटीयट्टम प्राचीन संस्कृत थियेटर का एकमात्र अवशिष्ट नमूना है।
- गुजरात का भवाई रूप (चहलकदमी करने वाले)
- बंगाल में जाता
- हरियाणा, उत्तर प्रदेश और मध्य प्रदेश के मालवा में लोकप्रिय स्वांग।
- कर्नाटक में यक्षगान
- कत्थकली नृत्य-नाटक का एक प्रकार है जो केरल का अभिलक्षण है।

कठपुतली कलाओं (Puppetry forms) के प्रकार हैं–

- केरल (पावा कत्थकली) उड़ीसा (साखी कुन्डेई-नाचा) और पश्चिम बंगाल (बेनेर पुतुलनाच) राज्यों में दास्तना कठपुतली के प्रचलित प्रदर्शन हैं।
- आंध्र प्रदेश (थोलु बोम्मालता), कर्नाटक (टोगालु गोम्बेयाता), केरल (टोलपावा कुथु) महाराष्ट्र (चमयाचे बहुल्या), उड़ीसा और तमिलनाडु (तोलपवाई कुथु) राज्यों में छाया कठपुतली का प्रदर्शन किया जाता है।

प्रश्न 14. कला शिक्षा के मूल तत्त्वों का वर्णन कीजिए।

अथवा

कला सीखने के मूल तत्त्व कौन से हैं?

उत्तर– कला मानव के अंतर्मन में चल रहे विचारों को दृश्य रूप में अभिव्यक्ति प्रदान करती है। दृश्य रूप विचारों की अभिव्यक्ति को सुसंयोजित तरीके से प्रस्तुत करने में कला के मूल तत्त्वों का महत्त्वपूर्ण योगदान होता है। किसी भी संयोजन को सौंदर्यात्मक दृष्टि से व्यवस्थित करने में जिन तत्त्वों का महत्त्वपूर्ण स्थान होता है, उन्हें कला के मूल तत्त्वों के रूप में जाना जाता है। किसी भी सृजन प्रक्रिया का प्रारंभ कला के तत्त्वों के बिना असंभव है।

कला के विभिन्न तत्त्व निम्नलिखित हैं–

रेखा–कला के तत्त्वों में रेखा विशेष स्थान रखती है क्योंकि यही प्राथमिक तत्त्व है, इसके बाद ही अन्य तत्त्वों का महत्त्व होता है। हर रेखा का प्रभाव हमारे मानस पटल पर अलग प्रकार से पड़ता है।

विभिन्न रेखाओं के अपने अलग प्रभाव होते हैं जो इस प्रकार हैं–

(1) **सरल रेखा**–इससे शक्ति जाहिर होती है।

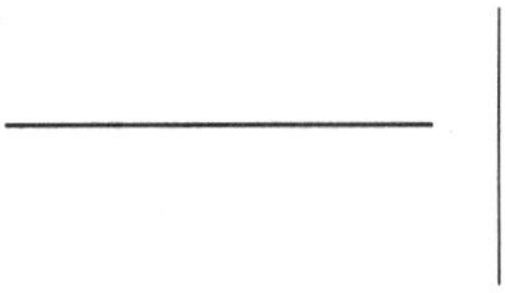

चित्र 1.3

(2) **डॉटेड रेखा**–यह व्याकुलता का संदेश देती है।

(3) **क्षितिज रेखा**–शांति विश्राम और खामोशी को प्रकट करती है।

चित्र 1.4

(4) **समानांतर रेखा**–इससे गहराई का पता चलता है।

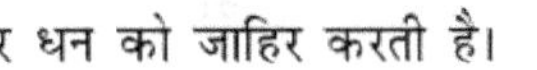

चित्र 1.5

(5) **वक्र रेखा**–शोभा और धन को जाहिर करती है।

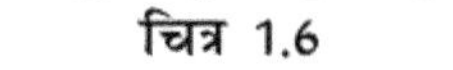

चित्र 1.6

(6) **सरल लंबरूप रेखा**–नित्यता और दृढ़ता का प्रतीक है।

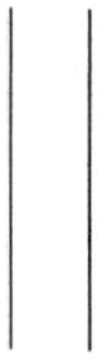

चित्र 1.7

(7) टेढ़ी-मेढ़ी रेखा—इससे जीवन की अस्थिरता का पता चलता है।

चित्र 1.8

(8) क्रॉस रेखा—यह उलझन और गड़बड़ी का प्रतीक है।

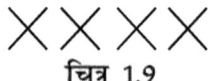

चित्र 1.9

(9) तिरछी रेखा—इससे गति, साहस तथा शक्ति प्रकट होती है।

चित्र 1.10

रूप तथा आकार (Shape and Form)—रूप तथा आकार को बहुत से लोग भ्रमवश एक ही समझते हैं। वास्तव में दोनों के अर्थ में भिन्नता होती है। यदि हम एक स्त्री का वर्णन करें तो उसकी आकृति (लंबाई और चौड़ाई) को आकार कहेंगे; परंतु यदि हम कहें उसके पतले होंठ, लंबे हाथ, तीखे नयन हैं तो यह उसके रूप का वर्णन है। आकार का तात्पर्य सूक्ष्म शरीर से है तथा रूप अंग-प्रत्यंगों का संकेत है। कलाकार के लिए रूप तथा आकार दोनों ही महत्त्व रखते हैं। रूप के पहले वह आकार की कल्पना करता है। इसके विपरीत एक दर्शक को पहले रूप सौंदर्य आकर्षित करता है, तत्पश्चात् उसका ध्यान आकार पर जाता है। जब किसी जीव या वस्तु के रूप का चित्रण करना होता है तो उसके लिए रेखा, रूप, आकृति—सभी सहायक होते हैं। हर बारीक चीज का ध्यान रखकर उस चित्र को सँवारा जाता है, तब जाकर वह दर्शक के मन को छू लेता है।

वर्ण (रंग) (Colours)—वर्ण द्वारा संवेगों का आदान-प्रदान तीव्रता से होता है। अन्य तत्त्वों की तुलना में वर्ण द्वारा भीतरी भावों को व्यक्त करना आसान होता है। हमारी दृष्टि का प्रभाव सबसे पहले पदार्थ के वर्ण पर पड़ता है, उसके पश्चात् ही रूप, रेखा, पोत आदि पर ध्यान जाता है। हर वर्ण का अपना एक गुण होता है। प्रकाश के कारण ही वे हमें दिखाई पड़ते हैं। अत: इसको जानने के लिए प्रकाश और दृष्टि दोनों का होना अनिवार्य है। वर्ण के कारण ही एक वस्तु को दूसरी वस्तु से अलग कर पाते हैं।

एफ.ए. टेलर के अनुसार—"रंग कला का प्रमुख अंग है। कलाकृति में रंग उसकी आभा को द्विगुणित कर देते हैं।"

डॉ. शर्मा एवं डॉ. अग्रवाल के अनुसार—"वर्ण प्रकाश का गुण है, कोई स्थूल वस्तु नहीं। इसका कोई स्वतंत्र अस्तित्व नहीं है बल्कि अक्ष पटल द्वारा मस्तिष्क पर पड़ने वाला एक प्रभाव है।"

हमारे आस-पास बहुत प्रकार के रंग हैं–

(क) प्राथमिक/मुख्य रंगत (Primary Colours)–ये वर्ण बिल्कुल शुद्ध होते हैं। इनमें कोई भी रंगत मिश्रित नहीं होती। लाल, नीला तथा पीला प्राथमिक वर्ण कहलाते हैं।

(ख) द्वितीय रंग (Secondary Colours)–किसी भी दो मुख्य रंगतों के मिश्रण से द्वितीय रंगत प्राप्त होती है। उदाहरण के लिए, लाल में नीला वर्ण मिलाने से बैंगनी वर्ण, नीले में पीला वर्ण मिलाने पर हरा व लाल में पीला वर्ण मिलाने से नारंगी वर्ण बन जाता है। इन द्वितीय रंगतों के आपसी मिश्रण से बहुत-सी अन्य रंगतें बनाई जा सकती हैं।

(ग) ऊष्ण रंग (Warm Colours)–वे रंग जो ऊष्ण प्रभाव वाले होते हैं, जैसे–पीला, लाल, नारंगी तथा बैंगनी, उन्हें ऊष्ण या गर्म रंग कहा जाता है।

(घ) ठंडे रंग (Cool Colours)–जिन रंगों का नेत्रों पर शीतल प्रभाव पड़ता है, वे रंग शीतल या ठंडे रंग कहलाते हैं, जैसे–नीला, हरा, समुद्री हरा, आसमानी आदि।

अंतराल (Space)–अंतराल का तात्पर्य है–चित्र में वह स्थान जहाँ चित्रकार रूपाकार को स्थापित करता है। अंतराल के बिना चित्र संयोजन असंभव होता है। द्वि-आयामी चित्र भूमि ही चित्र का अंतराल है। चित्रस्थल पर मात्र बिंदु बनाने से भी क्षेत्र का विभाजन हो जाता है तथा क्रिया-प्रतिक्रिया होने लगती है। इस कारण चित्रकार चित्रण प्रारंभ करने से पूर्व ही क्षेत्र विभाजन कर लेता है, फिर उसी आधार से चित्रण करता है।

नोबलर के अनुसार, "चित्रकार जिस चित्र भूमि पर अंकन कार्य करता है, वह स्पष्ट तथा द्वि-आयामी होती है। यही अंतराल अथवा स्थान होता है।"

पोत/बनावट (Texture)–किसी वस्तु के धरातल की विशेषता को पोत कहते हैं। प्रकृति में मौजूद प्रत्येक पदार्थ का अपना अलग गुण होता है, जैसे–पत्थर में ठोसपन और कठोरता होती है, इसके विपरीत फूलों में कोमलता और नाजुकपन होता है। जो चीज जैसी होती है, चित्र में उसी प्रकार से बनानी चाहिए। पोत के कारण ही हम किसी धरातल के गुणों को चित्र में जान पाते हैं। चित्रकार कपड़ा, कागज, जिंक, ताड़पत्र आदि भिन्न-भिन्न माध्यमों में चित्रण करता है। प्रत्येक माध्यम अपना एक अलग प्रभाव छोड़ता है।

पालवली के मतानुसार–"हर पदार्थ के अपने गुण होते हैं, जैसे–पत्थर कठोर और ठोस है तो वह नर्म माँस जैसा नहीं दिखाया जाना चाहिए ... हर विचार के लिए अनुकूल एक पदार्थजन्य आकार होता है।"

पोत भी एक महत्त्वपूर्ण तत्त्व है। यह आँखों में एक प्रभाव डालता है जो चित्रित दृश्य को स्पर्श योग्य अनुभव कराता है। ऐसा प्रतीत होता है मानो चित्र में बनी वस्तु को हाथ से छूकर ही स्पर्श किया हो। यह चित्रकार पर निर्भर है कि वह किस हद तक दर्शक को भ्रमित कर पाता है। जो चित्रकार जितना अधिक अभ्यास करता है, उतना ही अधिक निखार वह चित्र में ला पाता है। पोत को रेखा या अन्य अभिप्रायों के प्रयोग द्वारा प्रदर्शित किया जाता है। बहुत-सी बार कलाकार के द्वारा प्रयोग की गई धरातल की बनावट प्राकृतिक बनावट से भी सुंदर प्रतीत होती है।

तान (Value)–तान रंगत के हल्के व गहरेपन को कहते हैं। यह रंगत में सफेद तथा काले के परिणाम का द्योतक है। यदि किसी वर्ण में श्वेत या काला वर्ण मिला दिया जाए तो उसका मान बदल जाता है। श्वेत व काले वर्ण की मात्रा को न्यून या अधिक करके किसी भी वर्ण की विभिन्न तानें प्राप्त कर सकते हैं। किसी भी एक वर्ण की वस्तु पर जब समान रूप से प्रकाश नहीं पड़ता, तब उसमें विभिन्न तानें प्रतीत होती हैं। दूसरी ओर यदि समान प्रकाश हो पर वस्तु एक तलीय न हो तब भी उस वर्ण की कई तानें देखी जा सकती हैं।

तान से छाया प्रकाश का प्रभाव उत्पन्न होता है। किसी वर्ण को गहरा करने हेतु, काला व हल्का करने हेतु सफेद वर्ण मिलाया जाता है। हल्की तानों से उल्लास, जोश, प्रफुल्लता, क्रियाशीलता आदि प्रभाव पड़ता है। इसके विपरीत गहरी तानों से निराशा, भय, अवसाद, शिथिलता आदि प्रभाव परिलक्षित होते हैं। काला व श्वेत वर्ण साथ-साथ मिलाने पर उदासीन घूसर का प्रभाव बढ़ जाता है।

प्रश्न 15. दृश्य कला के मौलिक सिद्धांतों की चर्चा कीजिए।

अथवा

कला के कोई चार आधारभूत सिद्धांत लिखें। [अप्रैल–2016, प्रश्न सं. 16]

उत्तर– दृश्य कला के मौलिक सिद्धांत निम्नानुसार हैं–

(1) परिदृश्य (Perspective)–एक तकनीक जो एक त्रि-विमीय संसार को एक द्वि-विमीय सतह पर प्रस्तुत करता है। एक समतल सतह पर यह स्थान और गहराई का भ्रम सृजित करता है। इसमें नजदीक की चमकीली और बड़ी वस्तुओं को दूर करके छोटे एवं हल्के रंग में दिखाया जाता है। प्रायः इस संकल्पना को उच्च प्राथमिक स्तर के छोटे बच्चों को व्याख्यायित किया जाता है।

(2) संतुलन (Balance)–चित्र के संतुलन की अवस्था में उसका प्रयोग तत्त्व चित्र के अंतराल में इस प्रकार वितरित होता है कि उसका चाक्षु भार किसी एक ओर के ही क्षेत्र को बोझिल नहीं करता। चाक्षु भार में रूप के सभी अवयव–रेखा, रूप, वर्ण, तान, पोत आदि सम्मिलित होते हैं। चित्रों में संतुलन की तीन स्थितियाँ संभावित होती हैं–

- अंतराल के केंद्र से क्षैतिज रूप से दोनों ओर समान भार का समान भुजा पर संतुलित होना।
- क्षैतिज रूप से ही असमान भार का असमान भुजाओं द्वारा संतुलित होना।
- उर्ध्व अथवा कर्णवत् रेखा पर केंद्र के ऊपर के भार का नीचे के अधिक भार द्वारा समान दूरी पर संतुलित होना।

(क) नियमित (Symmetrical)–जिसके दोनों भाग समान हों, जैसे–वृत्त, घन, आयत, त्रिकोण, गिलास आदि। नियमित आकारों में एकरसता तथा बौद्धिक सृजनता कम होती है।

(ख) अनियमित (Asymmetrical)–अनियमित रूप का अर्द्ध-भाग शेष भाग से मिलता-जुलता नहीं होता है, जैसे–विषमकोण, चतुर्भुज, केतली, शंख आदि। ये रूप अधिक रुचिकर होते हैं।

(3) एकता (Harmony)–चित्र के तत्त्वों की एक सूत्रता वह आकर्षण है जो चित्र

में बिखराव को रोकती है। वास्तव में एकता एक सहयोग की भावना है जिसमें सभी चित्र एक-दूसरे से गूँथे हुए रहते हैं।

(4) **प्रवाह (Rhythm)**—प्रवाह तथा लय का अर्थ चित्र भूमि पर दृष्टि का स्वतंत्र एवं मधुर विचरण अथवा गति होता है। चित्र तत्त्वों की संबंधित गति जिस पर चलकर आँख आनंद का अनुभव करती है, प्रवाह कहलाता है। लंबी/लयात्मक रेखाओं का सौंदर्य के चित्रों में सौहार्दपूर्ण विशेष उल्लेखनीय है।

प्रश्न 16. बाजार में उपलब्ध पेंसिलों के कितने प्रकार हैं? रंगीन और वॉटर कलर पेंसिल के उपयोग करने की कुछ तकनीकें और युक्तियाँ बताइए।

उत्तर—पेंसिलों के निम्नलिखित प्रकार हैं—

(1) **ग्रेफाइट पेंसिल (Graphite Pencil)**—यह पेंसिलों का एक प्रचलित प्रकार है। बहुत कोमल पेंसिल से लेकर बहुत कठोर पेंसिल तक अनेक स्तर बनाए जाते हैं। B का तात्पर्य कालेपन से होता है तथा H कठोरता का द्योतक होता है।

ड्राइंग के लिए पेंसिल एक आवश्यक उपकरण है। ये हल्की और गहरी दोनों प्रकार की होती हैं। इनको नंबरों से पहचाना जाता है। इनके नंबर निम्न होते हैं—

HB—यह मीडियम पेंसिल है। ड्राइंग में इसका उपयोग बहुत अधिक किया जाता है, क्योंकि यह न तो अधिक काली होती है और न अधिक कठोर और जल्दी टूटती भी नहीं। इससे खींची गई रेखाओं को आवश्यकता पड़ने पर सरलता से मिटाया जा सकता है।

B—यह पेंसिल कुछ नर्म होती है और इससे कुछ गहरी रेखाएँ खींची जा सकती हैं।

2B—यह पेंसिल नर्म और कुछ अधिक काली होती है। इसका उपयोग गहरी और स्पष्ट रेखाएँ खींचने में किया जाता है।

3B—यह अत्यंत मुलायम और साथ ही काली भी अधिक होती है। इसे हल्के हाथ से इस्तेमाल करना चाहिए, क्योंकि इसका लेड ज्यादा दबाव से टूट जाता है।

4B—यह काफी काली होती है। ड्राइंग में इसका उपयोग छाया-प्रकाश (Shading) के प्रभाव को दर्शाने में किया जाता है।

5B—यह पेंसिल बहुत ज्यादा काली होती है। इसका उपयोग भी छाया (Shade) के प्रभाव को दिखाने के लिए किया जाता है।

6B—यह पेंसिल भी अधिक मुलायम और काली होती है। इसका उपयोग भी कालेपन को दर्शाने में किया जाता है।

इन पेंसिलों के अतिरिक्त ड्राइंग में कार्बन पेंसिलों का भी उपयोग किया जाता है। ये पेंसिलें अधिक काली होती हैं। इनकी विशेषता इनका कालापन है, जो कि पेस्टल एवं वाटर कलर के साथ मेल खा जाता है। ये पेंसिलें इस प्रकार हैं—

HB—साधारण, मुलायम और काली। इसका उपयोग रेखाएँ खींचने में किया जाता है।

B—ड्राइंग करने तथा हल्की छाया दिखाने के लिए इसका प्रयोग करते हैं।

BB—यह अधिक काली होती है। इसका उपयोग भी शेडिंग करने में किया जाता है।

BBB—यह विशेष रूप से काली तथा मोटी होती है। यह गहरी शेडिंग के लिए उपयोगी है।

(2) **रंगीन पेंसिल (Colour Pencil)**—इनमें मोम के साथ रंजक और अन्य पूरक

पदार्थ होते हैं। कई रंग एक साथ मिलाकर बना दिया जाता है।

कुछ सुझाव – रंगीन पेंसिल तकनीक

(क) फेदरिंग–एक भाग को रंग करें और इसके ऊपर एक हल्के रंग को धीरे से खींचे ताकि उसके माध्यम से वास्तविक हिस्सा दिखे।

(ख) मिलाना–विभिन्न प्रकार के रंग प्राप्त करने के लिए विभिन्न रंगों को एक दूसरे पर रख कर मिलायें।

(ग) चमकाना या घोटना–रंगों को चमकाने के लिए आपने जिन रंगों को पहले ही फैला रखा है उन पर एक सफेद पेंसिल चलाएँ। तत्पश्चात् इस तकनीक को रंगों के सतहों को मिलायें जब तक कि ये रंग चमकने न लगें।

(घ) अलंकृत करना–अपने चित्रकला के कागज पर कागज का एक टुकड़ा बिछायें। एक बॉल प्वाइंट पेन की सहायता से दबायें और अपने चित्र बनाऐं। कागज के टुकड़ें को हटाऐं और अलंकृत क्षेत्र पर पेंसिल के सिरा को रगड़ें।

(3) चारकोल पेंसिल (Charcoal Pencil)–ये चारकोल से बनती हैं और ग्रेफुाइट पेंसिल की अपेक्षा आसानी से धब्बा बनाती है। इस प्रकार ये चित्रकला में आसानी से रंग सृजित करने के लिए प्रयोग की जा सकती हैं।

(4) जलरंग पेंसिल (Water Colour Pencil)–ये पेंसिल जलरंग तकनीक के साथ प्रयोग करने के लिए बनाई गई होती हैं। इन पेंसिलों द्वारा बनाए गए धब्बों (strokes) को पानी से संतृप्त किया जा सकता है और ब्रश की सहायता से फैलाया जा सकता है। जो बच्चे ब्रश का प्रयोग नहीं कर सकते और फिर भी जलरंग का प्रभाव देना चाहते हें तो इन पेंसिलों का प्रयोग कर सकते हैं। इनसे रंग भरने के पश्चात् पानी की एक सतह डाली जा सकती है जो कि जलरंगों का एक अच्छा प्रभाव देती है।

कुछ सुझाव–जलरंग पेंसिल तकनीक

एक चुटकी नमक–एक पृष्ठभूमि को रंगे, गीला करे और फिर इस पर थोड़ा नमक छिड़क दें। आप बर्फ के कण जैसा प्रभाव पाते हैं। एक बार पेन्ट सूख जाता है तब आप अपनी चित्रकला जारी रख सकते हैं।

बिंदु चित्रण–पेंसिल का प्रयोग कर एक बाह्य रेखा खींचे। जलरंग पेंसिल के नोंक को ब्रश से गीला करें। इसे कागज पर दबाएँ और बाह्य रेखा को भरने के लिए बार-बार ऐसे बिंदु बनाएँ। यदि एक दूसरे के नजदीक आप एक समान लय का प्रयोग करते हैं तो रंगों के मिश्रण से एक प्रकाशिक भ्रम पैदा होता है। आपको इस तकनीक प्रयोग प्रकाशीय प्रभाव के लिए भी करना चाहिए जैसा कि आप तारे की चित्रकला के साथ देख सकते हैं।

चमकदार प्रभाव–एक पूर्ण तस्वीर को चमक प्रदान करने के लिए जल आधारित गोंद से पेन्ट कर दें। चमक की उच्च गुणवत्ता प्राप्त करने के लिए गोंद की कई सतहों का प्रयोग करें।

प्रश्न 17. पेस्टल रंग क्या है? इसके कुछ प्रकारों और रंग करने के तरीकों का वर्णन कीजिए।

अथवा

किसी भी सतह पर ग्रैफीटो तकनीक से चित्र बनाने की प्रक्रिया का संक्षेप में वर्णन करें। **[अक्तूबर–2016, प्रश्न सं. 35]**

उत्तर– सरल रूप से देखा जाए तो पेस्टल्स भिन्न तरह से अनुबद्ध रंजकों की स्टिक्स हैं। उनको कागज पर उपयोग करके "पेंटिंग" बनाते हैं। पेस्टल्स कई रूप के होते हैं–

(1) सूखा पेस्टल (Dry Pastel)–सूखा पेस्टल दो प्रकार का होता है–

(क) कठोर पेस्टल (Hard Pastel)

- उच्च संयोजक, कम रंग।
- बाह्य रेखा खींचने में प्रयुक्त।
- रंग कम चमकीले होते हैं।
- स्थिरीकारक अपेक्षित नहीं है।

(ख) मुलायम पेस्टल (Soft Pastel)

- अधिक संयोजक, कम रंग।
- बाह्य रेखा खींचने में प्रयुक्त।
- रंग कम चमकीले होते हैं।
- स्थिरीकारक अपेक्षित नहीं है।

(2) तैलीय पेस्टल (Oil Pastel)–इनकी अनुरूपता (Consistency) मुलायम और रंग चमकीले होते हैं। इनको मिलाना कठिन होता है, लेकिन चित्रकला में लयात्मक प्रभाव सृजित करने के लिए कपड़े के टुकड़े का प्रयोग कर मिश्रित किया जा सकता है। इसके लिए स्थिरीकारक अपेक्षित नहीं है। रंगों को एक उचित रीति प्रदान करने के लिए एक अच्छी गुणवत्ता का कारतूसी कागज (दोनों के साथ) या पेस्टल शीट प्रयुक्त किया जा सकता है।

रंग करने की कुछ मजेदार किंतु प्रभावी विधियाँ–

(1) क्रेयन तकनीक (Crayon Techniques)–क्रेयन का प्रयोग करते समय यदि आप इसे धीरे से दबाते हैं तो रंग पेस्टल जैसे बिल्कुल कोमल हो सकते हैं।

(2) ग्रेफीटो तकनीक (Graffito Techniques)–यह तकनीक दो विभिन्न रंगों की सतहों पर आश्रित होती है। पहला एक हल्के रंग से कागज के शीट को ढकता है– यह विभिन्न रंगों के कुछ निकटवर्ती क्षेत्रों में हो सकता है। अब हल्के रंग को काले क्रेयन से ढँक दें। अब एक तीक्ष्ण धार वाली वस्तु से चित्रकला के काली सतह को इस प्रकार खरोंचे कि नीचे का रंग उद्घाटित हो।

(3) बैटिक (Batik)–पहले मोम के क्रेयन से आकृति खींचे। फिर जलरंगों या पतले रंगीन स्याही से पृष्ठभूमि पेन्ट करें। पानी मोम पर फिसल जाता है और इस प्रकार आकृति दृश्य रह जाती है।

(4) पेस्टल तकनीक (Pastel Techniques)

तैलीय पेस्टल क्रेयन किसी भी प्रकार की सतह पर प्रयुक्त की जा सकती है जैसे–ग्लास, प्लास्टिक या बरतन आदि।

प्रश्न 18. पोस्टर रंग और इसके उपयोग के बारे में संक्षेप में समझाइए।

उत्तर– पोस्टर रंग गोंदयुक्त जलरंग है जो कि अपारदर्शी होता है और गोंद की तरह ही शीघ्र सूख जाता है। वे प्राय: काँच के मर्तबान में बेचे जाते हैं और इन्हें दृश्य कार्ड रंग या डिस्टेम्पर रंग भी कहा जाता है। ये पोस्टर लिखने या कार्ड बनाने में प्रयुक्त होते हैं।

पोस्टर रंगों का उपयोग (Use of Poster Colours)—ये व्यापक रूप से प्राकृतिक दृश्य, पेंटिंग और व्यावसायिक कला उद्देश्य जैसे चित्र, प्रदर्शनी और शैक्षिक कार्य में प्रयुक्त किए जाते हैं।

शिक्षक विद्यार्थियों को पोस्टर रंग के तकनीक को मस्तिष्क में रखने को निर्देशित कर सकता है। जैसे थोड़ा सा रंग प्लेट में ले और थोड़े से पानी से इसे पतला करें। वे गाढ़ा और चिकना रहते हैं। पदार्थ की बनावट को मस्तिष्क में रखते हुए जैसे—बालू खुरदरा है और आकाश चिकना है ऐसे ही ब्रश के अटपटे प्रयोग से खुदरा प्रभाव दिया जाता है और ब्रश को सहजता से घुमाकर आकाश/पानी का चिकना प्रभाव दिया जा सकता है। बच्चों को गणतंत्र दिवस, किसी त्योहार, किसी अन्य सामाजिक मुद्दों जैसे जनसंख्या, वनीकरण या वैश्विक गर्माहट जैसे मुद्दों पर पोस्टर तैयार करने को प्रोत्साहित किया जाना चाहिए। विद्यार्थियों को पतली रेखाएँ या छोटे क्षेत्र को प्रदर्शित करने के लिए 0, 2, 4 नं. के गोल काले बाल के ब्रश को रखना चाहिए। बड़े क्षेत्र को रंगने के लिए 5, 6, 8 नं. के ब्रश का प्रयोग करना चाहिए। चौड़ा ब्रश पोस्टर पर लिखने में प्रयुक्त किया जाना चाहिए। यह ब्रश को उचित तरीके से पकड़ने में बच्चे की सहायता भी करता है।

प्रश्न 19. कलम (pen) और स्याही (ink) से आप क्या समझते हैं? उदाहरणों के साथ समझाइए।

उत्तर—कलम या पेन वह वस्तु है जिससे कागज पर स्याही द्वारा लिखा जाता है। कलम से बहुत से अन्य चीजों पर भी लिखा जाता है। बाजार में अनेक प्रकार की कलम आती हैं जैसे मोटे नोंक वाला मार्कर, फाउण्टेन पेन आदि। हम प्रकृति से भी कलम बना सकते हैं जैसे—छड़ी, बाँस, नरकट, कौए का पंखपिच्छ, निब पेन आदि। प्रत्येक कलम कागज पर एक अनन्य रेखा बनाती है जिसे अन्वेषित और प्रायोजित करने की जरूरत है। चित्रकला बनाने और चित्रकला में रूचि जागृत करने के लिए स्याही वाली कलम का प्रयोग कर सुलेखन लिखने में छात्रों को प्रोत्साहित किया जाना चाहिए।

विभिन्न कलमों के कुछ उदाहरण—

बारीख रेखा वाली कलम—जेल पेन, एडिंग (Edding), staedtler, Roting, Berol आदि।

मार्कर पेन—(Aquarelle Marker, Brush Marker, काँच और शिल्प मार्कर, ग्राफिक मार्कर आदि।

फेल्ट पेन—Aquarelle Pens, Berol Felt Pen, Crayola felt Pen, Specialist Crafts Felt Pen आदि।

स्याही (Inks)—स्याही एक द्रव है जिसमें बहुत से रंजक (pigments) होते हैं और जिसका उपयोग लिखने, चित्र बनाने आदि के लिए होता है। स्याही पानी, कार्बन, कालिख शल्क लाक्षा और अन्य दूसरे बंधक सामग्रियों का मिश्रण है। स्याही पानी में घुलनशील है किंतु सतह से हटाने में मुश्किल हैं स्याही के प्रभावी प्रयोग के लिए कागज की उचित पसंद अनिवार्य है।

स्याही के प्रकार—Acrylic Ink, Drawing Ink, Indian Ink.

प्रश्न 20. रंगोली को परिभाषित कीजिए। रंगोली बनाने के लिए किस तरह की सामग्री का उपयोग किया जाता है?

अथवा

रंगोली बनाने में प्रयुक्त किन्हीं चार सामग्रियों के नाम लिखें।

[अप्रैल–2016, प्रश्न सं. 18]

उत्तर– रंगोली भारत की प्राचीन सांस्कृतिक परंपरा और लोक कला है। अलग-अलग प्रदेशों में रंगोली के नाम और उसकी शैली में भिन्नता हो सकती है लेकिन इसके पीछे निहित भावना और संस्कृति में पर्याप्त समानता है। इसकी यही विशेषता इसे विविधता देती है और इसके विभिन्न आयामों को भी प्रदर्शित करती है। इसे सामान्यतः त्यौहार, व्रत, पूजा, उत्सव, विवाह आदि शुभ अवसरों पर सूखे और प्राकृतिक रंगों से बनाया जाता है। इसमें साधारण ज्यामितिक आकार हो सकते हैं या फिर देवी-देवताओं की आकृतियाँ। इनका प्रयोजन सजावट और सुमंगल है।

इसके लिए प्रयोग में लाए जाने वाले पारंपरिक रंगों में पिसा हुआ सूखा या गीला चावल, सिंदूर, रोली, हल्दी, सूखा आटा और अन्य प्राकृतिक रंगों का प्रयोग किया जाता है। कभी-कभी इसे फूलों, लकड़ी या किसी अन्य वस्तु के बुरादे या चावल आदि अन्न से भी बनाया जाता है। रंगोली को द्वार की देहरी, आँगन के केंद्र और उत्सव के लिए निश्चित स्थान के बीच में या चारों ओर बनाया जाता है।

रंगोली एक अलंकरण कला है जिसका भारत के अलग-अलग प्रांतों में अलग-अलग नाम है। उत्तर प्रदेश में चौक पूरना, राजस्थान में मांडना, बिहार में अरिपन, बंगाल में अल्पना, महाराष्ट्र में रंगोली, कर्नाटक में रंगवल्ली, तमिलनाडु में कोल्लम, उत्तरांचल में ऐपण, आंध्र प्रदेश में मुग्गु या मुग्गुलु, हिमाचल प्रदेश में अदूपना, कुमाऊँ में लिखथाप या थापा, तो केरल में कोलम के नाम से जाना जाता है।

कीचड़, टहनियों, पत्तियों, सीपी, स्फटिक आदि का प्रयोग कर रंगोली बनाने के लिए बच्चों की सृजनात्मक सोच को प्रोत्साहित किया जाता है। वे अपने आस-पास से सामग्री चुन सकते हैं जो कि उनकी अवलोकन क्षमता तथा प्रकृति की सृजनात्मक क्षमता को बढ़ा सकता है।

प्रश्न 21. बच्चों के लिए मिट्टी का क्या उपयोग है? साथ ही इसके महत्त्व को भी बताइए।

उत्तर– बालकों की रुचि मिट्टी में स्वाभाविक रूप से होती है और बच्चे मिट्टी में तरह-तरह से खेलते हैं। मिट्टी के खिलौने बनाना बच्चों को बहुत अधिक रुचिकर लगता है। यदि बालकों को इस संदर्भ में थोड़ा जानकारी मिल जाए तो उनके अंदर छिपी मृणमूर्ति कला उभर कर स्पष्ट हो जाएगी।

मुलायम चिकनी मिट्टी द्वारा मॉडल बनाना, बर्तन बनाना और उन्हें पकाना तथा रंगकर सजाना कलात्मक क्रियाओं का एक भाग होता है। अपनी इच्छानुसार मिट्टी को परिवर्तित किया जा सकता है। यह कार्य छात्रों को रुचिकर और सरल प्रतीत होता है।

मिट्टी से आकृति बनाने के लिए बहुत थोड़े उपकरण अपेक्षित हैं क्योंकि प्रारंभिक स्तर पर बच्चे अपने हाथों से ही मिट्टी को व्यवस्थित कर सकते हैं।

प्रारंभिक स्तर पर बच्चों द्वारा अपने हाथों से भींचना, दबाना, थपथपाना और सहलाना उनके गति कौशलों को सुधारेगा। मिट्टी को पकाना महत्त्वपूर्ण नहीं है। मिट्टी के साथ कार्य करने का अनुभव अधिक महत्त्वपूर्ण है। प्रारंभिक कक्षाओं में आसपास के कुम्हार मिट्टी का उत्पादन कर सकते हैं। बच्चे अपने हाथों की हथेलियों का प्रयोग कर पट्टी बनाना सीख सकते हैं जिससे वे भौगोलिक शिल्प बना सकते हैं। वे इन पट्टियों को मोड़कर, काटकर, जोड़कर घरों, भवनों, सड़कों, वाहनों आदि जैसी संरचनाएँ बना सकते हैं। वे बरतन बनाने के लिए कुंडलियों का अंबार एक-दूसरे पर रख सकते हैं। वे इन बरतनों को आकृति प्रदान करने के लिए दबा भी सकते हैं।

महत्त्व (Importance)

1. मिट्टी आँख-हाथ के संयोजन को बनाने में सहायता करती है।
2. यह बारीक गति कौशलों को विकसित करता है।
3. यह सृजनशीलता बढ़ाता है।
4. शिक्षण प्रक्रिया को अधिक रूचिपूर्ण और आनंदपूर्ण बना सकता है।
5. यह एकाग्रता बढ़ाता है या कला गतिविधियों में रूचि पैदा करता है।
6. इस गतिविधि को करते समय सभी संवेदनाएँ प्रयुक्त होती हैं क्योंकि अधिगम प्रक्रिया अत्यधिक लाभदायक है और लंबे समय तक बना रह सकता है।

शिक्षकों को बाजार में उपलब्ध सिंथेटिक मिट्टी के अपेक्षा वास्तविक मिट्टी का प्रयोग करना चाहिए।

प्रश्न 22. कलाकृति में मिश्रित सामग्रियों के बारे में संक्षेप में वर्णन कीजिए।

अथवा

कला के काम के लिए मिश्रित सामग्री के बारे में वर्णन कीजिए।

उत्तर–मिश्र सामग्री द्वारा कई प्रकार के कला कार्य जैसे कोलाज, रंगोली, कक्षाकक्ष पृष्ठपट, मंच संचालन उपकरण आदि बनाए जा सकते हैं जो कि कम लागत, विषहीन, पारंपरिक, अपारंपरिक हो सकते हैं। हम गुफा पेंटिंग्स या चट्टान पेंटिंग्स से पूर्व के मानवों की खोज और फूलों, पत्तियों, घास, पेड़ के छाल, खनिजों आदि के रंगों को जानते हैं। उसी प्रकार हम अनुभव प्राप्त करते हैं—

- गेरू से भूरा रंग
- कोयला से काला रंग
- हल्दी से पीला रंग
- पत्तियों, घास, पालक से हरा रंग
- फूल से हम पाते हैं—गुलाब से लाल, गेंदा से पीला, लाजवर्त नील से नीला।

शिक्षा के प्रारंभिक स्तर पर उपयुक्त सामग्रियों पर विचार किया जाना चाहिए। उदाहरणार्थ—पेस्टल शीट की अपेक्षा कोलाज बनाते समय, हम पतंग का कागज प्रयोग कर सकते हैं जो कम लागत वाला होता है। कोलाज तस्वीरों के काट, विभिन्न प्रकार के पत्थरों, स्फटिकों, पत्तियों, सीपियों, टिश्यू पेपर, कपड़ा, रस्सी आदि से भी बनाया जा सकता है। मिश्र सामग्रियों के साथ इस प्रकार का प्रयोगीकरण अधिगम को नमनीय बनाता है और यह सदा

पारंपरिक कला पर आश्रित नहीं होता। यह विद्यार्थियों को सृजनात्मक, कल्पनावादी बनाने में सहायता करता है क्योंकि प्रत्येक सामग्री के अपने अद्वितीय लक्षण और गुण होते हैं।

कम लागत के मिश्र सामग्री आसानी से उपलब्ध हैं–

(i) कागज–कारतूस पेपर, पेस्टल, क्रेप पेपर, पतंग पेपर, चमकीला पेपर, पत्रिका पेपर, टिश्यू पेपर, पैकिंग पेपर आदि।

(ii) रंग–पेंसिल रंग, मोम क्रेयन, सूखा पेस्टल, जल रंग, पोस्टल कलर, प्राकृतिक और डाई रंग और खनिज रंग आदि।

(iii) ब्रश–गोल, सूअर बाल का ब्रश, सपाट, काला बाल का ब्रश।

(iv) पेंसिल–2 HB, 2B, 4B, 6B, 8B, HH चारकोल।

(v) गोंद–फेवीकोल, फेवीवाउन्ड, गोंद, फेवीस्टिक।

प्रश्न 23. शिल्प सामग्री क्या है? आप अनुपयोगी वस्तुओं से कैसे एक वस्तु बना सकते हैं?

उत्तर– विभिन्न प्रकार के कचरे से हम शिल्प सामग्रियों को खोज या पता लगा सकते हैं जिससे मजेदार शिल्प वस्तुएँ उत्पादित की जा सकती हैं। अपशिष्ट पदार्थ या कचरे का पुनः उपयोग करना एक विस्मयकारी अनुभव है। वस्तुओं को जैसी हैं उस रूप में नहीं बल्कि वे कैसी हो सकती हैं उस रूप में देखने की थोड़ी सी कल्पनाशीलता, सृजनात्मकता, कौशल और योग्यता एक स्मरणीय और लाभप्रद अनुभव हो सकती है। यह बजट को भी कम करता है। कुछ ऐसे अन्वेषण अनुपेक्षित परिणाम दे सकते हैं।

उपलब्ध शिल्प सामग्रियाँ निम्न हो सकती हैं–

1. प्लास्टिक मर्तबान और बोतल
2. खाली डिब्बे
3. खाली कार्डबोर्ड के डिब्बे और कार्टून्स
4. पुराने टुथ ब्रश
5. पुरानी बोतलों के प्लास्टिक के ढक्कन
6. पत्रिकाएँ और समाचार पत्र
7. पुराने और फटे कपड़े
8. सुतली, धागे, मोती, गोटा, बिंदी
9. चूड़ियाँ, टाइल्स, स्वीचें
10. पाइप, आइसक्रीम टब, चम्मच
11. बल्ब, ट्यूबलाइट, तार
12. नारियल का खोल, पिश्ता का खोल, अखरोट का खोल आदि।

हम प्रकृति में आवरण, छाल, टहनियाँ, पत्तियाँ स्फटिक, पंख, बीज, बालू आदि का पता लगा सकते हैं जिनको यदि अन्वेषित करें तो विस्मयकारी कला कार्य उत्पादित कर सकते हैं। इन सामग्रियों का प्रयोग करते समय कोई विशेष तकनीक प्रशिक्षण की आवश्यकता नहीं होती है। विद्यार्थियों को एक छोटी सी सहायतात्मक दिशानिर्देश देकर इच्छित वस्तु की प्राप्ति के लिए नवीनता से उनका उपयोग कराया जा सकता है।

प्रश्न 24. ड्राइंग (चित्रकला) और पेंटिंग (चित्रकारी) के बारे में संक्षिप्त में चर्चा कीजिए। ये बच्चों के लिए कैसे उपयोगी हैं?

अथवा

ड्राइंग के लिए इस्तेमाल किए जाने वाले सामान्य उपकरण क्या हैं? पेंटिंग में उपयोग किए जाने वाले विभिन्न प्रकार के रंगों पर चर्चा कीजिए।

उत्तर– चित्रकला एक द्विविमीय (two-dimensional) कला है। अपने हृदय के भावों को तूलिका द्वारा चित्र रूप में प्रस्तुत करना ही चित्रकला है। चित्रकला में अनेकों प्रकार की आकृतियों को पेंसिल, ब्रुश तथा रंगों की सहायता से दर्शाया जाता है। चित्रण सामग्री के रूप में छात्रों को निम्न वस्तुओं की आवश्यकता होती है–

- चॉक
- चारकोल
- कॉन्टे
- क्रेयॉन
- ग्रेफाइट
- पेस्टल
- मार्कर
- कलम और स्याही
- पेंसिल
- इंक ब्रश

ये एक नुकीली छड़ी के रूप में होते हैं जो मीडिया के कण को आधार पर रखते हैं। इनमें से अधिकांश सामग्री या तो सूखी (ग्रेफाइट, चारकोल, पेस्टल, गल्फ) या एक घुलनशील तरल युक्त (मार्कर, कलम और स्याही) होते हैं।

चित्रकला के उद्देश्य (Objectives of drawing)–

- बालकों में कल्पना शक्ति व बौद्धिक विकास करना।
- उनकी प्रतिभा व प्राकृतिक प्रवृत्तियों का विकास करना।
- स्वतंत्र भावाभिव्यक्ति की योग्यता व क्षमता का विकास करना।
- भौतिक जीवन को सुखमय बनाना।
- सहयोग व बंधुत्व की भावना का विकास करना।

चित्रकला के लिए आधार (Base for drawing)–चित्रकला के लिए आधार हो सकते हैं–

1. कागज
2. कैनवास
3. धातु
4. लकड़ी
5. प्लास्टर
6. दीवार (भित्ति के लिए)

पेंटिंग (Painting)

पेंटिंग रंगों को एक सतह पर रखने की विधि है। ये रंग पेन्ट, क्रेयन या अन्य कोई सामग्री हो सकते हैं जिन्हें हाथों/अंगुलियों, चाकू, स्पैचुला आदि से भी किया जा सकता है।

पेंटिंग में प्रयुक्त होने वाले रंगों के प्रकार–

1. प्रत्यक्ष रंग–रंगों के इस वर्ग के अंतर्गत सूखे पेस्टल, क्रेयन, रंगीन पेंसिल आती हैं। ये छोटे बच्चे द्वारा आसानी से उपयुक्त की जा सकती है और रंग करने के लिए प्राथमिक स्तर पर बच्चे को परिचित कराया जाना चाहिए क्योंकि वे किसी सख्त उपकरण को नहीं चाहते।

2. तैल रंग–ये ट्यूब में उपलब्ध हैं। इन्हें पेंटिंग के लिए तारपीन के तेल से पतला किया जाना है। पेंटिंग सामान्यतः बोर्ड या कैनवास पर की जाती है। ये बड़े बच्चों द्वारा प्रयुक्त किए जाते हैं जिनके लिए अधिक उपकरण अपेक्षित है जो व्यवस्थित करने में कम मुश्किल हैं।

3. जल रंग/पोस्टर रंग–तैलीय पेंटिंग की अपेक्षा जल रंग प्राचीन हैं। सामान्यत एक मात्र माध्यम पानी आवश्यक है। जल रंग पारदर्शी होते हैं अतः इसकी एक या अधिक परतें पेन्ट की जा सकती हैं। जल रंग पेंटिंग में प्रत्येक को विशाल क्षेत्र प्रदान करता है। जैसे वे रंगीन पेंसिल, पेस्टल, कलम, स्याही या कोई भी चीज जो पानी के साथ संयोज्य हो के माध्यम से प्रयुक्त की जा सकती हैं।

प्रश्न 25. ब्लॉक पेंटिंग या छपाई क्या है? वर्णन कीजिए।

उत्तर– ब्लॉक पेंटिंग या छपाई प्रभाव अर्जित करने की एक रूचिपूर्ण विधि है। यह उतनी ही सामान्य हो सकती है जितना कि अंगुली का निशान होने के लिए अंगूठे को स्टाम्प पैड पर रखकर दबाना होता है।

सब्जी की छपाई–आलू, प्याज, गोभी, शिमला मिर्च आदि जैसी सब्जियों को काटकर रंग या पेन्ट से गीला कर छाप अंकित करने के लिए कागज पर दबाया जाता है। शिक्षा या मनोरंजन के लिए यह छपाई बनाई जा सकती है।

प्रकृति की छपाई–प्रकृति में प्राप्त वस्तुएँ छपाई के लिए प्रयुक्त की जा सकती हैं। उदाहरणार्थ–पत्तियाँ या पर्णांग, पंख, लकड़ी का एक टुकड़ा या वृक्ष की शाखा आदि।

हाथ/अँगुली/अँगूठा की छपाई–बच्चे अपनी अँगुलियों, अँगूठों या यहाँ तक कि हाथों को भी रंग करना पसंद करते हैं। हाथों और अँगुलियों को गाढ़े पेन्ट में डुबाकर छाप छोड़ने के लिए कागज पर दबा देते हैं। फिर ये छाप विभिन्न जानवरों, पक्षियों, फलों, सब्जियों, चेहरों आदि को सृजित करने में प्रयुक्त किए जा सकते हैं।

प्रश्न 26. कोलाज से आप क्या समझते हैं? विस्तारपूर्वक लिखिए।

अथवा

कोलाज से क्या तात्पर्य है? इसके कितने प्रकार होते हैं? बच्चों के लिए इसकी क्या उपयोगिता है?

अथवा

"कोलाज विभिन्न सामग्रियों को इकट्ठा करने वाली कला का काम है।" समझाइए।

उत्तर— विभिन्न अनुपयोगी वस्तुएँ या कागज को गोंद, फेवीकॉल तथा अन्य चिपकाने योग्य पदार्थ से कोई कलात्मक आकार या रूप प्रदान करना ही कोलाज है। इसके अंतर्गत सभी प्रकार के कागज, कपड़े, तीलियाँ, माचिस, सिगरेट की डिब्बियाँ, टूटे हुए विभिन्न काँच, मिट्टी की वस्तुएँ तथा अन्य अनुपयोगी वस्तुएँ आती हैं। इन सबको गोंद, फेवीकॉल अथवा अन्य चिपकाने योग्य पदार्थ से चिपकाकर, लगाकर, उभारकर अपनी इच्छानुसार अंतराल में इस प्रकार संयोजित किया जाए कि किसी प्रकार के कलात्मक रूप की अभिव्यक्ति हो सके। इसे ही कोलाज का नाम दिया गया है। यह आधुनिक कला की एक प्रचलित शैली है। बच्चे पारंपरिक सामग्री (रंगीन कागज, मुद्रित सामग्री) आदि से कोलाज बनाते रहे हैं, किंतु उन्हें प्रकृति की वस्तुओं, जैसे- पंख, पत्तियों, टीन, ढक्कन, खाली डिब्बे, रंगीन धागे, तिनके आदि के उपयोग की जानकारी दी जाए। इस प्रयोजन के लिए चुनी गई सामग्री ऐसी होनी चाहिए जो कागज की सतह पर आसानी से चिपक सके।

कोलाज दो प्रकार के होते हैं–
(1) पेपर कोलाज
(2) मिश्रित कोलाज

कोलाज का महत्त्व (Importance of Collage) –

• यह बच्चों द्वारा काटने और चिपकाने के माध्यम से उनके गत्यात्मक कौशलों को विकसित करने में सहायता करता है।

• ऐसी गतिविधियाँ बच्चों की सृजनात्मक कौशल बढ़ाती हैं।

• बच्चे जो प्रभावी ढंग से खींच नहीं सकते और हतोत्साहित अनुभव करते हैं। ऐसे बच्चों में कलाकार्य के प्रति रूचि विकसित करने में कोलाज एक महत्त्वपूर्ण विधि है।

• कोलाज निर्माण में सामूहिक कार्य इसको बढ़ा सकता है।

मिश्र सामग्री को चिपकाकर बना कोलाज बच्चों को प्रकृति, व्यक्तिगत सफाई, अन्य सामाजिक मुद्दों को सुरूचिपूर्ण तरीकों के प्रति सचेत कर सकता हैं और बिना अधिक चित्रकारी के प्रभावी पोस्टर सृजित कर सकते हैं।

प्रश्न 27. 'कठपुतली' और 'मास्क' से आप क्या समझते हैं? इनके प्रकारों तथा तकनीकों का वर्णन कीजिए।

उत्तर— कठपुतली– कठपुतली कला न केवल भारत (राजस्थान) की ही कला है, अपितु विदेशों में भी इसका प्रचलन है। कठपुतली के माध्यम से विभिन्न शैक्षिक मूल्यों, पौराणिक कथा, लोक कथा, वेशभूषा आदि का प्रदर्शन किया जाता है जिससे बालकों के ज्ञान-प्रत्यय गहन होते हैं। कठपुतली के माध्यम से बालकों को उचित हाव-भाव एवं अभिनय करने की कला सिखाई जाती है। साथ ही इससे छात्रों को अच्छा आचरण, सामाजिक गुण व अच्छी आदतें सफलतापूर्वक एवं प्रभावशाली ढंग से सिखाई जा सकती है।

छोटे विद्यार्थियों की कक्षा में कठपुतलियाँ काफी बहु-उपयोगी साधन होती हैं। बच्चे उन्हें बनाते समय भाषा का उपयोग करते हैं। कई बार वे शिक्षक की तुलना में कठपुतलियों की सहायता से समझाई गई बात जल्दी समझते हैं और आमतौर पर बच्चों को कठपुतलियों को चलाने के प्रति काफी उत्साह रहता है। कठपुतली बनाने की प्रक्रिया अपने आप में एक लाभप्रद

कला की गतिविधि है। कठपुतली बनाने की कुछ सामान्य तकनीकें निम्नलिखित हैं–

(1) अँगुली कठपुतली (Finger Puppet)–बिना अधिक उपकरणों के कठपुतली बनाने का यह सबसे आसान तरीका है। कोई भी अँगुलियों पर कपड़े का टुकड़ा बाँधकर और पेन्ट के द्वारा अँगूठे पर आँख, नाक, मुँह आदि बनाकर एक चरित्र का सृजन कर सकता है और अँगुलियों से विभिन्न चरित्रों को चित्रित कर सकता है।

चित्र 1.11

(2) मोजे की कठपुतली–मोजे की कठपुतली बनाना एक मनोरंजक कला है। इसकी विशेषता इस बात में है कि हम प्रत्येक कठपुतली को अपने ढंग की, एक खास चरित्रवाली, विशेष रूप की बना सकते हैं। जरूरी नहीं है कि वह मनुष्य रूप में ही हो। मानवी आकार के अतिरिक्त अन्य पशु व अजनबी रूपों में भी कठपुतली बनाना संभव है।

चित्र 1.12

कठपुतली बनाने के लिए कम-से-कम, हमारी पसंद का एक साफ मोजा, एक बड़ी सुई और मजबूत, ठोस धागा हमारे पास होना चाहिए। इसके अतिरिक्त अपनी कठपुतली को अनुपम एवं आकर्षक बनाने व सजाने और सँवारने के लिए शीशे, आभूषण, केश बनाने का खास धागा इत्यादि भी रख सकते हैं।

कठपुतली बनाने की आवश्यक वस्तुएँ होंगी, जैसे–अलंकार के लिए विभिन्न बटन, मोती, ऊन, पाइप क्लीनर्स, फेल्ट मेटीरियल, कैंची, ग्लू गन आदि।

(3) कागज के थैले की कठपुतली–सफेद या भूरे कागज का थैला प्रयोग करें। कागज के थैले पर नीचे चेहरा बनाने के लिए मार्कर का उपयोग करें। मुँह नीचे के किनारे पर होगा जहाँ से थैला मुड़ता है। आप अँगुलियों के लिए कलम का भी उपयोग कर सकते हैं और आँख,

नाक आदि काट कर बनायें। कागज के थैले के नीचे किनारे पर कागज से काट कर छोटा नुकीले आकार का कान कागज और गोंद से चिपकायें। एक बार जब चेहरा बन जाए तो आप उसके शरीर को बनाकर पूर्ण कर सकते हो। दिखाने के लिए आपकी कागज के थैले की कठपुतली तैयार है।

चित्र 1.13

(4) **मुखौटे (Mask)**—सामान्यतौर पर इसे चेहरे पर पहना जाता है। नाटक कला में मुखौटों का बड़ा महत्त्व है। मुखौटों के द्वारा व्यक्ति विभिन्न पात्रों को प्रदर्शित कर सकता है। इसे भी शिक्षा के क्षेत्र में बहुत प्रभावशाली ढंग से प्रयोग किया जा सकता है। इस प्रकार सभी प्रकार की दृश्य, श्रव्य, दृश्य-श्रव्य सामग्री द्वारा हम अत्यंत प्रभावी ढंग से अपने शिक्षात्मक उद्देश्यों की प्राप्ति कर पाते हैं।

अतः माध्यम कुछ भी हो, बालक (कलाकार) का आशय एक ही होता है—स्वयं को अभिव्यक्त करना।

जिस प्रकार कठपुतली बनाई जाती है ठीक उसी प्रकार बच्चे विभिन्न सामग्रियों का अन्वेषण और अपनी कल्पना का प्रयोग मुखौटा सृजन के लिए करते हैं। कुछ प्रकार के मुखौटे प्राथमिक बच्चों के लिए उपयुक्त सामग्रियों से बनाए जा सकते हैं जो इस प्रकार हो सकते हैं—

कागज का मुखौटा (Paper Mask)—हम मुखौटा निर्माण के लिए किसी भी कागज का प्रयोग कर सकते हैं। बच्चे चरित्र के अनुसार रेखा खींच कर काटते हैं और फिर उनमें कुछ गुण जोड़ देते हैं। आकृति बनाने के लिए विभिन्न रंग के कागज और सजावट के लिए विभिन्न सामग्रियों को अपनाया जाता है।

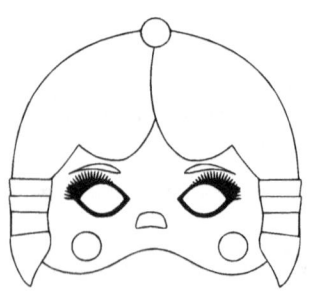

चित्र 1.14

मुखौटे का निर्माण–सामग्री-पेस्टलशीट, कारतूस शीट, फेवीकोल, कैंची।

चरण–

(क) पेस्टल शीट का 1/8वाँ भाग लें

(ख) अण्डाकार आकार में काटें

(ग) पत्तियों के आकार में आँख का स्थान काटे और इनमें आँख की पुतली लगा दें।

(घ) नाक काट और चिपका दें।

(ङ) अपनी इच्छानुसार हँसता चेहरा या उदास चेहरे की मुद्राएँ बना दें।

कागज के थैले का मुखौटा–ये बनाने में सबसे आसान होते हैं। बड़े लिफाफे या कागज का थैला लें जिसमें बच्चे का सिर चला जाये। देखने, साँस लेने और बोलने के लिए उपयुक्त छिद्र बनाने के लिए आँख, नाक और मुँह अंकित करें। बच्चे को उसकी कल्पना से पेन्ट करने को कहें। आप उनके द्वारा सृजित चरित्रों को देखकर आश्चर्य चकित होंगे।

कागज की प्लेट के मुखौटे–ये भी बनाने में बहुत आसान होते हैं। एक कागज की प्लेट लें, छिद्र बनाएँ, मोड़ने के लिए चारों किनारों को काट दें और चेहरे के अनुसार अण्डाकार आकार में चिपका दें, दो किनारों पर रबर लगाएँ और इसे पहन लें। खेलने के लिए मुखौटे को पेन्ट कर दें।

पेपर मैसी (कुट्टी) के मुखौटे–ये मुखौटे कागज की लुग्दी या कागज को गीला कर गेहूँ की लेई से बनाए जाते हैं। इस सामग्री से कोई भी चेहरे की आकर्षक रूपरेखा बना सकता है। जब यह सूख जाता है तो कठोर और टिकाऊ हो जाता है। चरित्र निर्माण के लिए इसे रंग से पेन्ट कर दें। जरूरत के अनुसार पूरा या आधा मुखौटा बनाया जा सकता है।

प्रश्न 28. क्ले मॉडलिंग क्या है? मिट्टी के साथ काम करते समय सावधानी बरतने के लिए सुझाव दीजिए।

उत्तर–मिट्टी से अन्वेषण कर उसे एक रूप देने को मिट्टी प्रारूपण या क्ले मॉडलिंग कहते हैं। अन्वेषण के लिए मिट्टी को एक अच्छा माध्यम माना जाता है क्योंकि यह मुलायम और आघातवर्ध्य है। चूँकि इसे आसानी से साँचे में ढाला जा सकता है, छोटे बच्चों के लिए मिट्टी से वस्तुएँ बनाना बहुत प्राकृतिक है। अपने बचपन में हममे से बहुतों ने मिट्टी के घर, आकृतियाँ बनाई हैं और मैदानों में खेला है। वे मिट्टी की कोमलता का आनंद लेते हैं क्योंकि वे ऐसी गतिविधियों को करना पसंद करते हैं।

मिट्टी से कार्य करते समय कुछ सावधानियाँ आवश्यक हैं–

- पानी का अधिक उपयोग मिट्टी को कमजोर बनाएगा और बाद में पट्टों में दरारें आ जाऐंगी।
- यह भी सुनिश्चित करें कि मिट्टी में दरार न हो इसे रगड़-रगड़ कर चिकना करना चाहिए।
- यदि आपका काम पहले दिन पूर्ण नहीं होता तो मिट्टी को सूखने से बचाने के लिए इसे गीले कपड़े से ढक देना चाहिए। इससे दूसरे दिन काम किया जा सकता है।
- मिट्टी से कार्य करते समय बच्चों को सफाई और स्वच्छता का ध्यान रखना चाहिए। इसलिए उन्हें पेटबंध बाँधना चाहिए और सुनिश्चित करें कि उनके हाथ सतह या दीवारों को गंदा न करें।

- मिट्टी से कार्य करने के पश्चात् उनको हाथ उचित तरीके से साफ करना चाहिए।
- मिट्टी की जिन वस्तुओं को सुरक्षित रखना है उन्हें अलग शेल्फ पर प्रदर्शित करना चाहिए।

प्रश्न 29. कागज काटने (paper cutting) और कागज मोड़ने (paper folding) की कला का वर्णन कीजिए।

अथवा

कला के रूप में 'कागज मोड़ना' किस प्रकार से बच्चों के लिए उपयोगी है?
[अप्रैल–2016, प्रश्न सं. 31]

उत्तर– कागज काटना– यह कागज को एक आकृति के रूप में काटने की कला है। यह लोककला का एक प्राचीन रूप है। पूरे विश्व में विभिन्न संस्कृतियों ने इस कला को विभिन्न शैलियों में अपनाया। यह साँझी (Sanjhi) कागज काटने की भारतीय कला है।

आज मुख्यत: सजावट में कागज कतरन प्रयुक्त होती है। ये घरों में दीवारों, खिड़कियों, दरवाजों, दर्पणों, लैम्प और लालटेनों को अलंकृत करते हैं और त्योहारों पर सजावट में भी प्रयुक्त होते हैं। त्योहारों एवं अवकाशों में इनका विशेष अभिप्राय हैं उदाहरण के लिए दीवाली और नववर्ष पर प्रवेश द्वार को कागज कतरन से सजाया जाता है जो कि अच्छा भाग्य लाने वाला माना जाता है। कागज कतरन प्रतिमानों के लिए विशेषकर कशीदाकारी और रोगन कार्य के लिए भी प्रयुक्त किया जाता है। कागज कतरन की दो विधियाँ हैं–कैंची और चाकू का प्रयोग कर। कागज के आठ टुकड़ों तक को एक साथ बाँधा जाता है। इसका मूलभाव है कागज को तेज धारवाली कैंची से काटना। चाकू से कागज काटने के लाभ अधिक है क्योंकि कैंची से काटने की अपेक्षा चाकू से एक बार में अधिक कागज काटें जा सकते हैं। द्वि-आयामी या त्री-आयामी काट सामान्य हैं जो कि गहराई और अनुपात आदि का भ्रम सृजित करता है।

पच्चीकारी (Mosaic) के लिए कागज काटना

इसके लिए निम्न चरण अपना सकते हैं–

1. कागज की तीन पतली धारियाँ काटें और फिर 1 से.मी. के वर्गाकार छोटे टुकड़े प्राप्त करने के लिए इन्हें क्षैतिज काटें।
2. एक कागज पर एक नमूना, ढाँचा या तस्वीर बनाओ।
3. तदनुसार इन्हें रंगीन कागज के वर्गों से भरें।
4. हम स्केच पेन से सूक्ष्म विवरण खींचे जैसे फूल का तना।
5. पूर्ण चित्र एक पच्चीकारी के जैसा दिखता है।

कागज मोड़ना (Paper Folding)

इस संदर्भ में जापानी शैली 'ओरिगामी' (ओरि का अर्थ मोड़ना और गामी का अर्थ कागज) बहुत लोकप्रिय है। कागज को मोड़कर अनेक रोचक व जटिल आकृतियाँ बनाई जा सकती हैं। इस कला का लक्ष्य है पदार्थ के एक समतल शीट को मोड़ने और शिल्प तकनीकों के माध्यम से पूर्ण शिल्प में परिवर्तित करना और ऐसे काट और गोंद विचारित नहीं है केवल एक जरूरत है कि इसमें एक चुन्नट होनी चाहिए। कागज शिल्प बहुत हल्का और सँभालने में आसान है। पुराने समाचार पत्रों का प्रयोग इस शिल्प के लिए किया जा सकता है।

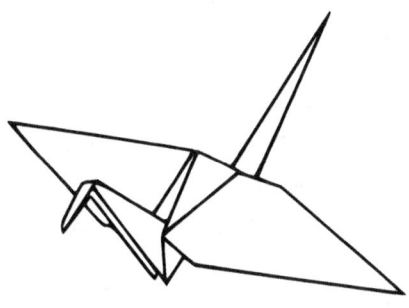

चित्र 1.15

प्रश्न 30. फोल्डर का क्या अर्थ है? फोल्डर के प्रयोग और इसे बनाने की विधि बताइए।

उत्तर–फोल्डरों के द्वारा विभिन्न प्रकार के अभिलेखों को सुरक्षित और संगठित रखा जाता है। इसका आवरण शीटों को अंदर पकड़ने के लिए क्लिप के साथ मोटे कागज से बना होता है।

फोल्डर का उपयोग (Use of Folder)–बच्चों के अनुच्छेदों, शिल्प सामग्रियों और कला कार्य के फोटों के भंडारण के लिए फोल्डर प्रयुक्त किया जाता है। ये अभिलेख हैं जो बच्चों को विविध अनुभवों को पुन: संयोजित करने में सहायता करते हैं और शिक्षक के लिए यह सतत एवं समग्र मूल्यांकन में सहायक है।

फोल्डर बनाना (Making of Folder)–फोल्डर हस्तनिर्मित कागजों या कार्डबोर्ड आदि से बनाया जा सकता है। बाजार में प्लास्टिक के फोल्डर उपलब्ध हैं। हमारी जरूरतों के अनुसार फोल्डरों को नाम देना महत्त्वपूर्ण है।

प्रश्न 31. प्रदर्शन कला के विभिन्न तत्त्व कौन से हैं? वर्णन कीजिए।

अथवा

निष्पादन कला में प्रयुक्त तत्त्व 'अन्वेषण' को परिभाषित करें।

[अप्रैल–2016, प्रश्न सं. 20]

अथवा

विभिन्न निष्पादन कलाओं के आधारभूत तत्त्वों को चिन्हित करें।

[अक्तूबर–2016, प्रश्न सं. 18]

उत्तर– निष्पादन कलाएँ (performing arts) वे कलाएँ हैं जिनमें कलाकार अपने ही शरीर, मुखमंडल, भाव-भंगिमा आदि का प्रयोग कर कला का प्रदर्शन करते हैं। दृश्य कला में निष्पादन कला के विपरीत कलाकार अपनी कला का उपयोग कर भौतिक वस्तुएँ बनाते हैं, जैसे कि एक चित्र या शिल्प। निष्पादन कला के अंतर्गत कई कलाएँ मौजूद हैं, इन सब में साम्यता यह है कि इन्हें प्रत्यक्ष रूप से दर्शकों के सामने प्रदर्शित किया जा सकता है। सुनना, देखना, आचमन (imbibing), अनकरण, अन्वेषण, अभिव्यक्ति, प्रदर्शन, सभी प्रदर्शन कला के लिए आधार हैं। प्रदर्शन कला के विभिन्न तत्त्व निम्नलिखि हैं–

• **अभिव्यक्ति (Expression)**–संवेदी अंग देखने, सूँघने, स्पर्श करने और स्वाद लेने

में सहायता प्रदान करते हैं। जब हम वास्तव में उपर्युक्त गतिविधियों को करते हैं जो कि किसी भी मानव जाति के लिए स्वैच्छिक है तो हम विविध अभिव्यक्तियाँ देते हैं। ये अभिव्यक्तियाँ दूसरों को हमारे विचारों को समझने में सहायता करती हैं। उसी प्रकार जब कभी हम किसी भी कला के माध्यम से अपनी प्रस्तुतियों को शैलीकृत करते हैं तो अभिव्यक्तियाँ एक मुख्य भूमिका अदा करती हैं। एक पिता को अपनी हथेलियों में उपहार छुपाए और आशान्वित पुत्री को असमंजस में इंतजार करते देखो, आप इसमें अभिव्यक्ति के तत्त्व और स्वैच्छिक नाटक पाएँगे। जब एक बच्चा एक सुंदर फूल देखता है या एक गुलाब सूँघता है या आकाश में उड़ते पक्षी को अचानक देखता है तो उसकी अभिव्यक्तियाँ स्वत: होती हैं और कोई भी जो उसके आसपास है उसकी अनुभूति को समझने में सक्षम होता है। सभी निष्पादन कलाएँ सर्वश्रेष्ठ प्रदर्शन की होती हैं जब अभिव्यक्ति के तत्त्व सशक्त होते हैं।

• **सुनना (Listening)**–हमारे आसपास और वातावरण में विविध आवाजें हैं जैसे–पक्षियों का चहचहाना, पानी का बहना, जानवरों की आवाजें, वर्षा की बूँदों की पिट-पिट, पत्तियों का खड़खड़ाना, हवा की स्निग्धता, कदमों की आवाज, विभिन्न मानव जाति की आवाज आदि। मानव जाति विभिन्न परिस्थितियों में विभिन्न आवाजें संचारित करता है जैसे–बच्चे के जन्म पर, परिवार में मौत पर, विभिन्न प्रकार के उत्सवों आदि पर। अत: सुनना एक महत्त्वपूर्ण और आवश्यक अभ्यास है।

• **अवलोकन (Observing)**–अब एक नजर अपने चारों ओर देखें–हमारी आँखें असंख्य वस्तुओं की गवाह होंगी किंतु जब हम वास्तव में सभी वस्तुओं को देखते हैं तो हमारी आँखें अपनी पसंद की कुछ ही वस्तुओं को चुनती है शेष वस्तुओं को उपेक्षित कर देती हैं। मान लो हम नृत्य-रंगमंच या संगीत में प्रस्तुति करते हैं तो हम क्या देखते हैं–

• **अन्वेषण (Exploring)**–सुनना, अनुकरण करना, आत्मसात करना, संबोधित करना आदि अन्वेषण के मूलाधार हैं। शिक्षक निष्पादन कला रूपों के माध्यम से उत्सुकता बढ़ाकर अन्वेषण करने के लिए विद्यार्थियों को प्रेरित कर सकते हैं। अन्वेषण की यह मनोवृत्ति विशिष्ट और नवीन ज्ञान अर्जित करने में सहायता करता है।

प्रश्न 32. संगीत की अवधारणा स्पष्ट कीजिए।

उत्तर– गायन, वादन एवं नृत्य के त्रिवेणी संगम को संगीत कहते हैं। संगीत शब्द 'गी' (गै) धातु में 'सम' उपसर्ग तथा 'क्त' प्रत्यय लगा कर बना है अर्थात् सम् + गी + क्त = संगीत। इसलिए शाब्दिक व्युत्पत्ति के आधार पर संगीत का अर्थ हुआ–भली-भाँति गाने योग्य (सम्यक् गीतम् संगीत)। संगीत को सर्वोच्च ललित कला माना जाता है, क्योंकि यह कला मनुष्य हृदय में छुपे हुए सुंदर तत्त्वों को उभारने में दूसरी कलाओं से अधिक सक्षम है।

मानव जाति ने अपने पड़ोस और पर्यावरण की आवाजों का अनुकरण किया और पुन उत्पादित किया है तथा सात स्वरों एवं अन्य स्वरों के बीच आवाज को व्यवस्थित करने का रास्ता तैयार किया, असीमित संयोजन संगीत का सृजन किया है। इन्हीं सात स्वरों से विविध प्रकार के संगीत का सृजन किया गया है।

आदिकाल से संगीत की महत्ता कला के क्षेत्र में अनंत है। यह हमारी संस्कृति का अभिन्न अंग है। संगीत में कलाकार स्वर एवं लय के माध्यम से अपने संवेगों की अभिव्यक्ति करते हैं।

पूर्व प्राथमिक एवं प्राथमिक स्तर के अंतर्गत गायन, नृत्य एवं अभिनय की कला सम्मिलित रूप से कराई जाती है। इसके अंतर्गत खेल गीतों का आयोजन किया जा सकता है, जैसे–कोड़ा बदाम छाई पीछे देखे मार खाई आदि। गाँवों में ऐसे अनेक खेल गीतों के माध्यम से खेलते हैं। अपने घरों में या स्थानीय लोकगीत बच्चे अपनी स्वेच्छा से गाएँ। स्वाभाविक रूप से बच्चे मटकते हैं और अपनी भाव-भंगिमाओं को प्रदर्शित कर खुश होते हैं। इसके अलावा इस उम्र के बच्चे में दूसरों की आवाज एवं व्यवहार की नकल करने की सहज प्रवृत्ति होती है। छात्र किसी व्यक्ति, चिड़िया, पशु-पक्षियों के किसी भी व्यवहार की अथवा आवाज की नकल कर सकते हैं। इस माध्यम से वे अपनी प्रतिभा को प्रदर्शित करने का अवसर प्राप्त करते हैं। गीत, नृत्य के साथ बजाए जाने वाले वाद्यों को बच्चे स्वयं बजाएँ। ये गतिविधियाँ समूह में होने से सामूहिकता की भावना का विकास होता है एवं अपनी संस्कृति का परिचय भी मिलता है।

उद्देश्य (Objectives)–
- संगीत का आनंद ताल, स्वर, लय द्वारा प्राप्त करने के कौशल का विकास।
- गायन एवं वादन की प्रमुख शैलियों में भेद करने की क्षमता का विकास।

प्रश्न 33. गायन संगीत (Vocal Music) क्या है?

उत्तर– गायन एक ऐसी क्रिया है जिससे स्वर की सहायता से संगीतमय ध्वनि उत्पन्न की जाती है और जो सामान्य बोलचाल की गुणवत्ता को राग और ताल दोनों के प्रयोग से बढ़ाती है। भारतीय संगीत आधारित है–स्वरों और ताल के अनुशासित प्रयोग पर। सात स्वरों के समूह को सप्तक कहा जाता है। भारतीय संगीत सप्तक के सात स्वर हैं–

सा (षडज), रे (ऋषभ), ग (गंधार), म (मध्यम), प (पंचम), ध (धैवत), नि (निषाद)

तालिका 1.1

स्थायी			
सा सा धा पा	गा रे सा रे	गा... पा गा	धा पा गा...
गा पा धा सा	रे सा धा पा	सा पा धा पा	गा रे सा..
0	3	x	2
अन्तरा			
गा गा पा धा	पा सा... सा	धा धा सा रे	गा रे सा धा
गा गा रे सा	रे रे सा धा	सा सा धा पा	गा रे सा...
0	3	x	2

यह 16 तालों की लयबद्ध संरचना पर आधारित है। इसी प्रकार कई तालिकाओं को विविध तालबद्ध संरचनाओं में बनाया जाता है। यह किसी भी गीत या रचना का आधार है।

इसके अलावा संगीत लोगों की भावना का प्रतिनिधित्व करता है, क्षेत्रीय संगीत और शास्त्रीय संगीत दोनों के रूप में भारत को एक बड़ी विरासत प्राप्त हुई है।

प्रश्न 34. वाद्य संगीत से क्या तात्पर्य है? इन संगीत वाद्य यंत्रों को कितनी श्रेणियों में विभक्त किया गया है?

उत्तर—भारतीय संगीत की परंपरा को दुनिया की सबसे पुरानी और अटूट परंपरा माना जाता है, जो आज भी बरकरार है। हमारे यहाँ संगीत को एक धरोहर के रूप में संजोकर रखा गया है। मानव जीवन में संगीत का तथा संगीत में वाद्यों का हमेशा महत्त्वपूर्ण योगदान रहा है और रहेगा।

संगीत में गायन तथा नृत्य के साथ-साथ वादन का भी अत्यंत महत्त्वपूर्ण स्थान है। वादन का तात्पर्य विशिष्ट पद्धति से निर्मित किसी वाद्य यंत्र पर थाप देकर, फूँक कर या तारों में कंपन उत्पन्न करके लयबद्ध तरीके से संगीतमय ध्वनि उत्पन्न करना है। स्पष्ट है कि वादन के लिए किसी वाद्य यंत्र का होना आवश्यक है। भारत के विभिन्न क्षेत्रों में अनेक प्रकार के वाद्य यंत्रों का विकास हुआ है जिनको मुख्य रूप से चार वर्गों में वर्गीकृत किया जा सकता है—

(1) तत् वाद्य—लकड़ी के बने ढाँचे पर ताँबे, लोहे की तारें चढ़ाकर, उन्हें मिजराब, गज, सैलोलाइड या उँगलियों द्वारा प्रहार करके ध्वनि की उत्पत्ति करने वाले वाद्य तत् वाद्य कहलाते हैं। तत् वाद्यों को ही तंत्र वाद्य कहा जाता है क्योंकि इन वाद्यों में तार लगे होते हैं। तत् वाद्य स्वर के बाजे कहलाते हैं।

चित्र 1.16

भारत में प्रचलित तंत्री वाद्ययंत्रों को स्थूल रूप से चार समूहों में विभक्त किया जा सकता है। प्रथम वर्ग में वो हैं जो एक मिजराब की सहायता से आवाज उत्पन्न करते हैं जैसे—वीणा, सितार, सरोद आदि। दूसरे वर्ग में वो तार वाद्ययंत्र हैं जो एक धनुष का प्रयोग कर बजाए जाते हैं जैसे—रावण हत्था, सारंगी, सरिन्दा आदि। तीसरा वर्ग जिसमें संतूर जैसे तार वाद्ययंत्र हैं जिनके तारों पर एक जोड़ी लकड़ियों से पीटकर बजाया जाता है। चौथा वर्ग वह है जिसे हाथों से बजाया जाता है जैसे—एकतारा, तानापुरा आदि।

(2) सुषिर वाद्य—जिनमें वायु द्वारा स्वरोत्पत्ति होती है, वे सुषिर वाद्यों की श्रेणी में आते हैं, जैसे—शहनाई, हारमोनियम, वंशी, शंख आदि।

सुषिर वाद्यों में एक खोखली नलिका में हवा भर कर (अर्थात् फूँक मार कर) ध्वनि उत्पन्न की जाती है। हवा के मार्ग को नियंत्रित करके स्वर की ऊँचाई सुनिश्चित की जाती है और वाद्य में बने छेदों को उँगलियों की सहायता से खोलकर और बाद करके क्रमशः राग को बजाया जाता है। इन सभी वाद्यों में सबसे सर (साधारण) वाद्य है—बाँसुरी। आमतौर पर बाँसुरियाँ बाँस अथवा लकड़ी से बनी होती हैं और भारतीय संगीतकार संगीतात्मक तथा स्वर संबंधी विशेषताओं के कारण लकड़ी तथा बाँस की बाँसुरी को पसंद करते हैं। हालाँकि यहाँ लाल चंदन की लकड़ी, काली लकड़ी, बेंत, हाथी दाँत, पीतल, काँसे, चाँदी और सोने की बनी बाँसुरियों के भी उल्लेख प्राप्त होते हैं।

चित्र 1.17

ध्वनि की उत्पत्ति के आधार पर मोटे तौर पर सुषिर अथवा वायु वाद्यों को दो वर्गों में बाँटा जा सकता है–

– बाँसुरियाँ, और
– कंपिका युक्त वाद्य

(3) अवनद्ध वाद्य–वाद्यों के वर्ग, अवनद्ध वाद्यों (ताल वाद्य) में पशु की खाल पर आघात करके ध्वनि को उत्पन्न किया जाता है, जो मिट्टी, धातु के बर्तन या फिर लकड़ी के ढोल या ढाँचे के ऊपर खींच कर लगाई जाती है। हमें ऐसे वाद्यों के प्राचीनतम उल्लेख वेदों में मिलते हैं। वेदों में भूमि दुंदुभि का उल्लेख है। यह भूमि पर खुदा हुआ एक खोखला गढ़ा होता था, जिसे बैल या भैंस की खाल से खींच कर ढँका जाता था। इस गढ़े के खाल ढँके हिस्से पर आघात करने के लिए पशु की पूँछ को प्रयोग में लाया जाता था और इस प्रकार से ध्वनि की उत्पत्ति की जाती थी।

ढोलों को उनके आकार, ढाँचे तथा बजाने के लिए उनको रखे जाने के ढंग व स्थिति के आधार पर विविध वर्गों में बाँटा जा सकता है। ढोलों को मुख्यतः उर्ध्वक, अंकया, आलिंग्य और डमय (ढालों का परिवार)–इन चार वर्गों में बाँटा जाता है।

चित्र 1.18

उर्ध्वक–उर्ध्वक ढालों को वादक के समक्ष लंबवत् रखा जाता है और इन पर डंडियों या फिर उँगलियों से आघात करने पर ध्वनि उत्पन्न होती है। इनमें मुख्य हैं–तबले की जोड़ी और चेंडा।

तबला–तबले की जोड़ी दो लंबवत् उर्ध्वक ढोलों का एक समूह है। इसके दाएँ हिस्से को तबला कहा जाता है और बाएँ हिस्से को बायाँ अथवा 'डग्गा' कहते हैं। तबला लकड़ी का बना

होता है। इस लकड़ी के ऊपरी हिस्से को पशु की खाल से ढँका जाता है और चमड़े की पट्टियों की सहायता से जोड़ा जाता है। चर्म पट्टियों तथा लकड़ी के ढाँचे के बीच आयताकार (चौकोर) लकड़ी के खाल के हिस्से के बीच में स्याही का मिश्रण लगाया जाता है। तबले को हथौड़ी से ऊपरी हिस्से के किनारों को ठोक कर उपयुक्त स्वर को मिलाया जा सकता है। बायाँ हिस्सा मिट्टी अथवा धातु का बना होता है। इसका ऊपरी हिस्सा पशु की खाल से ढँका जाता है और उस पर भी स्याही का मिश्रण लगाया जाता है। कुछ संगीतकार इस हिस्से को सही स्वर में नहीं मिलाते।

तबले की जोड़ी को हिंदुस्तानी संगीत के कंठ तथा वाद्य संगीत और उत्तर भारत की कई नृत्य शैलियों के साथ संगत प्रदान करने के लिए प्रयुक्त किया जाता है। तबले पर हिंदुस्तानी संगीत के कठिन ताल भी बहुत प्रवीणता के साथ बजाए जाते हैं। वर्तमान समय के कुछ प्रमुख तबला वादक हैं–उस्ताद अल्ला रक्खा खाँ और उनके सुपुत्र जाकिर हुसैन, शफात अहमद और सामता प्रसाद।

आलिंग्य–तीसरा वर्ग आलिंग्य ढोल है। इन ढोलों में पशु की खाल को लकड़ी के एक गोल खाँचे पर लगा दिया जाता है और गले या इसे एक हाथ से शरीर के निकट करके पकड़ा जाता है, जबकि दूसरे हाथ को ताल देने के लिए प्रयुक्त किया जाता है। इस वर्ग में डफ, डफली आदि आते हैं, जो बहुत प्रचलित वाद्य है।

डमरू–डमरू ढोलों का एक अन्य प्रमुख वर्ग है। इस वर्ग में हिमाचल प्रदेश के छोटे 'हुडुका' से लेकर दक्षिणी प्रदेश का विशाल वाद्य 'तिमिल' तक आते हैं। पहले वाद्य को हाथ से आघात देकर बजाया जाता है, जबकि दूसरे को कंधे से लटका कर डंडियों और उँगलियों से बजाया जाता है। इस प्रकार के वाद्यों को रेतघड़ी वर्ग के ढोलों के नाम से भी जाना जाता है क्योंकि इनका आकार रेतघड़ी से मिलता-जुलता प्रतीत होता है।

(4) घन वाद्य–मनुष्य द्वारा आविष्कृत सबसे प्राचीन वाद्यों को घन वाद्य कहा जाता है। ये वाद्य लकड़ी या धातु से निर्मित होते हैं और आघात करके बजाए जाते हैं। यह आघात या तो दो हिस्सों को परस्पर टकराकर या किसी वस्तु द्वारा किया जाता है; जैसे–मंजीरा, करताल, घंटा आदि।

चित्र 1.19

एक बार जब यह वाद्य बन जाते हैं तो फिर इन्हें बजाने के समय कभी भी विशेष सुर में मिलाने की आवश्यकता नहीं होती। प्राचीन काल में यह वाद्य मानव शरीर के विस्तार, जैसे–डंडियों, तालों तथा छड़ियों आदि के रूप में सामने आए और ये दैनिक जीवन में प्रयोग में लाई जाने वाली वस्तुओं, जैसे–पात्र (बर्तन), कड़ाही, झाँझ, तालम् आदि के साथ बहुत

गहरे जुड़े हुए थे। मूलतः ये वस्तुएँ लय प्रदान करती हैं और लोक तथा आदिवासी अंचल के संगीत तथा नृत्य के साथ संगत प्रदान करने के लिए सर्वाधिक उपयुक्त है।

प्रश्न 35. नृत्य को परिभाषित कीजिए। साथ ही, इसके विभिन्न प्रकारों का वर्णन कीजिए।

उत्तर– नृत्य मानवीय अभिव्यक्तियों का एक रसमय प्रदर्शन है। यह आंतरिक ऊर्जा और अभिव्यक्ति को निष्पादित करने के लिए विभिन्न गतिमय क्रियाओं, हाव-भाव द्वारा स्वयं को प्रस्तुत करने की क्रिया होती है। औपचारिक पाठ्यक्रम में नृत्य विधा द्वारा संपूर्ण शालेय पाठ्यक्रम में इसके उपयोग से लाभ प्राप्त होता है। शास्त्रीय नृत्य के अंतर्गत सौंदर्यपूर्ण, गतिपूर्ण क्रियाएँ, संगीत, अभिव्यक्ति, साहित्य, पौराणिकता, दर्शनशास्त्र, लय एवं योग साधना सभी सम्मिलित हैं।

उद्देश्य (Objectives)–

- विभिन्न शास्त्रीय नृत्यों का प्रायोगिक ज्ञान
- सौंदर्यानुभूति की दृष्टि का विकास
- शरीर एवं मस्तिष्क और आत्मा के समन्वय द्वारा व्यक्तित्व का विकास
- साहित्य एवं संस्कृति का संक्षिप्त ज्ञान
- शारीरिक अंग भंगिमाओं के सही संचालन द्वारा शारीरिक विकास

नृत्य एकल, युगल और समूहों में किया जाता है।

एकल (Solo)–एकल नृत्य एक व्यक्ति द्वारा किया जाता है।

युगल (Duet)–यह दो निष्पादकों द्वारा निष्पादित किया जाता है। सामान्यतः यह दोनों लिंगों के उनकी वैयक्तिक लक्षणों और पहचान के साथ उसी समय किया जाता है।

समूह (Group)–किसी अवसर का जश्न मनाने के लिए एक साथ नृत्य करने वाले लोगों के बड़े समूह को सामूहिक नृत्य कहते हैं।

धीम्सा (देवी पूजा) .... आंध्र प्रदेश

गरबा .... गुजरात

बिहू .... बंगाल

नृत्य के प्रकार (Types of Dances)–

लोक नृत्य (Folk Dance)–मनोरंजन की दृष्टि से लोक नृत्य एक महत्त्वपूर्ण विधा है। किसी भी समाज या अंचल के लोक नृत्य में अपनी विशेषता होती है। उत्तर भारत लोक नृत्यों से भरा है। इन नृत्यों में स्वाभाविकता छूती रहती है, कृत्रिमता नहीं रहती है। मनुष्य के हृदय में उपजते भावों को सरलता से व्यक्त करना ही उनकी विशिष्टता है।

चित्र 1.20

उदाहरण में दिया गया चित्र गुजरात का प्रसिद्ध डंडिया लोक नृत्य है। इसमें हाथों में छोटी-छोटी डंडियों को लेकर समूह में नृत्य किया जाता है।

शास्त्रीय नृत्य (Classic Dance)—भारत में शास्त्रीय और लोक परंपराओं के जरिए एक प्रकार की नृत्य नाटिका का उदय हुआ है जो पूर्णत: एक नाट्य स्वरूप है। इसमें अभिनेता जटिल भंगिमापूर्ण भाषा के जरिए एक कथा को नृत्य के माध्यम से प्रस्तुत करता है।

इसकी एक विशिष्ट शैली है और कौशल गुरुओं द्वारा सीखें जाते हैं। नृत्य का शास्त्रीय रूप मंदिरों के साथ-साथ शाही राज दरबारों में निष्पादित किया जाता था। मंदिर में नृत्य का एक धार्मिक उद्देश्य था जबकि राजदरबारों में यह शुद्ध मनोरंजन के लिए प्रयुक्त होता था। अब यह लोक निष्पादन और कक्षा में व्यवस्थित अधिगम के लिए मंच पर आ चुका है। शास्त्रीय नृत्यों के कुछ प्रकार हैं—कत्थक, भारतनाट्यम, मणिपुरी, ओडिसी आदि।

सृजनात्मक नृत्य (Creative Dance)—पाश्चात्य रंगमंचीय तकनीकों के रूपांतर का भारतीय शास्त्रीय, लोक और जनजातीय नृत्य के तत्त्वों के साथ अनुप्राणित होना ही एक सृजनात्मक नृत्य रूप है। उदय शंकर इस प्रकार के अनुकूलन के अगुआ थे इस प्रकार उन्होंने आधुनिक भारतीय नृत्य की जड़ों को जमाया। सृजनात्मकता, तात्कालिक भाषण, कल्पनाशीलता की कला किसी भी प्रकार के सृजनात्मक नृत्य के लिए मूलाधार है। सृजनात्मक नृत्य रूप अपने आप को पारंपरिक और शास्त्रीय नृत्य रूपों वु अनुकरण से अलग रखता है। सांस्कृतिक रिक्थ के सार की खोज पर बल देते हुए यह इसे एक भिन्न भारतीय पहचान देता है। पूर्व के वर्षों में उदयशंकर के पश्चात् बहुत से नर्तकों जैसे—आनंद शंकर, नरेंद्र शर्मा आदि ने सृजनात्मक नृत्य के क्षेत्र में कार्य किया। उदयशंकर के अनुयायी शांति बर्धन ने हमें अमर रामायण दिया जिसमें मानव जातियों ने कठपुतलियों के समान निष्पादन किया। उन्होंने पक्षियों और जानवरों के गति संचालनों का सृजन करते हुए पंचतंत्र की पौराणिक कथाओं को भी प्रस्तुत किया। सृजनात्मक नृत्य पर अत्यधिक बल देने वाली निष्पादन कलाओं की एक अन्य संस्था है दर्पण एकेडमी।

प्रश्न 36. रंगमंच की अवधारणा स्पष्ट कीजिए। यह बच्चों के जीवन में कैसे उपयोगी है?

उत्तर– रंगमंच शब्द रंग और मंच दो शब्दों के मेल से बना है। 'रंग' शब्द का अर्थ है–नृत्य या अभिनयपरक कार्य, जो मंच पर प्रदर्शित किया जाए यानी कि जहाँ नृत्य या अभिनयपरक कार्य प्रस्तुत किया जाए, उसे रंगमंच कहा जाता है। रंगमंच का अर्थ अत्यंत व्यापक है। रंगमंच के अंतर्गत जीवों के संपूर्ण क्रियाकलापों के स्वरूपों, लेखक के मन में उठे हुए विचारों और कृति के कथ्य, पठन, भवन, निर्देशक, पात्र-चयन, पूर्वाभ्यास, मंच योजना, दर्शक, प्रदर्शन, उद्देश्य प्रभाव व प्रतिक्रियाएँ–सभी कुछ समाविष्ट हैं। इन सभी क्रियाओं के मिश्रित स्वरूप को जो समवेत नाम दिया जा सकता है, वह है–रंगमंच।

कक्षा शिक्षण के क्षेत्र में नाटक का महत्त्वपूर्ण स्थान है। विभिन्न विषयों को रोचक ढंग से पढ़ाने के लिए नाटक का उपयोग किया जा सकता है। इतिहास पुराण, भूगोल यहाँ कक्षा शिक्षण के क्षेत्र में नाटक का महत्त्वपूर्ण स्थान है। विभिन्न विषयों को रोचक ढंग से पढ़ाने के लिए नाटक का उपयोग किया जा सकता है। इतिहास पुराण, भूगोल, यहाँ तक कि विज्ञान और गणित की संकल्पनाएँ भी नाटक के माध्यम से सरलतापूर्वक स्पष्ट की जा सकती हैं। नाटक क्रियात्मक शिक्षा है।

पर्यावरण प्रदूषण, जनसंख्या शिक्षा वृक्षारोपण जैसे आधुनिक विषय हँसी-हँसी में नाटक, एकांकी के माध्यम से जनता तक पहुँचाए जा सकते हैं।

कक्षा में नाट्य लेखन के लिए किसी कहानी को नाटक बनाना, नाटक को कहानी के रूप में परिणत करना, छात्रों को कहानी का पात्र मानकर संवाद करना, आत्मकथा के रूप में कहानियों को लिखवाना, पात्रों के चरित्र की तुलना करना, पर्याय ढूँढ़वाना, भाव स्पष्ट कराना, अनुच्छेद या पाठ का संक्षिप्त सारांश लिखवाना, कहानी के किसी पात्र विशेष की स्थिति में यदि छात्र होता तो क्या करता आदि भी लिखना भी सिखा देना चाहिए।

रोल प्ले (Role Play)–नाटकीकरण छोटी उम्र से बच्चों के जीवन का अभिन्न अंग होता है। बच्चे लगभग तीन या चार साल की उम्र से दृश्यों और कहानियों का अभिनय करने लगते हैं। वे खरीददारी करने या फिर डॉक्टर के पास जाने जैसी उन स्थितियों में वयस्कों का अभिनय करते हैं, जो उनकी जिंदगियों का हिस्सा होते हैं। रोजमर्रा के जीवन में ऐसी कई संभावित स्थितियाँ होती हैं। बच्चे कई बार दूसरों की नकल/निरीक्षण करते हुए (रोल प्ले) करते हुए अलग-अलग भूमिकाएँ निभाते हैं। वे उस स्थिति की भाषा और पटकथा का अभ्यास करते हैं और उसमें शामिल भावों को अनुभव करते हैं–यह जानते हुए कि वे जब चाहें तो वास्तविकता में लौट सकते हैं। ऐसे स्वांग बच्चों को उनकी जिंदगी में आगे आने वाली वास्तविक परिस्थितियों के लिए तैयार करते हैं। यह वास्तविक जीवन का पूर्वाभ्यास है। इस तरह के स्वांग उनकी सृजनात्मकता को बढ़ावा देते हैं और उनकी कल्पनाशीलता को विकसित करते हैं और साथ ही उस भाषा को इस्तेमाल करने का मौका देते हैं, जो उनकी रोजमर्रा की जरूरतों से बाहर की होती है। हम उनसे पंचतंत्र का बंदर या खरगोश या बुद्धु शेर, अलादीन का जादुई कालीन या एक डाकू होने के लिए कह सकते हैं और फिर उस व्यक्तित्व या भूमिका को विकसित करने वाली उपयुक्त भाषा का उपयोग कर सकते हैं।

कहानी कहना और कहानी का अभिनय (Story Telling and Story Act)–कहानी कहना बचपन से शुरू होता है और यह बच्चे के जीवन में बहुत महत्त्वपूर्ण भूमिका निभाता

है। प्राचीन समय में कहानी कहना और कहानी का अभिनय बच्चे के समग्र वृद्धि और विकास का एक बेहतर तरीका सिद्ध हुआ है। सामान्यत: दादा-दादी बच्चे के साथ प्रचुर समय बिताने के लिए इसको प्रयुक्त करते हैं। सूक्ष्म परिवारों के बच्चों को आजकल कहानियाँ सुनने का बहुत कम अवसर मिलता है क्योंकि संयुक्त परिवार प्रणाली अब समाप्त हो रही है। कहानियाँ बच्चों की कल्पना शक्ति को बढ़ाती है और उनको अपने संसार में जीने का अवसर प्रदान करती हैं। कहानी सुनने का आनंद और उसी समय नैतिक मूल्यों को प्राप्त करना एक मजेदार उपागम है। शिक्षक कहानी को आसानी से कहने के कौशल को एक प्रभावी तरीके से लागू कर सकते हैं। अभिव्यक्ति, भाव भंगिमाओं, आवाज अनुकूलन, गति संचालन और शब्दों के संयोजन के साथ कहानी कहना एक कला है। इस प्रकार, एक कुशल शिक्षक कहानी कहने और अभिनय के माध्यम से बच्चे के जीवन में अंतर पैदा कर सकता है क्योंकि रंगमंच की शुरुआत बच्चे के जीवन में इसी बिंदु से होती है।

प्रश्न 37. लोक थियेटर या रंगमंच क्या हैं? क्षेत्रीय रंगमंच के प्रकारों का उल्लेख कीजिए।

उत्तर– लोक रंगमंच (Folk Theatre) इस बात को व्यक्त करता है कि इसका सर्जन कोई व्यक्ति विशेष न होकर संपूर्ण लोक है। इसलिए यह समस्त लोक का वृत्त है। लोक का जीवन, उसकी आशाएँ–आकांक्षाएँ इसमें प्रतिबिंबित हैं।

भारतीय समाज में पारंपरिकता का विशेष स्थान है। परंपरा एक सहज प्रवाह है। निश्चय ही, पारंपरिक कलाएँ समाज की जिजीविषा, संकल्पना, भावना, संवेदना तथा ऐतिहासिकता को अभिव्यक्त करती है। नाटक अपने आप में संपूर्ण विधा है, जिसमें अभिनय, संवाद, कविता, संगीत इत्यादि एक साथ उपस्थित रहते हैं। परंपरा में नाटक एक कला की तरह है।

लोकजीवन में गेयता एक प्रमुख तत्त्व है। सभी पारंपरिक भारतीय नाट्य शैलियों में गायन की प्रमुखता है। यह जातीय संवेदना का प्रकटीकरण है।

पारंपरिक रूप से लोक की भाषा में सृजनात्मकता सूत्रबद्ध रूप में या शास्त्रीय तरीके से नहीं, अपितु बिखरे, छितराए, दैनिक जीवन की आवश्यकताओं के अनुरूप होती है। जीवन के सघन अनुभवों से जो सहज लय उत्पन्न होती है, वही अंतत: लोक नाटक बन जाती है। उसमें दु:ख, सुख, हताशा, घृणा, प्रेम आदि मानवीय प्रसंग आते हैं।

भारत के विभिन्न क्षेत्रों में तीज-त्यौहार, मेले, समारोह, अनुष्ठान, पूजा-अर्चना आदि होते रहते हैं, उन अवसरों पर ये प्रस्तुतियाँ भी होती हैं। इसलिए इनमें जनता का सामाजिक दृष्टिकोण प्रकट होता है। इस सामाजिकता में गहरी वैयक्तिकता भी होती है।

क्षेत्रीय रंगमंच के प्रकार

(1) **भाँड-पाथर** कश्मीर का पारंपरिक नाट्य है। यह नृत्य, संगीत और नाट्य कला का अनूठा संगम है। व्यंग्य, मजाक और नकल उतारने हेतु इसमें हँसने और हँसाने को प्राथमिकता दी गई है। संगीत के लिए सुरनाई, नगाड़ा और ढोल इत्यादि का प्रयोग किया जाता है। मूलत: भाँड कृषक वर्ग के हैं, इसलिए इस नाट्य कला पर कृषि-संवेदना का गहरा प्रभाव है।

(2) केरल का लोकनाट्य **कृष्णाट्टम** 17वीं शताब्दी के मध्य कालीकट के महाराज मनवेदा के शासन के अधीन अस्तित्व में आया। कृष्णाट्टम आठ नाटकों का वृत्त है, जो क्रमागत

रूप में आठ दिन प्रस्तुत किया जाता है। नाटक हैं–अवतारम्, कालियमर्दन, रासक्रीड़ा, कंसवधाम्, स्वयंवरम्, वाणयुद्धम्, विविधविधम्, स्वर्गारोहण। वृत्तांत भगवान कृष्ण की थीम पर आधारित हैं–श्रीकृष्ण जन्म, बाल्यकाल तथा बुराई पर अच्छाई की विजय को चित्रित करते विविध कार्य।

(3) **स्वांग** मूलतः स्वांग में पहले संगीत का विधान रहता था, परंतु बाद में गद्य का भी समावेश हुआ। इसमें भावों की कोमलता, रससिद्धि के साथ-साथ चरित्र का विकास भी होता है। स्वांग की दो शैलियाँ (रोहतक तथा हाथरस) उल्लेखनीय हैं। रोहतक शैली में हरियाणवी (बांगरू) भाषा तथा हाथरसी शैली में ब्रज भाषा की प्रधानता है।

(4) **नौटंकी** प्रायः उत्तर प्रदेश से संबंधित है। इसकी कानपुर, लखनऊ तथा हाथरस शैलियाँ प्रसिद्ध हैं। इसमें प्रायः दोहा, चौबोला, छप्पय, बहर-ए-तबील छंदों का प्रयोग किया जाता है। पहले नौटंकी में पुरुष ही स्त्री पात्रों का अभिनय करते थे, अब स्त्रियाँ भी काफी मात्रा में इसमें भाग लेने लगी हैं। कानपुर की गुलाब बाई ने इसमें जान डाल दी। उन्होंने नौटंकी के क्षेत्र में नए कीर्तिमान स्थापित किए।

(5) **रासलीला** में कृष्ण की लीलाओं का अभिनय होता है। ऐसी मान्यता है कि रासलीला संबंधी नाटक सर्वप्रथम नंददास द्वारा रचित हुए। इसमें गद्य-संवाद, गेय पद और लीला दृश्य का उचित योग है। इसमें तत्सम् के बदले तद्‌भव शब्दों का अधिक प्रयोग होता है।

(6) **भवाई** गुजरात और राजस्थान की पारंपरिक नाट्य शैली है। इसका विशेष स्थान कच्छ- काठियावाड़ माना जाता है। इसमें भुंगल, तबला, ढोलक, बाँसुरी, पखावज, रबाब, सारंगी, मंजीरा इत्यादि वाद्य यंत्रों का प्रयोग होता है। भवाई में भक्ति और रूमान का अद्‌भुत मेल देखने को मिलता है।

(7) **जात्रा** देवपूजा के निमित्त आयोजित मेलों, अनुष्ठानों आदि से जुड़े नाट्य गीतों को 'जात्रा' कहा जाता है। यह मूल रूप से बंगाल में पला-बढ़ा है। वस्तुतः श्री चैतन्य के प्रभाव से कृष्ण-जात्रा बहुत लोकप्रिय हो गई थी। बाद में इसमें लौकिक प्रेम प्रसंग भी जोड़े गए। इसका प्रारंभिक रूप संगीतपरक रहा है। इसमें कहीं-कहीं संवादों को भी संयोजित किया गया है। दृश्य, स्थान आदि के बदलाव के बारे में पात्र स्वयं बता देते हैं।

(8) **तमाशा** महाराष्ट्र की पारंपरिक नाट्य शैली है। इसके पूर्ववर्ती रूप गोंधल, जागरण व कीर्तन रहे होंगे। तमाशा लोकनाट्य में नृत्य क्रिया की प्रमुख प्रतिपादिका स्त्री कलाकार होती है। वह 'मुरकी' के नाम से जानी जाती है। नृत्य के माध्यम से शास्त्रीय संगीत, वैद्युतिक गति के पदचाप, विविध मुद्राओं द्वारा सभी भावनाएँ दर्शाई जा सकती हैं।

(9) कर्नाटक का पारंपरिक नाट्य रूप **यक्षगान** मिथकीय कथाओं तथा पुराणों पर आधारित है। मुख्य लोकप्रिय कथानक, जो महाभारत से लिए गए हैं, इस प्रकार हैं–द्रौपदी स्वयंवर, सुभद्रा विवाह, अभिमन्यु वध, कर्ण-अर्जुन युद्ध तथा रामायण के कथानक हैं–लव-कुश युद्ध, बाली-सुग्रीव युद्ध और पंचवटी।

(10) **दशावतार** कोंकण व गोवा क्षेत्र का अत्यंत विकसित नाट्य रूप है। प्रस्तोता पालन व सृजन के देवता-भगवान विष्णु के दस अवतारों को प्रस्तुत करते हैं। दस अवतार हैं–मत्स्य, कूर्म, वराह, नरसिंह, वामन, परशुराम, राम, कृष्ण (या बलराम), बुद्ध व कल्कि। शैलीगत साज-सिंगार से परे दशावतार का प्रदर्शन करने वाले लकड़ी व पेपरमेशे का मुखौटा पहनते हैं।

प्रश्न 38. कठपुतली कला शिक्षा के लिए कैसे उपयोगी है? कठपुतली के विभिन्न प्रकारों का वर्णन कीजिए।

उत्तर– कठपुतली राजस्थान की प्राचीन लोक कला है। राजस्थान की यह लोक कला भारत और विश्व भर में प्रसिद्ध है। कठपुतलियाँ निष्पादन कला की अद्‌भुत पहलू हैं जो कि शिक्षा शास्त्रीय हो सकती हैं। यह सामाजिक जागरूकता, पर्यावरणीय संचेतना, ऐतिहासिक घटनाओं, पारंपरिक कहानियों जैसे विक्रमादित्य की 32 कठपुतली वाली 'सिंहासन बत्तीसी' जो कि नैतिक शिक्षा देती हैं को फैलाने में सहायता करती हैं। कठपुतलियाँ हमारे दृष्टिकोण, विचारों और सोचों को संचारित करने में प्रयुक्त होती हैं। वह क्षण जब हम एक कठपुतली को हाथ में पकड़ते हैं, हम उस चरित्र और अंतदर्शन में मिल जाते हैं। यह मस्तिष्क में एक घंटी बजाता है और समझने तथा व्याख्यायित करने की योग्यता देने के लिए चरित्र अचानक जीवित हो जाते हैं। यह विषय में अत्यधिक मजा लाता है और यद्यपि यह परिचालन के माध्यम से गंभीर वाद-विवाद लाता है। दृश्यकला और शिल्पकला के सभी तत्त्व जैसे रंग, सामंजस्य आदि कठपुतली में प्रयुक्त होते हैं। कठपुतली के अधिक सामान्य विषय इस प्रकार हैं—नैतिक मूल्यों वाली कहानियाँ, महाकाव्यों, स्थानीय मिथक आदि। कठपुतलियाँ स्थानीय क्षेत्र की पहचान और लक्षणों को चित्रित करती हैं और इनको मस्तिष्क में रखते हुए सृजित की जाती है। कठपुतली कला मानसिक एवं शारीरिक रूप से विकृत लोगों के लिए शिक्षा और जागरूकता फैलाने में सफलतापूर्वक प्रयुक्त हुआ है। ताकि वे संकल्पना को अच्छी तरह समझ सकें।

वर्तमान समय में कठपुतली के मुख्य रूप से चार रूप अधिक प्रचलित हैं—दस्ताना, छड़, छाया और डोर। कठपुतली लोकप्रिय पारंपरिक रूप है जो अपने मूल रूप के साथ-साथ समय के अनुरूप अपने आप को ढालता चला है। हजारों साल पहले प्रचलित लोक कथाओं, मिथकों एवं परंपराओं को आज भी कठपुतली रंगमंच जीवित रखे हुए है।

निर्जीव वस्तुओं को नाटकीय युक्तियों के योग से मनुष्यों द्वारा संचालित करते हुए मनोरंजन करना तथा शिक्षा प्रदान करना कठपुतली का मुख्य उद्देश्य है। कठपुतली में भी रंगमंच की मूल प्रकृति के समान विविध कलाओं का अनूठा संगम है।

वस्तुत: कठपुतली एक ऐसी अचेतन आकृति है जो अपने जीवंत प्रदर्शन में चेतनता का आभास देती है। कठपुतली प्रदर्शनकारी नाटकीय चरित्र तभी बन पाती है जब उसे कुशलता से संचालित किया जाता है और चुस्त संवादों का वाचन होता है। इनके अभाव में कठपुतली लकड़ी के टुकड़ों और चिथड़ों से बनी एक निर्जीव वस्तु होती है। जिस रूप में मुखौटा वास्तविक चेहरे को ढँककर एक भाव का निरूपण करता है, उसी तरह कठपुतली भी कुशल अंग-संचालन और संवाद अदायगी द्वारा एक अनूठे व्यक्तित्व को पेश करती है।

छड़ कठपुतली—छड़ कठपुतली का प्रयोग भारत में झारखंड, उड़ीसा और पश्चिम बंगाल में किया जाता है। यह लोहे की छड़ों पर खड़ी और संचालित की जाती है। क्षेत्रीय प्रयोगों की विविधता के अनुरूप ये लंबाई में छोटी और बड़ी दोनों प्रकार की होती हैं। इन्हें संचालित करने के लिए दो-तीन लोगों की आवश्यकता होती है। छड़ कठपुतली का संचालन काफी जटिल होता है। पहले लोहे की छड़ पर कपड़े, कागज, लकड़ी आदि की कठपुतली को टिकाया जाता है फिर रूप-आकार प्रदान किया जाता है। इसके बाद मुँह, नाक, आँख आदि बनाए जाते हैं। प्रस्तुति के स्तर पर दर्शकों की कल्पना को विस्तार देने के लिए छड़ कठपुतलियाँ आमतौर पर खुले 'बूथ' पर ही प्रस्तुत की जाती हैं। कठपुतली के अन्य प्रकारों की अपेक्षा छड़ कठपुतली की कल्पना

और प्रस्तुतीकरण में रचनात्मकता और प्रयोगशाला की अधिक संभावना दिखती है। कुशल अंग संचालन और स्वत: स्फूर्ति के कारण यह कम समय में अधिक लोकप्रिय हो गई।

दस्ताना कठपुतली या हस्त कठपुतली–दस्ताना कठपुतली अपने नाम के अनुरूप ही संचालक के हाथों में पहनी जाती है। कपड़े से विभिन्न आकार-प्रकारों में बनी कठपुतली के सिर में सारा हाथ पहना जाता है। दस्ताना कठपुतली अपनी संरचना में अत्यंत साधारण है। यह आमतौर पर एक बूथ के अंदर प्रस्तुत की जाती है जिसे कपड़े से ढँकने का चलन है।

दस्ताना कठपुतली भारत में केरल, उड़ीसा, उत्तर प्रदेश और बंगाल में प्रचलित है। केरल में दस्ताना कठपुतली नाटक 'पावकथकलि' का प्रारंभ जिला पाल घाट के गाँव पारुथापुली में हुआ। पश्चिम बंगाल के मेदिनीपुर जिले में दस्ताना कठपुतली के लिए 'बेनिर पुतुल' नाम प्रयुक्त किया जाता है। इनका कथानक कृष्ण जीवन पर आधारित होता है। उड़ीसा में इसके लिए 'कुन्धेरी नट' शब्द प्रचलित है।

डोर कठपुतली–डोर कठपुतली, पतली सूक्ष्म किंतु मजबूत डोरियों से बँधी होती है, इन्हीं से संचालित होती है। इनकी संरचना वैविध्यपूर्ण–साधारण और जटिल–दोनों प्रकार की होती है। कई बार एक ही कठपुतली को कई डोरियों से बाँधकर नचाया जाता है, कई बार एक ही डोर से काम चल जाता है। कठपुतली के अन्य प्रकारों की अपेक्षा डोर कठपुतली की प्रस्तुति सर्वाधिक प्रभावशाली और आकर्षक मानी जाती है बशर्ते उसकी तीव्र और प्रबल गतियों के कारण उलझन पैदा न हो। कुशल संचालक ही इन कठपुतलियों की स्वाभाविक गतियों से प्रभाव छोड़ पाते हैं।

राजस्थान, उड़ीसा, कर्नाटक और तमिलनाडु ऐसे प्रांत हैं जहाँ यह कठपुतली कला पल्लवित हुई। राजस्थान की परंपरागत कठपुतलियों को कठपुतली, उड़ीसा की धागा कठपुतली को कुनढेई, कर्नाटक की धागा कठपुतली को गोम्बेयेट्टा, तमिलनाडु की धागा कठपुतली को बोम्मालट्टा कहते हैं।

छाया कठपुतलियाँ–छाया कठपुतलियाँ आंध्र प्रदेश, असम, कर्नाटक, महाराष्ट्र, उड़ीसा और तमिलनाडु में प्रचलित हैं। छाया कठपुतलियाँ आमतौर पर किसी कहानी के वर्णनात्मक अंश के चित्र-निरूपण के काम आती हैं। इनको बनाने के लिए गत्ते या चमड़े को काटकर विभिन्न आकार प्रदान किए जाते हैं जिनकी छाया पारदर्शी पर्दे पर उभारी जाती हैं।

भारत के आंध्र प्रदेश में 'तोलु बोम्मालाटा' नामक छाया कठपुतलियों की परंपरा दो हजार वर्ष से भी अधिक पुरानी है। इनकी कथा महाभारत, रामायण, पंचतंत्र तथा अन्य पौराणिक प्रसंगों पर आधारित होती है जिनमें चमत्कारिक घटनाओं की भरमार रहती है। इसके साथ ही उड़ीसा में 'रावणछाया' तमिलनाडु में 'बोम्मालाटम', केरल में 'तोलपावकुट्ट', कर्नाटक में 'तोगातु गोमबयाता', महाराष्ट्र में 'चामदयाचाबहुल्ये' आदि छाया कठपुतली के विभिन्न रूप विद्यमान हैं।

प्रश्न 39. प्राथमिक स्तर पर क्षेत्रीय कला के रूपों के महत्त्व का विश्लेषण कीजिए।

उत्तर– प्राथमिक स्तर पर क्षेत्रीय कला का महत्त्व निम्न बिंदुओं द्वारा समझा जा सकता है–

• दृश्यात्मक एवं प्रदर्शनकारी कलाओं द्वारा विद्यार्थी की सृजनात्मकता में वृद्धि एवं अन्य विषयों में उसका हस्तांतरण एवं योगदान की क्षमता का विकास होना चाहिए।

• विभिन्न कलाओं से संबंधित क्रियाओं के आयोजनार्थ आवश्यक कला उपकरणों एवं सामग्री से परिचित होना एवं विषयानुरूप उनका सृजनात्मक प्रयोग एवं तकनीकी प्रयोग को समझना।

• विभिन्न विषयों को समझने के लिए प्रमुख रोचक स्रोत के रूप में दृश्यात्मक एवं प्रदर्शनकारी कलाएँ ही हैं जिसमें आकृतियाँ, रंगों, रूपों, लय, ताल, ध्वनि, फिल्म, नाटक, संगीत आदि साधन के रूप में प्रयुक्त किए जा सकते हैं।

• विद्यार्थी में शारीरिक एवं मानसिक संतुलन को स्थापित करते हुए अपनी कल्पना की सहायता से विषयों को कलात्मक स्वरूप देने की क्षमता होनी चाहिए।

• विभिन्न कलात्मक गतिविधियों द्वारा विषय विशेष को कक्षा में पढ़ाया जाना चाहिए।

• शिक्षक को एक सहायक सर्जक के रूप में विद्यार्थी के सहयोगी के रूप में कार्य करना चाहिए।

• प्रत्येक विद्यार्थी अपने आप में अद्वितीय होता है। उसमें गुप्त सृजनात्मक योग्यताएँ होती हैं। कला शिक्षा एक ऐसा माध्यम है जो उन गुप्त सृजनात्मक योग्यताओं को पोषित कर सकती हैं। विद्यार्थी की किस क्षेत्र में अधिक रुचि है–उसे पहचानते हुए शिक्षक को उसे उसी क्षेत्र में सृजन के लिए प्रेरित करना चाहिए जिससे उनकी यही रुचियाँ, अभिरुचियाँ तथा संवेदनशीलता उन्हें सुसंस्कृत एवं सृजनशील मानव के रूप में विकसित कर सकें।

• शिक्षा के अन्य विषयों को कला की अलग-अलग विधाओं को सम्मिलित कर सीखने की प्रक्रिया को अपनाना।

• अभिनय द्वारा विभिन्न विषयों की जानकारी देना।

• दृश्यात्मक कलाओं के द्वि-आयामी और त्रि-आयामी सृजनात्मक साधनों, प्रयोगों एवं विभिन्न क्रियाओं द्वारा पाठ्यक्रम के अन्य विषयों को पढ़ाया जाना।

• विद्यार्थी अपनी संवेदनाओं को सूक्ष्म निरीक्षण, परीक्षण एवं अभिव्यक्ति द्वारा प्रस्तुत करें।

• सौंदर्य के प्रति स्वाभाविक रुचि एवं सौंदर्यात्मक अभिव्यक्ति को प्रोत्साहन।

• क्रियात्मक सृजनात्मक गतिविधियों द्वारा शारीरिक, मानसिक, आत्मिक, संवेगात्मक, भावनात्मक अनुभूतियों की प्रस्तुति करना। कलात्मक प्रक्रिया बहुत महत्त्वपूर्ण होती है जिसके द्वारा नवीन अनुभव, चिंतन तथा सृजन का भाव परस्पर मिल कर अभिव्यक्त होता है।

• विद्यार्थी को विभिन्न संस्कृतियों, लोक कलाओं, स्थानीय कलाओं, राष्ट्रीय विरासतों से परिचित कराया जाना चाहिए एवं उनके महत्त्व और सम्मान के बारे में शिक्षित किया जाना चाहिए।

• विद्यार्थी स्वतंत्र रूप से अपने जीवन के अनुभवों को अलग-अलग विधाओं में प्रदर्शित करने में सक्षम हों।

• कला शिक्षा बालक की कल्पना, उत्सुकता, खोज, सृजन तथा सौंदर्यानुभूति को विकसित कर उनकी संवेदनशीलता और सृजनशीलता को विकसित करती है।

• कला विद्यार्थी को यह अवसर प्रदान करती है जिसके द्वारा विद्यार्थी अपने आप से संवाद स्थापित कर सकता है तथा स्वयं को समझने एवं प्रकट करने की कला का विकास स्वतः हो जाता है। जीवन के विभिन्न कार्यकालों में मानसिक सुख, तृप्ति और नई दृष्टि का अनुभव प्राप्त हो पाता है।

प्रश्न 40. किसी भी कला के प्रदर्शन से पूर्व किए जाने वाले नियोजन एवं तैयारी पर चर्चा कीजिए।

उत्तर— किसी विषय के आयोजन और उसकी सफलता में योजना और तैयारी महत्त्वपूर्ण भूमिका निभाते हैं।

योजना (Planning)

1. प्रसंग (Theme) का चुनाव विषय के अनुरूप होना चाहिए। कला रूपों का चुनाव करते समय हमें विषय के लक्ष्य एवं उद्देश्य के प्रति जागरूक होना चाहिए। यह अवसर की जरूरत से सह संबंधित होना चाहिए।

2. कला रूप की सूचना प्रामाणिक (authentic) होना बहुत ही आवश्यक है जो कि विभिन्न संसाधनों से एकत्रित की जा सकती है। सूचना एकत्र करने और देने की इस प्रक्रिया में अभिभावक, समुदाय, पुस्तकें, इंटरनेट, अन्य क्षेत्रों के लोग, विद्यार्थी आदि को सम्मिलित किया जा सकता है। विद्यार्थियों के लिए यह अच्छा अन्वेषण हो सकता है जो कि उन्हें एक जीवनपर्यंत अधिगम अनुभव देगा।

3. यह ध्यान रखने की आवश्यकता होती है कि निष्पादन किसके लिए प्रायोजित हो रहा है। कला रूपों का चुनाव करते समय दर्शकों के दृष्टिकोण और गुणवत्ता को मस्तिष्क में रखना होता है।

4. विषय की स्थिति, मंच या परिवेश के स्थान का निर्णय कोष की उपलब्धता, पहुँचने में आसानी, दर्शक के लिए स्थान (उत्सव, वार्षिकोत्सव आदि), विषय का स्तर (विद्यालय स्तर, अंतर्विद्यालयी स्तर, राज्य स्तर आदि) के आधार पर होता है।

5. नियमित विद्यालय पाठ्यचर्या में स्थान की उपलब्धता को ध्यान में रखते हुए तिथि एवं समय का निर्धारण होता है। विद्यालय कार्यक्रम जैसे परीक्षा, छुट्टियों को जानना अनिवार्य है।

6. विषय के आयोजन में विभिन्न मदों के अंतर्गत कोष का आवंटन और वितरण एक निर्णायक भूमिका अदा करता है।

7. विद्यालय में भागीदारी अधिकतम होनी चाहिए क्योंकि सम्मिलन प्रत्येक बच्चे को उत्प्रेरित करता है। कक्षाकक्ष, प्रेक्षागृह, समुदाय भवन आदि सभी समय उपयोग में लाए जा सकते है। निष्पादन के लिए समूहों में योजना और समायोजन ऐसे विषयों में सहायता करता है। प्रतियोगी निर्देशकों द्वारा स्थान और समय सभी परिकलित किए जाते हैं।

8. निष्पादन के लिए प्रयुक्त संगीत, कथालेखन और वाद्ययंत्रों को ऐसा होना चाहिए जो निष्पादन की जरूरतों को परिपूर्ण करता हो साथ-ही-साथ कला की प्रमाणिकता को बनाए रखता हो।

9. निष्पादन के लिए वस्त्र और आभूषणों के चुनाव और निर्धारण में यह बहुत महत्त्वपूर्ण हैं।

10. कार्य के विभाजन और कर्त्तव्यों के हस्तांतरण को कार्यक्रम में विद्यार्थियों और स्टाफ सदस्यों की अधिकतम भागीदारी को स्वीकृत करना चाहिए। विभिन्न क्षेत्रों में अधिक अन्वेषण और उनकी क्षमताओं के प्रदर्शन के लिए इसे उन्हें एक प्लेटफार्म भी देना चाहिए।

तैयारी (Preparation)

1. एक निष्पादन की तैयारी के लिए कार्य के विभिन्न स्तरों पर एक पूर्ण जागरूक टीम का होना महत्त्वपूर्ण है।

2. विद्यार्थियों का ध्वनि-परीक्षण और चयन निष्पादन की जरूरत के अनुसार होना चाहिए।

3. नियमित विद्यालय पर्यावरण को बाधित किए बगैर कथा, गीत, संगीत, कठपुतली जैसे संवाद प्रेषण, आवाज अनुकूलन, शारीरिक गति संचालनों, मुद्राओं आदि के पूर्वाभ्यास के लिए समय का उचित प्रावधान और आवंटन होना चाहिए। ऐसे कार्यक्रमों में समय का व्यवस्थापन अपेक्षित है। ऐसे केसों में सत्र की शुरुआत से पहले, अग्रिम तैयारी लाभदायक सिद्ध होती है।

4. मंच की बनावट विभिन्न निष्पादनों में प्रतिभागियों की संख्या के अनुसार होनी चाहिए। सीढ़ियों का प्रावधान मंच के दोनों किनारों पर होना चाहिए। मंच के पीछे उचित स्थान होना चाहिए ताकि प्रतिभागी आसानी से अपना स्थान ले सकें।

5. मंच का विन्यास, दर्शकों और निष्पादनकर्त्ताओं के बीच दृष्टि संयोजन का विस्तार देने वाला होना चाहिए।

6. ध्वनि-प्रणाली की व्यवस्था निष्पादन की जरूरतों जैसे बेतार माइक्रोफोन, मंच का माइक आदि के अनुसार होना चाहिए।

7. मंच की प्रकाश व्यवस्था निष्पादनों की जरूरत के अनुसार व्यवस्थित होनी चाहिए। कला रूप के अनुसार मंच सज्जा और प्रदर्शन अग्रिम में स्थायी और प्राकृतिक कच्चे माल के प्रयोग से होनी चाहिए।

8. वस्त्र, आभूषण और सजावट स्वनिर्मित, किराये पर या विद्यालय में पहले से उपलब्ध हो सकती है। वस्त्र मौसम को ध्यान में रखते हुए प्रतिभागियों को सुरक्षा और आराम देने वाला होना चाहिए। गुणवत्ता जाँच के पश्चात् ही मेक-अप किया जाना चाहिए। इस क्षेत्र में कोई समझौता नहीं करना चाहिए। शिक्षक को प्रतिभागियों को स्वयं उनके मेकअप किट लाने को कहना चाहिए।

9. कला रूप की जरूरत के अनुसार उपकरण अग्रिम में तैयार होने चाहिए। ये गृहनिर्मित, विद्यार्थियों और शिक्षकों की एक टीम द्वारा विद्यालय में निर्मित, यदि आवश्यक हो तो बाहर से लाया जाना चाहिए या किराए आदि पर ली जा सकती हैं। कला रूप के लिए उचित पर्यावरण बनाने के लिए पर्याप्त उपकरण होने चाहिए।

10. कठपुतली के लिए मंच विन्यास कठपुतली के प्रकार जैसे-रस्सी, छाया, दस्ताना आदि के अनुसार होना चाहिए। कठपुतलियाँ स्वनिर्मित हो सकती है या बनाने के लिए बच्चों के साथ कार्य करने के लिए विशेषज्ञों को बुलाया जा सकता है। हम एक कठपुतली शो में विविध प्रकार की कठपुतलियों का प्रयोग कर सकते हैं।

11. रंगमंच के लिए कथा को सावधानी से अंतिम रूप दिया जाना चाहिए। संपूर्ण नाटक के साथ एक संबंध होने के लिए प्रतिभागियों के पास कथा की एक प्रति होनी चाहिए।

12. कोष न्यायपूर्ण व्यवस्थित होने चाहिए क्योंकि ऊपर विमर्शित क्रिया की संपूर्ण योजना कोष की उपलब्धता पर आधारित है।

13. कार्यक्रम से एक दिन पहले मंच पर सवेश रिहर्सल होना चाहिए ताकि प्रत्येक चीज को जाँचा और सुधारा जा सके। अंतिम क्षण की परेशानियों से बचने के लिए वस्त्र से संबंधित सभी तैयारियों जैसे-आयरन करना, कांट-छांट, किसी भी पहनावे के लिए आभूषण की जाँच कर लेना चाहिए।

14. श्रव्य ध्वनि प्रणाली व्यवस्था, CD, कैसेट्स आदि अग्रिम में जाँच लेनी चाहिए।

15. विद्यार्थियों की चिकित्सीय स्थिति के बारे में जानने के लिए अभिभावकों द्वारा चिकित्सीय स्वीकृति को हस्ताक्षरित एवं संग्रहित कर लेना चाहिए।

16. पानी, नाश्ता, बैठने एवं शौचालय/आराम घर की उचित व्यवस्था होनी चाहिए। प्रतिभागियों को उनके निष्पादन के समय और संख्या के संबंध में सूचित करने की उचित व्यवस्था होनी चाहिए। शो के समन्वयन के लिए शिक्षकों और विद्यार्थियों की एक टीम को स्वयं सेवा करनी चाहिए।

17. कार्यक्रम में बिजली की विफलता के कारण उत्पन्न बाधा से बचने के लिए बिजली बैकअप की व्यवस्था आवश्यक है। सुरक्षा मानकों जैसे अग्नि सुरक्षा आदि को अपनाना बहुत महत्त्वपूर्ण है।

अत: किसी भी कार्यक्रम की सफलता के लिए प्रभावी पर्यवेक्षण के साथ उचित योजना, तैयारी, उत्तरदायित्वों का हस्तांतरण आदि एक कुंजी है।

प्रश्न 41. किसी भी कला की प्रस्तुतिकरण (presentation) के लिए कुछ सुझाव लिखिए।

उत्तर– किसी भी कला की प्रस्तुतिकरण के लिए सुझाव निम्नलिखित हैं–

विषय से संबंधित (Subject Related)

1. निष्पादन कलाओं में चयनित विषय होने चाहिए–
- बच्चे में विकास के पहलुओं से से संबंध रखने वाले।
- पाठ्यचर्या के क्षेत्रों से जुड़े हुए।
- एक बच्चे के लिए सुरक्षित होना चाहिए।
- बच्चों द्वारा चिंतन को प्रोत्साहित करने वाला होना चाहिए।

2. कोई भी कला रूप जो कि चयनित हैं को सटीकता से पढ़ाया जाना चाहिए न कि बेतरतीब तरीके से।

3. क्षेत्रीय कलाओं को प्रोन्नत किया जाना है। सिनेमा जगत में संगीत का प्रत्येक जगह बहुत अधिक प्रभुत्व है। यद्यपि लोक रंग मंच सुंदर स्वरमाधुर्य, नृत्यरूप खो चुके हैं। मोहकता आकर्षित करती है किंतु समझना है कि हमारी क्षेत्रीय कलाएँ बहुत विकसित हो चुकी हैं, इनमें एक गहराई है और यह हमारे देश के लोगों के बारे में बोलती है।

4. उत्सवों से जुड़े कुछ विषय विद्यालयों में लिए जाने चाहिए जो कि समुदाय में जोश और प्रसन्नता के लिए बच्चों को अतिरिक्त सूचना पाने में सहायता करते हैं।

5. विभिन्न भाषाओं और शब्दकोशों की जानकारी बढ़ाने के उद्देश्य वाला होना चाहिए।

6. प्रभावों को प्रस्तुत करता हो।

संभार-तंत्र से संबंधित (Logistics Related)

1. किसी भी निष्पादन के रिहर्सल के लिए स्थान उचित आकार का होना चाहिए। शेष विद्यालय का कार्य बाधित नहीं होना चाहिए।

2. किसी प्रकार की दुर्घटना को टालने या व्यवस्थित करने के लिए सभी प्रकार की अतिरिक्त सामग्री जैसे–सेफ्टी पिन, हेयर पिन, सूई और धागे, मेकअप किट आदि हाथ में उपलब्ध होनी चाहिए।

3. उपकरण और कठपुतलियाँ स्थायी और उपयोग करने में आसान होनी चाहिए।

4. सुरक्षा के लिए श्रव्य कैसेट्स जैसे CD की दो या अधिक प्रतियाँ रखी होनी चाहिए।

5. निष्पादन के दिन के लिए प्राथमिक चिकित्सा की व्यवस्था बनाई जानी चाहिए।

6. यदि अपेक्षित हो तो निष्पादन के लिए प्रतिस्थापन तैयार होना चाहिए।

7. मौसम संबंधित मुद्दों को व्यवस्थित करने के लिए एक हॉल या प्रेक्षागृह या एक ढके हुए बड़े क्षेत्र की वैकल्पिक व्यवस्था होनी चाहिए।

8. समय और परिस्थिति की जरूरत के अनुसार परिवर्तन करने का प्रावधान ओर योग्यता होनी चाहिए।

प्रश्न 42. कला अनुभूति से आप क्या समझते हैं? स्पष्ट कीजिए।

उत्तर– कला की अनुभूति (art experience) एक प्रक्रिया है जिसका मौलिक तत्त्व कला कार्य के सामग्री और यांत्रिकता जितना अधिक लंबा तो नहीं किंतु अनुभव के स्तरों की अपेक्षा थोड़ा लंबा है। एक अनुभूति वैयक्तिक रूप से आपके जीवन को प्रभावित करती है। कला अनुभूति इस बहुआयामी अधिगम को उपलब्ध कराती है। कला अनुभूति में क्या रंग प्रयोग किया जाए? कैसे एक रेखा बनाई जाए? किसी चीज का क्या आकार हो? क्या निष्पादन करना है? आदि प्रत्येक कदम निर्णय निर्माण को शामिल करता है। प्रत्येक पसंद के साथ बहुतों के द्वारा साझा अनुभव अत्यधिक वैयक्तिक हो जाता है।

कला अनुभूतियों के माध्यम से बच्चा अमूर्त विचारों का दृश्य अभिव्यक्ति सृजित करता है। कला अनुभूति के क्षेत्रों में समाहित करना चाहिए–

- संसार जिसमें वे रहते और जानते हैं।
- लोग और अन्य जीव को।
- स्वप्न चित्रों और रहस्यों को।

प्रश्न 43. एक शिक्षक द्वारा कला अनुभव के लिए किस प्रकार योजना बनाई जाएगी?

अथवा

प्राथमिक कक्षा के लिए कला अनुभव की योजना किस प्रकार बनाएँगे?

उत्तर– एक शिक्षक पढ़ाता नहीं है किंतु कला गतिविधि में बच्चे की रुचि और भागीदारी बढ़ाने में एक गाइड के रूप में कार्य करता है। सर्वप्रथम, शिक्षक एक कला रूप (art form) के बारे में सोचता है। शिक्षक संभावनाओं के साथ कार्य करता है और प्रतिदिन कुछ नया प्रवर्तित करने की योजना बनाता है। यह सबसे अधिक चुनौतीपूर्ण कार्यों में से एक है जिसका शिक्षक प्रतिदिन सामना करता है। बच्चा हर्ष, बुद्धि, अति सक्रिय, व्यग्र, कोलाहलपूर्ण सृजनात्मक और अन्य का एक पुंज है। इस ऊर्जा और योग्यता को सांचे में ढालना आसान कार्य नहीं है। यद्यपि कला की कोई गतिविधि जो बच्चे में रुचि और कल्पनाशीलता को जागृत करती है को नवीनता से नियोजित किया जाता है।

बच्चों की अधिगम एवं अनुभूति के लिए सार्थक प्रसंग का चयन अग्रिम में किया जाना चाहिए। विचार-विमर्श के पाठ्यक्रम के सत्रों के दौरान प्रसंगानुसार विचार स्वतः आ सकते हैं।

बच्चों को उनके सार्थक विचारों, बिंबों, भावनाओं और अनुभूतियों को साझा करने के लिए प्रेरित किया जाना चाहिए। उदाहरण के लिए कविता को स्पष्ट करने के लिए या विगत वर्षों से संबंधित किसी अन्य कलाकार द्वारा सृजित कलाकृतियों को नकल करने के लिए शिक्षक द्वारा सही और अपेक्षित पर्यावरण उपलब्ध कराना चाहिए। उसे सभी पहलुओं जैसे उद्देश्यों, कक्षा का स्तर, उपलब्ध सुविधाओं, विद्यार्थियों की संख्या, सामग्री और समय की उपलब्धता आदि पर विचार करना चाहिए।

पाठ्य पुस्तक से बाहर के विषय का अन्वेषण करने के लिए बच्चों को समय देना चाहिए। अनुभूतियों को बहुसंवेदी नियोजित किया जाना चाहिए और उनमें अवलोकन, अन्वेषण, प्रायोगीकरण तथा सृजन को शामिल किया जाना चाहिए। शिक्षक को समय सारणी और योजना समय पर भी विचार करना चाहिए।

पाठ को संचारी, ज्ञानपूर्ण और मनोरंजक बनाने के लिए समुदाय में उपलब्ध विशेषज्ञों जैसे अभिभावकों, कलाकारों, व्यवसायियों को शिक्षक आमंत्रित कर सकता है।

कला अनुभूतियों की योजना शामिल करती है–

- एक विचार कि क्या करना है?
- उत्प्रेरक के रूप में सामग्रियों और उपकरणों का प्रयोग करना।
- स्थान और समय का संगठन करना।
- समर्थित पर्यावरण सृजित करना।
- प्रदर्शन क्षेत्र के लिए एक दृष्टिकोण होना।
- कार्य के दौरान और समाप्ति के बाद मूल्यांकन के लिए अभिलेख रखना।

प्रश्न 44. कलात्मक गतिविधियों को करने के लिए कुछ विषयों का सुझाव दीजिए।

अथवा

कुछ विषयों का सुझाव दीजिए जिन्हें कला गतिविधियों में प्रयोग किया जा सकता है।

उत्तर–कला गतिविधियों को करने में अध्यापक निम्नलिखित विषयों पर विचार कर सकता है–

- अध्यापक एक सूचना पट्ट तैयार करे और विशिष्ट प्रसंगों पर समाचार पत्रों के संबंधित अनुच्छेदों की कतरन, कहानियाँ, कविता, आत्मकथा आदि को चिपकाए और इसे अपने तरीके से सजाए।
- अध्यापक को चाहिए कि वह 'पृथ्वी दिवस' मनाएँ। पृथ्वी की जरूरतों के बारे में बच्चों को पढ़ने को कहे। पृथ्वी की जरूरतों के बारे में छात्र जो सोचते हैं उनकी तस्वीर बना सकते हैं या रंग सकते हैं। अपने विचारों को रखने के लिए वे स्लोगन लिख सकते हैं।
- अध्यापक बच्चों को स्वयं का एक चित्र बनाने की स्वीकृति दे और उन्हें इन पर कुछ शब्द लिखने को कहे। तस्वीर प्रतिदिन कुछ शब्दों से अपने आप को परिवर्तित कर लेती है। पूछने पर छात्र अपने लिए भविष्य की योजनाओं को उद्घाटित करेंगे। कुछ प्रेरक शब्द एक अच्छे भविष्य के बारे में उनकी सहायता कर सकते हैं।
- बच्चे छपाई के लिए पत्तियों को रगड़कर एक सुंदर डिजाइन सृजित कर सकते हैं–एक मजेदार शिल्प गतिविधि।

- अध्यामक कागज से मुखौटे बनाने एवं पहनने के लिए उन्हें प्रोत्साहित करे। रोल प्ले के लिए उन मुखौटों का प्रयोग करने में कक्षा को स्वीकृति दे।
- बच्चे अपनी कहानी या तस्वीर की पुस्तक सृजित कर सकते हैं।
- अध्यामक एक उत्सव या वार्षिकोत्सव का संगठन या योजना बनाए जहाँ बच्चे निष्पादन कर सकें।
- अध्यामक डायनासोर या जिराफ या मिकी माउस का एक समूह में एक विशाल संरचना बनाए और विद्यालय में प्रमुख स्थान पर लगाए।
- अध्यामक कुछ समूह बनाए और विभिन्न प्रकार की कठपुतलियाँ तथा एक कठपुतली प्रदर्शनी की योजना बनाए।
- अध्यामक एक प्रदर्शनी का आयोजन करे जहाँ वह बच्चों द्वारा सृजित कला या उत्पाद का प्रदर्शन कर सकते हैं।
- अध्यामक अपने कार्टून चरित्र सृजित करे और नाम दे तथा उनका एक प्रहसन में प्रयोग करे।
- अध्यापक विद्यार्थियों को एक रंग को विभिन्न वस्तुओं के साथ संबद्ध करने को कहे। उस विशेष वस्तु पर रंग के प्रभाव के बारे में लिखे।

प्रश्न 45. स्कूल समय सारणी में कला शिक्षा के स्थान के बारे में वर्णन कीजिए।

उत्तर—प्रारंभिक विद्यालयों में समय सारणी अधिक मानवीय फैसलों को शामिल करता है। कला के लिए अलग समय रखना चाहिए और ये कक्षाएँ नियमित एवं लगातार होनी चाहिए। बहुत छोटे बच्चे प्रतिदिन कला के लिए समय दे सकेंगे क्योंकि उनका ध्यान विस्तार छोटा है, उनका अनुभव अंतिम 5 से 10 मिनट का होगा।

उद्देश्यपूर्ण (purposeful) और आनंददायी (enjoyable) कला गतिविधियों के लिए समय का प्रभावी व्यवस्था बहुत महत्त्वपूर्ण है। एक विशेष आवश्यक कार्य के संवेगों को बनाए रखने के क्रम में समय का कालावधि की छोटी इकाईयों में विभाजन समय की आवश्यकता पर हो सकता है। कला गतिविधियों के लिए दिए गए समय की मात्रा अन्य विषय की गतिविधियों के समान होनी चाहिए। शिक्षक को वैयक्तिक और समूह कार्य दोनों में सहयोग के लिए स्वीकृति देनी चाहिए जहाँ बच्चे विचारों को साझा कर सकते हैं। कथ्य परक कार्य जैसे वृहद स्तर पर प्रारूपण कभी-कभी अधिक समय माँग सकते हैं और शिक्षक को अधिक व्यवस्था करनी पड़ती है। अतः समय के वितरण की योजना अग्रिम होनी चाहिए।

जब शिक्षक कला के साथ अन्य विषयों को एकीकृत (integrate) करते हैं तो पाठ्यचर्या के बहुत से क्षेत्र श्रेष्ठ दृश्य और काल्पनिक प्रेरण प्रस्तुत करते हैं। शिक्षक कला कक्षा के लिए उपयोगी हो सकते हैं। इस प्रकार उन विशेष विषयों के लिए आवंटित समय को कला अनुभूति के लिए भी प्रयुक्त किया जा सकता है। कहानियों, कविताओं, ड्रामा, चित्रकला में ऐतिहासिक घटनाओं, पेंटिंग्स को समझाना, उस कालावधि को कला के लिए प्रयोग करना प्रत्यक्ष अवसर हैं। अध्यापक द्वारा यह सुनिश्चित करना चाहिए कि कला के उद्देश्य स्पष्टता से केंद्रित हों, अन्यथा ऐसी कला कक्षाएँ निरर्थक होंगी।

प्रश्न 46. कला अनुभव के लिए आवश्यक सामग्रियों का विवरण दीजिए।

उत्तर—एक अध्यापक को बच्चों की जरूरतों को ध्यान में रखकर सामग्री का संघटन करना चाहिए। कला अनुभव के लिए आवश्यक सामग्रियाँ निम्नलिखित हैं—

(1) दृश्य कला के लिए (For Visual Arts)—दृश्य कला में एक शिक्षक निम्न विकल्पों को अपना सकता है—

- छपाई
- पेन्टिंग
- चित्रकला
- रंगोली
- शिल्प
- कोलाज
- मिट्टी प्रतिरूपण
- कठपुतली निर्माण
- पेपर मेंसी
- कागज शिल्प
- प्रतिष्ठापन

उपर्युक्त दृश्य कला और शिल्पों के लिए आवश्यक सामग्री निम्न हैं—

- पेन्ट और ब्रश
- मिट्टी और लोई
- गोंद और टेप
- बालू
- किताबें
- कलम, मार्कर, पेंसिल
- कैंची और कटर
- स्टेनसिल
- दृश्य, श्रव्य सामग्री
- पेपर मेंसी
- मोम
- लकड़ी की आकृतियाँ
- समाचार पत्र और पत्रिकाएँ

(2) निष्पादन कला के लिए (For Performing Arts)—दृश्य कला के लिए निर्मित कथ्यपरक (thematic) सामग्रियाँ निष्पादन कला के साथ साझा की जा सकती है। दृश्य कला में सृजित मुखौटे, ताज, वस्त्र ड्रामा, रोल प्ले आदि में प्रयुक्त हो सकते हैं।

सामान्य रूप से उपलब्ध विभिन्न प्रकारों की सामग्री इन रूपों में प्रयुक्त हो सकती है—

- मोतियों की माला के रूप में

- कागज के आभूषण
- सामान्य पारंपरिक साड़ी
- सामान्य रूप से बजाए जाने वाले वाद्ययंत्र
- विभिन्न पृष्ठ पट बनाने के लिए कागज
- फूलों, पत्तियों, मोम और मिट्टी से निर्मित आभूषण
- विभिन्न मुखौटे
- साज-सज्जा के लिए क्रेप पेपर
- विभिन्न उपकरणों
- विविध प्रकार की कठपुतलियाँ
- माइक या ध्वनि व्यवस्था
- विविध प्रकार के कपड़े

प्रश्न 47. एक शिक्षक को कला अनुभव के लिए सामग्री का संग्रह करते समय किन बिंदुओं को ध्यान में रखना चाहिए?

उत्तर—एक शिक्षक को कला अनुभव के लिए सामग्री का संग्रह करते समय में निम्न बिंदुओं को ध्यान में रखना चाहिए–

- बच्चों को सामग्रियों को लाने के लिए प्रोत्साहित (encourage) किया जाना चाहिए, दबाव (force) नहीं डालना चाहिए।
- सामग्री का संग्रह गतिविधि के समय से ठीक पहले होना चाहिए। आपके आयोजन में सामग्रियाँ आसानी से उपलब्ध होनी चाहिए।
- तीक्ष्ण वस्तुओं/सामग्रियों से बचें। सामग्री बच्चों के लिए सुरक्षित होनी चाहिए।
- कक्षा में जादू की टोकरी या बॉक्स सृजित करना चाहिए जहाँ बच्चों द्वारा संग्रहित सामग्रियों को रखा जा सके।
- अभिभावकों पर बोझ डालने से बचें, सामग्रियों के लिए आग्रह करना चाहिए।
- बच्चों द्वारा खरीदी गई सामग्रियों से बचना चाहिए।
- सामग्री पर्यावरण के अनुकूल होनी चाहिए।
- सामग्रियों को इकट्ठा करने और गतिविधि पर कार्य करने के लिए बच्चों को समूहों में बाँट देना चाहिए।
- कक्षाकक्ष में बैठने की व्यवस्था नमनीय रखना चाहिए।
- बच्चों को समूहों में रखकर सामग्रियों का प्रभार दें और उनका स्थान नियमित रूप से बदलते रहना चाहिए।
- सामग्री की सांस्कृतिक संदर्भ में सराहना करना चाहिए।
- सामग्री विशिष्ट आयु समूह की होनी चाहिए।
- आप और आपके विद्यार्थियों की कल्पना ऐसी होनी चाहिए कि आपकी सर्वोत्तम और विश्वसनीय सामग्री हैं।

बच्चे आपूर्तियों को संरक्षित रखने की अपनी भूमिका निभाएँगे एक बार जब वे समझ जाए कि क्यों और कैसे देखभाल की जाए। सफाई की प्रक्रिया भी पहले ही नियोजित कर लेनी चाहिए।

प्रश्न 48. कला अनुभव के लिए सामग्री और स्थान को व्यवस्थित कैसे करेंगे? बताइए।

उत्तर–शिक्षण अधिगम अनुभूति को व्यवस्थ्ति करने के लिए एक शिक्षक में उत्साह, दृढ़ संकल्प, वैयक्तिक ऊर्जा, समृद्ध सौंदर्यात्मक समझ, उपकरणों की विस्तृत शृंखला, बेहतर कल्पनाशीलता और अच्छा संप्रेषण कौशल जरूरी है। यह शिक्षक की संवेदनशीलता (sensitivity) पर निर्भर करता है कि कितनी अच्छी तरह से वह विद्यार्थी की जरूरत का प्रबंध करता है।

दृश्य कला के लिए (For Visual Art)

सामग्री (Material)

दृश्य कला के लिए बच्चों, अभिभावकों, विद्यालय और समुदाय को शामिल करते हुए उपर्युक्त सामग्री का संघटन करना एक परामर्शी (consultative) और सहयोगी (collaborative) प्रक्रिया है। रूचि और उत्साह बनाए रखने के लिए सामग्री और उपकरणों की एक नियमित और पर्याप्त आपूति अनिवार्य है। सभी संभव संसाधनों के बारे में सोचना भी महत्त्वपूर्ण है। सामग्री दो स्तर की होनी चाहिए–

- शिक्षक/विद्यालय द्वारा प्रदत्त
- बच्चों/समुदाय द्वारा व्यवस्थित

सामान्य उद्देश्य को विकसित करने और सामग्री की उपलब्धता सुनिश्चित करने में शिक्षक, बच्चों, प्रधानाचार्य और अभिभावकों के बीच अच्छा संवाद सहायक होगी। यहाँ शिक्षक की भूमिका बहुत महत्त्वपूर्ण है। उसे सामग्री को निम्नलिखित से संघटित करना चाहिए–

1. **बच्चे (Children)**–कला गतिविधियों की योजना करते समय शिक्षक विद्यार्थियों को उनके पड़ोस से सामग्री संचित करने के लिए शामिल कर सकता है। स्थानीय स्तर पर उपलब्ध, कम या बिना लागत वाले सामग्री के प्रयोग को प्रोत्साहित किया जाना चाहिए। बच्चों को सामान्य रूप से उपलब्ध सामग्री के उदाहरण है–खाली कार्ड बोर्ड के डिब्बे, खाली बोतल, सूखी पत्तियाँ और फूल, स्फटिक, प्रयुक्त पुस्तकें, पत्रिकाएँ, वृक्ष की छोटी शाखाएँ, गुब्बारे, सिक्के, तस्वीर आदि।

2. **अभिभावक (Parents)**–अभिभावक कुछ वस्तुओं और सामग्रियों को देकर कला के कार्यान्वयन में सहायता प्रदान कर सकते हैं। बच्चों की हर संभव सहायता में उनकी सक्रिस रुचि की सार्थक भूमिका है। घर से जो सामग्रियाँ संग्रहित की जा सकती हैं वे हैं–पुराने कपड़े, बचे हुए ऊन, पुराने कैलेंडर, पेपर प्लेट, थर्मोकोल ग्लास, पैकिंग सामग्री, पुराने मोजे, आइसक्रीम कप, और प्रयुक्त CD आदि।

3. **संग्रहालय एवं गैलरियाँ (Museum and Galleries)**–शिक्षक अपने संग्रहों के लिए प्रसिद्ध गैलरियों से संपर्क कर सकते हैं। कुछ संग्रहालयों और गैलरियों जैसे राष्ट्रीय संग्रहालय और राष्ट्रीय गैलरी के पास पोस्टकार्ड, पोस्टर, कैलेंडर और चयनित उत्पाद हैं। शिक्षक और प्रधानाचार्य अपने शहर एवं राज्य के संग्रहालयों एवं गैलरियों से संपर्क कर सकते हैं और कक्षा के बच्चों के लिए कुछ सामग्रियों की आपूर्ति के लिए कह सकते हैं।

4. **समुदाय (Community)**–विभिन्न कलाओं के पारंपरिक अधिगम के लिए विभिन्न समुदाय की कला और विद्यालय की कला के बीच एक संबंध बनाया जाना चाहिए।

उदाहरणार्थ–पेन्टर, कुम्हार, संगतराश, संगीतात्मक वाद्य निर्माणकर्त्ता, बढ़ई, जुलाहा, शिल्पकार, टोकरी निर्माता, छपाई करने वालों को अपेक्षित सामग्रियाँ और कौशल प्रदान कर बच्चों के साथ संयोजन किया जा सकता है। कुशल शिल्पकारिता प्रदान करने में विभिन्न व्यावसायिक कौशल एक विशाल संसाधन हैं।

5. टेलीविजन और वीडियो (Television and Video)–कलाकारों के कार्यक्रमों को समय-समय पर टेलीविजन पर दिखाया जाता है और कुछ वीडियो पर उपलब्ध हैं। इन वीडियो कार्यक्रमों से बहुत से विचारों को समाविष्ट किया जा सकता है। कुछ विशेष तकनीकों से संबद्ध कार्यक्रम भी बच्चों के लिए लाभदायक हैं।

स्थान (Space)

अध्यापक को यह ध्यान रखना चाहिए कि बच्चे जिस स्थान पर कार्य कर रहें हैं वो आरामदायक हो। गति संचालन को सुसाध्य बनाने के लिए और बच्चों को उनके कार्यों को विभिन्न कोणों से देखने में समर्थ बनाने और कार्य के लिए पर्याप्त सतह प्रदान करने के लिए भी फर्नीचर को व्यवस्थित किया जाना चाहिए। सामग्रियों के लिए उपागमन आसान होना चाहिए। बच्चों के लिए बाहर कार्य करने के समय पर यह एक साध्य होना चाहिए। गतिविधियाँ जो कि विद्यालय पर्यावरण का उपयोग करती हैं और प्रत्येक बच्चे के योगदान को स्वीकार करती हैं। (उदाहरणार्थ भित्ति चित्र पेन्ट करना) एक बच्चे की कला के क्षैतिज अनुभव का कक्षा-कक्ष की सीमा के बाहर विस्तार करता है।

स्थान की साफ-सफाई सुनिश्चित करने के लिए सावधानी बरतनी चाहिए। कुछ पहलुओं को अत्यधिक सावधानी की जरूरत है जैसे जब गतिविधि की जा रही हो पर्याप्त प्रकाश व्यवस्था होनी चाहिए और कमरा पूर्ण हवादार होना चाहिए। भौतिक पर्यावरण जीवंत और दृश्यात्मक रूप से प्रेरित करने वाला होना चाहिए और बच्चों को कला में अधिगम को विकसित करने में सहायक होना चाहिए।

निष्पादन कला के लिए (For Performing Art)

सामग्री (Material)

अधिगम प्रक्रिया के रूप में शिक्षक संगीत और नृत्य गतिविधि को अत्यधिक जीवंत, मनोरंजक, सार्थक और हितकर बना सकता है। बच्चे फूलों, पत्तियों और पंखों का प्रयोग कर आभूषण बना सकते हैं। इयर रिंग बनाने के लिए छोटी चूड़ियाँ प्रयुक्त की जा सकती है। सुंदर और सस्ते आभूषण बनाने के लिए कार्डबोर्ड, ग्लेज पेपर, ग्लीटर और बटनों का भी प्रयोग किया जा सकता है। वस्त्र और आभूषण के लिए प्रत्येक क्षेत्र में असंख्य कलाकार और शिल्पकार हैं जिन्हें पहचाना जा सकता है, और उपर्युक्त कौशलों के अधिगम के लिए उपर्युक्त दिशा निर्देश दिए जा सकते हैं।

उपकरणों को बहुस्तरीय उपयोग के लिए रखा जा सकता है। उदाहरण के लिए मस्तक के ऊपर लहराता एक दुपट्टा हवा का संकेत कर सकती है, चेहरे के चारों ओर खींचा हुआ यह एक घूंघट का संकेत कर सकता है (एक औरत का परदा), दोनों छोरों से खींचा हुआ दुपट्टा एक रस्सी का संकेत करता है। आपकी हथेलियों में पकड़ा हुआ दुपट्टा एक बच्चे का संकेत करता है।

संगीतात्मक वाद्ययंत्र (Musical instrument) छोटे बच्चों को मोहित करते हैं। ब्लॉक, चम्मचों, पत्थरों, बरतनों, केन या अन्य वस्तुओं के प्रयोग द्वारा बच्चों को उनके अपने वाद्ययंत्र

बनाने के लिए प्रोत्साहित करना चाहिए। इसके अतिरिक्त हाथों की ताली, मेजों पर थपकी भी सरगम के लिए प्रयुक्त की जा सकती है। गिटार का निर्माण एक जूते के बॉक्स, कुछ रबर के छल्ले और एक लकड़ी के टुकड़े की सहायता से किया जा सकता है। पानी के विभिन्न मात्राओं से भरे आठ गिलासों से जल तरंग बनाया जा सकता है।

स्थान (Place)

अगर किसी विद्यालय में निष्पादन कला के लिए पृथक स्थान उपलब्ध नहीं है तो कक्षा-कक्षों को संघटित करना चाहिए, कुछ खाली स्थान सृजित करने के लिए डेस्कों और कुर्सियों को पुनर्व्यवस्थित किया जा सकता है। बच्चों को अपने जूतों को हटाना चाहिए और उन्हें उचित पंक्ति में बाहर रखना चाहिए। उन्हें वृत्ताकार स्थिति में या जैसे शिक्षक चाहें बैठा सकता है।

वास्तव में हम किसी भी स्थान एक छत या छज्जे को मंच में बदल सकते हैं। यदि हम प्रस्तुति की योजना बना रहे हैं तो दर्शकों के बैठने की व्यवस्था के लिए किसी भी स्थान का बुद्धिमता से उपयोग कर सकते हैं। कई बार विद्यालय भवन का एक भाग नाटक के लिए बैठने की अच्छी सेवा दे सकते हैं जैसे—सीढ़ियाँ, गलियारा, खंभों वाला बरामदा और वृक्षों वाली जगह या पृष्ठभूमि में एक दीवार आदि आश्चर्यजनक रूप से मंच व्यवस्था के लिए उपयुक्त हैं।

जब मौसम सुहाना हो तब कला गतिविधि का आयोजन विद्यालय के मैदान में भी किया जा सकता है। बाहर होने वाले सत्र में आप वृक्षों और फूलों की गतिविधि के पृष्ठपट के रूप में उपयोग कर उनका फायदा उठा सकते हैं। बच्चे प्रकृति में पाए जाने वाले संगीत, नृत्य और रंगमंच के तत्त्वों का भी अनुकरण कर सकते हैं।

प्रश्न 49. शिक्षक सामग्री का भंडारण और रख-रखाव किस प्रकार करेंगे? संक्षेप में वर्णन कीजिए।

उत्तर—बिना अधिक कोष और प्रयास के सामग्री का संघटन और भंडारण एक सामान्य और आसान तरीके से किया जा सकता है। सामग्री के रखरखाव में बच्चे शिक्षक की सहायता प्राप्त कर सकते हैं। वह बच्चों को प्रभारी बना सकते हैं और नियमित अंतराल पर प्रभारियों को बदल सकते हैं। बच्चों में उत्तरदायित्व की समझ हो जाती है। वे देखभाल में दक्ष और संवेदी है।

तश्तरियाँ या पुरानी टोकरियाँ या जूते के डिब्बे का प्रयोग विभिन्न वस्तुओं को रखने के लिए किया जा सकता है। इसे एक 'जादू का बॉक्स' कह सकते हैं। समय-समय पर नई सामग्रियाँ जोड़ी जा सकती हैं। अत: बच्चे उत्सुक रहते हैं कि आज बॉक्स में क्या नया आएगा।

कला की सामग्रियों का रखरखाव भी बहुत महत्त्वपूर्ण है। इस उद्देश्य के लिए एक शिक्षक सामग्री का प्रदर्शन कक्षा के अंदर और बाहर कर सकते हैं जैसे—प्रदर्शन बोर्ड, दीवालों, बरामदों, खंभों आदि पर। इस तरह आप बच्चों में कला के प्रति सम्मान बढ़ा सकते हैं और सहपाठियों के मूल्यांकन का लाभ भी पा सकते हैं। उत्पादित वस्तुओं के रखरखाव का दूसरा तरीका है 'बच्चों का कोना' या 'कक्षा संग्रहालय' का सृजन।

प्रश्न 50. कला शिक्षा में सरलीकरण (facilitation) क्या है?

उत्तर— सरल शब्दों में सरलीकरण का अर्थ है किसी विषय को सरल बनाना। अर्थात वह

क्रिया जो किसी कार्य को सरल बनाए सरलीकरण कहलाता है और एक व्यक्ति जो यह भूमिका करता है वह सरलीकर्त्ता कहलाता है। सरलीकरण शिक्षण की एक कला है–

- बच्चा गतिविधि को पूर्ण करे इसके लिए प्रयास करना।
- नवीन सामग्री को चुनने और ग्रहण करने में बच्चे की सहायता के लिए बहुत सी सामग्री उपलब्ध कराना।
- स्व अभिव्यक्ति के लिए विश्वास प्रदान करना।
- इससे पहले कि वे कपड़ों या हाथों को गंदा करें उन्हें कपड़ों और पर्यावरण को स्वच्छ रखने के तरीकों के बारे में जागरूक करना।
- संगीतात्मक वाद्ययंत्रों की सुरक्षा के लिए सावधानी के साथ रख-रखाव के लिए मुक्त रास्ता देकर बच्चों की सहायता करना। टेप रिकार्डर, CDs, किसी संगीतात्मक वाद्ययंत्र आदि के प्रति उन्हें उत्तरदायी बनाने में।
- पास के पर्यावरण में स्थित वस्तुओं के माध्यम से बच्चे को एक संकल्पना के नजदीक लाना।
- विविध विचारों को सुनने के द्वारा बच्चे को सोचने के लिए प्रेरित करना।
- बच्चे को संसाधनों जैसे पुस्तकें, वेबसाइट, CDs, सांस्कृतिक सम्मेलनों आदि से जोड़ना।
- बच्चे को सभी गतिविधियों में शामिल करना- कक्षा-कक्ष का संघटन, सफाई की चेतना, डेस्कों और कुर्सियों का संघटन, विद्यालय और कक्षा दोनों से संबंधित समझ।

प्रश्न 51. कलात्मक गतिविधियों में एक शिक्षक को सरलीकर्त्ता के रूप में बच्चों को सुविधा प्राप्त करवाते समय किन बातों का ध्यान रखना चाहिए?

उत्तर– कक्षा-कक्ष में अपेक्षित सामग्री और स्थान उपलब्ध कराने का उत्तरदायित्व एक सरलीकर्त्ता के रूप में अध्यापक का है। कलात्मक गतिविधियों में एक शिक्षक को सरलीकर्त्ता के रूप में बच्चों को सुविधा प्राप्त करवाते समय निम्न बातों का ध्यान रखना चाहिए–

- मैदानों का दौरा आयोजित करें ताकि बच्चे वास्तविक संसार की संकल्पना की अनुभूति कर सकें।
- एक साथ गाएँ। बच्चों को उनके पसंदीदा गीत गाने की स्वीकृति दें इसके बाद उनका अन्वेषण करें।
- विद्यालय के बाद कला कार्यक्रमों का आनंद लेने के लिए उन्हें प्रोत्साहित करें, सप्ताहांत छुट्टियों के दौरान बहुत से समुदाय के पार्क और मनोरंजन केंद्र इन्हें उपलब्ध कराते हैं।
- कक्षा-कक्ष में 'जादू का पिटारा' जैसा बॉक्स रखें। इसे विविध उपकरणों और सामग्रियों क्रेयन्स, मार्कर, पेस्टल, जल रंग, गोंद, कागज और पेंसिल से भरें।
- गीत, नृत्य, रंगमंच कक्षाकक्ष विषयों जैसे प्रकृति, आकार, संतुलन या माप पर आधारित हो सकते हैं।
- अपनी कक्षा को CDs, संगीतात्मक वाद्ययंत्रों, TV या कम्प्यूटर से समृद्ध करें।
- बच्चे द्वारा पूछे जा सकने वाले किसी प्रश्न का जवाब देने में सक्षम होने के लिए विषय का पर्याप्त अध्ययन।
- वीडियो क्लिपों के अध्ययन के लिए कम्प्यूटर या प्रोजेक्टर का पहले से संघटन।

• कक्षा में प्रयोग करने से पहले वीडियो क्लिप को छाँट लें।

• उचित स्थान की व्यवस्था जिसमें गतिविधि की जाए।

• गीतों, कविताओं, कहानियों का एक विस्तृत संग्रह जिन्हें, गायन, नृत्य या अभिनय के लिए प्रयुक्त किया जा सके।

• प्रस्तुति में प्रयोग के लिए सामान्य संगीतात्मक वाद्ययंत्र (जो बच्चों द्वारा स्थानीय सामग्रियों से सृजित किया गया हो), अन्य वस्तुएँ जैसे दुपट्टा, छड़ी, कंकड़ और रंगा हुआ पृष्ठ पट आदि हो।

प्रश्न 52. कला शिक्षा में मूल्यांकन का संक्षिप्त वर्णन कीजिए।

उत्तर– मूल्यांकन (evaluation) अध्यापन-अधिगम प्रक्रिया का एक महत्त्वपूर्ण अंग है। यह पढ़ाने में शिक्षकों की तथा सीखने में विद्यार्थियों की मदद करता है। मूल्यांकन एक निरंतर चलने वाली प्रक्रिया है, न कि आवधिक। यह मूल्य निर्धारण में शैक्षिक स्तर अथवा विद्यार्थियों की उपलब्धियों को जानने में सहायक होता है।

रेमर्स एवं **गेज** के अनुसार, *"मूल्यांकन के अंतर्गत व्यक्ति या समाज, दोनों की दृष्टि से जो उत्तम एवं वांछनीय होता है, उसका ही प्रयोग किया जाता है।"*

गैरट के अनुसार, *"मूल्यांकन, परीक्षा प्रश्नों का ऐसा समूह है, जो किसी कौशल या योग्यता की जाँच करने के लिए तैयार किया जाता है।"*

शिक्षा के क्षेत्र में मूल्यांकन का प्रमुख कार्य शिक्षा को उद्देश्य केंद्रित बनाना है जिसके आधार पर व्यक्ति के संपूर्ण व्यक्तित्व के विकास की जानकारी प्राप्त की जा सकती है। शिक्षकों को इस पर गंभीर ध्यान देना चाहिए। जैसा कि हम अनुभव करते हैं कि कला के महत्त्व की उपेक्षा हम अधिक समय तक नहीं कर सकते और जबकि बच्चे के विकास में सहायता के लिए कला में मूल्यांकन प्रक्रिया अत्यंत महत्त्वपूर्ण है।

कला शिक्षा में मूल्यांकन विविध क्षेत्रों में बच्चों की प्रगति को पहचानने का आश्वासन देता है और उन क्षेत्रों को चिह्नित करता है जिनमें आगे अधिगम की आवश्यकता है। प्रारंभिक स्तर पर शिक्षक को श्रेष्ठ कौशलों और किसी कला रूप के ज्ञान पर केंद्रित करने की जरूरत नहीं है। बच्चों से आशा की जाती है कि वे अपनी क्षमता और सोच के अनुसार अपने को अभिव्यक्त करें। उन्हें कल्पना करने, अन्वेषण करने और प्रवर्तित करने की स्वतंत्रता दी जानी चाहिए और फिर अभिव्यक्त करना चाहिए।

प्रश्न 53. कला शिक्षा में मूल्यांकन के महत्त्व का उल्लेख कीजिए।

अथवा

वाइगोत्स्की के अनुसार "एक शिक्षक का कार्य बच्चे को उसके 'वर्तमान स्तर' से 'सम्भाव्य स्तर' तक लाना है"। उदाहरण देते हुए इस कथन को स्पष्ट करें।

[अक्तूबर–2016, प्रश्न सं. 31]

उत्तर–मूल्यांकन अध्यापन-अधिगम प्रक्रिया का एक महत्वपूर्ण अंग है । यह पढ़ाने में शिक्षको की तथा सीखने में विद्यार्थियों की मदद करता है। मूल्यांकन एक निरंतर चलने वाली प्रक्रिया है न कि आवधिक । यह मुल्य निर्धारण में शैक्षिक स्तर अथवा विद्यार्थियों की उपलब्धि यों को जानने में सहायक होता है। Vygotsky के अनुसार एक शिक्षक का कार्य बच्चे को

उसके 'वर्तमान स्तर' से 'संभाव्य स्तर' तक लाना है। बच्चों का आवर्ती मूल्यांकन विद्यार्थियों को कला गतिविधियों से प्राप्त हो रहे लाभों का निर्धारण करने में महत्त्वपूर्ण है। एक गतिविधि के समापन पर एक शिक्षक को प्रतिपुष्टि प्राप्त करने की जरूरत है।

यद्यपि मूल्यांकन का उद्देश्य है एक समयांतराल में बच्चे ने जो प्रगति की है उसका पता लगाना जैसे–

- एक विशिष्ट विषय का ज्ञान
- दृश्य/निष्पादन कला का सृजनात्मक अनुभव
- किसी की संकल्पनाओं के बोध की सृजनात्मक अभिव्यक्ति
- बच्चे के व्यक्तित्व में आए परिवर्तनों का मूल्यांकन
- एक बच्चे से संबंधित वैयक्तिक और विशेष जरूरतों और आवश्यकताओं का पता लगाना।
- बच्चों को उनकी अंत:शक्ति बाहर निकालने में उन्हें समर्थन देना और सुधारना।
- बच्चों को उनकी सृजनस्मकता विकसित करने में सहायता देने के लिए उपर्युक्त वातावरण उपलब्ध कराना।
- बच्चों को उनकी उपलब्धियों की सराहना कर आत्म-विश्वास बढ़ाना और उसको उनके अभिभावकों को प्रेषित करना।
- अधिक उपयुक्त तरीके से अधिगम स्थितियों की योजना बनाना।
- बच्चे को उसके सामाजिक और संवेदनात्मक व्यवहार उनकी मनोवृत्ति और मूल्यों के संदर्भ में समझना।

अधिगम की प्रक्रिया को जाँचने के लिए शिक्षण के पश्चात् मूल्यांकन (Evaluation) एक अहम् चरण होता है। इसके द्वारा अनेक महत्त्वपूर्ण बिंदुओं की जाँच की जाती है। ये बिंदु निम्नानुसार हैं–

(1) मूल्यांकन द्वारा यह ज्ञात किया जाता है कि शिक्षण उद्देश्यों की प्राप्ति कहाँ तक हो सकी है?

(2) मूल्यांकन द्वारा यह निश्चित किया जाता है कि किन विशिष्ट उद्देश्यों की प्राप्ति नहीं हो पाई है ताकि उपचारात्मक अनुदेशन दिया जाए।

(3) कक्षा में छात्रों का स्तरीकरण (Ranking) करने में भी मूल्यांकन महत्त्वपूर्ण प्रक्रिया मानी गई है।

(4) मूल्यांकन कला शिक्षण में प्रयुक्त होने वाली शिक्षण विधियों की उपयोगिता तथा कमजोरियों का पता लगाने में सहायक होता है।

(5) मूल्यांकन पाठ्यक्रम के परिमार्जन एवं परिवर्तन में भी सहायक होता है।

(6) विद्यार्थियों की समस्याओं को समझने में उन्हें सहायता प्रदान करना।

(7) विद्यार्थियों की कमजोरियों एवं अधिगम कठिनाइयों को समझना एवं मार्गदर्शन देना।

प्रश्न 54. कला शिक्षा में मूल्यांकन के दो पहलुओं को चित्रित कीजिए।

अथवा

सतत् मूल्यांकन और व्यापक मूल्यांकन को परिभाषित कीजिए।

उत्तर– कला शिक्षा में मूल्यांकन के दो पहलू हैं–
- स्व मूल्यांकन
- विद्यार्थी मूल्यांकन

स्वयं मूल्यांकन (Self Assessment)–इस आकलन में छात्र कक्षा अध्यापन के माध्यम से सीखते हैं तथा अपने अधिगम का मूल्यांकन करते हैं। यह पाठ्यक्रम का एक महत्त्वपूर्ण तत्त्व है, क्योंकि जो छात्र स्नातक/बी.एड. छात्राध्यापक हैं, वे स्वयं के कार्य को आलोचनात्मक दृष्टिकोण से देखकर स्वयं की कमियों को जानने का प्रयास करते हैं तथा उसे दूर करने के प्रयत्न करते हैं। वे अपने आप से इन प्रश्नों को पूछ सकते हैं–

- मैं अपने बच्चों के साथ किस सीमा तक परिचित हूँ?
- मैं अपने विद्यार्थियों का कितना अवलोकन कर रहा हूँ?
- मैंने कैसे एक कला गतिविधि की योजना और संघटन किया?
- मेरे द्वारा प्रदत्त अनुभव के परिणामस्वरूप बच्चे का अधिगम सीमा तक प्रोत्साहित हुआ?
- अधिगम और अन्वेषण के लिए मैंने कितने अवसरों को निगमित किया?

अध्यापक को यह जानना चाहिए कि कला अनुभूति बच्चे की जरूरत में योगदान दे रही है या नहीं। यह मूल्यांकन कला गतिविधि की पसंद और इसके प्रभाविता के बारे में एक फैसला करने को शामिल करता है। इस मूल्यांकन का कारण है कि आने वाले समय के लिए कुछ सुधारों की योजना हो जाए। ऐसे सुझाव विधियों, स्थानों, संसाधनों या सामग्रियों को शामिल करेंगे जिन्हें शिक्षकों ने सरलीकरण के लिए अनुमानित किया है। कोई भी मूल्यांकन सत्र के अंत में आयोजित नहीं किए जाने चाहिए बल्कि यह एक सतत: प्रक्रिया होनी चाहिए।

छात्र मूल्यांकन (Student Evaluation)–कला का मूल्यांकन शिक्षक के अधिगम प्रक्रिया के साथ चलता है जबकि शिक्षक प्रगति का नियमित अवलोकन कर रहे हैं। कुछ आवर्तन भी अनिवार्य होना चाहिए। हम इसको दोनों तरीकों से समझ सकते हैं। मूल्यांकन सतत् एवं समग्र होना चाहिए। सतत् का अर्थ है मूल्यांकन में नियमितता। समग्र का अर्थ है सत्र के अंत पर बच्चे का अंतिम ग्रेड निर्धारण।

(i) यह आवश्यक है कि बच्चे के व्यक्तित्व का संपूर्ण क्षेत्र जैसे मनोगति, संज्ञानात्मक, सामाजिक और प्रभावी आदि। यह पाठ्यचर्या एवं पाठ्य सहगामी दोनों की रुचियों, मनोवृत्तियों और मूल्यों को आवृत करता है।

(ii) जबकि कला के कुछ पहलुओं जैसे दृश्य-कलाओं में मूर्ति उत्पादों को शामिल किया जाता है किंतु अधिगम के कुछ पहलू क्रिया, या व्यवहार या निष्पादन हैं जिन्हें बाद के परावर्तन और निर्धारण के लिए आसानी से पकड़ा नहीं जा सकता। निष्पादन कला में नियमित अवलोकन एवं मूल्यांकन अपेक्षित हैं।

(iii) प्रारंभिक स्तर पर उत्पाद/परिणाम की अपेक्षा प्रक्रिया अधिक महत्त्वपूर्ण है। बल्कि कला करने की गतिविधि आनंद के लिए अधिक होनी चाहिए न कि निपुणता के लिए।

(iv) विद्यार्थी मूल्यांकन की दो महत्त्वपूर्ण चुनौतियाँ हैं अवलोकन का परिक्षेत्र निश्चित करना और अभिलेख रखना। शिक्षक को प्रत्येक बच्चे का पोर्टफोलियो रखना जरूरी है।

शिक्षक को सृजनात्मक समस्या समाधान के साथ बच्चे के संघर्ष, नई चीजों को करने की उनकी इच्छा और उनकी विवेचनात्मक सोच का अवलोकन करना चाहिए। कला कार्य का

अंतिम उत्पाद बच्चे की अभिव्यक्ति, समझ और कला में विकास का सिर्फ एक आंशिक दृश्य देगा।

प्रश्न 55. कला अनुभूति का मूल्यांकन करते समय ध्यान रखे जाने वाले बिंदुओं को बताइए।

उत्तर–कला अनुभूति का मूल्यांकन करते समय निम्न बातों का ध्यान रखना चाहिए–

- बच्चे की कला के साथ कुछ समय दें।
- उत्सुकता दिखाएँ और पूछें कि वे कल गतिविधि के समय क्या अनुभव करते हैं?
- यह बच्चे की व्यक्तिगत प्रगति का मूल्यांकन है।
- जब तक मूल्यांकन प्रक्रिया पूर्ण न हो कला कार्य को संरक्षित रखें।
- विशिष्ट प्रतिपुष्टि देनी चाहिए जिस पर बच्चे को कार्य करना जरूरी है।
- कहने से पहले सोचें, आपकी टिप्पणी बौद्धिक, लाभदायक और बच्चे की बेहतरी के लिए होनी चाहिए।
- निष्कर्ष पर तुरंत न पहुँचे।
- शिक्षक द्वारा दी गई प्रतिपुष्टि सुस्पष्ट होनी जरूरी है ताकि बच्चा स्पष्टता से समझ लें।
- निर्णय अच्छा या बुरा के संबंध में नहीं होना चाहिए।
- एक बच्चे की दूसरे बच्चे से तुलना न करें।
- उनके द्वारा किए गए काम का सम्मान करें।

प्रश्न 56. एक अध्यापक प्रतिपुष्टि (feedback) के बारे में छात्रों से किस प्रकार बात करती है?

अथवा

विद्यार्थियों को उनके कला-कार्य के संबंध में प्रतिपुष्टि देना क्यों आवश्यक है?

[अप्रैल–2016, प्रश्न सं. 33]

उत्तर–विद्यार्थियों के कार्यप्रदर्शन में सुधार करने में लगातार अवलोकन करना और उन्हें प्रतिपुष्टि (feedback) देना शामिल है, ताकि उन्हें पता रहे कि उनसे क्या अपेक्षित है। अध्यापक की रचनात्मक प्रतिपुष्टि के माधयम से वे अपने कार्यप्रदर्शन में सुधार कर सकते हैं। समय की एक कालावधि में बच्चे बहुत से कार्य और निष्पादन करते हैं। यदि शिक्षक सभी गतिविधियों की सूचना, साक्ष्य और अभिलेख एक उचित तरीके से रखते हैं तो वे समय-समय पर बच्चा और उसके अभिभावक को प्रतिपुष्टि संप्रेषित कर सकते हैं।

शिक्षक यह प्रतिपुष्टि बच्चों को कला से संबंधित उनकी शक्तियों और कमियों के प्रति जागरूक करने के लिए प्रदान करता है। कौन सा अंग है जिस पर उन्हें भविष्य में कार्य करना जरूरी है। टिप्पणियाँ प्रतियोगिता और इनाम की अपेक्षा बच्चों के लिए प्रेरक होनी चाहिए। इसे गुणात्मक तरीके से रिपोर्ट कार्ड में संचारित करना बेहतर होगा। सामान्य एवं सुबोध कथनों से युक्त एक परावर्तन कार्ड हो सकता है जिसमें शिक्षक का अवलोकन दिया गया हो सकता है।

इस स्तर पर मूल्यांकन नमनीय होना चाहिए और बच्चों को मूल्यांकन को अवश्य अनुभव करना चाहिए क्योंकि वे अच्छी तरह सीखते हैं जब उनकी आलोचना न हो। जबकि उन क्षेत्रों जिनमें उनके ध्यान और सुधार की जरूरत है की बच्चों को उपयुक्त समझ के लिए प्रतिपुष्टि का यथार्थ होना जरूरी है।

प्रत्येक 3-4 महीने में विद्यालय के अंदर एक छोटी प्रदर्शनी का आयोजन करना प्रतिपुष्टि को संचारित करने का एक दूसरा तरीका है। जहाँ बच्चों के दृश्य कला कार्यों को दूसरे बच्चों और अभिभावकों के लिए प्रदर्शित किया जा सके। बच्चों के लाभ के लिए कुछ सांस्कृतिक निष्पादन भी किए जा सकते हैं।

अभिलेखों के लिए सहपाठी मूल्यांकन के माध्यम से शिक्षक को सूचना एकत्र करनी चाहिए और बाद में यह वार्षिक रिपोर्ट कार्ड में लाभदायक हो सकता है।

प्रश्न 57. कला मूल्यांकन में उपकरण और तकनीक क्यों आवश्यक हैं? विभिन्न उपकरणों और तकनीकों की सूची बनाइए और उनका वर्णन कीजिए।

उत्तर—मूल्यांकन प्रक्रिया विभिन्न रूप ग्रहण कर सकता है जिसके विभिन्न उद्देश्य या परिणाम हो सकते हैं। कला के मूल्यांकन के लिए बहुत से उपकरण और तकनीकें हैं। किंतु कोई अकेला उपकरण मूल्यांकन के लिए विश्वसनीय, वैध, समग्र और व्यवहार्य नहीं हो सकता। मूल्यांकन के विभिन्न उद्देश्य या परिणाम हैं। एक शिक्षक को उन उपकरणों से सुपरिचित होना चाहिए जिन्हें सामान्यत: कला के मूल्यांकन में प्रयुक्त किया जाता है। यह महत्त्वपूर्ण है क्योंकि केवल उपयुक्त उपकरण का उपयोग कर कोई भी शुद्ध परिणाम पा सकता है।

वृद्धि का समग्र अभिलेख बनाने के क्रम में एक शिक्षक को विविध प्रकार के मूल्यांकन तकनीकों और शुद्ध अवलोकन और अभिलेख रक्षण के विस्तार पर भरोसा रखना पड़ता है। भंडारण क्षमता के अभाव में सत्र के अंत में बड़े कार्य या श्री विमीय कार्य का रखरखाव बहुत कठित हो सकता है। अत: निष्पादन के सृजन के समय या दौरान मूल्यांकन के लिए यह आवश्यक है। एक शिक्षक को मूल्यांकन के लिए उपयुक्त उपकरण चुनने का निर्णय लेना है। यहाँ कुछ आधारभूत उपकरण और तकनीकें हैं जो बच्चों की प्रगति प्रतिवेदन अभिभावकों या प्रधानाचार्य या विद्यार्थियों के स्व मूल्यांकन के लिए प्रस्तुत करते समय मूल्यवान साबित होंगे।

(1) अवलोकन (Observation)—जो कुछ देखा जाता है, उसकी भली-भाँति योजना बनाकर मानदंड निर्धारित करना प्रेक्षण कहलाता है। यह भी प्रयत्न किया जाता है कि प्रेक्षण यथासंभव निष्पक्ष रूप से किया जाए। प्रेक्षण में भी विश्वसनीयता, वैधता आदि गुण होने चाहिए। विविध नैतिक गुणों के प्रेक्षण के लिए यह भी आवश्यक है कि छात्रों को ऐसी परिस्थितियाँ प्रदान की जाएँ जिनमें उन गुणों की भली-भाँति निष्पक्ष जाँच हो सके। सुनना, बोलना, पढ़ना, लिखना आदि जैसे विभिन्न कौशल इसी तकनीक द्वारा मापे जा सकते हैं।

प्रेक्षण को विश्वसनीय बनाने के लिए आवश्यक है कि—

– नियमित अंतराल के पश्चात् बार-बार प्रेक्षण किया जाए।

– एक से अधिक परीक्षकों द्वारा प्रेक्षण किया जाए और उनके परिणामों का योग करके औसत अंक निकाले जाएँ।

– प्रेक्षण बिल्कुल सामान्य और तनावमुक्त स्वाभाविक परिस्थितियों में किया जाना चाहिए।

प्रेक्षण के अंतर्गत सूचनाएँ एकत्रित करने के लिए जाँच सूची, निर्धारण मापनी तथा उपाख्यानक आलेख का उपयोग किया जा सकता है।

(2) परियोजना (Project)—परियोजना विद्यार्थियों के जीवन और पाठ्यपुस्तक के भीतर के ज्ञान के बीच एक संबंध स्थापित करने में काफी उपयोगी है। Ballard के अनुसार "एक

परियोजना वास्तविक जीवन का एक छोटा-सा हिस्सा है जिसे विद्यालय में निवेश किया गया है। विद्यालय के विभिन्न विषयों में कार्य परियोजना उच्चतर स्तर के कौशलों को सीखने के लिए, जैसे—संरचनात्मक और रचनात्मक चिंतन, अवसर की रचना करता है। परियोजना में विद्यार्थियों के लिए एक समस्या प्रस्तुत की जाती है जिसका हल विद्यार्थियों को खोजना होता है। परियोजना व्यक्तिगत विद्यार्थी या विद्यार्थियों के एक छोटे समूह द्वारा ली जा सकती है।

परियोजना का आयोजन करने में कई क्रियाकलाप शामिल होते हैं, जैसे—परियोजना का चुनाव, इसके लिए योजना बनाना, क्रियान्वयन मूल्यांकन और अभिलेखन करना। परियोजना विद्यार्थियों के शैक्षणिक और सह-शैक्षणिक दोनों क्षेत्रों में उनके व्यवहार का मूल्यांकन करने के लिए एक प्रभावकारी तकनीक के रूप में कार्य कर सकती है। यह अध्यापकों, विद्यार्थी की विभिन्न स्थितियों में ज्ञान का उपयोग करने की क्षमता के बारे में सूचना प्राप्त करने में सहायता करता है।

(3) पोर्टफोलियो (Portfolio)—पोर्टफोलियो विद्यार्थी का किसी विशेष उद्देश्य की प्राप्ति के लिए किए गए कार्य के चुने हुए हिस्सों का संकलन होता है। यह केवल विद्यार्थी के कार्य को ही नहीं रखता है वरन् उसके उत्तम कार्यों का भी संग्रह होता है। पोर्टफोलियो का विद्यार्थी का आकलन करने के लिए एक प्रभावकारी उपकरण के रूप में इस्तेमाल किया जाता है। पोर्टफोलियो स्व-मूल्यांकन करने के कौशलों के परिपालन का एक प्रभावी उपकरण सिद्ध हो सकता है जो कि विद्यार्थियों को एक स्वतंत्र चिंतन के लिए प्रेरित करता है। जब विद्यार्थी कोई असाधारण रचनात्मक कार्य या संकलन करता है, तब उसे उनके पोर्टफोलियो में रखा जाता है। विद्यार्थियों से कहा जा सकता है कि वे पोर्टफोलियो में कुछ स्व-मूल्यांकन के अंश शामिल करें और प्रत्येक प्रविष्टि पर अपनी विचारपूर्ण टिप्पणी लिखें।

इस प्रकार पोर्टफोलियो विद्यार्थियों को अपने स्व-मूल्यांकन और स्व-चिंतन के माध्यम से कार्य निष्पादित करने का अवसर उपलब्ध कराता है। अध्यापक द्वारा सभी विद्यार्थियों के पोर्टफोलियो को नियमित अंतराल में विद्यार्थियों, अभिभावकों और अध्यापकों की उपस्थिति में प्रदर्शित किया जा सकता है। यह आगामी अधिगम के लिए अवसर की रचना करता है तथा अभिभावकों को विद्यालय क्रियाकलापों में शामिल करने का भी अवसर उपलब्ध कराता है। यह विद्यार्थियों के सबल पक्षों और उनके व्यक्तित्व के सकारात्मक पहलू पर चर्चा करने के लिए एक मंच उपलब्ध कराता है।

(4) जाँच सूची (Check List)—जाँच सूची एक उपकरण है जो विद्यार्थी के विशेष क्रियाकलापों के निष्पादन का अभिलेखन करने में अध्यापक की सहायता करता है। जाँच सूची एक उपकरण है जो विद्यार्थी के विशेष क्रियाकलापों के निष्पादन का अभिलेखन करने में अध्यापक की सहायता करता है।

जाँच सूची विद्यार्थियों की विशेषताएँ व्यवहार तथा एक घटना की उपस्थिति के बारे में अवलोकन करके व्यवहार वृत्ति के लिए निर्धारित स्तंभ में सही (✓) का निशान लगाने के योग्य बनाता है। जाँच सूची को पूरा भरने के पश्चात् हम इसका उपयोग रणनीतियों में सुधार करने की योजना बनाने में कर सकते हैं जिससे बेहतर अधिगम के लिए अनुकूल वातावरण बनाया जा सके। एक विशेष जाँच सूची अध्यापक को, विद्यार्थी के उन कौशलों की जाँच करने में सहायता करता है जिनमें उन्हें और अधिक प्रशिक्षण देने की आवश्यकता है।

(5) निर्धारण मापनी (Rating Scale)—इसमें कुछ विशेषताओं की सूची होती है जिनमें प्रत्येक के सामने कुछ विचार अथवा अंक अथवा विशेषण दिए होते हैं। निर्धारक को अपने ज्ञान के आधार पर अपेक्षित व्यक्ति के विषय में उल्लेखित निर्धारण अनुक्रियाओं में से एक पर निशान लगाना होता है। निर्धारण मापनी 3 बिंदु/5 बिंदु/7 बिंदु तक व्यावहारिकता के आधार पर निश्चित की जा सकती है। उदाहरण के लिए, निबंधात्मक प्रश्नों के उत्तरों को 7 बिंदु मापनी के आधार पर अत्युत्तम, उत्तम, अच्छा, साधारण, संतोषजनक, असंतोषजनक, निकृष्ट की सात श्रेणियों में वर्गीकृत किया जा सकता है।

(6) उपाख्यानमूलक अभिलेख (Anecdotal Records)—विद्यालय के विद्यार्थियों अथवा उनसे संबंधित महत्त्वपूर्ण घटनाओं का संक्षिप्त विवरण उपाख्यानमूलक अभिलेख है। उपाख्यानमूलक अभिलेख विभिन्न प्रकार से तैयार किए जा सकते हैं। इनमें किसी विद्यार्थी विशेष से संबंधित सूचनाओं का संग्रह किया जाता है। उदाहरण के तौर पर, विद्यार्थी की पारिवारिक पृष्ठभूमि, आर्थिक स्तर, स्वास्थ्य विवरण, सामाजिक अकादमिक प्रदर्शन रिपोर्ट आदि। विद्यार्थी की नियमित डायरी भी स्वयं में एक महत्त्वपूर्ण अभिलेख है। इनमें से कोई भी महत्त्वपूर्ण घटना को उपाख्यानमूलक अभिलेख के रूप में तैयार किया जाता है। इस उपकरण का एक कालांश में बच्चे के संपूर्ण विकास का रिपोर्ट बनाने में उपयोग हो सकता है।

(7) प्रदर्शन (Display)—संप्रेषण के एक साधन के रूप में प्रदर्शन का प्रयोग किया जा सकता है। जब समूह कार्य मूल्यांकित किया जा चुका हो और अध्यापक इसे शेष कक्षा के साथ साझा करना चाहता है तो यह प्रयुक्त हो सकता है। यह उपकरण सहपाठी मूल्यांकन के साथ-साथ स्व मूल्यांकन के लिए भी लाभप्रद है। सचित्र प्रदर्शन के माध्यम से बच्चे निश्चित संकल्पनाओं की स्पष्टता अर्जित करते हैं। यह बच्चों और शिक्षकों के बीच संबद्धता की समझ को बढ़ा सकता है। वे उनके कार्य में गर्व का अनुभव कर सकते हैं।

प्रश्न 58. संकेतक (Indicator) का अर्थ क्या है? एक अच्छे संकेतक की क्या विशेषताएँ हैं?

उत्तर— वे उपकरण जो किसी में सूचना प्रदान करते हैं, सूचक कहलाते हैं। सूचक एक गुणात्मक या मात्रात्मक चर है जो उपलब्धियों को मापने, एक मध्यस्थ से जुड़े परिवर्तनों के प्रवर्तन या निष्पादन के मूल्यांकन में सहायता करने में एक सामान्य और विश्वसनीय साधन है। सूचक उपलब्धियों के बारे में हैं किंतु ये अपने आप में अंतिम नहीं है।

एक एकल सूचक अधिगम के रूप में एक ऐसे जटिल तथ्य के बारे में बिरले ही लाभप्रद सूचना प्रदान कर सकता है। सूचक प्रायः स्थितियों के बारे में अधिक से अधिक सटीक सूचना उत्पन्न करने के लिए प्रारूपित किए गए हैं। सूचक का उद्देश्य प्रणाली की प्रकृति का चरित्र चित्रण इसके घटकों के माध्यम से करना है।

एक सूचक—
- लक्ष्य और प्राथमिकताओं को स्थापित कर सकता है।
- कार्यक्रम का मूल्यांकन कर सकता है।

- समस्याओं को अधिक स्पष्टता से कह और वर्णन कर सकता है।

एक अच्छे सूचक की निम्नलिखित विशेषताएँ होती हैं–
- यह समस्यात्मक स्थितियों को पहचानने में सहायता करता है।
- यह अन्य सूचकों के साथ जुड़ने को स्वीकृति देता है।
- यह इसके मूल्यों का मानक से तुलना करने में सहायता करता है।
- यह शिक्षकों को लाभप्रद सूचना प्रदान करता है।
- कोई उद्देश्यों से कितना दूर और कितना पास है इसको मापता है।
- इसकी योग्यता है सूचना का संक्षेपण।

प्रश्न 59. विकास सूचकों की सूची बनाइए।

उत्तर– विकास सूचक निम्नलिखित हैं–

भौतिक और गतिक विकास
- लालित्य
- सहनशक्ति और गतिविधि स्तर
- सतर्कता
- स्थूल गति विकास
- उत्कृष्ट गति विकास
- आँख-हाथ संयोजन

मानसिक विकास
- स्मृति
- भाषा विकास
- अवलोकन
- संकल्पना की स्पष्टता
- तार्किक चिंतन
- समस्या समाधान
- चीजों, घटनाओं आदि को महसूस करना
- सूचना की समझ बनाना

सामाजिक संवेदनात्मक विकास
- वयस्कों और सहपाठियों से संबंधित
- भावनाओं, विचारों की अभिव्यक्ति
- सहयोग
- पहल करना
- अन्यों के साथ साझा करना
- समायोजन

प्रश्न 60. पोर्टफोलियो का रख-रखाव और उसका उपयोग कैसे करें? चर्चा कीजिए।

अथवा

छात्रों के मूल्यांकन के लिए हम पोर्टफोलियो का उपयोग किस प्रकार करते हैं? संक्षेप में विवरण दीजिए।

उत्तर– पोर्टफोलियो का रखरखाव–पोर्टफोलियो में विविध प्रकार के कार्यों को अधिक मात्रा में शामिल कर सकते हैं।

एक गहराई में अन्वेषण कर सकता है और विभिन्न प्रकार के कला कार्यों के बारे में सोचता है। कार्य को पोर्टफोलियो में शामिल करना अच्छा है जो कि बच्चे की सृजनात्मकता को करता है। एक बच्चा जो पोर्टफोलियो सम्मिलित कर रहा है मौलिक चिंतन, कल्पना कौशलों का साक्ष्य प्रस्तुत कर सकता है। यहाँ मात्रा की अपेक्षा गुणात्मकता अधिक में है। एक पोर्टफोलियों में निम्नलिखित शामिल हो सकते हैं–

(1) डिजाइन–इनमें पोस्टर, लेआउट, ग्राफ, नक्शे आदि शामिल होते हैं।

(2) चित्रकला–एक पोर्टफोलियो में चित्रकला के अच्छे उदाहरण विभिन्न माध्यमों में होने चाहिए जैसे–पेस्टल रंगीन पेंसिल, मार्कर, स्याही, चारकोल आदि। एक स्केच पुस्तिका में शामिल की जा सकती है। चित्रकला में वस्तुओं, लोग, प्रकृति और पर्यावरण शामिल हो सकते हैं।

(3) पेंटिंग–इनमें एक्रीलिक, तैलीय पेस्टल, जल रंग, पेंटिंग्स, रंगीन माध्यमों से बनी चित्रकला, स्थान ले सकती है।

(4) छपाई–छाप लेने के बहुत से तरीके हैं जैसे-स्टैम्प पैड, पत्तियाँ, सब्जियाँ, इरेजर आदि। जब बच्चे इस प्रकार का कार्य करते हैं तो इसे पोर्टफोलियो में शामिल किया जा सकता है।

(5) कोलाज–यह कागज पर विभिन्न सामग्रियों को चिपकाकर सृजित किया गया कला कार्य है जैसे–समाचार पत्र, पत्रिकाएँ, रंगीन कागज, या अन्य वस्तुएँ जैसे–वस्त्र, बटन, पंख आदि। बच्चे इन विधियों से अपनी कल्पनाओं को आकार देते हैं।

पोर्टफोलियों का उपयोग–एक समय के पश्चात् शिक्षक पोर्टफोलियो के माध्यम से मूल्यांकन कर सकता है और सहपाठी मूल्यांकन के लिए एक विचार-विमर्श सत्र हो सकता है। अन्य कार्यों पर लक्षित करने के लिए पोर्टफोलियो एक अच्छा उपकरण हो सकता है।

एक पोर्टफोलियो का प्रभावी ढंग से उपयोग निम्न प्रकार किया जा सकता है–

(i) पोर्टफोलियो के उद्देश्य की स्थापना (Setting of objectives of portfolio)–सबसे पहले निर्धारण करना चाहिए कि पोर्टफोलियो किस उद्देश्य से बनाया जा रहा है–(क) वृद्धि दर्ज करने के लिए, (ख) श्रेष्ठ कार्य दर्शाने के लिए। इस प्रकार दो उद्देश्यों के निम्नलिखित पोर्टफोलियो बनाए जा सकते हैं–

(क) विकासात्मक पोर्टफोलियो–इस प्रकार के पोर्टफोलियो से यह पता लगाया जा सकता है कि एक निश्चित अवधि में विद्यार्थी में कितना परिवर्तन हुआ। इस प्रकार के पोर्टफोलियो से छात्र एवं शिक्षक दोनों के कार्य निष्पादन में हुई निरंतर वृद्धि का आँकलन होता है।

(ख) सर्वश्रेष्ठ कार्य पोर्टफोलियो–इस प्रकार के पोर्टफोलियो का उद्देश्य विद्यार्थी के सर्वश्रेष्ठ कार्यों को दर्शाना है।

(ii) पोर्टफोलियो सामग्री के चयन में विद्यार्थियों को सम्मिलित करना (Involving students in selection process of portfolio materials)–शिक्षकों को विद्यार्थियों

को पोर्टफोलियो सामग्री के चयन में निर्णय लेने का अवसर देना चाहिए। इससे विद्यार्थियों में आत्म-अवलोकन की क्षमता बढ़ती है।

(iii) विद्यार्थियों के साथ समीक्षा करना (Doing analysis with students)—वर्ष के प्रारंभ में विद्यार्थी को यह समझा देना चाहिए कि पोर्टफोलियो क्या होता है और उसका उपयोग कैसे किया जाएगा। वर्ष भर शिक्षक व विद्यार्थियों की बैठक आयोजित की जाती है और विद्यार्थियों की उन्नति की समीक्षा की जाती है। इस समीक्षा का पोर्टफोलियो में उल्लेख किया जाता है।

(iv) मूल्यांकन के मापदंड स्थापित करना (Setting criteria of evaluation)—पोर्टफोलियो के प्रभावशाली उपयोग के लिए स्पष्ट व व्यवस्थित मापदंडों को स्थापित करना आवश्यक है।

(v) अंकन और निर्णय (Scoring and decision-making)—पोर्टफोलियो की स्कोरिंग करने व निर्णय लेने में काफी समय लगता है। शिक्षक पोर्टफोलियो के उद्देश्य के अनुरूप वर्णनात्मक या सारांश के रूप में टिप्पणी देता है।

बहुविकल्पीय प्रश्न

प्रश्न 1. निष्पादन कर्त्ता कौन कहलाते हैं?
(क) कलाकार जो कैन्वस पर चित्रकारी करते हैं।
(ख) कलाकार जो श्रोताओं के सामने अपनी कला प्रदर्शन करते हैं।
(ग) कलाकार जो मिट्टी के बर्तन बनाते हैं।
(घ) कलाकार जो समुच्चित चित्र बनाते हैं।
उत्तर– (ख) कलाकार जो श्रोताओं के सामने अपनी कला प्रदर्शन करते हैं।

प्रश्न 2. चित्रकला किस कला रूप में शामिल हैं?
(क) निष्पादन कला
(ख) मूर्त कला
(ग) दृश्य कला
(घ) इनमें से कोई नहीं
उत्तर– (ग) दृश्य कला

प्रश्न 3. निम्नांकित में से कौन-सा 'रेखा' का प्रकार नहीं है?
(क) मोटी
(ख) पतली
(ग) सीधी
(घ) संक्षिप्त
उत्तर– (घ) संक्षिप्त

प्रश्न 4. नाटकों के लिए विचार किस स्रोत से आ सकते हैं?
(क) मीडिया
(ख) वैयक्तिक अनुभव
(ग) कल्पना
(घ) उपर्युक्त सभी
उत्तर– (घ) उपर्युक्त सभी

प्रश्न 5. कोलम या अल्पना (सतह चित्रकारी) किस राज्य से संबंधित है?
(क) पंजाब
(ख) केरल और पश्चिम बंगाल
(ग) गुजरात
(घ) राजस्थान
उत्तर– (ख) केरल और पश्चिम बंगाल

प्रश्न 6. ____प्राथमिक रंग है।
(क) लाल, पीला, नीला
(ख) लाल, पीला, नारंगी
(ग) बैंगनी, हरा, नीला
(घ) लाल + नीला : नारंगी
उत्तर– (क) लाल, पीला, नीला

प्रश्न 7. विद्यार्थियों को पतली रेखाएँ या छोटे क्षेत्र को प्रदर्शित करने के लिए कौन से नं. के गोल काले बाल के ब्रश को रखना चाहिए।
(क) 5, 6, 8
(ख) 8, 4, 3
(ग) 0, 2, 4
(घ) 2, 0, 3
उत्तर– (ग) 0, 2, 4

प्रश्न 8. महाराष्ट्र में कौन-सा लोक नृत्य प्रसिद्ध है?
(क) गरबा
(ख) चरकुला
(ग) लावनी
(घ) चांग लो
उत्तर– (ग) लावनी

प्रश्न 9. पत्तियों, घास, पालक से कौन-सा रंग बनाया जा सकता है?

(क) काला
(ख) हरा
(ग) भूरा
(घ) पीला
उत्तर– (ख) हरा

प्रश्न 10. इनमें से कौन-सा विकल्प पेंटिंग में प्रयुक्त होने वाले रंगों का प्रकार नहीं है?
(क) प्रत्यक्ष
(ख) जल
(ग) तैल
(घ) कोलाज
उत्तर– (घ) कोलाज

प्रश्न 11. रामलीला, रासलीला, नौटंकी, वांग और जात्रा किसके उदाहरण हैं?
(क) रोल प्ले
(ख) कहानी कहना और कहानी का अभिनय
(ग) लोक रंगमंच
(घ) इनमें से कोई नहीं
उत्तर–(ग) लोक रंगमंच

प्रश्न 12. कठपुतली कला अभिव्यक्ति की सबसे रुचिकर और _____ माध्यम है।
(क) आकर्षक
(ख) अनाकर्षक
(ग) कुरूप
(घ) घृणित
उत्तर– (क) आकर्षक

प्रश्न 13. जब दोनों भुजाएँ समान प्रतिबिंबित न हो तो यह _____ कहलाता है।
(क) संतुलित भोजन
(ख) असंतुलित भोजन
(ग) असमान
(घ) इनमें से कोई नहीं
उत्तर– (ख) असंतुलित भोजन

प्रश्न 14. जो बच्चे ब्रश का प्रयोग नहीं कर सकते और फिर भी जलरंग का प्रभाव देना चाहते हैं, वे कौन-सी पेंसिल का प्रयोग कर सकते हैं?

(क) चारकोल पेंसिल
(ख) मोम क्रेयन पेंसिल
(ग) जलरंग पेंसिल
(घ) उपर्युक्त सभी
उत्तर- (ग) जलरंग पेंसिल

प्रश्न 15. भांड पाथेर एक क्षेत्रीय रंगमंच रूप है जो ____ से संबंधित है।
(क) कश्मीर
(ख) बंगाल
(ग) महाराष्ट्र
(घ) गुजरात
उत्तर- (क) कश्मीर

प्रश्न 16. निष्पादन कलाओं में, निम्न में से कौन-सा चयनित विषय होना चाहिए?
(क) बच्चे में विकास के पहलुओं से संबंध रखने वाले
(ख) एक बच्चे के लिए सुरक्षित होना चाहिए
(ग) पाठ्यचर्या के क्षेत्रों से जुड़े हुए
(घ) उपर्युक्त सभी
उत्तर- (घ) उपर्युक्त सभी

प्रश्न 17. "प्रत्येक बच्चा एक कलाकार है।" यह कथन किसने लिखा था?
(क) पिकासो
(ख) लियोनार्डो-दा-विन्सी
(ग) माइकल एंजेलो
(घ) इनमें से कोई नहीं
उत्तर- (क) पिकासो

प्रश्न 18. किसके अनुसार एक शिक्षक का कार्य बच्चे को उसके 'वर्तमान स्तर' से 'संभाव स्तर' तक लाना है?
(क) एरिक एरिक्सन
(ख) वाइगोत्सकी
(ग) जेरोम ब्रनर
(घ) डेविड ऑसबेल
उत्तर- (ख) वाइगोत्सकी

प्रश्न 19. एक समयांतराल में बच्चे ने जो प्रगति की है उसका पता कैसे लगाया जा सकता है?

(क) बच्चे के व्यक्तित्व में आए परिवर्तनों का मूल्यांकन
(ख) एक विशिष्ट विषय का ज्ञान
(ग) एक बच्चे से संबंधित वैयक्तिक और विशेष आवश्यकताओं का पता लगाना
(घ) उपर्युक्त सभी
उत्तर— (घ) उपर्युक्त सभी

प्रश्न 20. कला का मूल्यांकन करने के कितने पहलू हैं?
(क) दो
(ख) चार
(ग) तीन
(घ) सात
उत्तर— (क) दो

प्रश्न 21. वृद्धि का समग्र अभिलेख बनाने के क्रम में एक शिक्षक को ____ मूल्यांकन तकनीकों और शुद्ध अवलोकन और अभिलेख रक्षण के विस्तार पर भरोसा रखना होगा।
(क) एक ही प्रकार के
(ख) विविध प्रकार के
(ग) दो प्रकार के
(घ) इनमें से कोई नहीं
उत्तर— (ख) विविध प्रकार के

प्रश्न 22. कला का मूल्यांकन करते समय किन बातों को ध्यान में रखना चाहिए?
(क) बच्चे के कार्य के लिए कुछ सम्मान हो
(ख) एक बच्चे की दूसरे से तुलना न करें
(ग) बच्चे की कला के साथ कुछ समय दे
(घ) उपर्युक्त सभी
उत्तर— (घ) उपर्युक्त सभी

प्रश्न 23. मूल्यांकन के लिए प्रयुक्त कुछ सामान्य पैमानों में से B+ श्रेणी से आप क्या समझते हैं?
(क) श्रेष्ठ
(ख) अच्छा
(ग) बहुत अच्छा
(घ) संतोषजनक
उत्तर— (ग) बहुत अच्छा

प्रश्न 24. निर्णय का एक आंकिक प्रणाली ____ है।
(क) श्रेणी पैमाना
(ख) जाँच सूची
(ग) पोर्टफोलियो
(घ) प्रोजेक्ट
उत्तर- (क) श्रेणी पैमाना

प्रश्न 25. भौतिक और गतिक विकास निम्न में से किसके द्वारा किया जा सकता है?
(क) सतर्कता
(ख) उत्कृष्ट गति विकास
(ग) सहनशक्ति और गतिविधि स्तर
(घ) उपर्युक्त सभी
उत्तर- (घ) उपर्युक्त सभी

☺☺☺

ATTENTION IGNOU STUDENTS

Email at info@gullybaba.com
to Claim your FREE book

"How to pass IGNOU exams on time with Good Marks"

2. स्वास्थ्य एवं शारीरिक शिक्षा
(Health and Physical Education)

भूमिका

स्वस्थ शरीर में ही स्वस्थ मन का विकास होता है। स्वास्थ्य से अभिप्राय, केवल "किसी शारीरिक पीड़ा या चोट का न होना" से नहीं है। ये हमारे शरीर की संपूर्ण स्वास्थ्य अवस्था जैसे शारीरिक, सामाजिक, भावनात्मक, और आध्यात्मिक सभी स्तरों पर निरोग रहने की स्थिति है। स्वास्थ्य, सामान्यत: सामाजिक, सांस्कृतिक आर्थिक, राजनीतिक व व्यावहारिक कारणों से प्रभावित होता है। शरीर के स्वास्थ्य के लिए शारीरिक शिक्षा का अधिक महत्त्व है। शारीरिक शिक्षा के द्वारा बच्चे का शारीरिक, प्राणिक, मानसिक, नैतिक व आत्मिक विकास होता है। उसका संपूर्ण व्यक्तित्व सुगठित होता है। शारीरिक शिक्षा केवल शारीरिक क्रिया नहीं है बल्कि यह वह शिक्षा है जो शारीरिक क्रियाओं द्वारा बच्चे के संपूर्ण व्यक्तित्व, शरीर, मन, एवं आत्मा के पूर्ण विकास हेतु दी जाती है।

स्वास्थ्य बच्चे के संपूर्ण विकास का आधार होता है। इसकी प्रभावहीनता का बच्चे के नामांकन, प्रतिधारण और स्कूल के पूरा होने पर नकारात्मक प्रभाव पड़ता है। इसलिए बच्चों को स्वस्थ रखने के लिए स्कूलों में भी स्वास्थ्य शिक्षाएँ दी जाती हैं। उन्हें कैसे स्वस्थ रहना है, किस तरह का आहर ग्रहण करना है, इस विषय में भी जानकारी दी जाती है। बच्चे को स्वस्थ रखने के लिए कई तरह के कार्यक्रम भी चलाएँ गए हैं। बच्चे हमारे देश का भविष्य है। अत: उनके स्वास्थ्य की सुरक्षा करना अभिभावकों के साथ-साथ शिक्षकों की भी जिम्मेदारी है।

प्रश्न 1. स्वास्थ्य से आप क्या समझते हैं? स्वास्थ्य को प्रभावित करने वाले कारकों का संक्षिप्त वर्णन कीजिए।

उत्तर— 'स्वास्थ्य' शब्द के लिए अंग्रेजी भाषा में Health शब्द का प्रयोग किया जाता है जो Hale शब्द से बना है। 'Hale' शब्द का अर्थ है—ठीक-ठाक स्थिति या प्रसन्नचित्त। अतः स्वास्थ्य शब्द का सामान्य अर्थ है—

"ठीक-ठाक होना या शरीर का निरोग एवं प्रसन्नचित्त (Safe and Sound) होना।" जनसामान्य की भी यही धारणा होती है कि बीमारी का अभाव ही स्वास्थ्य है। यदि किसी व्यक्ति का शरीर हृष्ट-पुष्ट है तो उसे एक स्वस्थ व्यक्ति माना जाता है।

वास्तव में स्वास्थ्य व्यक्ति का जन्मसिद्ध अधिकार है। यह मनुष्य की प्राकृतिक स्थिति है। एक डॉक्टर के अनुसार शरीर के सभी अंगों (Organs of the Body) और सभी संस्थानों (Systems) की ठीक-ठाक कार्य करने की स्थिति ही स्वास्थ्य है। वास्तव में हम उस व्यक्ति को स्वस्थ मान सकते हैं जो आंतरिक रूप से अपने शरीर के सभी अंगों का उचित प्रकार से संचालन करता है और बाह्य रूप से अपने वातावरण के साथ सुंदर ढंग से समन्वय स्थापित करता है। इस प्रकार से अपने संकुचित अर्थ में शरीर के सभी अंगों का ठीक प्रकार से कार्य करना अर्थात् बीमारी से अभाव ही स्वास्थ्य है तो विस्तृत अर्थ में शारीरिक, मानसिक एवं सामाजिक रूप से पूरी तरह ठीक-ठाक होना स्वास्थ्य है।

विश्व स्वास्थ्य संगठन के अनुसार—

"स्वास्थ्य केवल रोग अथवा असमर्थता या अपंगता की अनुपस्थिति ही नहीं बल्कि संपूर्ण शारीरिक, मानसिक तथा सामाजिक संपन्नता की स्थिति है।"

(Health is a state of complete physical, mental and social well being and not merely the absence of disease or infirmity.) — W.H.O.-1947

अर्थात् कोई व्यक्ति शारीरिक रूप से कितना भी स्वस्थ क्यों न हो परंतु यदि वह मानसिक रूप से स्वस्थ नहीं है तो उसे स्वस्थ नहीं माना जाएगा। इस संबंध में हमें अरस्तू का कथन नहीं भूलना चाहिए, "स्वस्थ शरीर में ही स्वस्थ मस्तिष्क का निवास होता है।" (Healthy mind in a healthy body.) शरीर व मस्तिष्क के पूरी तरह स्वस्थ होने पर ही व्यक्ति सामाजिक प्राणी होने का दायित्व पूरा कर पाता है। अतः उपरोक्त परिभाषा बिल्कुल सही है कि शारीरिक, मानसिक व सामाजिक खुशहाली की स्थिति ही स्वास्थ्य है। जे.एफ. विलियम (J.F. Williams) के शब्दों में—"स्वास्थ्य जीवन का वह गुण है जो व्यक्ति को अधिक सुखी ढंग से जीवित रहने और सर्वोत्तम रूप से सेवा करने के योग्य बनाता है।"

इनसाइक्लोपीडिया ऑफ हेल्थ में स्वास्थ्य को परिभाषित करते हुए कहा गया है—"स्वास्थ्य वह स्थिति है जिससे व्यक्ति अपने बौद्धिक, भावनात्मक एवं शारीरिक संसाधनों को आजीविका एवं दैनिक जीवन के लिए अधिक-से-अधिक क्रियाशील बनाने में समर्थ हो।"

इन सभी परिभाषाओं से यह बात स्पष्ट हो जाती है कि स्वास्थ्य में व्यक्ति की शारीरिक, मानसिक, भावनात्मक तथा सामाजिक सभी दशाएँ परस्पर संबद्ध हैं, आपस में एक-दूसरे से जुड़ी हुई हैं और एक-दूसरे को प्रभावित करती हैं। इस प्रकार वही व्यक्ति स्वस्थ है जो अपने आप से एवं अपने परिवेश से एक व्यावहारिक, उपयोगी एवं क्रियाशील सामंजस्य स्थापित करता है। उसमें न तो कोई व्यक्तिगत विघटन होता है, न कोई सांवेगिक तनाव दिखाई देता है। उसके

शारीरिक संस्थान पुष्ट होते हैं और वह शारीरिक व मानसिक रूप से प्रसन्नचित्त रहता है।

स्वास्थ्य को प्रभावित करने वाले निम्नलिखित कारक हैं–

(1) शिक्षा और साक्षरता
(2) शारीरिक वातावरण
(3) जैविकी और आनुवांशिकी
(4) संस्कृति
(5) लिंग
(6) आय और सामाजिक स्थिति
(7) रोजगार/काम करने की स्थितियाँ
(8) स्वास्थ्य देखभाल सेवाएँ
(9) स्वस्थ बाल विकास

प्रश्न 2. स्वास्थ्य के विभिन्न पक्ष कौन-कौन से हैं? विस्तार से चर्चा कीजिए।

अथवा

संवेदनात्मक रूप से स्वस्थ होने के मुख्य लक्षण क्या होते हैं?

[अक्तूबर–2016, प्रश्न सं. 36]

उत्तर– स्वास्थ्य के विभिन्न पक्ष हैं, जैसे–शारीरिक स्वास्थ्य, मानसिक स्वास्थ्य, सामाजिक स्वास्थ्य, भावात्मक स्वास्थ्य तथा आध्यात्मिक स्वास्थ्य। स्वास्थ्य के ये सभी पक्ष एक-दूसरे पर निर्भर होते हैं। जब भी हम संपूर्ण स्वास्थ्य के बारे में बात करते हैं तो स्वास्थ्य के इन समग्र पक्षों के बिना स्वास्थ्य का अर्थ अधूरा ही माना जाएगा। स्वास्थ्य के इन विभिन्न पक्षों का संक्षिप्त विवरण निम्नलिखित है–

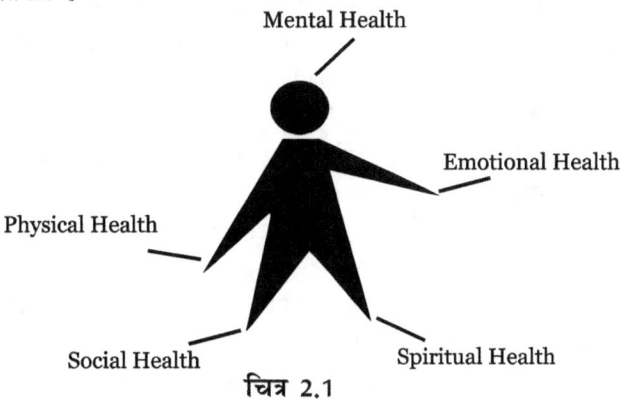

चित्र 2.1

(1) शारीरिक पक्ष (Physical Aspect)–शारीरिक पक्ष का संबंध शरीर के बाहरी व आंतरिक तौर पर संपूर्णता के साथ काम करने से है। शारीरिक पक्ष से अभिप्राय है–शारीरिक प्रणालियों व अंगों का ठीक एवं सुचारु ढंग से कार्य करना तथा व्यक्ति का निरोग एवं हृष्ट-पुष्ट होना। इसके अलावा दैनिक जीवन के कार्यों को सुचारु रूप से करने के लिए शारीरिक योग्यता का होना भी बहुत जरूरी है।

(2) मानसिक पक्ष (Mental Aspect)—मानसिक स्वास्थ्य किसी भी व्यक्ति के व्यक्तित्व व भावनात्मक दृष्टिकोण का संतुलित विकास है जो उसे अपने आस-पास के लोगों के साथ सौहार्दपूर्ण ढंग से रहना सिखाता है। अच्छा स्वास्थ्य शरीर और मन की स्थिति पर निर्भर करता है। ये दोनों एक-दूसरे को प्रभावित करते हैं। कोई भी व्यक्ति शारीरिक रूप से कितना भी स्वस्थ क्यों न हो परंतु यदि वह मानसिक रूप से स्वस्थ नहीं है तो उसे स्वस्थ नहीं माना जाएगा। महात्मा बुद्ध ने कहा था कि "स्वस्थ शरीर में ही स्वस्थ मस्तिष्क का निवास होता है।" ("Healthy mind in a healthy body.") अच्छे मानसिक स्वास्थ्य से यह अर्थ लिया जाना चाहिए कि व्यक्ति ने अपने पर्यावरण, घर, आस-पास, कार्य करने के स्थान और समाज के साथ सामंजस्य स्थापित कर लिया है और वह अपने जीवन से खुश है। मानसिक तौर से तंदरुस्त या स्वस्थ व्यक्ति आंतरिक खींचतान से मुक्त होता है, अपनी कमियों को पहचानता एवं स्वीकार करता है, अपनी जिम्मेदारियाँ निभाता है तथा जीवन की आवश्यकताओं से निपटने में समर्थ होता है। उसमें जीवन जीने की चाह होती है।

(3) सामाजिक पक्ष (Social Aspect)—सामाजिक रूप से स्वस्थ कहलाने और होने के लिए मनुष्य को अपने परिवार, समुदाय और समाज के लिए सकारात्मक योगदान देना पड़ता है। जो माता-पिता अपने उत्तरदायित्वों को सफलतापूर्वक निभाते हैं, वे सामाजिक रूप से स्वस्थ कहलाते हैं, जो इस विषय में दोषी, लापरवाह या असफल पाए जाते हैं, उन माता-पिता को सामाजिक बुराई या अभिशाप समझा जाता है। इसलिए किसी भी मनुष्य के सामाजिक स्वास्थ्य के स्तर का मापन उसकी व्यक्तिगत भावनाओं के आधार पर नहीं होता है, अपितु दूसरों की खुशहाली या संपन्नता पर पड़े प्रभावों के मापदंड से मूल्यांकित किया जाता है।

डोनाल्ड के अनुसार, "व्यक्ति के अपने आप व औरों के साथ संबंध कितने प्रगाढ़ या किस किस्म के हैं और भाईचारे के काम-काजों या गतिविधियों में वह किस हद तक शामिल होता है, जैसे तत्त्व ही उसके सामाजिक स्वास्थ्य को परिभाषित करते हैं।"

हर व्यक्ति की कुछ बुनियादी जरूरतें होती हैं। इनमें अपने से दूसरों के साथ लगाव, मान्यता, स्वाभिमान व स्नेह आदि तत्त्व शामिल हैं। इन आवश्यकताओं की पूर्ति सामाजिक स्वास्थ्य को प्रोत्साहित करती है। सामाजिक तौर पर स्वस्थ व्यक्ति के अंदर नेकनियती, ईमानदारी, स्वार्थहीनता, रहमदिली, सहयोग, न्याय भावना जैसे गुण आवश्यक समझे जाते हैं।

(4) भावात्मक पक्ष (Emotional Aspect)—अपने व्यवहार, दृष्टिकोण व अपने कार्यों द्वारा जो वातावरण हम तैयार करते हैं, उसे भावात्मक वातावरण कहा जाता है, यह वातावरण व्यक्ति के व्यक्तित्व पर असर डालता है। भावात्मक स्वास्थ्य से अभिप्राय है—हमें अपनी भावनाओं पर नियंत्रण होना चाहिए। किसी व्यक्ति को भावात्मक तौर पर स्वस्थ तभी कहा जा सकता है जब उसकी भावनाएँ सकारात्मक हों और उन पर उसका पूर्ण नियंत्रण हो।

(5) आध्यात्मिक पक्ष (Spiritual Aspect)—आध्यात्मिक स्वास्थ्य से अभिप्राय है—व्यक्ति के व्यक्तित्व का वह हिस्सा जिसकी ओर से जिंदगी का मकसद व अर्थ जानने का प्रयत्न किया जाता है। मनुष्य जीवन में उतार-चढ़ाव आते रहते हैं, उस दौरान आध्यात्मिक पक्ष उसे संयमित जीवन जीने तथा सही निर्णय लेने में मार्गदर्शन करता है।

प्रश्न 3. मनुष्य, परिवार तथा समाज के लिए स्वास्थ्य का क्या महत्त्व है? वर्णन कीजिए।

अथवा

बच्चों को स्वस्थ रखना क्यों महत्त्वपूर्ण है? चर्चा कीजिए।

अथवा

स्वस्थ जीवन जीने के दो लाभ लिखें। [अप्रैल–2016, प्रश्न सं. 21]

उत्तर– मनुष्य के जीवन में स्वास्थ्य का महत्त्वपूर्ण स्थान है। मनुष्य एक सामाजिक प्राणी है। एक स्वस्थ मनुष्य ही सामाजिक उत्तरदायित्वों का निर्वाह कुशलतापूर्वक कर सकता है। मनुष्य को अपने जीवन निर्वाह के लिए आजीविका कमानी होती है, अपने बच्चों का लालन-पालन करना होता है, अपने माता-पिता के प्रति अपने कर्त्तव्यों का पालन करना होता है, तथा इसके अलावा भी अन्य दूसरे पारिवारिक व सामाजिक उत्तरदायित्व निभाने होते हैं। इन सभी के लिए उत्तम स्वास्थ्य आवश्यक है।

मनुष्य के लिए स्वास्थ्य का महत्त्व–बेकन महोदय ने स्वास्थ्य का महत्त्व बताते हुए कहा है–"स्वस्थ शरीर आत्मा का अतिथि भवन है और दुर्बल तथा रुग्ण शरीर आत्मा का कारागृह है।" कहा जाता है–"तंदरुस्ती हजार नियामक है।" वास्तव में अच्छा स्वास्थ्य ईश्वर का दिया हुआ सबसे बड़ा वरदान है। बिना स्वास्थ्य के कोई भी व्यक्ति जीवन के सुखों का आनंद नहीं उठा सकता है। एक स्वस्थ व्यक्ति ही उत्साहपूर्वक अपने जीवन पथ पर आगे बढ़ता है और सफलताएँ उसके कदम चूमती हैं।

अतः व्यक्ति का स्वस्थ होना बहुत जरूरी है। शरीर के निरोग, हृष्ट-पुष्ट एवं संतुलित मस्तिष्क के होने पर ही व्यक्ति अपने कर्त्तव्यों का पालन ठीक प्रकार से कर सकता है।

मनुष्य को निरोग रहने के लिए शरीर का स्वस्थ होना अत्यावश्यक है। जो व्यक्ति शारीरिक, मानसिक और सामाजिक दृष्टि से स्वस्थ है वही व्यक्ति शारीरिक रूप से हृष्ट-पुष्ट होने के कारण जीवन शक्ति से पूर्ण, भावात्मक रूप से सहनशील व चिंतारहित होता है और सामाजिक दृष्टि से सहयोगी, परोपकारी, निःस्वार्थी तथा दूसरों का सम्मान करने वाला होता है, वह अपने जीवन को तो सुखमय एवं आनंद से पूर्ण बनाता ही है, साथ ही सुखी जीवन व्यतीत करते हुए वह समाज और राष्ट्र को भी अमूल्य योगदान दे सकता है। इस प्रकार से एक स्वस्थ व्यक्ति ही राष्ट्र का निर्माण, राष्ट्र की प्रगति और उन्नति में कुशलतापूर्वक अपना योग दे सकता है।

वास्तव में स्वस्थ मानव जीवन का अमूल्य रत्न है। अतः अपने स्वास्थ्य की रक्षा करना हर मानव का प्रथम कर्त्तव्य है। हर व्यक्ति को अपने स्वास्थ्य को ठीक रखने का प्रयत्न करना चाहिए और इसके लिए उचित ज्ञान प्राप्त करना चाहिए कि स्वास्थ्य को ठीक कैसे रखा जाए?

बच्चे का स्वास्थ्य उसके मस्तिष्क और शरीर की उचित वृद्धि एवं विकास में महत्त्वपूर्ण है। विद्यालय में पूरा दिन बिताने के लिए उन्हें पर्याप्त ऊर्जा अपेक्षित है। उन्हें कक्षाकक्ष में केंद्रित करने और मैदान पर गतिविधियों में पूर्ण भागीदार होने से सक्षम होना चाहिए। इसके लिए उन्हें उचित पोषण जरूरी है जिसमें कार्बोहाइड्रेट, प्रोटीन, कैल्शियम, खनिज लवण आदि शामिल होते हैं। आज अधिकांश अभिभावकों को भोजन एवं स्वास्थ्य से संबंधित मुद्दों की आधारभूत जानकारी है। तथापि वे अक्सर अपने बच्चों के स्वास्थ्य की देखभाल के महत्त्व को समझने में असफल होते हैं। यह विशेषज्ञों से समझने में सहायता करता है कि बच्चों का विकास ऊँचाई और वजन के संदर्भों में सही है या नहीं। स्वास्थ्य के अन्य पहलू जो कि मॉनिटर किए जाते हैं वे हैं- उनके व्यवहार, मौखिक स्वास्थ्य और आँख की जाँच जो कि समान रूप से महत्त्वपूर्ण

हैं। यह भविष्य में किसी प्रकार की स्वास्थ्य समस्याओं को भी रोकेगा।

परिवार के लिए स्वास्थ्य का महत्त्व–सामाजिक जीव के रूप में एक परिवार में रहने वाले मनुष्य का मनोवैज्ञानिक सामाजिक जैविक दृष्टिकोण स्वास्थ्य की संकल्पना में अंतर्निहित है। एक सामाजिक संस्था के रूप में परिवार के केंद्रिक संबंध हैं जहाँ दो अभिभावक एक-दूसरे से भावनात्मक रूप से जुड़े हैं जिससे कई भावनाएँ, जरूरतें और क्रियाएँ उत्पन्न होती हैं जो प्राय: स्वयं अभिभावकों द्वारा अस्वस्थ तरीके से समझे जाते हैं। प्रत्येक परिवार अपना भावनात्मक वातावरण विकसित करता है और इस भावनात्मक पर्यावरण का बच्चे के स्वास्थ्य पर संरचनात्मक या विघटनात्मक प्रभाव हो सकता है।

बच्चा जन्म से परिवार की व्यवस्था में अनवरत विकास करता है जिसका कार्य जीवों के जोखिम से सुरक्षा प्रदान करना है और स्वास्थ्य को बढ़ाना तथा रोगों को रोकना है। परिवार में स्वस्थ संबंध बच्चों के लिए स्थायित्व का विकास और भावनात्मक परिपक्वता बढ़ाने का अवसर प्रदान करता है। परिवार के दो कार्य हैं– इसके सदस्यों का सामाजीकरण और बच्चे के लिए संस्कृति का अर्थ प्रदान करना-पड़ोस में, विद्यालय में, नौकरी में और वृहद समुदाय में संबंधों की आधारशिला रखता है।

समुदाय के लिए स्वास्थ्य का महत्त्व–जब एक व्यक्ति अपने आप को स्वस्थ नहीं रखता है तो यह समाज के लिए उसके लिए उसके कार्यों को संपादित करने को प्रभावित कर सकता है। उदाहरण के लिए यदि वह बीमार रहता है तो यह उनके कार्य करने की क्षमता को प्रभावित करेगा क्योंकि वह बीमार होता रहेगा। इससे एकश्रृंखला प्रतिक्रिया उत्पन्न होगी-जिस कंपनी में वह कार्य करता है उसकी उत्पादकता उसकी अनुपस्थिति से नकारात्मकता रूप में प्रभावित होती है इसमें उसकी प्रतिष्ठा प्रभावित होगी। काफी अवसरों पर बीमार होने से उतपन्न उसकी छुट-पुट उपस्थिति के कारण वह अपनी नौकरी खो सकता है।

स्वास्थ्य को प्रोन्नत करने और रोकने के हमारे प्रयास न केवल व्यक्ति के लिए निर्देशित होना चाहिए बल्कि पर्यावरण जिनमें लोग रहते हैं उनके लिए भी होना चाहिए। यदि हम पर्यावरण पर विचार करने में असफल रहते हैं तो हम जोखिमपूर्ण और रोगग्रस्त जनसंख्या में नए व्यक्तियों के प्रवाह को रोकने में सक्षम नहीं होंगे। उपयुक्त पर्यावरणीय कार्यक्रमों को विकसित करने में हमें उन आधारभूत पर्यावरणीय शक्तियों पर अवश्य लक्षित करना चाहिए जो कि स्वास्थ्य पर प्रभाव डालते हैं।

सामाजिक कक्षा एक ऐसी ही आधारभूत शक्ति है। सामाजिक कक्षा प्रवणता पर शोध व्यक्तियों को उनकी नियति को नियंत्रित करने में सक्षम होने के लिए स्वास्थ्य के महत्त्व का सुझाव देता है और सामाजिक कारकों जो उनके जीवन को प्रभावित करते हैं, में भागीदार होने में सक्षम होने की सलाह देता है। समुदाय विकास कार्यक्रम जो कि नियंत्रण और भागीदारी के मुद्दों को लेने में असफल होते हैं वे उतने प्रभावी नहीं होंगे जितने वे होने चाहिए।

प्रश्न 4. स्वास्थ्य और शिक्षा के बीच संबंध स्पष्ट कीजिए।

अथवा

स्वास्थ्य पर शिक्षा का क्या प्रभाव पड़ता है?

अथवा

शिक्षा, स्वास्थ्य को किस प्रकार प्रभावित करती है? वर्णन कीजिए।

अथवा

स्वास्थ्य पर पड़ने वाले शिक्षा के सकारात्मक तथा नकारात्मक प्रभावों का उल्लेख कीजिए।

अथवा

शिक्षा पर स्वास्थ्य का क्या प्रभाव पड़ता है? चर्चा कीजिए।

अथवा

खराब स्वास्थ्य शिक्षा को कैसे प्रभावित करता है? वर्णन कीजिए।

अथवा

"स्वस्थ जीवन शैली सही मायनों में प्राप्त की गई अच्छी शिक्षा का परिणाम है।" उदाहरण देते हुए इस कथन की पुष्टि करें। [अक्तूबर–2016, प्रश्न सं. 37]

उत्तर– शिक्षा एवं स्वास्थ्य के बीच संबंध को आकार देने वाली संभाव्य यांत्रिकों के विस्तार के साथ स्वास्थ्य एवं शिक्षा के बीच संबंध जटिल है। इस संबंध के कुछ स्पष्टीकरण इस प्रकार हैं–

- खराब स्वास्थ्य निम्न विद्यालयी स्तरों का नेतृत्व करता है, जबकि बचपन में खराब स्वास्थ्य किशोरावस्था में खराब स्वास्थ्य से संबद्ध है।
- शिक्षितों का परिवार विद्यालय शिक्षा और स्वास्थ्य को भी सुधारती है।
- बढ़ी हुई शिक्षा सीधे तौर पर स्वास्थ्य को सुधारता है।

जबकि स्वास्थ्य के प्रति जागरूकता सृजित करने और स्वास्थ्य की स्थिति सुधारने में भूमिका निभाने के संदर्भ में स्वास्थ्य एवं शिक्षा के बीच संबंध अधिक देखे जाते हैं। स्वास्थ्य एवं शिक्षा के बीच पारस्परिक संबंध विचार-विमर्श में पर्याप्त रूप से प्रस्तुत नहीं होते हैं विशेषत: जब यह बच्चों तक आता है। बच्चों का खराब स्वास्थ्य और पोषक स्थिति उपस्थिति में बाधक है और शैक्षिक उपलब्धि इसीलिए नामांकन और विद्यालय शिक्षा की पूर्णता में एक महत्त्वपूर्ण भूमिका निभाता है।

स्वास्थ्य पर शिक्षा के प्रभाव–शिक्षा अन्य कारकों से पृथकता में स्वास्थ्य पर कार्य नहीं करता है। आय दूसरा महत्त्वपूर्ण कारक है जो स्वास्थ्य पर प्रभाव के रूप में शिक्षा के साथ बहुत महत्त्वपूर्ण तरीकों में अंत:क्रिया करता है। तथापि आनुभाविक शोधों ने प्राय: पाया है कि शिक्षा का स्वास्थ्य पर प्रभाव कम से कम उतना ही अधिक है जितना कि आय का।

विद्यालय के उन अधिक वर्षों से स्वास्थ्य, तंदरूस्ती और स्वस्थ व्यवहार को ओर अभिमुख हुआ है। व्यक्ति के स्वास्थ्य एवं तंदरूस्ती को बढ़ाने के लिए शिक्षा एक महत्त्वपूर्ण यंत्र है क्योंकि यह स्वस्थ देखभाल की जरूरत को निर्भरता से संबद्ध मूल्य, कमाई और मानवीय दुखों को कम करता है। यह स्वस्थ जीवन शैली, सकारात्मक पसंद, सहायक एवं पोषक मानवीय विकास, मानवीय संबंधों तथा व्यक्तिगत परिवार और समुदाय की अच्छाई को प्रोन्नत करने एवं बनाए रखने में भी सहायता करता है।

इस पर विस्तार से प्रकाश डालना भी महत्त्वपूर्ण है कि शिक्षा स्वास्थ्य पर प्रकाश डालता है जो स्वयं के प्रभाव के परिणाम स्वरूप उत्पन्न होता है, विशेषत: स्वयं संकल्पना और मनोवृत्ति फिर यदि शिक्षा की गुणवत्ता व्यक्तिगत शिक्षा की विकासात्मक जरूरतों के अनुरूप नहीं है तो इसके प्रत्यक्ष हानिकारक प्रभाव हो सकते हैं।

शिक्षा पर स्वास्थ्य का प्रभाव–बच्चे के स्वास्थ्य और विद्यालयी शिक्षा के बीच संबंध बहुत जटिल हैं और शैक्षिक कौशलों, मानक माँग कार्यों और सशर्त माँ कार्यों के लिए उत्पादन कार्य को शामिल करते हुए उनकी संभाव्य रुचियों के अलग-अलग भिन्न संबंध जरूरी है। बच्चे के स्वास्थ्य और शिक्षा के बीच संबंधों का विश्वसनीय आंकलन बहुत कठिन है किंतु असंभव नहीं।

खराब स्वास्थ्य कई कारणों से अधिगम को कम कर सकता है जैसे थोड़े वर्षों का नामांकन कम दैनिक उपस्थिति, और प्रतिदिन विद्यालय में बिताए गए कम सामर्थ्य अधिगम क्षमता। बचपन में खराब स्वास्थ्य और पोषण का बच्चे की शिक्षा पर वास्तव में कितना लंबा दुष्प्रभाव हो सकता है? दुर्भाग्यवश इस प्रश्न का उत्तर दुर्ग्राह्य रहा है। बच्चों में लोक स्वास्थ्य लागत उनके वयस्क जीवन के दौरान कौशलों और अंततः अधिक संपन्नता का बीज बो सकते हैं।

प्रश्न 5. विद्यालयी स्वास्थ्यप्रद वातावरण से क्या अभिप्राय है? विद्यालय के वातावरण को स्वास्थ्यप्रद बनाने के लिए क्या करना चाहिए?

अथवा

आप कक्षा पाँच के विद्यार्थियों को कक्षा के कचरा निस्तारण हेतु क्या गतिविधि करवाएँगे? [अप्रैल–2016, प्रश्न सं. 22]

अथवा

विद्यालयी कक्षाओं में उचित वायुसंचार के लिए किस प्रकार के प्रावधान होने चाहिए? [अप्रैल–2016, प्रश्न सं. 38]

उत्तर–स्वास्थ्यपूर्ण वातावरण से अभिप्राय बालक के उस संपूर्ण परिवेश से है जिसमें वह रहता है। इसके अंतर्गत घर, आस-पड़ोस एवं विद्यालय की केवल सफाई व स्वच्छता ही नहीं आती बल्कि दैनिक जीवन की समस्त क्रियाओं के लिए उचित सुविधाएँ भी शामिल हैं। माता-पिता की तरह अध्यापक भी स्वास्थ्यपूर्ण वातावरण का अंग है, अतः अध्यापक तथा विद्यार्थियों के बीच मधुर संबंध भी इसके अंतर्गत आते हैं।

विद्यालयी स्वास्थ्यप्रद वातावरण से तात्पर्य है- "विद्यालय के कक्षा के कमरे, भवन, आस-पड़ोस, क्रीड़ास्थल, बैठने का प्रबंध, वायु एवं प्रकाश, पेयजल, विद्यालय कार्यक्रम तथा कार्य करने की अनुकूल परिस्थितियाँ।" विद्यालय का स्वास्थ्यपूर्ण वातावरण बच्चों के सामाजिक और संवेगात्मक समायोजन में सहायता करता है, उनकी सीखने की प्रक्रिया को उत्प्रेरित करता है और उनके स्वास्थ्य की वृद्धि एवं सुरक्षा करता है।

अतः प्रत्येक स्कूल प्राधिकारी तथा शिक्षक का यह उत्तरदायित्व है कि वह अपने यहाँ स्वास्थ्यप्रद वातावरण की व्यवस्था करें।

स्वच्छ पेयजल आपूर्ति

पेयजल के मुख साधन हैं–कुआँ, नदियाँ, तालाब, हैंडपंप, टोटी आदि। आजकल कपड़े एवं बर्तन धोने, अपशिष्टों को फेंकने, रसायनों के निकास और नदियों में कुछ कर्मकांडों के निष्पादन से पानी प्रदूषित हो गया है। नगरीय शहरों में RO प्रणाली एवं अन्य शुद्धिकरण प्रणालियों की सहायता से स्वच्छ जल प्राप्त करने की बहुत सी विधियाँ हैं।

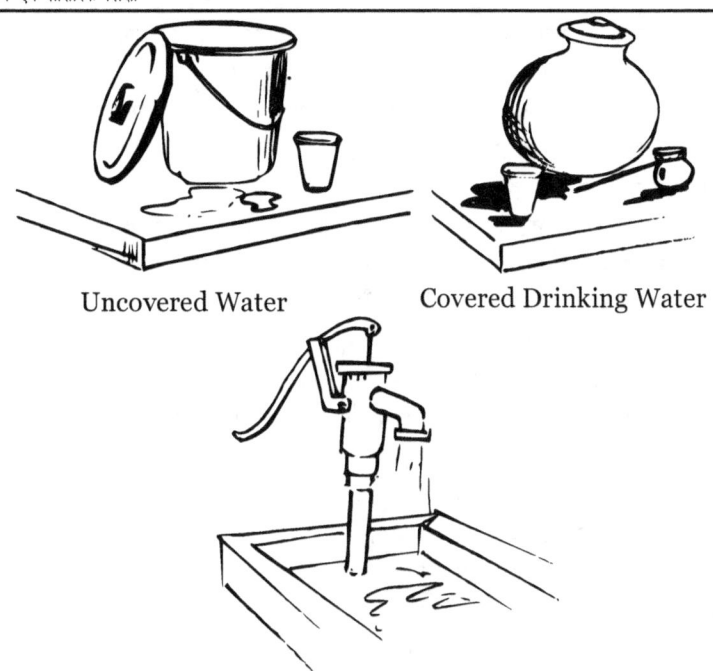

Uncovered Water

Covered Drinking Water

Shallow Hand Pump-Unsafe
for Drinking Water

चित्र 2.2

शहरों में जलापूर्ति को स्थानीय निकायों जैसे दिल्ली में MCD और मुंबई में BMC द्वारा मॉनीटर किया जाता है। आपूर्ति से पहले पानी को नई तकनीकों से शुद्धिकृत किया जाता है। भारत के आंतरिक भागों में और छोटे गाँवों में लोग बाल्टियों में, बर्तनों में पानी संचित करते हैं और कपड़े से छानकर या उबालकर इसे स्वच्छ करते हैं।

विद्यालय में होना चाहिए–

- स्वच्छ पेय जल का प्रावधान
- पानी का ढका हुआ संग्रह
- विद्यालय की क्षमता के अनुसार पर्याप्त पेयजल।

नगरीय शहरों में विद्यालयों में स्वच्छ पेय जलापूर्ति में नगरपालिका महत्त्वपूर्ण भूमिका निभाता है। हमें प्रत्येक विद्यालय में सावधान होना चाहिए कि–

- सफाई के विशिष्ट अभिलेख रखें हों।
- पानी का संग्रहण करने वाले टैंकों की नियमित सफाई हो।
- विद्यालय सत्ता द्वारा जल संशोधक और क्लोरीन टेबलेट कराए जाएँ।
- शिक्षकों को पानी की बर्बादी रोकने के लिए नियमित प्रयास करना चाहिए और इसका पुनः प्रयोग बागवानी, सतह की सफाई के लिए करना चाहिए।

स्वच्छ शौचालय और मूत्रालय (Clean Toilets and Urinals)

विद्यालय शौचालय का स्वस्थ वातावरण विद्यालय के बच्चों के लिए स्वच्छता कार्यक्रम का दर्पण होता है। शौचालय पर्याप्त मात्रा में होने के साथ-साथ साफ और कीटाणु रहित होने

चाहिए। विद्यार्थियों तथा स्टाफ के लिए अलग-अलग शौचालयों की व्यवस्था होनी चाहिए। इस संदर्भ में विद्यालय प्राधीकारी और शिक्षकों की सार्थक भूमिका होती है।

(1) विद्यालय सत्ता की भूमिका–विद्यालय सत्ता की निम्न भूमिका होती है–

- ग्रामीण क्षेत्रों में बच्चों को उत्पीड़न, जानवरों के आक्रमणों आदि से जोखिम मुक्त सुविधाएँ अवश्य प्राप्त हो।
- पूर्व प्राथमिक एवं लड़कियों के संबंध में परिचारक द्वारा पर्यवेक्षण।
- यह शिक्षा विद्यालयों में लड़कियों के लिए पृथक शौचालय हो।
- उपयुक्त लॉक (ताला) हो। (बोल्ट और हैंडल)
- सफाई व्यवस्था को भूजल को संदूषित नहीं करना चाहिए।
- शौचालय एक दिन में दो बार साफ होने चाहिए।
- शौचालय एवं मूत्रालय विकलांग बच्चों के अनुकूल होने चाहिए जिसमें हैण्डरेल एवं रैम्प हों।
- उपयुक्त प्रकाश व्यवस्था एवं वायु संचार होना चाहिए, जल आपूर्ति पर्याप्त होनी चाहिए, शौचालय की सफाई का नियमित मॉनीटर होना चाहिए।

(2) शिक्षक की भूमिका–शिक्षकों द्वारा नियमित तौर पर शौचालय एवं मूत्रालय से संबद्धित शिष्टाचार सिखाए जाने चाहिए जैसे–

- सफाई के लिए पानी का प्रयोग करें।
- दरवाजा अच्छी तरह बंद करें।
- हाथ साबुन, कीचड़ या राख से धोएँ।
- यदि प्रयोग में न हो तो बिजली बंद करें।
- अपशिष्ट पदार्थ कूड़ेदान में डालें।
- पानी बर्बाद न करें।
- दूसरों के लिए कभी भी आतंक पैदा न करें।
- यदि अन्य केबिन प्रयोग में न हो तो बाहर से बंद कर दें।
- शौचालय एवं मूत्रालय का हमेशा उचित प्रयोग करें।

सुरक्षित आहार (Safe Food)

बच्चे भोजनावकाश के लिएभोजन घर से लाते हैं। वे मध्याह्न भोजन भी प्राप्त करते हैं। कुछ विद्यालयों में अल्पाहार गृह भी होते हैं। बच्चों को स्वस्थ एवं रोगों से मुक्त रखने के लिए सुरक्षित आहार बहुत महत्त्वपूर्ण हैं।

- शिक्षक बच्चों को शिक्षित कर भोजन से होने वाली बीमारियों से बचा सकते हैं।
- भोजन से पहले व बाद में हाथ धोने को प्रोत्साहित करें।
- भोजन के लिए प्लास्टिक की प्लेटों का प्रयोग न करने के बारे में बच्चों को शिक्षित करें।
- अल्पाहार गृह में भोजन सुरखा मानक सुनिश्चित करें।
- जब कक्षा में भोजन वितरित किया जा रहा हो तो विद्यार्थियों के व्यवहार को मॉनीटर करें।
- बच्चों को खाना वितरित करते व पकाते समय स्वयंसेवक एप्रन और सिर पर टोपी का

प्रयोग करें।

• बाहर के विक्रेताओं को स्वीकृति न दें।

शिक्षक परिवार की सहभागिता को प्रोत्साहित करें और उन्हें खाद्य सुरक्षा के बारे में शिक्षित करें जैसे–विद्यालय में बासी हुआ भोजन न दें क्योंकि यह भोजन विषाक्तता का कारण हो सकता है।

हाथ धोने की सुविधा (Hand Washing Facility)

शिक्षकों द्वारा बच्चों को जानवरों को संभालने, कूड़ा फेंकने, बीमार को देखने, खेलने, छींकने, खाँसने, शौचालयों एवं मूत्रलयों का प्रयोग करने के बाद हाथ धोने के लिए प्रोत्साहित करना चाहिए। विद्यालयों में कुछ प्रावधान किए गए हैं जो इस प्रकार हैं–

- पर्याप्त एवं निरंतर जल आपूर्ति
- न्यूनतम ऊँचाई पर बच्चों के उपयुक्त वाश बेसिन
- हाथ धोने के लिए साबुन की उचित व्यवस्था
- पूर्व प्राथमिक बच्चों के साथ शिक्षक को अवश्य होना चाहिए।
- हाथ धोने की जगह नियमित तौर पर साफ की जानी चाहिए।
- विद्यालय में बच्चों की संख्या के अनुसार वाश-बेसिन होने चाहिए।
- ग्रामीण क्षेत्रें में पानी की बाल्टियाँ, साबुन और जग अवश्य रखे होने चाहिए।

चित्र 2.3

शिक्षक को विद्यार्थियों को नियमित तौर पर हाथ धोने के लिए और स्वस्थ आदतें अपनाने के लिए प्रेरित करना चाहिए जैसे– साबुन न चुराएँ और पानी की बर्बादी की रोक आदि। शिक्षक विद्यार्थियों को पानी, सफाई, स्वास्थ्य पर स्लोगन तैयार करने और उन्हें हाथ धोने की जगह पर प्रदर्शित करने के लिए भी प्रोत्साहित कर सकते हैं।

अपवहन तंत्र (जल निकासी प्रणाली) (Drainage)

यदि जल निकासी प्रणाली अच्छी नहीं है तो रूके हुए गंदे पानी में मच्छर मुक्त रूप से पैदा होंगे और सामान्य बीमारियाँ जैसे–मलेरिया, डेंगू, आदि होंगी। यह अनुपस्थिति को बढ़ाएगा।

अतः पर्यावरण को स्वस्थ एवं साफ रखने के लिए प्रत्येक विद्यालय में उपयुक्त जल निकासी प्रणाली जरूरी है। विद्यालय के वातावरण को स्वस्थ बनाने में विद्यालय सत्ता और शिक्षकों को एक पृथक भूमिका निभानी होती है।

- रूकावटों को दूर करने के लिए स्थानीय निकायों द्वारा नालियों की नियमित सफाई।
- नालियों को ढक कर रखें ताकि कोई दुर्घटना न हो।
- पानी के अवरोध को दूर करने के लिए पाइपलाईन की नियमित मरम्मत हो।
- कीड़ों को पैदा होने से रोकने के लिए कीटनाशकों एवं जीव-नाशकों का नियमित प्रयोग।

शिक्षक को निम्नलिखित के बारे में सावधान होना चाहिए-

- दुर्घटनाओं से बचने के लिए खुली नालियों के पास कोई बच्चा नहीं खेलना चाहिए।
- अवरोध को रोकने के लिए किसी बच्चे द्वारा कोई भी वस्तु (गेंद, पत्थर, प्लास्टिक, रूमाल) नालियों में नहीं फेंकनी चाहिए।
- अवरूद्ध गंदे पानी से कोई बच्चा नहीं खेलना चाहिए।

ग्रामीण क्षेत्रों में जहाँ कम सुविधाएँ हैं वहाँ शिक्षकों को अधिक सावधान होना चाहिए। विद्यालय प्राधिकारों, स्थानीय शासकीय निकायों, अभिभावकों, शिक्षकों और विद्यार्थियों के समन्वित एवं संयुक्त प्रयास से हम इसे रोक सकते हैं।

कचरा निस्तारण (Refuse Disposal)

बड़े शहरों में तीव्र विकास एवं ग्राम से शहरों की ओर पलायन वायु एवं जल प्रदूषण जैसे अस्वस्थ वातावरण के मुख्य भूमिका निभाते हैं। इसमें कचरा निस्तारण भी एक प्रमुख समस्या है। यदि हम विद्यालय स्तर पर पहल करना शुरू कर दें तब यह आसानी से नियोजित हो सकता है। हम 4 'R' के द्वारा कूड़े का व्यवस्थापन कर सकते हैं- Refuse (निस्तारण), Re-use (पुनः प्रयोग), Reduce (कम कर), 4 Recycle (पुनः प्रयोग कर)। कक्षा में एक गतिविधि की जा सकती है- कक्षा में तीन पृथक कूड़ादान रखें A, B, C। A बचे हुए भोजन के लिए, B केवल कागजों के लिए, C प्लास्टिक, पॉलीथीन, वस्तुओं के लिए। अपने बच्चों को कचरे को पहचानने को कहें और उसके अनुसार कूड़ेदान में डालने को कहें।

बगीची की मिट्टी, सूखी पत्तियों और टहनियों को मिलाकर खाद तैयार करने के लिए A के कचरे को कम्पोस्ट के गड्ढ़े में डाले।

B के कचरे को पानी में डाले, प्लास्टर ऑफ पेरिस, टिशू पेपर मिलाएँ और विभिन्न पेपर मैसी सामग्री जैसे-फल, सब्जियाँ, पेंसिल स्टैंड आदि बनाएँ।

C के कचरे के लिए हम उन्हें कह सकते हैं कि प्लास्टिक की सामग्री और पॉलीथीन बैग हमारे पर्यावरण के लिए बहुत हानिकारक है। उन्हें जलाने के बाद नुकसानदेह कार्बन डाईऑक्साइड गैस निकलती है। इन्हें जलाया नहीं जाना चाहिए बल्कि पुनः प्रयोग के लिए बेच देना चाहिए।

प्रकाश व्यवस्था (Light Arrangement)

धूप का दिन हो या बदली का, कक्षाकक्षों में समुचित प्रकाश व्यवस्था होनी चाहिए। अधिगमकर्त्ताओं की योग्यता और मानसिक मनोवृद्धि के लिए दृश्य वातावरण बहुत महत्त्वपूर्ण है। उचित प्रकाश श्वसन, हृदय की क्रिया और मस्तिष्क गतिविधि को बेहतर करता है जबकि कम प्रकाश विपरीत प्रभाव डालता है जैसे नींद लेना आसान हो जाता है।

ग्रामीण क्षेत्रों में कुछ विद्यालय खुले में होते हैं और बच्चों को प्रकाश की समस्या का सामना नहीं करना पड़ता है।
- शहरी क्षेत्रों में कक्षाकक्षों में पर्याप्त प्रकाश व्यवस्था होनी चाहिए। एक कमरे में चार या पाँच ट्यूबलाइट होनी चाहिए।
- बिजली की मरम्मत समय-समय पर होनी चाहिए।
- कक्षाकक्षों में अधिक प्रकाशीय प्रभाव के लिए दीवारों पर चटकीले रंग होने चाहिए।
- बिजली के तारों की नियमित जाँच होनी चाहिए और यदि वे क्षतिग्रस्त हैं तो बदल देनी चाहिए।
- प्रकाश के बारे में शिक्षक को सजग होना चाहिए। दिन की शुरूआत से पहले उसे सुनिश्चित कर लेना चाहिए कि लाइटें जल रही हों।
- दृष्टिबाधित बच्चों को वहाँ बैठाना चाहिए जहाँ अधिक प्रकाश उपलब्ध हो।

वायु संचार (Ventilation)

विद्यालयों में ताजी हवा और जलवायु नियंत्रण के लिए खिड़कियाँ सस्ती एवं सक्षम समाधान हैं। हवादार कक्षाकक्षों में बच्चे अपने साथियों जो अपर्याप्त ताजी हवा पाते हैं कि अपेक्षा बेहतर निष्पादन करते हैं।

ग्रामीण क्षेत्रों की अपेक्षा शहरी क्षेत्रों में यह समस्या अधिक आती है। ग्रामीण क्षेत्रों में कक्षाकक्ष खुले में होते हैं, या टेंटों में होते हैं जबकि शहरी क्षेत्रों में विद्यालय भवनों में हैं इसलिए वायु संचार एक समस्या है।

विद्यालयों के कक्षाकक्षों में उचित खिड़कियों के साथ पर्याप्त वायु संचार होना चाहिए ताकि गर्मी में कक्षाकक्ष न अधिक गर्म हों न ही जाड़ें में अधिक ठंडा।

बैठने की आरामदेह व्यवस्था (Comfortable Sitting Arrangements)

कक्षा में बैठने की आरामदेह व्यवस्था अधिगम को अधिक प्रभावी बनाता है। प्रत्येक बच्चे को सुखद एवं सुगम होने के लिए शिक्षक अपना सर्वश्रेष्ठ दे सकता है। प्रारंभिक कक्षाओं में की जाने वाली गतिविधियों जैसे—समूह कार्य, विचार विमर्श, लेखन कार्य, निष्पादन कला आदि के अनुसार बैठने की भिन्न व्यवस्थाएँ होनी चाहिए।

विकलांग बच्चों के बैठने की व्यवस्था के प्रति शिक्षक को अधिक सजग होना चाहिए। यदि शिक्षक के पास विकलांग या दृष्टि बाधित छात्र हैं तो उसे तदनुसार व्यवस्था करनी चाहिए। बैठने की व्यवस्था इस प्रकार है—

1. **समूह कार्य**— बैठने की व्यवस्था खंड या समूह में होनी चाहिए।
2. **समूह विचार विमर्श**— शिक्षक को प्रत्येक बच्चे के समक्ष होना चाहिए।
3. **लेखन कार्य**— प्रत्येक बच्चे को श्यामपट स्पष्ट दिखना चाहिए।
4. **निष्पादन कला**— बच्चों को पर्याप्त स्थान देना चाहिए।
5. **विकलांग बच्चे**— दरवाजे के पास बैठने चाहिए।
6. **समस्या पैदा करने वाले**— शिक्षक के पास बैठने चाहिए ताकि उनकी गतिविधियाँ मॉनीटर हो सकें।
7. **मूल्यांकन**— बच्चों को मॉनीटर करने के लिए शिक्षक के पास अधिकतम स्थान होना चाहिए।

शिक्षक को सुनिश्चित करना चाहिए कि उसके पास कक्षा को समायोजित करने के लिए पर्याप्त सीटें हों।

प्रेरक संवेदनात्मक एवं सामाजिक वातावरण (Conducive Emotional and Social Environment)

वातावरण का विस्तार कमरे से शुरू होता है और शिक्षक के साथ-साथ विद्यार्थियों के व्यवहार तक होता है। हम केवल भौतिक वातावरण नहीं बल्कि संवेदनात्मक और सामाजिक वातावरण को भी समझते हैं। अध्यापक को एक वातावरण स्थापित करना चाहिए जो व्यक्तियों में सभी भिन्नताओं का आदर करता है।

विद्यार्थियों के पास विद्यालय के समर्थ, संबद्ध और योगदान देने वाले सदस्यों को महसूस करने का अवसर होता है। विद्यार्थियों को उनके विद्यालय और कक्षाकक्ष गतिविधियों में सक्रिय भागीदार होने के लिए प्रोत्साहित होना चाहिए। यह शिक्षक के लिए निम्नलिखित कदम उठाने में आवश्यक होता है जो सुनिश्चित करता है कि कक्षाकक्ष विद्यार्थियों कोआमंत्रित और स्वागत कर रहा है–

(1) अभिवादन कार्यक्रम–शिक्षक कक्षाकक्ष के दरवाजे पर प्रत्येक विद्यार्थी का नाम से अभिवादन करता है जो बच्चे को अधिक सुखद बनाता है।

(2) नव आगंतुक क्लब– जब आगंतुकों को विद्यालय और कक्षाकक्ष गतिविधियों में स्वागत और सम्मिलित करना चाहिए।

(3) स्थान बदलना– स्थान का बार-बार बदलना एक कक्षाकक्ष वातावरण का सृजन करने में बहुत महत्त्वपूर्ण है जो कि संवेदनात्मक और सामाजिक संबंधों को बढ़ाता है।यह विद्यार्थियों को विभिन्न सहपाठियों के साथ कार्य करने की स्वीकृति देता है और नए दोस्त बनाता है। यह सामाजिक अंत:क्रिया और संवेदनात्मक बंधनों को भी प्रोन्नत करता है।

(4) एक-एक का संपर्क–बच्चे को मुक्त, आरामदेह और अधिक विश्वासपात्र बनाने में शिक्षक को प्रत्येक बच्चे के साथ व्यक्तिगत रूप से अंत:क्रिया करना चाहिए।

सहपाठी पाठ कार्यक्रम–वरिष्ठ विद्यार्थियों को अपने कनिष्ट विद्यार्थियों को पाठ एवं अन्य सहायता प्रदान करनी चाहिए।

(5) भेदभाव निरोधी नीति–शिक्षक को स्वस्थ, सामाजिक संवेदनात्मक वातावरण देने के लिए लिंग, पारिवारिक स्थिति, धर्म, आयु आदि जैसे कारकों पर भेदभाव विरोधी नीतियाँ विकसित करनी चाहिए। यह विद्यार्थियों में सकारात्मक अधिगम सुनिश्चित करेगा। शिक्षक संबंधियों, दोस्तों, उनकी उपलब्धियों और समस्याओं आदि की सत्य कहानियाँ भी कह सकता है। शिक्षक को कक्षा में किसी भी बच्चे को हीन अनुभव नहीं कराना चाहिए।

प्रश्न 6. भोजन तथा संतुलित आहार से क्या आशय है? संतुलित भोजन के आवश्यक पोषक तत्त्वों का वर्णन करते हुए आहार को प्रभावित करने वाले कारकों का उल्लेख कीजिए।

अथवा

पोषक तत्त्वों के विभिन्न प्रकारों की चर्चा कीजिए।

अथवा

'संतुलित आहार' से आप क्या समझते हैं? [अप्रैल–2016, प्रश्न सं. 26]

अथवा

किसी व्यक्ति के आहार को प्रभावित करने वाले कोई दो कारक लिखें।

[अक्तूबर–2016, प्रश्न सं. 21]

उत्तर– वे खाद्य पदार्थ, जिनके सेवन से शरीर में शक्ति, ऊर्जा, अवयवों की क्षतिपूर्ति एवं शारीरिक विकास होता है उन्हें भोजन या आहार कहते हैं। भोजन जीवन के लिए अति आवश्यक है जिसका प्रभाव मनुष्य की आयु, चरित्र, आचरण आदि पर पड़ता है। भोजन का मुख्य स्रोत पेड़-पौधें और जानवर हैं।

पौधे तथा जड़ों द्वारा भूमि से पानी एवं पोषक तत्त्व, वायु से कार्बन डाइऑक्साइड तथा सूर्य से प्रकाश ऊर्जा लेकर अपने विभिन्न भागों का निर्माण करते हैं। पौधे हमें अनाज, दालें, सब्जियाँ, फल, चीनी, वनस्पति, तेल, मसाले, मेवा और पेय पदार्थ प्रदान करते हैं। पशुओं से हमें दूध, माँस, अंडा, मछली और शहद के रूप में भोजन प्राप्त होता है।

पोषक तत्त्वों के प्रकार–पोषक तत्त्वों को निम्न प्रकार से वर्गीकृत किया जा सकता है–

1. प्रोटीन (Protein)–यह तत्त्व शरीर की रचना और निर्माण में सहायक हैं। यह फास्फोरस, गंधक, नाइट्रोजन, ऑक्सीजन, हाइड्रोजन और कार्बन के रासायनिक मेल से बना हुआ तत्त्व है। यह शरीर के कोशों के निर्माण में सहायक होता है। प्रोटीन की कमी से शारीरिक विकास रूक जाता है और शक्ति क्षीण होने लगती है, तथा अधिकता से गुर्दों पर हानिकारक प्रभाव पड़ता है।

प्रोटीन दो प्रकार की होती है–वनस्पति प्रोटीन व पशु प्रोटीन। वनस्पति प्रोटीन-मटर, अरहर, चना, मूँग, सोयाबीन, सेम, अनाज तथा पशु प्रोटीन-दूध, पनीर, अंडे, माँस, मछली आदि में पाया जाता है।

2. कार्बोहाइड्रेट्स (कार्बोज या शर्करा)–यह कार्बन, हाइड्रोजन और ऑक्सीजन का रासायनिक मिश्रण होता है। कार्बोज शरीर में कार्य करने के लिए शक्ति प्रदान करते हैं, ये नए कोशों का निर्माण करते हैं। शारीरिक परिश्रम करने वालों के लिए इसका सेवन बहुत जरूरी है। इसकी अधिकता से शरीर में मोटापा आने लगता है। ये दो प्रकार के होते हैं। (1) श्वेतसार (2) शर्करा। श्वेतसार कार्बोज-गेहूँ, चावल, जौ, आलू, अखरोट, शकरकंद व केले में अधिक होता है और शर्करा कार्बोज-गन्ने का रस, शक्कर, गुड़, शहद, खजूर, सूखे मेवे, अंगूर आदि फलों में अधिकतर पाए जाते हैं।

3. वसा (Fats)–यह कार्बोज की भाँति कार्बन, हाइड्रोजन और ऑक्सीजन का मिश्रण है। वसा के द्वारा शरीर की चरबी में वृद्धि होती है जिससे शरीर सुंदर दिखाई देता है।

वसा भी दो प्रकार की होती हैं–वनस्पति वसा व पशु वसा। वनस्पति वसा बादाम, अखरोट, सूखे फल, फलों के बीजों के तेल (जैसे-सरसों, नारियल, तिली, मूँगफली का तेल आदि) में अधिक पाई जाती हैं और पशु वसा दूध, घी, मछली का तेल, जानवरों की चरबी, अंडे मक्खन आदि में अधिक मात्रा में पाई जाती है।

4. खनिज पदार्थ (लवण) (Minerals)–ये पदार्थ हमारे शरीर में क्षारीय अवस्था में होते हैं। इनसे शरीर के अनेक रोग दूर होते हैं, इसलिए इन्हें रक्षक पदार्थ भी कहते हैं। कैल्शियम (चूना), सोडियम, ताँबा, पोटेशियम, फास्फोरस, लोहा, मैग्नीशियम, आयोडीन, क्लोरीन,

फ्लोरिन, सिलिकॉन और सल्फर (गंधक) आदि अनेक खनिज पदार्थ भोजन में पाए जाते हैं। ये खनिज पदार्थ हमारी पाचन शक्ति को बढ़ाते हैं, रक्त को लाल बनाए रखते हैं, हड्डियों व दाँतों को मजबूत बनाते हैं। दिल की धड़कन को सामान्य बनाए रखने में ये बहुत सहायक होते हैं। ये खनिज पदार्थ हरे पत्तों की सब्जियों व हरे फलों में अधिक मात्रा में पाए जो हैं। जैसे सरसों का साग, पालक, बथुआ, चौलाई, मूली, गाजर, फूलगोभी, सोयाबीन की फली आदि।

5. जल (Water)–जल हाइड्रोजन और ऑक्सीजन का मिश्रण है। सब खाद्य पदार्थों में पानी की कुछ-न-कुछ मात्रा अवश्य होती है। यह स्वयं तो शक्तिदायक नहीं है परंतु पाचक रसों से मिलकर शरीर के कोशों का पोषण करता है। जल शरीर के अंदर से विजातीय व विषैले पदार्थों को निकालने में सहायता करता है। और शरीर का तापक्रम नियमित रखता है। जल की उचित मात्रा न होने से हमारी पाचन क्रिा में बाधा पहुँचती है।

6. विटामिन (Vitamins)–अन्य तत्त्वों की भाँति विटामिन भी हमारे शरीर के विकास के लिए अत्यंत आवश्यक है। विटामिन फलों, सब्जियों, अंड़े, दूध, घी, दाल आदि में पाया जाता है।

7. रेशे या फोक (Roughage)–यद्यपि रेशे पौष्टिकता प्रदान नहीं करते हैं, न ही ताप उत्पादन करते हैं, फिर भी ये भोजन के रासायनिक तत्त्वों को निकालकर पाचक क्रिया को ठीक बनाए रखने में सहायक हैं। भोजन में रेशे की उचित मात्रा होने पर भोजन के विजातीय द्रव्य आँतों में नहीं चिपकते। ये भली प्रकार से इन विजातीय द्रव्य को विसर्जित करने में सहायता करते हैं अर्थात् कब्ज को रोकते हैं। रेशे छिलके युक्त फलों, सब्जियों, चोकरदार आटा आदि में होते हैं।

संतुलित आहार– संतुलित आहार (Balance diet) एक ऐसा आहार होता है जो हमारे शरीर को जरूरी पोषक तत्त्व देने में मदद करता है। इन पोषक तत्वों में प्रोटीन, कार्बोहाइड्रेट और वसा जैसे पौष्टिक तत्त्व मौजूद होते हैं। इनमें विटामिन और खनिज जैसे पोषक तत्त्व भी पाए जाते हैं। एक संतुलित पोषण प्राप्त करने के लिए हमे ताजा फल, सब्जियाँ, साबुत अनाज और प्रोटीन हमारे रोजाना के आहार में लेने चाहिए।

दूसरे शब्दों में, संतुलित आहार वह होता है जिसमें भोजन के विभिन्न तत्त्व सही एवं उचित मात्रा में व्यक्ति के आवश्यकता के अनुरूप हों। संतुलित आहार या भोजन का संबंध उन खाद्य पदार्थों के ग्रहण करने से है, जो शरीर की वृद्धि व रख-रखाव के लिए निश्चित मात्रा में सभी आवश्यक तत्त्वों को शरीर की जरूरतों के अनुसार पूर्ति कर सके। वास्तव में प्रत्येक व्यक्ति को एक ही प्रकार के आहार की आवश्यकता नहीं होती। यह भिन्न-भिन्न व्यक्तियों के लिए भिन्न-भिन्न प्रकार का होता है।

(1) बढ़ते बच्चों के शारीरिक विकास के लिए प्रोटीन की अधिक आवश्यकता होती है।

(2) नवजात शिशुओं को उनके शारीरिक विकास तथा बीमारी से दूर रखने के लिए विटामिन और प्रोटीन की अधिक आवश्यकता होती है।

(3) गर्भवती महिलाओं को तथा उसके गर्भ में पल रहे बच्चे की जरूरतों को पूरा करने के लिए प्रोटीन की अधिक आवश्यकता होती है।

(4) कड़ी मेहनत तथा शारीरिक श्रम करने वाले मजदूरों को ऊर्जा प्राप्त करने के लिए कार्बोहाइड्रेट और वसा की अधिक आवश्यकता होती है।

निम्नलिखित समूह हमें खाद्य सामग्री प्रदान करते हैं—

दूध—इसमें दूध, पनीर और दूध से बने पदार्थ शामिल हैं।

माँस—इसमें माँस, चिकन, मछली, भेड़ का बच्चा इत्यादि शामिल हैं। माँसाहारियों और शाकाहारियों के लिए सोयाबीन, सेम, मटर, चना, बादाम और बीज आदि शामिल हैं।

फल और सब्जियाँ—इसमें सभी प्रकार की सब्जियाँ और फल शामिल हैं।

अनाज और गेहूँ—इसमें गेहूँ, चावल और अन्य अनाज शामिल हैं।

आहार को प्रभावित करने वाले कारक (Factors Affecting Diet)

आहार को निम्नलिखित कारक प्रभावित करते हैं—

1. आयु, लिंग तथा शारीरिक आकार (Age, Sex and Surface Area)—आहार आयु के अनुरूप परिवर्तित होता रहता है। युवा बच्चों को अधिक मात्रा तथा गुणवत्ता वाला भोजन करना चाहिए जबकि बुजुर्ग व्यक्तियों को कम मात्रा तथा कम वसा वाला भोजन करना चाहिए। इसी प्रकार औरतों की खुराक पुरुषों की अपेक्षा कम होती है। आहार को एक और कारक प्रभावित करता है, वह है शारीरिक आकार। जिसे व्यक्ति का शारीरिक आकार जितना बड़ा होगा, उसको उतने ही अधिक आहार की आवश्यकता पड़ती है।

2. क्रिया की किस्म तथा समयावधि (Types and Duration of Activity)—आहार क्रिया की किस्म तथा समय अवधि पर निर्भर करता है। एक कठिन व्यायाम करने वाले खिलाड़ी को एक दफ्तर में कार्य करने वाले क्लर्क से अधिक कैलोरी की आवश्यकता होती है। बैठकर कार्य करने वाले व्यक्ति को हल्के भोजन तथा 8-10 घंटे कार्य करने वाले मजदूर को अधिक कैलोरी वाला भोजन चाहिए।

3. खान-पान की आदतें तथा सामाजिक रीति-रिवाज (Eating Habits and Social Customs)—एक व्यक्ति की खान-पान संबंधी तथा सामाजिक रीति-रिवाज भी आहार को प्रभावित करते हैं। कुछ व्यक्तियों को फास्ट-फूड खाने की आदत होती है। जबकि कुछ लोग इसे पसंद नहीं करते। इसी तरह सामाजिक रीति-रिवाज आहार संबंधों को भी प्रभावित करते हैं। समाज का एक वर्ग माँसाहारी खाना पसंद करता है तथा दूसरा वर्ग केवल शाकाहारी भोजन ही पसंद करता है। ये कारक भी व्यक्ति के आहार को प्रभावित करते हैं।

4. जलवायु संबंधी कारक (Climate Factors)—विभिन्न प्रकार की जलवायु में भोजन भी विभिन्न होता है। इसलिए गर्मी तथा सर्दी में आहार भिन्न होता है। इसी तरह विभिन्न जलवायु क्षेत्र जैसे ठंडे क्षेत्र के लोगों का भोजन गर्म क्षेत्र में रहने वाले लोगों से भिन्न होता है।

5. स्वास्थ्य तथा वृद्धि (Health Status and Growth)—यदि व्यक्ति स्वस्थ हो तो वह अस्वस्थ व्यक्ति की तुलना में अधिक आहार लेता है। रोगी व्यक्ति सामान्य आहार नहीं ले सकते। उन्हें हल्का भोजन अथवा डॉक्टर की राय के अनुसार ही भोजन लेना पड़ता है। इसी तरह बच्चों में वृद्धि के दौरान अधिक आहार की आवश्यकता पड़ती है।

6. मनोवैज्ञानिक कारक (Psychological factors)—कुछ मनोवैज्ञानिक कारक जैसे—भोजन कैसे बना है? इसका स्वाद कैसा है?—भी आहार को प्रभावित करते हैं। यदि भोजन स्वादिष्ट होगा तो सभी उसे खाना पसंद करेंगे।

प्रश्न 7. संक्रामक रोग से आप क्या समझते हैं? यह किस माध्यम से फैलता है? चर्चा कीजिए।

उत्तर– जो रोग एक व्यक्ति से दूसरे व्यक्ति को लग जाते हैं उन्हें संक्रामक रोग कहते हैं। रोगी के पास उठने-बैठने, उसके साथ खाने-पीने, रोगी के द्वारा प्रयोग में लाए गए वस्त्रों को स्पर्श करने तथा दूषित जल, भोजन या वायु के द्वारा भी रोग के कीटाणु शरीर में प्रवेश कर जाते हैं और रोग को उत्पन्न कर देते हैं। इन संक्रामक रोगों को दो भागों में बाँटा जा सकता है–

(i) संसर्ग रोग (Contagious Diseases)–जब रोग रोगी व्यक्ति के संपर्क में आने पर दूसरे व्यक्ति को हो जाता है तो उसे संसर्ग रोग कहते हैं। जैसे जुकाम, काली खाँसी, आँखें दुखना, खुजली आदि संसर्ग रोग हैं, जो प्रत्यक्ष रूप से रोगी के संपर्क में आने या रोगी की वस्तुओं का प्रयोग करने से दूसरे व्यक्ति को हो जाते हैं।

(ii) संक्रामक रोग (Infectious Diseases)–जो रोग दूषित जल, दूषित भोजन या दूषित वायु में उपस्थित कीटाणुओं के द्वारा फैलता है उसे संक्रामक रोग कहते हैं, जैसे–हैजा, पेचिश, टाइफाइड, टेटनस (ज्मजंदने) डिफ्थीरिया आदि ऐसे ही रोग हैं।

संक्रामक रोग संचारण के साधन (Modes of Transmission of Communicable Diseases)–सभी संक्रामक रोग विशेष जीवाणुओं से उत्पन्न होते हैं। एक प्रकार का जीवाणु एक ही तरह का रोग फैला सकता है, दूसरा नहीं। इसीलिए हर संक्रामक रोग के लक्षण व उग्रता में अंतर होता है। भिन्न-भिन्न रोगों के ये जीवाणु उपयुक्त अवसर पाकर शरीर में प्रवेश कर जाते हैं और तीव्रता से अपनी संख्या में वृद्धि कर लेते हैं और शरीर को रोग-ग्रस्त बना देते हैं। व्यक्तिगत अस्वच्छता, दूषित भोजन, दूषित जल, दूषित वायु, कीटों का काटना, सड़े-गले फल आदि अनेकों कारण है।

ये जीवाणु अनेक साधनों के द्वारा एक स्वस्थ व्यक्ति के शरीर में प्रविष्ट हो जाते हैं और उसे रोगी बना देते हैं परंतु यदि उसकी रोग-प्रतिरोधक शक्ति तीव्र होती है तो ये रोगाणु उस पर आक्रमण नहीं कर पाते हैं। इन जीवाणुओं के मानव शरीर में प्रविष्ट होने के साधन निम्नलिखित हैं–

(i) वायु द्वारा (Through Air)–जब एक रोगी व्यक्ति खाँसता है, छींकता है, थूकता है या जोर से बोलता है तो रोग के कीटाणु वायु में मिल जाते हैं। रोगी के मुख और नाक के द्वारा निकली हुई वायु के साथ भी कीटाणु बाहर निकल आते हैं और बाहर की वायु में मिल जाते हैं और स्वस्थ मनुष्य जब साँस लेता है तो उसकी श्वास के साथ उसके शरीर में प्रविष्ट हो जाते हैं। खसरा, चेचक, तपेदिक इसी प्रकार होते हैं।

चित्र 2.4

(ii) भोजन द्वारा (Through Food)–यदि खाने-पीने की चीजों को खुला रखा जाता है तो मक्खियाँ इन खाद्य पदार्थों पर बैठती हैं और अनेक प्रकार के रोगाणु उन पर छोड़ देती हैं। जब यह दूषित खाना कोई व्यक्ति खाता है तो उसे संक्रामक रोग हो जाता है। हैजा, पेचिश, अतिसार (क्यंततीवमं) इसी प्रकार फैलते हैं।

(iii) जल द्वारा (Through Water)–पीने के लिए जो पानी प्रयोग में लाया जाता है यदि उसे खुला छोड़ दिया जाए या पानी रखने की टंकी या मटके या बर्तन को कई दिन तक साफ न किया जाए तो उसमें रोगाणु पैदा हो जाते हैं और उस पानी को पीने से विभिन्न संक्रामक रोग हो जाते हैं। जैसे–हैजा, पेचिश, मियादी बुखार, टाइफाइड, पीलिया आदि रोग इसी तरह फैलते हैं।

(iv) वस्त्र द्वारा (Through Clothes)–रोगी द्वारा प्रयोग किए जा रहे तौलिए, रूमाल, बिस्तर या अन्य कसी वस्त्र को यदि एक स्वस्थ व्यक्ति भी प्रयोग में लाता है तो उसके द्वारा रोगाणु स्वस्थ व्यक्ति के शरीर में प्रविष्ट हो जाते हैं। आँख दुखना, खुजली, जुकाम आदि रोग इस तरह हो जाते हैं।

(v) संपर्क द्वारा (Through Contact)–रोगी व्यक्ति के संपर्क में आने या उसका स्पर्श करते रहने से भी रोगी व्यक्ति के रोगाणु स्वस्थ व्यक्ति को भी रोगी बना देते हैं, जैसे खुजली, दाद आदि।

(vi) चर्म द्वारा (Through Skin)–वैसे तो चर्म शरीर का प्राकृतिक आचरण है और यह रोगाणुओं से शरीर की रक्षा करता है परंतु इसमें घर्षण या रगड़ आ जाने या त्वचा के कट-फट जाने पर टिटनेस आदि के रोगाणु कटी हुई त्वचा से शरीर में प्रविष्ट हो जाते हैं और रोग को उत्पन्न कर देते हैं।

(vii) कीड़ों द्वारा (Through Insects)–कुछ मच्छर आदि व्यक्ति की त्वचार पर बैठकर त्वचा को काटते हैं और अपने डंक के द्वारा स्वस्थ व्यक्ति के शरीर में रोगाणु छोड़ देते हैं। मलेरिया रोग मच्छर के द्वारा प्लेग पिस्सू नामक कीट के द्वारा फैलता है।

(viii) रोग वाहक द्वारा (Through Carriers)–जिन व्यक्तियों में रोग प्रतिरोधक क्षमता अच्छी होती है वे इन रोगाणुओं से बीमार नहीं पड पाते हैं। जब ये रोगाणु उनके शरीर में प्रवेश करते हैं तो वे स्वयं तो बीमार नहीं पड़ते हैं बल्कि अपने संपर्क में आने वाले अन्य लोगों को रोगग्रस्त कर देते हैं। ऐसे व्यक्तियों को ही रोगवाहक कहते हैं। टाइफाइड, पेचिश, डिप्थीरिया इत्यादि रोग इस प्रकार से हो सकते हैं।

(ix) जननेंद्रिय द्वारा (Through genital passage)–जननेंद्रिय तथा योनिमार्ग द्वारा भी कुछ रोगों के कीटाणु शरीर में प्रविष्ट हो जाते हैं और शरीर को रोगग्रस्त कर देते हैं। सुजाक व आतशक रोग ऐसे ही फैलते हैं।

प्रश्न 8. संक्रामक रोग तथा गैर-संक्रामक रोग के बीच अंतर स्पष्ट कीजिए।

उत्तर– सरल भाषा में संक्रामक अथवा संचारणशील (Infectious Diseases) रोग ऐसे रोग हैं, जो एक मनुष्य से दूसरे मनुष्य में अथवा प्राणियों से मनुष्य में पहुँच जाते हैं।

दूसरे शब्दों में जो रोग प्रत्यक्ष अथवा अप्रत्यक्ष रूप से एक-दूसरे को लग जाते हैं उन्हें संक्रामक रोग कहते हैं। जैसे–काली खाँसी, आँखे दुखना, खसरा, क्षयरोग, दाद-खुजली, हैजा,

पेचिस, एड्स, मियादी बुखार, अथवा इन्फ्लुऐंजा आदि। उदाहरण के लिए एक स्वस्थ व्यक्तिको किसी भी समय जुकाम हो सकता है।

गैर-संक्रमणीय रोग (NCD) आमतौर पर लंबी अवधि तक चलने वाली और धीमी गति से बढ़ने वाली चिकित्सा स्थितियों एवं बीमारियों को कहा जाता है जिनका प्रसार एक व्यक्ति से दूसरे व्यक्ति में नहीं होता है। यह पुरानी बीमारियों, जैसे–ऑटोम्यून्यून रोग, हृदय रोग, स्ट्रोक, कैंसर, मधुमेह, पुरानी गुर्दे की बीमारी, ऑस्टियोपोरोसिस, अल्जाइमर रोग, मोतियाबिंद और अन्य कुछ बीमारियों में देखा जाता है। उदाहरण के लिए, यदि किसी महिला को उच्च रक्तचाप की समस्या है तो उसके द्वारा उसके बच्चे को कोई संक्रमण नहीं होगा।

प्रश्न 9. विभिन्न संक्रामक रोगों के कारण, लक्षण तथा उपचार बताइए।

उत्तर– कुछ प्रमुख संक्रामक बीमारियाँ निम्नलिखित हैं–

तालिका 2.1

बीमारी का नाम	तरीका	लक्षण	निवारण	इलाज
छोटी माता	वायु, प्रत्यक्ष सम्पर्क	बुखार, सिरदर्द, मितली, दाने	रोग प्रतिरोधी उत्पादन	पृथकता उचित दवाईयाँ
बड़ी माता	वायु, प्रत्यक्ष सम्पर्क	बुखार, पीठ में दर्द, दाने संवेदी प्रणाली पर हमला	टीका	पृथकता, उचित दवाईयाँ
खसरा	वायु, प्रत्यक्ष सम्पर्क	बुखार, खाँसी और विशिष्ट दाने	टीक	पृथकता, उचित दवाईयाँ
कुकुर खाँसी	वायु, प्रत्यक्ष सम्पर्क	हल्का बुखार, उत्तेजक खाँसी	प्रारंभिक पहचान, DPT प्रतिरक्षण	प्रति जैविक
क्षयरोग	वायु, प्रत्यक्ष सम्पर्क	खाँसी और बुखार	BCA टीका	क्षयरोग प्रतिरोधी दवायें।

संक्रामक रोग किसी को भी और कभी भी हो सकते हैं। अगर हम सावधानी बरतें तो काफी हद तक इनसे बच सकते हैं।

(1) पीने के पानी की सफाई पर अधिक ध्यान दें क्योंकि टायफाइड, पेचिश, पीलिया, दस्त, पोलियो और अन्य कई रोग पानी के द्वारा ही फैलते हैं। पानी को रोगाणु रहित करने के लिए उपयोग में लाने से पूर्व पानी को उबाल लें अर्थात् 100 डिग्री सेंटीग्रेड तक गर्म करें।

(2) भोजन करने से पहले हाथों को साबुन से अच्छी तरह जरूर धो लें क्योंकि हाथों में रोगाणु हो सकते हैं।

(3) नियमित रूप से बाल कटवाएँ, शेविंग कराएँ और बढ़े हुए नाखूनों को काटें। इनमें रोगाणु छिपे होते हैं और कई तरह के संक्रामक रोग फैल सकते हैं।

(4) घर और घर के चारों तरफ साफ-सफाई रखें।

(5) रोजाना ठंडे पानी से स्नान करें, इससे त्वचा साफ तो रहती ही है, रक्त की श्वेत कोशिकाएँ भी अधिक बनती हैं, जो संक्रामक रोगों से हमारी रक्षा करती हैं।

(6) हल्की कसरत नियमित करें। इससे रक्षात्मक शक्ति बढ़ेगी।

(7) दाँतों व मसूड़ों की सफाई के लिए रोजाना ब्रश या दातुन करें। सोते समय मुँह की सफाई अवश्य करें।

(8) मक्खियों को कीटनाशक पदार्थ छिड़क कर मार दें क्योंकि ये कई तरह के संक्रामक रोग, जैसे–दस्त, हैजा, टायफाइड, पोलियो, टेऊकोमा इत्यादि फैलाती हैं।

(9) खाँसी के दौरान नाक और मुँह को ढँकने के लिए रूमाल का प्रयोग करें।

(10) हर जगह न थूकें।

(11) भोजन को ढँक कर रखें और खासतौर पर मीट को साफ रखें और अच्छी तरह पका कर खाएँ।

(12) साल में एक बार घर की चूने से पुताई कराएँ। कुछ रोगाणु दीवारों पर या कोनों में अपना अड्डा बना लेते हैं।

(13) भीड़-भाड़ से दूर रहें। इससे वायु या साँस द्वारा फैलने वाली संक्रामक बीमारियाँ, जैसे– जुकाम, फ्लू, मम्स, काली खाँसी, टी.बी. इत्यादि बीमारियाँ हमें चपेट में नहीं लेंगी।

(14) कुछ संक्रामक बीमारियों के लिए टीके बनाए गए हैं जिनको ठीक समय पर लगवा लेने से कुछ बीमारियों की संभावना खत्म हो जाती है, जैसे–पोलियो की ड्रॉप्स, खसरा, गम्स तथा जर्मन खसरा लिए एम.एम.आर. का टीका।

प्रश्न 10. आसन से क्या अभिप्राय है? मानव शरीर के मूलभूत आसनों का वर्णन करते हुए विभिन्न आसन विकृतियों तथा उनके उपचारात्मक उपायों का उल्लेख कीजिए।

अथवा

आसनात्मक विकृति किसे कहते हैं? किन्हीं दो आसनात्मक विकृतियों के बारे में संक्षेप में बताएँ। [अप्रैल–2016, प्रश्न सं. 36]

अथवा

'सपाट पैर' की विकृति से ग्रस्त विद्यार्थी को क्या उपचार सुझाया जा सकता है? [अक्तूबर–2016, प्रश्न सं. 27]

उत्तर–शरीर को किसी विशेष स्थिति में साधने को आसन (posture) कहते हैं। उचित आसन का प्रयोग करने से व्यक्ति का शरीर इस प्रकार से सधा रहता है कि शरीर को कम-से-कम थकान होती है। एक अच्छा आसान वह होता है जिसमें शरीर के सभी अंग ठीक से काम कर सकें। सभी अंग विश्राम की अवस्था में हों और तनाव से पूर्णतया मुक्त हों। इस प्रकार आसन किसी व्यक्ति द्वारा किसी विशिष्ट स्थिति में बैठने, खड़े होने, पढ़ने, लिखने, चलने, सोने आदि को कहा जाता है। उचित आसन स्वस्थ और पुष्ट शरीर का तथा अनुचित आसन अस्वस्थ और अपुष्ट शरीर के परिचायक हैं।

आधारभूत आसन (Basic Postures)–मानव शरीर के मूल आसन इस प्रकार हैं–

1. बैठने का उचित आसन (Correct Posture of Sitting)–बैठने के उचित आसन में घुटने के नीचे के भाग से लेकर कूल्हे तक का भाग (बस्ति प्रदेश) कुर्सी की सीट पर संतुलित रूप से स्थित होना चाहिए। रीढ़ की हड्डी बिल्कुल सीधी होनी चाहिए जिससे उसके स्वाभाविक मोड़-साफ-साफ दिखाई दें। सिर, कंधे तथा नितंब एक सीध में होने चाहिए। सिर इस प्रकार से सधा हो कि गर्दन के सामने और पीछे की माँसपेशियों को आराम मिले। दोनों बाँहें संतुलित और जाँघें सीधी होनी चाहिए। दोनों पैर फर्श पर टिके पंजों पर लंब रूप में सीधे टिके हों। कमर कुर्सी की पीठ से मिली होनी चाहिए। कुर्सी की पीठ की ऊँचाई इतनी होनी चाहिए कि यह बैठने वालों के कंधों तक आ जाए।

इस तरह से बैठने से शरीर के सभी अंग आराम की स्थिति में होते हैं। उन्हें थकान का अनुभव नहीं होता है और शरीर किसी भी प्रकार की विकृति से बच जाता है। इस प्रकार की स्थिति में बैठने पर यदि पीठ के लिए पीछे कोई सहारा न भी हो तो बच्चा अधिक देर तक बिना थके हुए भी बैठ सकता है।

2. खड़े होने का उचित आसन (Correct Posture of Standing)–खड़े होते समय यदि हमें अधिक समय तक खड़े होना है तो पैर एक समानान्तर रेखा में जमीन पर थोड़ी दूरी पर होने चाहिए। दोनों कंधे सीधे, सिर बीच में सीधा तना हुआ, सीना बाहर निकला हुआ, कमर रीढ़ की हड्डी के प्राकृतिक मोड़ों के साथ होनी चाहिए। परंतु इसी स्थिति में बहुत देर तक खड़ा नहीं रहा जा सकता। यदि काफी देर तक खड़ा होना हो तो एक पैर दूसरे पैर की अपेक्षा कुछ आगे की तरफ होना चाहिए। दोनों पैरा के पंजे आगे की तरफ सीधे होने चाहिए और शरीर का सारा भार पैरों के बाह्य सिरों पर डालना चाहिए। घुटने सीधे और आगे की तरफ होने चाहिए। इस तरह से शरीर का भार एक पैर से अधिक पड़ता है और दूसरा पैर संतुलन का कार्य करता है। इस तरह से बारी-बारी से पैर को आराम देते हुए एक पैर से दूसरे पैर पर भार डालते हुए काफी देर तक बिना थके खड़ा रहा जा सकता है। ठीक प्रकार से खड़े हुए व्यक्ति को यदि बगल में देखें तो उसके कंधे, घुटने तथा नितंब एक ही रेखा में दिखाई देते हैं।

3. लेटने का उचित आसन (Correct Posture of Lying of Sleeping)–साफ-सुथरे बिस्तर तथा सीधी सतह वाली शैयया पर सामान्य ऊँचाई के तकिए को सिर के नीचे लगाकर हाथ-पैरों को सही ढंग से फैलाकर सीधा लेटना या सोना चाहिए। सोते समय कभी भी शरीर को ऐसी स्थिति में मोड़-तोड़कर नहीं लेटना चाहिए जिससे साँस लेने में कठिनाई हो।

आसन संबंधी सामान्य दोष या विकृतियाँ और सुधार के उपाय (Common Postural Defects or Deformities and their Remedial Measures)

अनुचित या खराब आसन तकलीफ, दर्द और यहाँ तक कि अपंगता पैदा कर सकता है, जिसे 'आसनात्मक विकृति' के रूप में जाना जाता है। अनुचित आसनों का प्रयोग करने से व्यक्तियों में अनेक प्रकार के शारीरिक दोष हो जाते हैं, जिनका समय रहते उचित उपचार आवश्यक है। अनुचित आसनों के प्रयोग से होने वाली सामान्य शारीरिक विकृतियाँ व उनके उपाय निम्नलिखित हैं–

1. कूबड़ निकल आना (Kyphosis of Round Back)–इस विकृति में छाती की माँसपेशियाँ खिंच जाती हैं और पिछला हिस्सा फैल जाता है जिससे सिर तथा पीठ आगे की ओर झुक जाते हैं। वक्ष चपटा हो जाता है, कंधे गोल हो जाते हैं और कमर में गड्ढ़ा पड़ जाता है।

उपाय (Remedies)–

(i) अपनी अंगुलियों के पोरों (Tips) को दोनों कंधों पर रखें तथा अपनी कोहनियों को वृत्ताकार रूप में घड़ी की दिशा में तथा घड़ी की विपरीत दिशा में घुमाएँ।

(ii) समान्तर बार पर लटकना।

(iii) नियमित रूप से चक्रासन व धनुरासन करना चाहिए।

(iv) पीठ के बल लेटकर, सिर को ऊपर उठाने से पेट की मांसपेशियाँ सुदृढ़ होती है।

(v) कोहनियों को गोलाकार घुमाना।

2. रीढ़ की हड्डी का कमर से आगे बढ़ जाना (लोर्डोसिस/Lordosis)–इस दोष में कूल्हे आगे की ओर बढ़ जाते हैं। रोगी इस झुकाव को संतुलित करने के लिए कमर के निचले भाग (Lumber Region) को पीछे की ओर झुकाता है। अत: निचले भाग (Lower Region) का वक्र बढ़ जाता है। इस दोष में कमर के निचले भाग का सामान्य वक्र की ओर अर्थात् उत्तल वक्र बढ़ जाता है। तत्पश्चात् कूल्हे आगे की ओर झुक जाते हैं।

उपाय (Remedies)–

(i) नियमित रूप से हलासन का अभ्यास करना चाहिए।

(ii) पीठ के बल लेटकर अपने सिर एवं टांगों को एक साथ ऊपर उठाएँ। यह प्रतिदिन 10–12 बार अवश्य दोहराना चाहिए।

(iii) पीठ के बल लेटकर टाँगों को 45° कोण के ऊपर उठाएँ तथा कुछ समय के लिए ऐसे रखें। इस व्यायाम का नियमित अभ्यास करना चाहिए।

(iv) वॉलबार पर लटककर दोनों टाँगों को कूल्हों के स्तर तक उठाएँ। यह व्यायाम रोजाना धीरे-धीरे 8–10 बार दोहराएँ।

(v) लोर्डोसिस में पेट की माँसपेशियों और कूल्हे के फैलाव वाली मांसपेशियों में कमजोरी आ जाती है। अत: रीढ़ की हड्डी की तीन मांसपेशियों (कूल्हे के फैलाव वाली मांसपेशियाँ, ग्लूटियस (Gluteus) और हैमस्ट्रिंग (Hamstring) मांसपेशियों का व्यायाम करना चाहिए, क्योंकि यह मांसपेशियाँ कूल्हे के झुकाव को नियंत्रित करती है और इस दोष में हमारा उद्देश्य इस झुकाव को कम करना ही होता है।

(vi) छाती की स्थिति में सुधार करना चाहिए। छाती को ऊपर उठाना चाहिए और कंधों को पीछे की ओर दबाना चाहिए। सिर को पूरी तरह से ऊपर उठाना चाहिए और ठोड़ी को अंदर की ओर करना चाहिए। ये सभी क्रियाएँ प्राकृतिक आसन में ही करनी चाहिए।

3. स्कोलियोसिस (Scoliosis)–इस प्रकार की विकृति में रीढ़ की हड्डी दाई या बाईं ओर मुड़ जाती है। इसे स्कोलियोसिस कहा जाता है। स्कोलियोसिस का अर्थ है–मुड़ना, घूमना या ऐंठना। इस विकृति में रीढ़ की हड्डियों की आकृति अंग्रेजी के 'C' या 'S' अक्षरों जैसी हो जाती है, जिन्हें प्राय: 'C' या 'S' वक्र कहा जाता है।

उपाय (Remedies)–

(i) हॉरिजॉन्टल बार को पकड़कर कुछ समय के लिए लटकना चाहिए।

(ii) हॉरिजॉन्टल बार पर लटककर पुस-अप करें एवं शरीर को दाईं व बाईं ओर झुलाना चाहिए।

(iii) 'C' आकार की विकृति के लिए विपरीत दिशा में झुकने के व्यायाम करने चाहिए।

(iv) कंधों, कमर और रीढ़ की हड्डी की जटिलता को समाप्त करने के लिए लयात्मक (Rhythmic) और झुलने (Swining) वाला व्यायाम करना चाहिए।

(v) संकुचित मांसपेशियों में फैलाव के लिए शक्तिशाली संकुचन (Forcible Contraction) शामिल करना चाहिए।

4. चपटा पाँव (Flat Foot)–

इसे पेस-प्लेनो (Pes-Plano) भी कहा जाता है। इस विकृति में व्यक्ति के पैर चौड़े या चपटे हो जाते हैं। पैरों में उचित चाप नहीं होती। इस विकृति के कारण बच्चों के पैरों में दर्द होने लगता है एवं चलने व खड़े होने में परेशानी होती है। इस विकृति का पता लगाना काफी आसान होता है। पैरों को पानी में डुबाएँ तथा फर्श पर चलें यदि फर्श पर पड़े पदचिह्नों की चाप उचित नहीं है तो यह चपटे पैर की विकृति है।

उपाय (Remedies)–

(i) एक साथ और एक के बाद एक एड़ी को ऊपर उठाना और नीचे करना।

(ii) पैरों को क्रास स्थिति में रखकर पंजों की बाहरी सतह पर बैठना।

(iii) एड़ी को उठाकर पंजों पर आना और फिर नीचे करना।

(iv) वस्तुओं को पंजे की सहायता से उठाना जैसे–बंटे, गिट्टियाँ, पेंसिल आदि।

(v) जूतों के अंदर की ओर 3/4 इंच की उभरी हुई सोल द्वारा पंजों के अंदर वाले भाग की ऊँचाई बढ़ाना।

(vi) पंजे में पैन/पेंसिल पकड़कर लिखने का प्रयास करना।

(vii) नंगे पैर रेत या ऊँचे नीचे मैदान पर चलना।

(viii) नंगे पैर जमीन पर गिरे तौलिए को पंजों द्वारा इकट्ठा करने का प्रयास करना चाहिए।

5. घुटने मिलना (Knock Knee)–इस विकृति में टिबिया हड्डी, फीमर हड्डी अंदर की ओर झुक जाती है और परिणामतः खड़े होने की स्थिति में घुटने एक साथ जुड़ जाते हैं और पैरों के बीच दूरी बढ़ जाती है। व्यक्ति को चलने व दौड़ने में परेशानी होती है। यह स्थिति किसी असमान्यता या रोग के कारण भी विकसित हो सकती है जिससे घुटनों के जोड़ों की बनावट पर प्रभाव पड़ता है।

उपाय (Remedies)–

(i) नियमित रूप से पद्मासन व गोमुखासन करने चाहिए।

(ii) घुड़सवारी करना इस विकृति के लिए अच्छा उपाय है।

(iii) तेल द्वारा टाँगों को दबाव देकर अंदर से मालिश करनी चाहिए।

(iv) दोनों घुटनों के बीच बाल दबाकर चलना।

प्रश्न 11. स्वस्थ आदतों से क्या तात्पर्य है? आदतें कितने प्रकार की होती हैं? बच्चों में स्वस्थ आदतों को विकसित करने में माता-पिता तथा शिक्षक की भूमिका स्पष्ट कीजिए।

अथवा

बच्चों में अच्छी आदतों का विकास करने में अध्यापक की भूमिका से जुड़े कोई दो बिंदु चिन्हित करें। [अक्तूबर–2016, प्रश्न सं. 26]

उत्तर—अच्छे स्वास्थ्य के लिए अच्छी आदतों का पालन करना अति आवश्यक है। हमारी आदतें हमारे स्वास्थ्य को काफी प्रभावित करती हैं। जितना ज्यादा-से-ज्यादा हम स्वस्थ आदतों को अपनाएँगे उतना ही हम अपने शरीर को बीमारियों से बचा सकेंगे। यदि हम लंबे समय तक नेतृत्व करना चाहते हैं तथा अच्छा जीवन जीना चाहते हैं तो हमें स्वस्थ आदतों को अपनाना चाहिए, जैसे– नियमित शारीरिक गतिविधियों में शामिल होना, स्वस्थ भोजन करना आदि।

आदत (habit) किसी प्राणी के उस व्यवहार को कहते हैं जो बिना अधिक सोच के बार-बार दोहराया जाए। आदतें दो प्रकार की होती हैं–(1) स्वस्थ आदत, और (2) अस्वस्थ आदत।

स्वस्थ आदतों की सूची
(1) पर्याप्त नींद लेना
(2) समय का पालन
(3) अनुशासन
(4) स्वस्थ खाने की आदतें
(5) स्वस्थ व्यवहार (सहायक)
(6) सकारात्मक सोच
(7) स्वच्छ व्यवहार
(8) व्यायाम

अस्वस्थ आदतों की सूची
(1) जंक फूड खाना
(2) लापरवाही
(3) नकारात्मक सोच
(4) तंबाकू, शराब आदि का उपयोग
(5) अस्पष्ट वातावरण
(6) नाखून को दाँतों से काटना

अभिभावकों की भूमिका (Role of Parents)—अभिभावक अपने बच्चों के लिए रोल मॉडल होते हैं। वे स्वस्थ वातावरण सृजित कर और मूल्यों को देकर स्वस्थ आदतों के विकास में मुख्य भूमिका निभाते हैं। अभिभावकों को निम्नलिखित का अवश्य ध्यान देना चाहिए–

1. उनके साथ समय बिताना।
2. उनके सामने स्वयं का उदाहरण स्थापित करना।
3. उन्हें बाहर लाना।
4. उनका जन्मदिन मनाना।
5. उनकी समस्याओं को साझा करना।
6. उन्हें सही चीज को सही तरीके से करने को प्रोत्साहित करना।
7. जोश, प्यार और देखभाल की अनुभूतियों को व्यक्त करना।
8. हमेशा आपके साथ की मनोवृत्ति।
9. स्वयं बुरी आदतों को पीछे छोड़ना।

एक शिक्षक की भूमिका (Role of a Teacher)—बच्चे अभिभावकों की अपेक्षा शिक्षकों को अधिक महत्त्व देते हैं। कभी-कभी वे अपने अभिभावकों को गलत साबित कर देते हैं और उसके शिक्षक जो कहते हैं वही सुनते हैं। एक बच्चा एक शिक्षक के साथ केवल 5 घंटे रहता है किंतु यह समय एक बच्चे के लिए अधिक मूल्यवान होता है। एक शिक्षक बच्चे के आने वाले जीवन और उसके संपूर्ण व्यक्तित्व में एक महत्त्वपूर्ण भूमिका निभा सकता है। बेहतर परिणाम प्राप्त करने के लिए शिक्षक को निम्नलिखित का अवश्य ध्यान रखना चाहिए–

1. प्रत्येक बच्चे को प्रेरित करना।

2. विद्यार्थियों को प्रेरित करना।
3. उन्हें स्वास्थ्य कार्यक्रमों में सक्रिय रूप से व्यक्त करना।
4. बच्चों के साथ अच्छी आदतों को साझा करना।
5. अभिभावकों के शब्दों का विस्तार करना।
6. उनकी समस्याओं पर विचार-विमर्श करने के लिए उन्हें अनुभव मुक्त करना।
7. उनके सामने उदाहरण प्रस्तुत करना जैसे—स्व:अनुशासन, समयबद्धता, स्वस्थ खाने की आदतें बनाए रखना।

यदि इन कार्यों पर अभिभावक और शिक्षक संयुक्त रूप से कार्य करते हैं तो हम भविष्य में एक मानव बनते हैं।

प्रश्न 12. विद्यालयी स्वास्थ्य सेवाओं से आपका क्या अभिप्राय है? स्वास्थ्य से संबंधित कार्यक्रमों में शामिल विभिन्न स्वास्थ्य सेवाओं पर चर्चा कीजिए।

उत्तर—अच्छा स्वास्थ्य हमें प्रभावशाली ढंग से सीखने में महत्त्वपूर्ण भूमिका निभाता है। बच्चे जब तक स्वस्थ नहीं होंगे तब तक सीख नहीं पाएँगे। बिना शिक्षा के हम अच्छे स्वास्थ्य की कल्पना भी नहीं कर सकते। शिक्षा के द्वारा ही स्वस्थ जीवन तथा स्वास्थ्य सुधार की बातें सोची जा सकती हैं। वर्तमान समय में स्कूल बच्चे के व्यक्तित्व के सर्वांगीण विकास में अहम भूमिका निभाते हैं। स्कूल के कार्यक्रम में बौद्धिक विकास के साथ-साथ, स्वास्थ्य कार्यक्रम का होना अति आवश्यक है। प्रत्येक स्कूल का कर्त्तव्य है कि वह विद्यार्थियों को अच्छा स्वास्थ्य प्राप्त करने तथा स्वास्थ्य रक्षा के लिए प्रेरित करें।

स्कूल स्वास्थ्य सेवा, सामुदायिक स्वास्थ्य का एक महत्त्पूर्ण हिस्सा है जिसके माध्यम से समुदाय के स्वास्थ्य में वृद्धि तथा भविष्य की पीढ़ि का स्वस्थ विकास संभव है। स्कूल स्वास्थ्य सेवाएँ व्यापक रूप से विद्यालय के बच्चों, शिक्षकों और सभी सहायक कर्मचारियों को एकीकृत निवारक, प्रोत्साहक, उपचारात्मक और पुनर्सुधार सेवाएँ प्रदान करती हैं और आवश्यकता होने पर उपचारात्मक उपाय और रेफरल सेवाएं प्रदान करती हैं।

चित्र 2.5

स्वास्थ्य संबंधित कुछ कार्यक्रम निम्नलिखित स्वास्थ्य सेवाएँ प्रदान करती हैं—

शारीरिक जाँच—कुछ सामान्य समस्याओं जैसे सर्दी, खाँसी, बुखार आदि की नियमित जाँच डॉक्टरों की टीम के द्वारा किया जाता है। वे विद्यालयों का दौरा करते हैं और आँख, कान, जीभ और कुछ सामान्य समस्याओं जैसे खाँसी और सर्दी की जाँच करते हैं।

संपूर्ण स्वास्थ्य मूल्यांकन–यह महीने में एक बार बच्चे की ऊँचाई और वजन मापकर किया जाता है।

टीकाकरण–यह डिप्थीरिया, टिटनेस जैसी सामान्य बीमारियों से बच्चों को बचाने के लिए प्रतिवर्ष किया जाता है।

मुफ्त चिकित्सा–यह एक नियमित कार्य है। बच्चों को रोगाणुओं, रक्तहीनता, कैल्शियम और शरीर की सामान्य कमजोरी के लिए गोलियाँ दी जाती हैं।

पोषण सलाह–किसी प्रकार की कमी से ग्रस्त बच्चों को उपयुक्त चिकित्सा और पोषण निर्देश दिया जाता है।

दाँतों की जाँच–बच्चों को दाँतों की देखभाल और सफाई के लिए नुस्खे दिए जाते हैं। कैविटी या दाँत की किसी अन्य समस्या वाले बच्चों को उपयुक्त उपचार दिया जाता है।

आँख की जाँच–यह विद्यालयों में व्यक्तिगत तौर पर नियमित रूप से किया जाता है। बहुत से बच्चों को पुस्तकें या श्यामपट्ट पढ़ते समय समस्याएँ आती हैं। कम दृष्टि वाले बच्चों को दृश्य सामग्रियाँ प्रदान की जाती है।

सामग्रियों का वितरण–श्रवण समस्या वाले बच्चों को उचित निर्देश, चिकित्सा और श्रवण यंत्र दिए जाते हैं। विशेष आवश्यकता वाले बच्चों को वॉकर और अन्य आर्थोपेडिक सामग्रियाँ प्रदान की जाती है।

अभिलेख अनुरक्षण–विद्यालय स्वास्थ्य सेवा के अंतर्गत प्रत्येक बच्चे का पृथक अभिलेख रखा जाता है जिस पर अभिभावकों, शिक्षकों और प्रधानाचार्य का हस्ताक्षर होता है जिसमें ऊँचाई, वजन, रक्त समूह आदि होते हैं। स्वास्थ्य अभिलेख का प्रारूप निम्न प्रकार से हैं–

स्वास्थ्य अभिलेख प्रपत्र

नाम :
कक्षा :
स्त्री/पुरुष :
पिता का नाम :
माता का नाम :
जन्मतिथि :
ऊँचाई :
वजन :
रक्त वर्ग :
पहचान चिह्न :
एलर्जी :
दृष्टि :
अशक्तता (यदि कोई है) :

प्रश्न 13. स्वास्थ्यपूर्ण जीवन तथा अच्छी नागरिकता पर चर्चा कीजिए। एक मॉडल स्कूल स्वस्थ कार्यक्रम पाठ्यक्रम में कौन-कौन से घटकों को शामिल करता है?

अथवा

संक्षेप में अच्छी नागरिकता के विषयवस्तु को बताइए।

उत्तर—स्वास्थ्यपूर्ण जीवन (Healthful Living) और अच्छी नागरिकता एक सिक्के के दो पहलू हैं। स्वास्थ्यपूर्ण जीवन स्वास्थ्य और शारीरिक शिक्षा दोनों को स्थापित करता है जो एक दूसरे के पूरक हैं। स्वास्थ्यपूर्ण जीवन में स्वास्थ्य, स्वस्थ वातावरण, सामान्य सफाई, स्वस्थ भोजन, शारीरिक स्थिति और सुखद संगठन आदि आते हैं।

बहुत से साक्ष्य हैं जिनमें खराब स्वास्थ्य शैक्षिक परिणामों, व्यवहार और विद्यार्थियों की मनोवृत्ति को प्रभावित करता है। शैक्षिक लक्ष्यों की प्राप्ति अच्छे स्वास्थ्य की प्राप्ति पर निर्भर करता है।

स्वास्थ्यपूर्ण जीवन स्वस्थ आदतों को मन में बैठाने के लिए, बेहतर शैक्षिक परिणामों को प्राप्त करने के लिए विद्यालय में पाठ्यचर्या के एक अंग के रूप में पूर्व नर्सरी कक्षाओं से पढ़ाया जाता है। इसे बच्चों को पूर्ण निर्देशित, स्वस्थ शिक्षित व्यक्ति के साथ-साथ सुयोग्य और आनंदपूर्वक युवक होने के प्रति निर्देश देना चाहिए।

एक आदर्श विद्यालय स्वास्थ्य कार्यक्रम स्वास्थ्यपूर्ण जीवन और अच्छी नागरिकता को बच्चों के मन में बैठाने के लिए पाठ्यचर्या में निम्नलिखित घटकों को शामिल करता है—

1. संपूर्ण विद्यालय स्वास्थ्य शिक्षा
2. विद्यालय स्वास्थ्य सेवाएँ
3. सुरक्षित भौतिक पर्यावरण
4. विद्यालय परामर्श, मनोवैज्ञानिक एवं सामाजिक सेवाएँ
5. शारीरिक शिक्षा
6. पोषण सेवा
7. शिक्षकों के लिए स्वास्थ्य प्रोन्नत करना
8. विद्यालयों में परिवार और समुदाय की सहभागिता

अच्छी नागरिकता के लिए विषयवस्तु—

- सत्य बोले।
- दूसरों का आदर करें।
- सचेत रहें।
- उत्तरदायी हों।
- बहादुर बनें।

किंडरगार्टेन और पहली कक्षा वाले बच्चों के लिए अच्छी नागरिकता के विषय वस्तुओं को सीखना कम महत्त्वपूर्ण है अपेक्षाकृत यह पहचानना शुरू करें कि अच्छी नागरिकता का व्यवहार निश्चित सिद्धांतों पर आधारित है।

दूसरी और तीसरी कक्षा के बच्चों को दूसरे के अधिकारों को पहचानना चाहिए। नियम से कार्य करना और खेलना चाहिए, बढ़ती स्वतंत्रता के साथ सही या गलत से संबद्ध निर्णय करना चाहिए।

चार से ऊपर की कक्षा वाले बच्चे को ईमानदारी, करुणा, आदर, उत्तरदायित्व और साहस की संकल्पना की अच्छी समझ होनी चाहिए।

प्रश्न 14. बच्चों को विद्यालय तथा घर पर होने वाले स्वास्थ्य से संबंधित जोखिमों का वर्णन कीजिए। इन जोखिमों से किस प्रकार बचा जा सकता है? चर्चा कीजिए।

अथवा

भूकंप आने पर किए जाने वाले किन्हीं दो उपायों के बारे में लिखें।

[अप्रैल–2016, प्रश्न सं. 24]

अथवा

घर में आग संबंधी दुर्घटनाओं से बचाव के लिए कौन-सी दो मुख्य सावधानियाँ बरती जा सकती हैं? **[अक्तूबर–2016, प्रश्न सं. 24]**

उत्तर–बच्चों को सुरक्षित रखना हमारी प्रथम प्राथमिकता होनी चाहिए। उनकी सुरक्षा के लिए अभिभावकों, शिक्षकों और समुदाय की एक विशिष्ट भूमिका होती है। स्वास्थ्य संबंधी जोखिम कभी भी कहीं भी बिना किसी चेतावनी के उपस्थित हो सकते हैं। घर और विद्यालय में कुछ सावधानियों के द्वारा बड़ी और छोटी दुर्घटनाओं को आसानी से रोका जा सकता है।

विद्यालय में (At School)–विद्यालय में सुरक्षा के मानक बहुत आवश्यक हैं। विद्यालय एक ऐसा स्थान है जहाँ बच्चे सुबह की सभा से पहले, लंच समय में, कभी-कभी कक्षाकक्ष में अधिक मुक्त होकर खेलते हैं। कुछ बड़ी और छोटी दुर्घटनाएँ विद्यालय में आग, बिजली के झटकों आदि से होती हैं। किंतु कुछ अन्य घटनाएँ हैं जिसमें सत्ता (authority) को अधिक सावधान रहना होता है जैसे भगदड़ और प्राकृतिक आपदाओं के लिए उचित व्यवस्था होनी चाहिए।

(1) गिरना (Fall)–विद्यालय में यह सबसे सामान्य दुर्घटना है। बच्चे कक्षाकक्षों में खेलते समय डेस्कों से गिरते हैं जब शिक्षक उनके आस-पास नहीं होते हैं, सीढ़ियों से गिरते हैं और लंच की छुट्टी में गिरते हैं। गिरने से बचने के लिए निम्नलिखित कदम उठाने चाहिए–

- सीढ़ियों के किनारे मजबूत रेलिंग हों।
- सीढ़ियाँ छोटी होनी चाहिए।
- विद्यार्थियों को सीढ़ियों पर किसी को धक्का नहीं देना चाहिए।
- कक्षाकक्ष छोड़ने से पहले शिक्षक को एक मॉनीटर नियुक्त करना चाहिए।
- लंच की छुट्टी के दौरान स्वयंसेवकों को नियुक्त किया जाना चाहिए।
- विशेष आवश्यकता वाले बच्चों के लिए रैम्प हों।

(2) आग (Fire)–आग लगना विद्यालया में सबसे बड़ा खतरा है। यह गैस रिसाव (गृह विज्ञान और विज्ञान प्रयोगशालाओं में) या शॉर्ट सर्किट के कारण हो सकता है। इससे गंभीर क्षति और कभी-कभी मृत्यु भी हो सकती है।

विद्यालयों में आग से होने वाली दुर्घटनाओं से बचने के लिए विद्यालय सत्ता द्वारा निम्नलिखित मानक अपनाए जाने चाहिए–

- विद्यालय भवन में अग्निशामक उचित स्थानों पर रखे होने चाहिए।
- विद्यालयों में धुआँ संसूचक (Smoke detectors) लगे होने चाहिए।
- आग का मॉक ड्रिल विद्यालय में समय-समय पर होना चाहिए।
- अग्निशामकों का प्रयोग करने के लिए शिक्षक और अन्य स्टाफ को प्रशिक्षित होना चाहिए।

• विद्यार्थियों को आतंकित नहीं होना चाहिए।

• सुनिश्चित करना कि आग से बचाव के यंत्र, सीढ़ियाँ और बिजली के तार अच्छी स्थिति में हैं।

• उन्हें तीव्रता से और शांतिपूर्वक बाहर निकलने के लिए अभ्यास कराना चाहिए।

• फ्लेक्स बोर्ड पर महत्त्वपूर्ण फोन नंबर लिखे होने चाहिए।

(3) बिजली का झटका (Electric Shock)–कभी-कभी विद्यालयों में दुर्घटनाएँ शॉर्ट-सर्किट या अपर्याप्त बिजली के तारों के कारण होती हैं। इससे बचने के लिए निम्नलिखित मानकों को अपनाना चाहिए–

• बिजली के सभी तार एक योग्य अधिकृत बिजली विशेषज्ञ के द्वारा लगाए जाने चाहिए।

• विद्यालय सत्ता द्वारा एक बिजली विशेषज्ञ विद्यालय के दौरान नियुक्त किया जाना चाहिए।

• विद्यार्थियों को किसी भी स्थिति में विशेषत: यदि हाथ गीले हो तो बिजली के तारों को छूने से नियमित रूप से मना करना चाहिए।

• विद्यालयों में झटकों से बचाने वाले सर्किट ब्रेकर लगे होने चाहिए।

(4) भगदड़ (Stampede)–विद्यालयों में भगदड़ लंच की छुट्टी के समय, घर जाते समय, बस में और कभी-कभी आतंक के कारण होते हैं।

इस स्थिति से बचने के लिए निम्नलिखित मानक अपनाने चाहिए–

• सुरक्षा नियमों से युक्त एक फ्लेक्स बोर्ड विद्यालय की दीवारों पर प्रदर्शित होने चाहिए।

• विद्यार्थियों को दूसरों को धक्का देने से मना करना चाहिए विशेषत: सीढ़ियों पर।

• छोटी कक्षाएँ भूतल पर होनी चाहिए।

• शिक्षकों को अपराह्न में कक्षा के साथ चलना चाहिए।

(5) खेल के मैदान में चोटें (Injuries in Playground)–विद्यालय प्रांगण में प्रवेश के बाद बच्चों के लिए खेल के मैदान सबसे महत्त्वपूर्ण हैं। घूमने में गिरना, कुछ घुमावों से चोट पहुँचना, अस्थि भंग होना, नोंकदार वस्तुओं से चोटिल होने जैसी बहुत सी दुर्घटनाएँ खेल के मैदान में होती हैं।

चित्र 2.6

बच्चों को खेल के मैदान में लगने वाली चोटों से बचाने के लिए खेल के मैदान के निम्नलिखित नियमों का पालन करना चाहिए–

• उल्टे-सीधे खेल न खेलें।

• घुमावों (swings) से दूर रहें जब वे प्रयोग में न हों।

• खेल के मैदान में किसी को धक्का न दें।

• अपने सहभागी को चेतावनी दिए बगैर See-Saw से न कूदें।

• दौड़ते या मैदान में खेलते समय नोंकदार वस्तुएँ न लें।

• कँटीली झाड़ियों या नंगे तारों के पास न खेलें।

• उपर्युक्त सबको देखने तथा बच्चों को सुरक्षित खेलते देखने के लिए कक्षाध्यापक को कक्षा के साथ चलना चाहिए।

(6) प्राकृतिक आपदाएँ (भूकंप) [Natural Disasters (Earthquakes)]—भूकंप आने को अग्रिम में जानने का कोई तरीका नहीं है। यह विद्यालय के घंटों के दौरान हो सकता है।

विद्यालयों में निम्नलिखित मानकों का अनुकरण किया जाना चाहिए—

• हल्के कंपनों का एहसास होते ही कक्षाकक्षों से बाहर आए और मैदान में इकट्ठा हों।

• यदि एक गिरती कक्षा में फँस गए तो टेबल या डेस्क के नीचे आश्रय लें।

• आतंकित (panic) न हों।

• विद्यालय प्राधिकार को चिकित्सा सहायता और प्राथमिक चिकित्सा की व्यवस्था करनी चाहिए।

घर पर (At Home)—बच्चे स्कूल से वापस आने के बाद अपना अधिकांश समय घर पर बिताते हैं जहाँ उनके साथ छोटी-मोटी दुर्घटनाएँ हो सकती हैं, जैसे—गिरना, आग लगाना, बिजली का झटका लगना तथा उनके द्वारा बटन, सिक्के या जहरीली वस्तुओं का निगल लेना आदि।

(1) गिरना (Fall)—गिरना घर पर होने वाली सामान्य दुर्घटना है। बच्चे घर पर कई कारणों से गिर जाते हैं, जैसे—असुरक्षित सीढ़ियाँ, फर्श पर पड़ी वस्तुएँ, पानी या तरल पदार्थ का फैल जाना तथा प्रवेश द्वार या सीढ़ियों में अँधेरा होना आदि। इन दुर्घटनाओं से बचने के लिए निम्नलिखित उपाय किए जाने चाहिए—

• घर को साफ रखें और घर के सामान को व्यवस्थित तरीके से रखें ताकि गिरने से बचा जा सके। खासकर सीढ़ियों को साफ रखें।

• घर की खराब टाइल और टूटे फर्श को सही कराएँ, ढीली कालीन हटा दें और फिसलन न होने दें। कई बार इन चीजों से फिसलने की संभावना रहती है।

• बाथरूम और टॉयलेट में ग्रैब बार और हैंडरेल लगवाएँ वहाँ पानी होता है जिससे फिसलने का अधिक खतरा होता है।

• घर में अँधेरा न रखें। घर में अच्छी रोशनी वाले बल्ब लगाएँ। इसके अलावा बेडरूम और बाथरूम में नाइट बल्ब लगाएँ ताकि वे अँधेरे में किसी चीज से टकराकर गिर न जाएँ।

• सॉक्स के साथ हमेशा शूज भी पहनें। बेशक सॉक्स आरामदायक होती हैं लेकिन उन्हें पहनकर चलने से फिसलने का खतरा ज्यादा होता है।

• फर्श को नॉन-स्लिप बनाएँ। ऐसे मैट लें जिनमें फिसलन न हो। खासकर बाथरूम के फर्श को नॉन-स्लिप बनाएँ।

• इसके अलावा रेलिंग और सीढ़ी का भी ध्यान रखें। इन चीजों पर गिरने की अधिक संभावना होती है।

(2) आग (Fire)–आग से संबंधित दुर्घटनाएँ ज्यादातर रसोईघर में होती हैं जिसके कारण गंभीर चोटें लग जाती हैं तथा कभी-कभी तो मनुष्य की जलने के कारण मृत्यु हो जाती है। आग लगने का कारण गैस का लीकेज होना, मिट्टी के तेल का फैलाना, स्टोव का फटना तथा गैस सिलेंडर का फटना इत्यादि है। इससे बचने के लिए निम्नलिखित उपाय किए जा सकते हैं–

• हर रात सिलेंडर के रेगुलेटर को बंद करके सोना चाहिए, साथ-ही-साथ सिलेंडर की पाइप को हर 6 महीने में बदल देना चाहिए।

• गैस पर दूध या कढ़ाई में तेल डालकर न छोड़ें। ऐसा करके हम लोग भूल जाते हैं और दूसरे कामों में बिजी हो जाते हैं जिससे तेल ज्यादा गर्म होकर आग पकड़ लेता है और दूध उबल कर गैस पर गिर जाता है। इससे आग बुझ जाती है और गैस लीक होती रहती है जिससे आग पकड़ लेती है।

• मोमबत्ती, अगरबत्ती या जलती हुई कोई भी चीज छोड़कर सारे लोग घर से बाहर न जाएँ, इससे आग लग सकती है और बच्चे के हाथ में माचिस कभी न छोड़ें।

• गर्म आयरन को किसी कपड़े या परदे के पास न रखें। इससे आग पकड़ सकती है।

• बाथरूम के अंदर स्विच न लगवाएँ वरना नहाते या कपड़े धोते समय उस पर पानी जा सकता है, जिससे करंट और आग दोनों लगने का डर रहता है।

• घर में रखी फ्रिज की रबड़ को अच्छी तरह से साफ करें नहीं तो दरवाजा सही से बंद नहीं होगा, जिससे इसका कंप्रेसर गर्म हो जाएगा और आग लग सकती है।

• घर में लगे स्विच बोर्ड पर प्लास्टिक की शीट चिपका दें।

• प्रेशर कुकर की सीटी खराब या उसकी रबड़ ढीली और खराब नहीं होनी चाहिए, ऐसे प्रेशर कुकर इस्तेमाल करने से कुकर ब्लास्ट हो सकता है और आग लग सकती है।

• किचन में खाना बनाते समय ज्यादा ढीले और सिंथेटिक कपड़े नहीं पहनने चाहिए। ये आग जल्दी पकड़ते हैं।

• घर से बाहर जाते समय इंवर्टर का स्विच जरूर ऑफ करें।

(3) बिजली का झटका (Electric Shock)–दोषपूर्ण इलेक्ट्रिक तारों के कारण कई जगह आग लग जाती है। हमारे घर में टोस्टर, लैंप, केटल्स, कूलर, रेफ्रिजरेटर आदि जैसी कई इलेक्ट्रिक वस्तुएँ होती हैं। यदि वे दोषपूर्ण हैं या उन्हें सावधानी से उपयोग नहीं किया जाता है, तो वे बहुत खतरनाक हो सकती हैं तथा आग का कारण बन सकती हैं या फिर उनसे गंभीर बिजली का झटका लग सकता है। इस तरह के बिजली के झटके से बचने के लिए निम्नलिखित उपाय किए जाने चाहिए–

• सॉकेट व स्विच पावर सॉकेट ऑटोमैटिकली क्लोज होने वाले हों व बच्चे उनमें उँगली न डालें।

• मेन स्विच की ऊँचाई बच्चों की पहुँच से दूर हो।

• स्विच व सॉकेट ऐसी जगह लगाएँ, जहाँ पानी न पड़े।

• गीले हाथों से स्विच न छुएँ।

• घर में अर्थिंग की व्यवस्था होनी चाहिए।

- फ्रिज के हैंडल पर इस मौसम में कपड़ा बाँधना न भूलें।
- केवल सुरक्षित फ्यूज और तारों का इस्तेमाल करें।
- हीटर का इस्तेमाल नंगी तार के साथ बिल्कुल न करें।
- गीजर के पानी का इस्तेमाल करने से पहले गीजर को बंद करना कभी न भूलें।
- हर बिजली के उपकरण के साथ बताए गए निर्देशों को अवश्य पढ़ें।
- लोग अक्सर अर्थिंग को हल्के में लेते हैं और उसका गलत इस्तेमाल करने लगते हैं, जो कि खतरनाक हो सकता है।
- रबड़ के मैट पर पैर रख ही बिजली के उपकरणों का इस्तेमाल करें।
- सूखी रबड़ की चप्पलें ही पहनें।
- बिजली की सभी तारों पर टेप लगाना कभी भी न भूलें।

(4) विषाक्तता (Poisoning)—बहुत से व्यक्ति जानकर या अनजाने में जहर जैसी खतरनाक चीज का सेवन कर लेते हैं जो शरीर में जाकर पेट में दर्द, जलन, दस्त, उल्टी, अनिद्रा, बेहोशी आदि के लक्षण प्रकट कर देता है। ऐसी स्थिति में तुरंत चिकित्सा न मिलने की स्थिति में पीड़ित व्यक्ति की मृत्यु भी हो सकती है।

जहर कई प्रकार के होते हैं जिनमें से कई ऐसे होते हैं जो हमारी रोजाना की जिंदगी में प्रयोग होते हैं, जैसे—बासी भोजन, मिट्टी का तेल, पेट्रोल, फिनाइल, फर्श पॉलिश, कीटनाशी रसायन, डिटरजेंट, टॉयलेट क्लीनर और एल्कली, तेजाब, दीवारों के रंग तथा बहुत से रसायन।

वयस्कों की तुलना में बच्चों, खासकर छोटे बच्चों द्वारा अनजाने में घर में मौजूद जहरीली वस्तुओं को खा लेने का खतरा बहुत अधिक होता है। इसलिए जहर के बारे में 'रोक इलाज से बेहतर' नीति का पालन करना ही अच्छा होता है।

इससे बचने के लिए निम्नलिखित उपाय किए जाने चाहिए—

- बची हुई या बेकार दवाई को पूरी सावधानी के साथ ऐसी जगह पर फेंकें कि बच्चे उसे न उठा पाएँ। इसके लिए उस बेकार दवाई को वाशबेसिन या नाली आदि में फेंककर पानी से बहा देना ज्यादा अच्छा रहता है।

हर तरह की दवाइयों को बच्चों की पहुँच से दूर ही रखें। बच्चे को कभी भी कोई दवा अँधेरे में न तो खिलानी चाहिए और न ही पिलानी चाहिए।

- जहरीले पदार्थों को कभी भी खाने वाले पदार्थों के साथ नहीं रखना चाहिए। साथ ही विषैले पदार्थों और औषधियों को उन पैकिंगों में रखें, जिन पर उनके नाम साफ रूप से लिखे हों। उन्हें किसी दूसरे बर्तन में न डालें जिस पर उनका नाम न लिखा हो।
- बच्चों को मीठी दवाई खिलाते या पिलाते समय कभी यह नहीं कहना चाहिए कि वह टॉफी है। हो सकता है कि बाद में बच्चा उस दवाई को टॉफी समझकर उस समय भी खाता रहे, जब उसे दवाई की जरूरत न हो।
- खराब तथा सड़े हुए भोजन को फेंक देना चाहिए क्योंकि इसमें खाद्य विषाक्तता हो सकती है।

प्रश्न 15. प्राथमिक सहायता (First Aid) से आप क्या समझते हैं? इसके सिद्धांतों का उल्लेख कीजिए। विभिन्न दुर्घटनाओं में प्राथमिक सहायता का किस प्रकार उपयोग किया जा सकता है? चर्चा कीजिए।

उत्तर—दुर्घटना घटने पर डॉक्टर से आने से पूर्व जो इलाज किया जाता है, उसे प्राथमिक सहायता कहते हैं। दूसरे शब्दों में आपातकाल के समय उपलब्ध सुविधा के अनुसार आपत्ति-ग्रस्त व्यक्ति को प्रदान की गई सेवा को ही प्राथमिक सहायता कहते हैं। यह किसी दुर्घटना या अचानक बीमारी से ग्रस्त व्यक्ति को दी जाने वाली तात्कालिक तथा अस्थाई देखभाल है। प्राथमिक सहायता के लिए उपलब्ध साधनों का अधिकतम और उचित प्रयोग करने का गुण चारित्रिक बल, समर्पण व प्रतिभा प्राथमिक सहायता की पूँजी है।

प्राथमिक सहायता को परिभाषित करते हुए एच. जे. आटो (H.J.Autto) कहते हैं, "चिकित्सा में तात्कालिक चिकित्सा से अधिक और कुछ नहीं होना चाहिए।"

प्राथमिक सहायता वह सहायता है जो डॉ. सहायता आने या अस्पताल तक पहुँचाए जाने से पहले आवश्यक रूप से होनी चाहिए, क्योंकि इससे रोगी का भय दूर हो सकता है तथा घाव या चोट को और अधिक बढ़ने से रोका जा सकता है।

प्राथमिक सहायक से यह अपेक्षा नहीं की जाती कि वह कोई इलाज या उपचार करेगा। वह तो उन मूलभूत सिद्धांतों को क्रियान्वित करेगा जो प्राथमिक सहायता से संबंधित हैं। प्राथमिक सहायता का उद्देश्य व्यक्ति को मृत्यु से बचाना है। दुर्घटना से बिगड़े हुए शरीर को अधिक बिगड़ने से तब तक बचाना है जब तक डॉक्टर की सेवाएँ उपलब्ध न हो जाएँ। इस संदर्भ में प्राथमिक सहायता के कुछ नियम (सिद्धांत) हैं, जिनका पालन प्राथमिक सहायक (First-Aider) के लिए अनिवार्य है।

प्राथमिक सहायता के सिद्धांत (Principles of First-Aid)—प्राथमिक सहायता के कुछ ऐसे सिद्धांत होते हैं जिनका यदि समय पर पालन किया जाए तो बहुत-सी दुर्घटनाओं के प्रकोप से बचने में सहायता मिल सकती है तथा जीवन को बचाया जा सकता है।

(1) डॉ. की जगह न ली जाए (Do not take himself as Doctor)—प्राथमिक सहायक को याद रखना चाहिए कि वह स्वयं डॉक्टर नहीं है, उसे डॉक्टर के कार्य या उत्तरदायित्व निभाने का कभी भी प्रयास नहीं करना चाहिए। उसे तो बिगड़ी हुई परिस्थिति को उस समय तक नियंत्रित करना है जब तक डॉक्टर की सेवाएँ उपलब्ध न हो जाएँ।

(2) चोट के कारण का निवारण (To remove the Causes of Accident)—यथासंभव शीघ्रता से चोट या दुर्घटना के कारण का निवारण करें या रोगी को उस कारण से दूर किया जाए ताकि क्षति अधिक न हो, जैसे यदि किसी को बिजली का झटका लगता है या वह बिजली के तार से जुड़ा हुआ है तो पहले सावधानीपूर्वक मरीज को इससे अलग करें और फिर प्राथमिक उपचार दें।

(3) भीड़ को दूर रखना चाहिए (Crowd Should be Kept Away)—दुर्घटना के समय भीड़ का इकट्ठा होना स्वाभाविक है तथा हर व्यक्ति चोटग्रस्त व्यक्ति को देखना चाहता है और इस प्रकार घायल व्यक्ति चारों ओर से भीड़ से घिर जाता है, जिससे उसे खुली हवा नहीं लगती। इसी के साथ वह भीड़ को देखकर भयभीत हो जाता है तथा घबराने लगता है। इसलिए भीड़ को समझाकर व घायल की स्थिति का हवाला देकर दूर रखें ताकि घायल प्राथमिक सहायता के कार्य में सहायक की स्वयं भी सहायता कर सकें।

(4) रक्त रोकना (To Stop Bleeding)—प्राथमिक सहायता का यह सिद्धांत बहुत महत्त्वपूर्ण है कि यदि घायल का रक्त बह रहा है तो सबसे पहले उसे रोकने का प्रयत्न करना

चाहिए, क्योंकि अधिक रक्त बहने से घायल का जीवन खतरे में पड़ सकता है। इसके लिए रक्त बहने वाले स्थान को कस कर किसी कपड़े से बाँधे तथा उस अंग को हृदय के स्तर से ऊपर रखना चाहिए ताकि रक्त के संचार की गति कुछ धीमी रह सके।

(5) प्राथमिक सहायता के A, B, C का ज्ञान (To know about A, B, C of First-Aid)–प्राथमिक सहायता देने वाले को यदि इस सहायता की A, B, C का ज्ञान है तो तुरंत इसको अमल में लाना चाहिए अर्थात् A से Airway (वायु का रास्ता) B से Breathing (श्वसन), C से Circulation (रक्त संचार)।

उपरोक्त सिद्धांतों के अनुसार सबसे पहले घायल व्यक्ति के गले का निरीक्षण कर लेना चाहिए, मुँह में कोई किसी वजह से रुकावट तो नहीं है। कई बार बेहोशी की वजह से गले में कफ रुक जाता है या कोई उल्टी आदि का फ्लुड गले में रह जाता है, जिससे उसके Airway में रुकावट आ सकती है। उसके बार मरीज के श्वांस का निरीक्षण करना चाहिए कि उसकी श्वसन क्रिया (Breathing) ठीक चल रही है या नहीं यदि ठीक नहीं है तो कृत्रिम साँस देना चाहिए। इसके बाद आता है C यानी Circulation यानी रक्त संचार।

इसके लिए हम घायल की नब्ज का निरीक्षण करते हैं। नब्ज ठीक न हो या महसूस नहीं हो रही हो तो इसके लिए हम कृत्रिम साँस देते हैं। इसके लिए दोनों हाथों से छाती को दबाया जाता है और बार-बार दोहराते हैं।

(6) सहानुभूतिपूर्ण व्यवहार करना (Sympathic Attitude)–दुर्घटना की वजह से घायल व्यक्ति डरा हुआ होता है और उसका मस्तिष्क ठीक से कार्य नहीं कर रहा होता। ऐसे में उसका भय दूर करने के लिए उसके साथ विनम्रता तथा सहानुभूतिपूर्ण व्यवहार करना चाहिए। ताकि उसे विश्वास हो जाए कि वह ठीक हो जाएगा। कोई विशेष बात नहीं है। ऐसा व्यवहार घायल का विश्वास जीतने के लिए आवश्यक है ताकि वह प्राथमिक सहायक को उसका इलाज करने में सहायता दे सकें

(7) रोगी को विश्राम दिया जाए (Give Full Rest of Patient)–घायल व्यक्ति को जहाँ तक हो सके आराम की अवस्था में रखने का प्रयास करें और उसे पूर्ण विश्राम करने दें। व्यर्थ के प्रश्न पूछकर या उसकी गलतियाँ निकाल कर उसे परेशान न करें।

(8) चेतना का निर्धारण करना (To Establish the Level of Consiousness)–रोगी की सही दशा का निरीक्षण करने के बाद उसकी सही चेतना के स्तर का पता लगाएँ कि रोगी अर्थ चेतना में है, चेतन है या अचेतन अवस्था में है।

(9) अचेतन व्यक्ति को तरल पदार्थ न दें (Do not give fluid to unconcious person)–यदि दुर्घटना में व्यक्ति अचेतन हो जाता है तो उसको कभी भी कोई तरल या पेय पदार्थ नहीं देना चाहिए, क्योंकि अचेतन व्यवस्था में पेय पदार्थ श्वास नली में चला जाता है, जिसके कारण दम घुट सकता है और कभी-कभी मौत भी आ जाती है।

(10) स्थिति का अवलोकन (Observation of the Situation)–गंभीर रूप से चोट वाले रोगी की स्थिति में आए परिवर्तनों पर ध्यान दें, विशेषकर निम्न पर नजर रखें–

(i) साँस लेने की दर व गहराई।

(ii) नाड़ी की गति की दर व प्रकृति।

(iii) रोगी के चेहरे का रंग।

(iv) शरीर का तापमान।

(v) कान, नाक व मुँह से रक्त का बहना।

(11) रोगी के घरवालों को तुरंत सूचना देना (To Give Information Immediately to the Parents)–रोगी या घायल द्वारा बताए गए टेलीफोन नं. पर या पते पर तुरंत उसके घरवालों को सूचना भेजें, जिसमें सही जगह की स्थिति (Location) व दूरी आदि के बारे में स्पष्ट जानकारी हो ताकि उन्हें पहुँचने में देरी न हो।

(12) तुरंत परिवहन के साधन की व्यवस्था करना (To Arrange Means of Transportation Immediately)–किसी सहायक की सहायता से या घायल के अन्य साथी की सहायता लेकर किसी परिवहन साधन की तुरंत व्यवस्था कराएँ ताकि घायल को जितना जल्दी हो सके उचित स्थान पर पहुँचाया जाए।

(13) सामान्य बुद्धि का प्रयोग (To Use Common Sense)–सामान्य बुद्धि का उचित प्रयोग करने में प्राथमिक सहायक सक्षम होना चाहिए ताकि उपलब्ध साधनों का अधिक से अधिक उपयोग किया जा सके और सहायता पूर्ण रूप से की जा सके या किसी सहायक सामग्री की कमी महसूस न हो।

प्राथमिक शिक्षा के लिए सुझाव

आनेवाली सबसे सामान्य स्थितियों के लिए प्राथमिक चिकित्सा के सुझाव निम्न हैं–

(1) छोटी चोट (Minor Cuts)–

• मामूली कट में थोड़ी टिंक्चर ऑफ आयोडीन या स्पिरिट आदि घाव को साफ करके लगाएँ।

• साफ हाथों से कट को चलते नल के पानी या एंटीसेप्टिक (Anticaptic) से साफ करके पट्टी बाँधें।

• यदि खून न रुक रहा हो तो थोड़ा सा दबाव डालकर रोकें।

• जब रक्त का बहना रुक जाए तो स्ट्रलाईज (Striled) पट्टी का प्रयोग करें।

(2) रक्तस्राव (Bleeding)–

• जिस स्थान से रक्त निकल रहा है उसके ऊपर ठंडे पानी में साफ कपड़े को भिगोकर उसकी पट्टी बाँधनी चाहिए या उस अंग को शीतल जल में डुबोना चाहिए। इससे रक्त निकलना बंद हो जाता है।

• घायल अंग को हृदय से नीचा करके रखना चाहिए। घायल अंग को हृदय के विपरीत दिशा में कसकर बाँधना चाहिए।

• घाव पर कीटाणुनाशक घोल में डूबी हुई या साफ पट्टी या कपड़ा रखकर बाँध देना चाहिए।

• धमनी से बहने वाले रक्त को तुरंत ही रोकने का प्रयास करना चाहिए। रक्त बंद करने के लिए घाव पर दबाव डालना चाहिए। घायल अंग को हृदय से ऊपर की ओर उठाना चाहिए। एक लकड़ी और रूमाल की सहायता से बनाए गए टूर्नीकेट से या अँगूठे से दबाव डालकर रक्त का बहाव रोकना चाहिए और रोगी को तुरंत डॉक्टर के पास ले जाना चाहिए। नाक से खून बहने की स्थिति में रोगी को इस प्रकार से बैठाना या लिटाना चाहिए कि उसका सिर थोड़ा पीछे की ओर झुका हुआ हो। सिर पीछे की ओर झुका देना चाहिए जिससे नाक से निकलता हुआ रक्त बहना रुक जाए।

(3) जलना (Burns)–

• आग लगे व्यक्ति को सांत्वना व दिलासा दें।

• जले हुए भाग को ठंडे पानी में डुबोकर रखें।

• यदि वस्त्र त्वचा पर चिपक गए हो तो चारों ओर से काटकर बड़ी सावधानी से वस्त्र निकालने चाहिए।

• सोडा बाई कार्बोनेट का घोल जले भाग पर मुलायम कपड़े के साथ लगाना चाहिए।

• फफोलों को फोड़ना नहीं चाहिए।

(4) डूबना (Drowning)–

• सबसे पहले बच्चे को पानी से बाहर निकालकर, उसके चुस्त कपड़े ढीले कर देना चाहिए।

• डूबे हुए बच्चे के पेट को ऊँची वस्तु जैसे–पत्थर आदि पर रखकर सिर को नीचे की तरफ कर देना चाहिए जिससे पेट का पानी बाहर निकल जाए।

• डूबे हुए बच्चे के पेट को उल्टा, पेट के बल, पीठ ऊपर की तरफ करके और मुख एक तरफ को लिटा देना चाहिए।

• इसके बाद पीठ पर दबाव डालकर फेफड़ों मे गया हुआ पानी निकाल देना चाहिए।

• मुँह, नाक, गले आदि में लगी हुई मिट्टी साफ कर देनी चाहिए।

• रोगी को गर्म कपड़े में लपेटकर शरीर का तापमान ठीक रखना चाहिए।

(5) मूर्छित होना (Fainting)–

• बच्चों क मूर्छित हुए बच्चे को सिर नीचे करके समतल लेटा दें।

• कपड़ों को ढीला करें, ताजी हवा आने दें, ठण्डे पानी का छिड़काव करें।

• अमोनियम कार्बोनेट या पिसी हुई प्याज सुँघाएँ।

• ठीक होने पर चाय दें।

(6) कुत्ते का काटना (Dog Bite)–बच्चों को जानवर, खासकर कुत्ते काट लेते हैं। काटे हुए स्थान को पानी तथा कीटाणुनाशक दवाई से धोना चाहिए। यदि कुत्ते ने काटा है, तब कुत्ते पर निगरानी रखनी चाहिए। यदि कुत्ता पागल हो जाए और/अथवा दो–चार दिनों के अंदर कुत्ते की मृत्यु हो जाए, तब यह मान लेना चाहिए कि उसमें रेबीज के कीटाणु थे। यदि कुत्ता काटकर भाग जाता है, खासकर यदि कुत्ते ने अचानक बिना किसी कारण बच्चे को काटा, तो उस स्थिति में भी यह मान लें कि कुत्ते में रेबीज के कीटाणु हैं। इस स्थिति में भी बच्चे को तुरंत चिकित्सक के पास ले जाकर, रेबीज विरोधी टीका लगवाकर, रेबीज से बचाव किया जा सकता है। यदि कुत्ता कोई असामान्य लक्षण प्रदर्शित नहीं करता तथा दस दिनों के बाद भी जीवित रहता है, तब यह दर्शाता है कि उसमें रेबीज के कीटाणु नहीं हैं और उस अवस्था में बच्चे को रेबीज विरोधी उपचार की आवश्यकता नहीं होती है।

(7) साँप का काटना (Snake Bite)–

• तत्काल एक रूमाल घाव के नजदीक किंतु घाव और हृदय के बीच बाँधे।

• रक्स्राव को प्रोत्साहित करें।

• काटे हुए भाग को वर्फीले पानी में रखें और चाय जैसे उत्प्रेरक दें।

(8) विषाक्तता (Poisoning)–

• बच्चे को उल्टी कराएँ।

• फिर दूध या चाय दें किंतु एसिड या क्षार की विषाक्तता में उल्टी की स्वीकृति नहीं देनी चाहिए। अम्ल की विषाक्तता में क्षार (चूना पानी) या मैग्नीशिया का दूध दें।

• क्षार की विषाक्तता में सोडा, नीबू का रस या बटर मिल्क दें।

(9) बिजली का झटका (Electric Shock)–

• सबसे पहले बिजली के मुख्य स्विच को बंद कर देना चाहिए। यदि ऐसा करना संभव न हो तो लकड़ी के डंडे आदि से विद्युत प्रवाह को स्विच से अलग कर देना चाहिए इससे घायल व्यक्ति विद्युत प्रवाह के संपर्क से हट जाएगा।

• प्राथमिक सहायता करने वाले व्यक्ति को किसी विद्युत अवरोधक वस्तु पर खड़ा होना चाहिए। रबड़ के जूते पहनकर, लकड़ी के तख्ते पर खड़े होकर, लकड़ी पकड़कर कार्य करना चाहिए।

• घायल को सांत्वना देनी चाहिए।

• घाल को गर्म चाय, दूध आदि उत्तेजक पेय पिलाना चाहिए।

• आघात लगे या जले हुए स्थान का उपचार करना चाहिए।

• रोगी यदि बेहोश हो गया हो तो उसे होश में लाना चाहिए।

• यदि रोगी श्वास न ले पा रहा हो तो उसे कृत्रिम श्वास देना चाहिए।

• दुर्घटनाग्रस्त व्यक्ति को उपचार के लिए डॉक्टर के पास ले जाना चाहिए।

(10) अस्थिभंग (Fracture)–जैसे ही यह ज्ञात हो कि हड्डी टूटी है, इसका उपचार बहुत सावधानी के साथ कराना चाहिए। जरा सी भी लापरवाही होने से शरीर के किसी भी भीतरी अंग में खराबी आने का या क्षतिग्रस्त अंग में विकृति आने की संभावना हो सकती है। इसके लिए निम्न बातों को ध्यान में रखना चाहिए–

• क्षतिग्रस्त अंग को हिलाना-डुलाना नहीं चाहिए बल्कि उसे पूरी तरह सहारा देकर स्थिर कर देना चाहिए।

• टूटी हड्डी को स्थिर करने के लिए पट्टियाँ तथा खपच्चियों (Splints) की सहायता लेनी चाहिए।

• टूटी हुई हड्डी को स्थिर करने का उपचार उसी स्थान पर तुरंत करना चाहिए जहाँ यह दुर्घटना हुई हो।

• यदि मौके पर पट्टियाँ या खपच्चियाँ उपलब्ध न हों तो वहाँ पर उपलब्ध टाई, रूमाल, मफलर, बेल्ट या कोई भी कपड़ा तथा लकड़ी के टुकड़े आदि का प्रयोग करना चाहिए।

• क्षतिग्रस्त व्यक्ति के शरीर का तापमान ठीक रखना चाहिए। इसके लिए कंबल आदि का प्रयोग करना चाहिए।

• यदि हड्डी टूटकर सिरा बाहर निकल आया हो तो किसी भी कीटाणुनाशक घोल या दवा का प्रयोग नहीं करना चाहिए बल्कि सिरे को सूखी पट्टी या कपड़े से ढककर रखना चाहिए।

• यदि अस्थिभंग के साथ रक्त भी बह रहा हो तो वहाँ पर अच्छी तरह से स्वच्छ कपड़े आदि से बाँध देना चाहिए जिससे रक्त का बहना रुक जाए।

• यदि अस्थिभंग के साथ कोई घाव भी हो तो घाव को कीटाणु नाशक घोल से साफ करके ढक देना चाहिए।

• रोगी को तुरंत अस्पताल पहुँचाना चाहिए।

(11) मोच (Sprain or Strain)–

• मोच आए हुए अंग को हिलाना नहीं चाहिए। उसे उसी अवस्था में रखना चाहिए जिससे रोगी को आराम मिले।

• मोच के स्थान पर शीतल जल की पट्टी रखनी चाहिए।

• यदि शीतल जल से आराम न मिले तो मोच आए स्थान पर गर्म पानी से सेंक करनी चाहिए।

• हल्के स्ट्रेन (Strain) में रोगी को आराम कराना चाहिए। आराम से मांसपेशियों का खिंचाव ठीक हो जाता है।

• किसी अनुभवी व्यक्ति से मालिश करानी चाहिए।

• यदि आराम न हो और दर्द ज्यादा हो तो डॉक्टर को दिखाना चाहिए।

प्रश्न 16. शारीरिक शिक्षा से क्या तात्पर्य है? इसके महत्त्व पर प्रकाश डालिए।

उत्तर– व्यक्ति के विकास का मूल आधार शरीर का स्वस्थ होना होता है। इसलिए शरीर की वृद्धि और विकास अलग-अलग उम्र के अनुसार होना आवश्यक होता है।

शरीर स्वास्थ्य ठीक है या नहीं यह व्यक्ति के शरीरयष्टी पर दृष्टि डालने पर समझने में ज्ञात हो जाता है। किसी व्यक्ति की क्रियाशीलता, हलचल इस पर से उसके शारीरिक स्वास्थ्य का अंदाज या अनुमान समझ में आता है।

सुदृढ़ स्वास्थ्य लाभ प्राप्त व्यक्ति की सभी इंद्रियों में एक प्रकार के सुसंघटन होने के उसकी सभी हलचल पर दिखाई देता है। शरीर स्वास्थ्य उत्तम प्राप्त व्यक्ति, आशावादी दृष्टिकोण प्रस्तुत करने पर दिखाई देता है क्योंकि उत्तम शारीरिक स्वास्थ्य लाभ प्राप्त में उस व्यक्ति का सकारात्मक दृष्टिकोण होता है। उनकी कार्य क्षमता अस्वस्थ होने पर व्यक्ति के अनुसार अधिक होती है।

शारीरिक शिक्षा के अर्थ को निम्नलिखित परिभाषाएँ काफी सीमा तक स्पष्ट करती हैं–

एच.सी. बक के विचारानुसार, *"शारीरिक शिक्षा, शिक्षा के सामान्य कार्यक्रम का एक भाग है, जिसका संबंध शारीरिक क्रियाकलापों द्वारा बच्चे की वृद्धि, विकास तथा शिक्षा से है। यह शारीरिक क्रियाकलापों द्वारा बच्चे की संपूर्ण शिक्षा है। शारीरिक क्रियाएँ साधन हैं तथा उनका चुनाव एवं प्रयोग इस प्रकार किया जाता है कि उनका प्रभाव बच्चे के जीवन के प्रत्येक पहलू– शारीरिक, मानसिक, संवेगात्मक एवं नैतिक पक्ष पर पड़े।"*

चार्ल्स ए. बूचर के अनुसार, *"शारीरिक शिक्षा, शिक्षा पद्धति का एक अभिन्न अंग है जिसका उद्देश्य नागरिकों को शारीरिक, मानसिक, भावात्मक* (Emotional) *तथा सामाजिक रूप से शारीरिक गतिविधियों के माध्यम से, जो गतिविधियाँ उनके परिणामों को दृष्टिगत रखकर चुनी गई हों, सक्षम बनाना है।"*

ओबरटयूफर के अनुसार, *"शारीरिक शिक्षा उन अनुभवों का सामूहिक प्रभाव है, जो शारीरिक क्रियाओं द्वारा व्यक्ति को प्राप्त होते हैं।"*

कैसिडी के अनुसार, *"शारीरिक क्रियाओं पर केंद्रित अनुभवों द्वारा जो परिवर्तन मानव में आते हैं, वे ही शारीरिक शिक्षा कहलाते हैं।"*

वर्तमान समय में शारीरिक शिक्षा के महत्त्व को निम्नलिखित बिंदुओं द्वारा और अधिक स्पष्ट किया जा सकता है–

1. **स्वास्थ्य का ज्ञान (Knowledge of Health)**–शारीरिक शिक्षा में बच्चे स्वास्थ्य से संबंधित उन सभी रोगों तथा उनके शरीर पर पड़ने वाले प्रभाव के विषय में सीखते हैं। स्वास्थ्य संबंधी अनेक रोग, छूत के रोग आदि के विषय में बच्चों को सिखाया जाता है जिससे वे इन रोगों के कारणों से अवगत होकर इन्हें रोकने में सहायक बन सकते हैं।

2. **अवकाशकालीन समय का सदुपयोग (Proper Use of Leisure Time)**–शारीरिक शिक्षा के अंतर्गत बच्चे अपने अवकाशकालीन समय में महत्त्वपूर्ण शारीरिक क्रियाओं तथा मनोरंजन क्रियाओं में व्यस्त रहकर इस समय का सदुपयोग कर सकते हैं। अधिकांश क्रियाओं में व्यस्त रहकर इस समय का उचित प्रयोग नहीं करते। शारीरिक क्रियाएँ उन्हें ऐसी गतिविधियाँ चुनने में सहायता प्रदान करती हैं जो उनके अवकाशकालीन समय में उनके दबाव एवं चिंताओं को दूर करके उन्हें निश्चित बनाए रखने में सहायता करती हैं।

3. **शारीरिक योग्यता (Physical Fitness)**–शारीरिक शिक्षा अभ्यास तथा शरीर के विषय में ज्ञान के द्वारा शरीर को स्वस्थ रखने में अत्यधिक सहयोग प्रदान करती है। निरंतर अभ्यास करने से हमारी क्षमता, स्वस्थ रहने की इच्छा तथा रूप आदि में सुधार होता है।

4. **चरित्र निर्माण (Character Development)**–समूह के साथ प्रयास, टीम के प्रति वफादारी तथा संघर्ष करना आदि शारीरिक शिक्षा में खेल के अंतर्गत सिखाया जाता है। इनसे व्यक्ति के नैतिक चरित्र के विकास में महत्त्वपूर्ण सहयोग प्राप्त होता है।

5. **गत्यात्मक गुणवत्ता का विकास (Development of Motor Quality)**–जब विद्यार्थी विभिन्न शारीरिक क्रियाओं में भाग लेते हैं तब उनकी गत्यात्मक गुणवत्ता जैसे शक्ति, गति, क्षमता, तालमेल आदि का विकास भी होता है जिससे उन्हें विभिन्न खेलों में सफलतापूर्वक भाग लेने में सहायता प्राप्त होती है। ये गतिविधियाँ विद्यार्थियों को स्वसी जीवन यापन करने में सहायक होती है।

6. **मानवीय संबंध विकसित करने में सहायक (Helpful in developing human relations)**–शारीरिक गतिविधियाँ विद्यार्थियों में आपसी संबंधों को विकसित करने तथा उन्हें बनाए रखने में सहायक होती हैं। जब विद्यार्थी विभिन्न गतिविधियों में भाग लेते तब उनमें विभिन्न सामाजिक योग्यताएँ जैसे सहानुभूति, सहयोग, समझ, वफादारी, खेल भापना, नम्रता, अनुशासन आदि भी विकसित होती हैं जो उन्हें दूसरे लोगों के साथ विभिन्न स्थितियों में समझ तथा सामंजस्य में सहायक होती हैं।

7. **भावात्मक विकास (Emotional Development)**–जब विद्यार्थी अनेक शारीरिक गतिविधियों में भाग लेते हैं तब उनका भावात्मक विकास भी होता है। प्रेम, उत्तेजना, चिंता, द्वेष, दबाव आदि का विभिन्न शारीरिक क्रियाओं के दौरान उत्तम उद्दीपन होता है। विद्यार्थी निरंतर खेल के कारण इन भावों पर काबू पाना सीख लेते हैं।

8. **अनुशासन बनाने में सहायक (Helpful in Maintaining Discipline)**–जब विद्यार्थी खेलों में भाग लेते हैं तब अपने शिक्षकों तथा प्रशिक्षकों द्वारा बताए गए खेल के नियमों का सम्मानपूर्वक पालन करते हैं तथा वे अपने खेल में नियमित रहते हैं और विभिन्न प्रशिक्षण सत्रों पर उपस्थित रहते हैं। इन सबसे उनके जीवन में अनुशासनप्रियता का भाव पैदा होता है।

9. **सांस्कृतिक विकास (Cultural Development)**—शारीरिक क्रियाएँ तथा खेल खिलाड़ियों के सांस्कृतिक विकास में भी महत्त्वपूर्ण भूमिका निभाते हैं। इन गतिविधियों के द्वारा विभिन्न संस्कृतियों के लोग एक-दूसरे के निकट आते है, एक-दूसरे के रीति-रिवाजों, परंपराओं तथा जीवन-शैली को समझते हैं जिससे सांस्कृतिक विकास होता है।

10. **नेतृत्व के गुण (Leadership Qualities)**—स्वनियंत्रण, बुद्धिमता, वफादारी, ईमानदारी, समर्पण तथा संसाधनपूर्ण होना आदि एक अच्छे नेता के गुण है। खेल के मैदान तथा खेल में विभिन्न स्थितियाँ विद्यार्थी में ऐसे गुण पैदा करने के अवसर प्रदान करती हैं जिस कारण खेल के मैदान चरित्र निर्माण की प्रयोगशाला की भाँति कार्यरत होते हैं।

11. **राष्ट्रीय एकता (National Integration)**—भारत में जहाँ विभिन्न जाति, वर्ण, धर्म, भाषाओं आदि के लोग एक साथ रहते हैं, शारीरिक क्रियाएँ व्यक्ति के विभिन्न प्रशिक्षण शिविर में तथा खेल मुकाबलों में विभिन्न स्तरों पर इकट्ठे और साथ रहने का अवसर प्रदान करते हैं। इस प्रकार उन्हें ऐसा मंच प्रदान किया जाता है जहाँ वे एक-दूसरे को समझ सकें, भावनाओं का आदान-प्रदान कर सकें तथा एक-दूसरे के साथ समायोजन कर सकें जिससे उनमें राष्ट्रीय एकता की भावना पैदा हो।

12. **मानसिक आराम (Mental Relaxation)**—योग, श्वास शुद्धि, स्वास्थ्य संबंधी कार्यक्रम, मनोरंजनात्मक क्रियाएँ खेल आदि क्रियाओं से आधुनिक जीवन शैली के कारण उत्पन्न हमारी चिंताएँ समाप्त हो जाती है तथा इससे मानसिक विश्राम प्राप्त होता है।

13. **सकारात्मक जीवन शैली का विकास (Development of Positive Lifestyle)**—यदि विद्यार्थी स्वयं को स्वयं को स्वस्थ रखना चाहते हैं तो उन्हें धूम्रपान, शराब, तंबाकू तथा नशीली दवाओं आदि से बचना चाहिए। इन चीजों से उनके जीवन में स्वास्थ्य से संबंधित अनेक समस्याएँ उत्पन्न हो जाती हैं। विद्यार्थियों को इन क्रियाओं में शामिल नहीं होना चाहिए तथा साथ ही उन्हें दूसरों को भी इस ओर जाने से रोकना चाहिए।

14. **अभिव्यक्ति तथा रचनात्मकता (Expression and Creativitiy)**—शारीरिक शिक्षा के द्वारा अपने शरीर को अपनी भावनाओं की अभिव्यक्ति तथा क्रियाओं संबंधी नवीनतम पद्धति का सृजन करके अभिव्यक्ति और रचनात्मकता को विकसित किया जाता है।

15. **नागरिकता के गुण (Citizenship Qualities)**—शारीरिक शिक्षा के द्वारा अच्छे नागरिक के गुण विकसित किए जाते हैं जैसे नियमों का पालन करना, खेल भावना, स्वच्छ जीवनयापन, दूसरों का सम्मान तथा राष्ट्र प्रेम आदि जो कि लोकतांत्रिक जीवन के लिए आवश्यक होते हैं।

16. **सर्वांगीण व्यक्तित्व का विकास (Development of All Round Personality)**—जब विद्यार्थी खेल क्रियाओं में भाग लेते हैं तब उनका शारीरिक, मानसिक, सामाजिक तथा भावात्मक विकास भी होता है। इससे उनका सर्वांगीण विकास होता है। उनमें नेतृत्व, गुण, अच्छा स्वास्थ्य तथा अच्छे स्वस्थ जीवन का विकास होता है।

17. **अंतर्राष्ट्रीय समझ (International Understanding)**—शारीरिक शिक्षा के द्वारा व्यक्ति राष्ट्रीय सीमाओं से ऊपर उठ जाता है। अंतर्राष्ट्रीय खेलों के द्वारा विभिन्न देशों के खिलाड़ियों के आपस में साथ रहने का अवसर प्राप्त होता है। तथा वे एक-दूसरे के अधिक नजदीक आ जाते हैं जिससे विश्व, भ्रातृभाव, मैत्री, शांति, सद्भावना के विकास में सहयोग प्राप्त होता है।

18. आर्थिक मूल्य (Economic Value)–विश्व में शारीरिक शिक्षा तथा खेल सर्वाधिक आकर्षक व्यवसाय बन गया है। इससे व्यवसाय के अवसर तथा विभिन्न संस्थाओं में व्यक्तिगत स्तर पर स्वरोजगार के अवसर उपलब्ध होते हैं। खेल की अवधारणा जो खेलों में तीव्रता से पनपी है इससे शारीरिक शिक्षा को नया आयाम प्राप्त हुआ है।

प्रश्न 17. शारीरिक शिक्षा के उद्देश्यों तथा लक्ष्यों की विस्तारपूर्वक व्याख्या कीजिए।

उत्तर– शारीरिक शिक्षा का लक्ष्य व्यक्ति का सर्वांगीण विकास करना है अथवा यह कहा जा सकता है कि पूर्ण रूप से जीना ही शारीरिक शिक्षा का लक्ष्य है। वास्तव में, ऐसा प्रतीत होता है कि शारीरिक शिक्षा के इस अत्यंत शिखर रूपी लक्ष्य को प्राप्त करना आसान कार्य नहीं है। सामान्यतया शारीरिक शिक्षा के इस लक्ष्य को सीढ़ी-दर-सीढ़ी प्राप्त किया जा सकता है। यही सीढ़ियाँ वास्तव में शारीरिक शिक्षा के उद्देश्य होते हैं जिनकी सहायता से शारीरिक शिक्षा के लक्ष्य की प्राप्ति होती है। इसीलिए यह कहा गया है कि लक्ष्य एक होता है, लेकिन उद्देश्य अनेक हो सकते हैं।

सुप्रसिद्ध शारीरिक शिक्षाशास्त्री **जे.एफ. विलियम्स** (J.F. Williams) का कहना है कि *"शारीरिक शिक्षा का उद्देश्य एक कुशल एवं योग्य नेतृत्व देना तथा ऐसी सुविधाएँ प्रदान करना है जो किसी एक व्यक्ति या समुदाय को कार्य करने का अवसर दें और वे सभी क्रियाओं में शारीरिक रूप से तथा संपूर्ण मानसिक रूप से उत्तेजक एवं संतोषजनक और सामाजिक रूप से निपुण हों। उनके अनुसार व्यक्ति के लिए केवल उन्हीं क्रियाओं का चयन करना चाहिए, जो शारीरिक रूप से लाभदायक हों।"*

मिनिस्ट्री ऑफ एजुकेशन के अनुसार, *"शारीरिक शिक्षा का लक्ष्य प्रत्येक बालक को शारीरिक, मानसिक और भावनात्मक रूप से तंदरुस्त बनाना और उसमें व्यक्तिगत व सामाजिक गुणों का विकास करना होना चाहिए, ताकि वह लोगों के साथ खुशी से रह सके और उसे एक अच्छा नागरिक बना सके।"*

शारीरिक शिक्षा के मुख्य उद्देश्य निम्नलिखित हैं–

(1) शारीरिक विकास (Physical Development)–शारीरिक शिक्षा का मुख्य उद्देश्य शारीरिक विकास है। यह हमारे शारीरिक संस्थानों; जैसे–रक्त संचार, श्वसन संस्थान, स्नायु प्रणाली, माँसपेशीय संस्थान और पाचन प्रणाली इत्यादि का विकास करती है। शारीरिक शिक्षा शारीरिक क्रियाओं से संबंधित है और जब हम शारीरिक क्रियाएँ करते हैं तो उनका हमारे शरीर के विभिन्न संस्थानों पर बहुत प्रभाव पड़ता है। इन संस्थानों के आकार, रूप और क्षमता में भी विकास होता है, जबकि यह कहा गया है कि शारीरिक विकास शारीरिक शिक्षा के उद्देश्यों द्वारा संभव है। यह एक अच्छा एवं स्वस्थ शरीर बनाने में भी सहायक है, जो एक बहुमूल्य निधि है और राष्ट्र निर्माण में सहायक है। यदि हमारे संस्थान स्वस्थ होंगे तो हम उचित रूप से कार्य करेंगे।

(2) मानसिक विकास (Mental Development)–यह उद्देश्य व्यक्ति के मानसिक विकास से संबंधित है। शारीरिक शिक्षा के कार्यक्रमों में कई ऐसी क्रियाएँ होनी चाहिए जो मस्तिष्क को जागरूक करें, ध्यानमग्न बनाएँ और सही मापदंड दें। वास्तव में यह द्वि-मार्गीय प्रक्रिया है। शारीरिक क्रियाएँ मस्तिष्क तेज बनाती हैं और दूसरी तरफ इन क्रियाओं के प्रदर्शन

में मस्तिष्क की एकाग्रता जरूरी है। इन क्रियाओं सहित शारीरिक शिक्षा भी अन्य विषयों की तरह एक विषय बन गया है। इसमें खेलने के तरीके, नियम, मनोवैज्ञानिक शिक्षा, शरीर रचना, संतुलित आहार, स्वास्थ्य और रोग, व्यक्तिगत स्वास्थ्य इत्यादि आते हैं। इस तरह, मानसिक विकास ने अपना स्थान लिया। इन विभिन्न क्रियाओं में भाग लेकर व्यक्ति निष्कर्ष निकालना सीख जाता है। खेल के दौरान कई प्रकार की स्थितियाँ आती हैं, जिनमें खिलाड़ी अपना स्वयं का स्वतंत्र निर्णय स्थिति अनुसार लेता है। इस तरह उसका मानसिक विकास होता है।

(3) सामाजिक विकास (Social Development)–इस उद्देश्य का संबंध सामाजिक गुणों के विकास से है, जो कि जीवन में अच्छे समायोजन के लिए जरूरी है। शारीरिक शिक्षा का कार्यक्रम इन गुणों को बढ़ाने के लिए कई रास्ते बताता है। शारीरिक शिक्षा मनुष्य में नेतृत्व के गुणों का भी विकास करती है। शारीरिक क्रियाओं द्वारा भिन्न-भिन्न क्षेत्रों के खिलाड़ियों को एक-दूसरे के निकट आने का अवसर मिलता है और वे परिस्थितियों के अनुसार समायोजन करते हैं। इस प्रकार, उनमें मित्रता की भावना विकसित होती है। यह सहयोग, सम्मान, अच्छा खेल, संयम, खेलने की भावना, सांत्वना इत्यादि गुणों को सीखने का अच्छा स्रोत है। इन गुणों द्वारा शारीरिक शिक्षा के कार्यक्रम विकसित होते हैं और समाज में एक अच्छे तथा स्वस्थ वातावरण का निर्माण होता है और इस तरह का वातावरण शारीरिक शिक्षा के कार्यक्रमों से ही संभव है।

(4) भावात्मक विकास (Emotional Development)–शारीरिक शिक्षा का मुख्य उद्देश्य व्यक्ति का भावात्मक या संवेगात्मक विकास करना भी है। व्यक्ति में अनेक भावनाएँ या संवेग होते हैं; जैसे–खुशी, आशा, ईर्ष्या, घृणा, डर, दुःख, क्रोध, आश्चर्य, कामुकता तथा एकाकीपन आदि। इन संवेगों के ऊपर यदि व्यक्ति का उचित नियंत्रण न हो तो वह असामान्य व अनियंत्रित हो जाता है। संवेग, व्यक्ति के लिए महत्त्वपूर्ण होते हैं; लेकिन इनकी अधिकता खराब होती है। शारीरिक शिक्षा के कार्यक्रम इन संवेगों को विकसित भी करते हैं तथा इनके ऊपर नियंत्रण करना भी सिखाते हैं। शारीरिक शिक्षा के कार्यक्रमों में भाग लेकर व्यक्ति अपनी भावनाओं पर नियंत्रण करने लगते हैं।

(5) आध्यात्मिक रूप से प्रबुद्ध (Spiritually Enlightening)–यह सभी चीजों के अर्थ और उद्देश्य की गहरी अंर्तदृष्टि के अभ्यास के बारे में है। ईश्वर के मस्तिष्क के साथ संप्रेषण या समझ, गहरी आध्यात्मिक समझ या एक मौलिक रूप से परिवर्तित चेतना कैसे प्रत्येक चीज एक एकता के रूप में महसूस होती है।

प्रश्न 18. 'व्यक्तित्व' को परिभाषित करते हुए 'व्यक्तित्व विकास' का अर्थ बताइए।

उत्तर– किसी व्यक्ति का व्यक्तित्व उसके आचार, व्यवहार, क्रियाओं व गतिविधियों आदि से आँका जा सकता है, क्योंकि प्रत्येक व्यक्ति अपने व्यक्तित्व के अनुसार ही आचरण करता है। इस रूप में व्यक्तित्व का अर्थ व्यक्ति के वातावरण से अनुकूल करने के ढंग से लिया जा सकता है किंतु कुछ लोगों के अनुसार व्यक्ति की शारीरिक संरचना, उसका सौष्ठव एवं मुखाकृति ही उसका व्यक्तित्व है क्योंकि इनसे ही व्यक्ति को पहचाना जाता है किंतु वास्तव में व्यक्तित्व न केवल शारीरिक संरचना है और न ही केवल उसका आचार-व्यवहार जो उसे अन्य व्यक्तियों से अलग करता है।

व्यक्तित्व तो व्यक्ति की शारीरिक संरचना व उसके व्यवहार के ढंग का एक संकलित रूप है जो कि वातावरण में उसके विशिष्ट व्यवहार के रूप में प्रकट होता है।

व्यक्तित्व विकास अर्थ है व्यक्ति के जीवन में एक सकारात्मक परिवर्तन के बारे में बाह्य और आंतरिक समृद्धि औरश्रृंगार लाना। प्रत्येक व्यक्ति का एक पृथक व्यक्तित्व है जो विकसित परिष्कृत और परिमार्जित हो सकता है। यह प्रक्रिया किसी का विश्वास बढ़ाने, संप्रेषण सुधारने और भाषा बोलने की योग्यताएँ, किसी के ज्ञान का क्षेत्र विस्तृत करना, निश्चित शौकों या कौशलों को विकसित करना, सूक्ष्म आचरण और व्यवहार सीखना, शैली जोड़ना और किसी को मनोहर दिखने के तरीके, बातचीत और सकारात्मकता के साथ किसी को हृदयंगम करना, जीवंतता और शांति को शामिल करती है।

प्रश्न 19. शारीरिक शिक्षा किस प्रकार शारीरिक विकास के लिए लाभप्रद है? स्वस्थता के घटकों को भी बताइए।

उत्तर—बच्चे के शारीरिक रूप से स्वस्थ होने के लिए शारीरिक गतिविधियों में भाग लेना आवश्यक है। स्वस्थता कुछ विशिष्ट गतिविधि को प्रभावी रूप से और सामर्थ्यपूर्वक पूरा करने की योग्यता के रूप में परिभाषित हो सकती है। स्वस्थता का एक स्वस्थ मानक एक उत्पादक जीवन का अगुआ है और आपकी पूर्ण सामर्थ्य तक पहुँचने की संभावना को समृद्ध करती है। आपको स्वस्थता का लाभ प्राप्त करने के लिए एक विजेता एथलीट के स्तर तक प्रशिक्षित नहीं होना पड़ता है। विद्यार्थियों के लिए हम सभी के समान स्वस्थता का अर्थ होना चाहिए एक ऊर्जावान स्थिति जिसे प्राप्त करने में हमारी सहायता करता है। अधिक तकनीक रूप में कहें तो स्वस्थता पाँच घटकों को धारण करता है जिनके नाम हैं— सहनशक्ति, ताकत, लचीलापन, गति और तंत्रिका माँसपेशीय समन्वय।

(1) जब हम तीव्रता (intensity) बनाए रखने के लिए एक उपयुक्त समय तक शारीरिक गतिविधियाँ (physical activities) करते हैं तो हम अपने फेफड़ों को अधिक कार्य के लिए तथा हृदय को सामर्थ्यपूर्वक पंप करने के लिए तैयार करते हैं। यह हमारी सहनशक्ति को प्रशिक्षित करता है। सहनशक्ति का प्रशिक्षण महत्त्वपूर्ण है क्योंकि यह हृदय रोगों से बचाने में सहायता करता है। न्यूनतम प्रयास से व्यायाम करने की योग्यता सहनशक्ति को स्वस्थता का सबसे महत्त्वपूर्ण घटक बनाता है।

(2) जब हम कम या अधिक शारीरिक गतिविधियाँ करते हैं तो हम हमारी मांसपेशियों का उपयोग प्रतिरोध के विरूद्ध प्रयास प्रदान करने में करते हैं। जब हम ऐसा करते हैं, तो हम हमारी शक्ति को बढ़ाते हैं विशेष रूप से जब हम भारोत्तोलन का प्रशिक्षण लेते हैं। शक्ति हमारे जीवन को आसानतम बनाती है। उदाहरण के लिए, यदि हमारे पास पर्याप्त ताकत है तो एक भारी खरीददारी की ट्रॉली को ऊपर धकेलना, एक बगीचे के रोलर को खींचना अधिक आसान होगा।

(3) वास्तव में मैदान में जाने से पहले हम प्रायः कुछ प्रकार के उत्साह बढ़ाने वाले व्यायाम करते हैं। यह तब है जब हम हमारे अंगों की गतियों की सीमा को अधिकतम बढ़ा लेते हैं जो है हमारे लचीलेपन का विस्तार करना। इसके अतिरिक्त बैडमिंटन और वॉलीबॉल जैसे खेल खेलते समय जब कभी हम हमारी मांसपेशियों में खिंचाव महसूस करते हैं तो हम अपने लचीलेपन को बढ़ा लेते हैं।

(4) तकनीकी, शैली और प्रतिक्रिया समय को सुधारने के प्रशिक्षण के साथ-साथ अधिक शक्ति देने के लिए लक्षित ताकत के प्रशिक्षण के सम्मिलिन से आपको दौड़ने की गति को बढ़ाना संभव है।

(5) हम जानते हैं कि 'अभ्यास निपुण बनाता है।' हम जितना अधिक खेलते हैं उतना ही अधिक कौशलपूर्ण होते हैं। जब हम कुछ भागों के निष्पादन के लिए कौशलों को पाना चाहते हैं तो उस भाग पर हम तेजी से अपने को प्रशिक्षित कर सकते हैं।

प्रश्न 20. बच्चों के लिए शारीरिक शिक्षा से क्या सामाजिक लाभ होता हैं? वर्णन कीजिए।

अथवा

शारीरिक शिक्षा बच्चों के सामाजिक विकास में किस प्रकार योगदान देता है? चर्चा कीजिए।

अथवा

बच्चों के लिए शारीरिक गतिविधियों में व्यस्त होने के क्या सामाजिक लाभ हैं?

[अप्रैल–2016, प्रश्न सं. 27]

उत्तर–बच्चों की खेलकूद में भागीदारी नई मित्रता का अवसर प्रदान करती है। बहुत से खेल टीमकार्य के विचार पर केंद्रित होती हैं। एक बच्चा अपने साथियों की अपेक्षा बेहतर फुटबॉल खिलाड़ी हो सकता है। किंतु अगर वह बॉल पास करना नहीं सीखता, तो उसकी टीम संभवत: विजेता नहीं होगी। एक नवयुवक खिलाड़ी खेल द्वारा यह सीख सकता है कि समर्पित खेल और सहयोगियों की सहायता एक टीम को विजय दिला सकती है।

अर्थात एक टीम में खेलना बच्चों को सिखाता है कि कैसे साथियों के साथ कार्य करते और रहते हैं तथा कैसे प्रशिक्षकों और अन्य वयस्कों के साथ सकारात्मक अंत:क्रिया करते हैं। एक प्रशिक्षक के साथ सार्थक और प्रभावशाली संबंध बच्चों का उनके जीवन के अन्य परामर्शी संबंधों का पता लगाने के लिए प्रोत्साहित करता है। खेल प्राय: दूसरों के साथ कार्य करने के लिए उन लोगों को प्रेरित करता है जो ऐसे एक साथ बहुत अच्छे से न रहते हों। यह एक अत्यंत मूल्यवान कौशल है चूँकि आप मुश्किल से चुनते हैं कि कौन आपका बॉस होगा। लोग जो आप से मतभेद रखते हैं के साथ कार्य करने की योग्यता ऐसी स्थिति में जहाँ दूसरे इसे खो सकते हैं आप अंतत: इस कार्य को कर सकते हैं।

शारीरिक शिक्षा द्वारा बच्चा सफलता और असफलता का सामना करना सीख सकता है। यह मैदान में अपने आप को हार से उबरने और बाद में कार्यालय में इससे उबरना अच्छी तरह सिखाता है। बच्चे जो खेल खेलते हैं सीखते हैं कि हार स्थायी नहीं है। उसी प्रकार शालीनतापूर्वक (graciously) तरीके से जीतना सीखना एक मूल्यवान कौशल है। कोई भी एक घमंडी विजेता को पसंद नहीं करता है और खेल सिखाता है कि कैसे हारे हुए प्रतिस्पर्धी को अलग किए बिना एक जीत का उल्लास मनाया जाए।

प्रश्न 21. बच्चे के मानसिक तथा भावनात्मक विकास में शारीरिक गतिविधियाँ किस प्रकार सहायता करती हैं? चर्चा कीजिए।

उत्तर–शारीरिक गतिविधियाँ जैसे खेल, व्यायाम और योगा न केवल हमारे शारीरिक स्वास्थ्य और तंदरूस्ती को प्रभावित करती हैं बल्कि हमारे मानसिक और संवेदनात्मक स्वास्थ्य को भी प्रभावित करती है। शारीरिक गतिविधियों के मानसिक एवं संवेदनात्मक लाभ के लिए स्पष्टीकरण यह है कि शारीरिक गतिविधि मस्तिष्क में Serotonin और Norepinephrine के बढ़े हुए स्तर का उत्सर्जन करने में मदद करता है। मस्तिष्क में ये तंत्रिका संचारी है जो घटे हुए अवसाद (depression) को दिखाती है।

शारीरिक गतिविधियों में सम्मिलित होने के सामान्य मानसिक और संवेदनात्मक लाभ निम्नलिखित हैं–

- उन्नत मनोदशा
- उन्नत स्मृति
- घटे हुए तनाव के साथ-साथ तनाव से लड़ने की एक उन्नत क्षमता
- उन्नत स्वाभिमान
- शारीरिक प्रवीणताओं में अभिमान
- स्वयं के साथ उन्नत संतुष्टि
- आपकी शारीरिक योग्यताओं में उन्नत स्वाभिमान
- अवसाद (depression) के साथ संबद्ध घटे हुए लक्षण

प्रश्न 22. आध्यात्मिक ज्ञानोदय से क्या अभिप्राय है? आध्यात्मिक ज्ञान की प्रक्रिया में खेल किस प्रकार मदद करता है? वर्णन कीजिए।

उत्तर–आध्यात्मिक ज्ञानोदय या आध्यात्मिक उद्बोधन (spiritual enlightenment) हमारे जीवन का असली अर्थ है। आध्यात्मिक ज्ञानोदय अनुभव किया जा सकता है यह पुस्तकों से नहीं सीखा जा सकता। यह एक स्व अनुभूति है जो आपके लिए एक व्यक्ति के रूप में बाहरी है और जो जीवन की समाप्ति तक रहेगा। सामान्य शब्दों में, हम अपनी आत्मा के माध्यम से कभी नहीं मरेंगे। यदि कोई आध्यात्मिक ज्ञानोदय को परिभाषित करना चाहता है तो यह कई प्रकार से परिभाषित हो सकता है क्योंकि यह हमारी सभी भावनाओं से संबद्ध है। दूसरे शब्दों में, आध्यात्मिक ज्ञानोदय लालच, अहंकार या स्वार्थीपन में बिना मामूली खोज के आपकी पहचान के सृजन के रूप में परिभाषित हो सकता है।

आध्यात्मिक ज्ञानोदय अंतरम् के उद्घाटन की एक प्रक्रिया है, यह बाह्य सत्ता से मिलने में हमारी सहायता करता है। यह हमें मुक्त होने की स्वीकृति देता है। हम दूसरों से कुछ भी अपेक्षा करना रोक देते हैं और एक बार हमने अपेक्षा करना रोक दिया मतलब हम सदा के लिए खुश रह सकते हैं। शारीरिक गतिविधियाँ हमें मस्तिष्क की स्थिति में लाने में सहायता करती हैं।

खेल मुख्यतः एक शारीरिक गतिविधि है। उनके लिए यद्यपि जो कुछ इस प्रकार से खेलों का अभ्यास करते हैं जो उन्हें हमेशा अधिकतम चेतना, धर्मपरायणता और उनमें दैविक शक्ति के प्रति पूर्ण समर्पण के लिए दृढ़ निश्चय प्रदान करते हैं, खेल एक आध्यात्मिक घटना और उच्चतम क्रम का एक प्रशिक्षण है।

प्रश्न 23. शारीरिक शिक्षा कार्यक्रम से आप क्या समझते हैं? इसकी प्रकृति पर संक्षिप्त टिप्पणी कीजिए।

अथवा

शारीरिक शिक्षा कार्यक्रम के क्या लाभ हैं? संक्षेप में चर्चा कीजिए।

उत्तर— शारीरिक शिक्षा कार्यक्रम द्वारा लिंग, जाति, सांस्कृतिक पृष्ठभूमि या योग्यताओं का अनादर किए बगैर सभी विद्यार्थियों को उनकी अधिकतम सामर्थ्य तक पहुँचाने के लिए आवश्यक शारीरिक कौशलों और सामाजिक मनोवृत्तियों से सुसज्जित करने का प्रयत्न किया जाता है। एक गुणवत्ता युक्त शारीरिक शिक्षा कार्यक्रम का उद्देश्य विद्यार्थियों को जीवनभर के लिए शारीरि रूप से सक्रिय होने की प्रक्रिया की दिशा निर्देश देना है। शारीरिक शिक्षा शिक्षा का एक घटक है जो गतियों के माध्यम से स्थान ग्रहण करता है। शारीरिक शिक्षा से सभी शैक्षिक क्षेत्रों के रूप में विद्यार्थियों को मौलिक कौशलों को अवश्य सीखना चाहिए जिसे शारीरिक शिक्षा व्यवस्था में अभ्यास और परिष्कार की अपेक्षा है।

शारीरिक शिक्षा में सीखे हुए कौशलों को विद्यार्थी अपने दैनिक जीवन में एकीकृत और लागू करते हैं। इसी क्रम में एक गुणवत्ता युक्त शारीरिक शिक्षा कार्यक्रम में भाग लेने के परिणामस्वरूप बहुसंख्यक लाभ होते हैं जैसे-सीखना कि कैसे एक सक्रिय और स्वस्थ जीवन शैली जीयें, उचित पोषण, कौशल विकास, उन्नत शारीरिक स्वस्थता, अन्य विषयों का सशक्तिकरण, लक्ष्य स्थापना, स्व अनुशासन, नेतृत्व और सहयोग, तनाव घटाना, उन्नत स्वप्रभावोत्पादकता, और साथी के साथ संबंधों को बल प्रदान करना आदि।

शारीरिक शिक्षा में नियमित भागीदारी के माध्यम से विद्यार्थियों के पास जीवन को समृद्ध करने और स्वयं लाभ प्रदान करने वाले अनुभवों के तरीके विकसित करने का अवसर होगा। जो नव आयुवर्ग के विद्यार्थियों को स्वस्थ होने में उनकी सामर्थ्य में योगदान करता है।

शारीरिक शिक्षा कार्यक्रम की प्रकृति (Nature of Physical Education Programme)— शारीरिक शिक्षा कार्यक्रम को अधिगमकर्त्ता को भविष्य की शारीरिक गतिविधियों में भागीदारी के फायदे लेने के लिए अवश्य समर्थ करना चाहिए यद्यपि हो सकता है कि वर्तमान में ऐसे अवसर का ज्ञान न हो। संकल्पनात्मक उपागम अधिगमकर्त्ताओं को एक शारीरिक गतिविधि में सफलतापूर्वक भाग लेने में समर्थ करेगा यद्यपि यह विशेष रूप से कार्यक्रम में सम्मिलित नहीं हो सकता।

शारीरिक शिक्षा में संकल्पनात्मक उपागम (conceptual approach) मुख्य रूप से गति के कैसे और क्यों पर आधारित है। प्रत्येक गतिविधि को एक पृथक अस्तित्व के रूप में देखने के बजाए संकल्पनाएँ उस तनाव को प्रवर्तित करती हैं जो सबसे सामान्य हैं। यह गति और इसके सिद्धांतों से संबद्ध विद्यार्थियों की समझ को बढ़ाता है। विद्यार्थी अपने शरीर के कार्य को सभी तीनों क्षेत्रों (भावात्मक, ज्ञानात्मक और मनोगत्यात्मक) में समझता है।

एक शारीरिक शिक्षा कक्षा में मनोगत्यात्मक क्षेत्र (psychomotor domain) प्राथमिक महत्त्व का है जबकि हम चाहते हैं कि हमारे विद्यार्थी वयस्क हों जो तीव्रता और दृढ़ता से प्रतिक्रिया (ज्ञानात्मक क्षेत्र) व्यक्त करते हों तथा खेलभावना और टीमकार्य के रूप में (भावात्मक क्षेत्र) कुछ गुणों को प्रदर्शित करते हों। विविध प्रकार की शिक्षण विधियों का प्रयोग सभी तीन क्षेत्रों में उपस्थित होता है और निपुण निष्पादकों को उत्पन्न करता है जो अर्थ एवं समझ के साथ बदलता है।

शिक्षक जानते हैं कि विद्यार्थी विभिन्न दरों और विभिन्न तरीकों से सीखते हैं। संकल्पनात्मक

उपागम अधिगम को एक विकासात्मक प्रक्रिया के रूप में मान्यता प्रदान करता है। इसका तात्पर्य है कि जन्म से मनुष्य में सूचना को संसाधित करने, प्राथमिक कौशलों से शुरू कर उच्चतम में विकसित करने, अधिक जटिल स्तरों के चिंतन को संसाधित करने की सामर्थ्य है। शिशुओं, बच्चों और वयस्कों सभी में उच्चतम चिंतन कौशलों का चुनाव और उपयोग करने की क्षमता है।

संकल्पनात्मक उपागम का उपयोग विद्यार्थियों के अधिगम परिणामों की योजना के लिए शिक्षकों को स्वीकृति देता है। कुछ इस प्रकार से पाठों को तैयार करना संभव है जो एक अधिगम परिणाम को आगे नियोजित करता है। अधिकांश शिक्षक इसे एक स्वचलित घटना मान लेते हैं। उदाहरण के लिए, एक शिक्षक मान सकता है कि एक बार विद्यार्थी स्वस्थता के लाभों को समझ जाते हैं तो ऐसी जीवनशैली चुनेंगे जो उस क्षेत्र में उनके ज्ञान को प्रदर्शित करता है। अब तक हम सबने अपने समुदाय में अधिकांश जानकार किंतु अस्वस्थ वयस्कों को देखा जो ऐसे नहीं है। कुछ परिणाम सामान्यत: नहीं होते हैं। उनकी पहले योजना करनी चाहिए और उसके शिक्षण रंगपटल में व्याख्या, निरूपण, अभ्यास या पारंपरिक विधि के लिए जगह नहीं है। जब विद्यार्थियों को ज्ञान का आधार प्रस्तुत करते हैं। जिससे अधिगम प्रारंभ होता है तो ऐसी एक शिक्षण विधि एक निश्चित संपत्ति होती है। जबकि पृथकता में प्रयुक्त पारंपरिक उपागम (जहाँ एक शिक्षक वर्णन करता है और निरूपण करता है तथा विद्यार्थी शिक्षक की नकल करता है) विद्यार्थियों के स्तर पर निष्क्रिय गतिविधि को प्रोत्साहित करता है जिसका तात्पर्य है छोटे उद्देश्य या मालिकाना के साथ गतिविधि।

संकल्पनात्मक क्षेत्र में कार्य करने वाला एक शिक्षक एक सुसाधक है जो व्यावहारात्मक परिणामों के उद्देश्यों को तैयार करते समय विद्यार्थियों और उनकी जरूरतों को ध्यान में रखता है। विद्यार्थी जो प्रारंभिक स्तर पर कार्य कर रहे हैं उच्चतर कौशल स्तरों के अधिक सक्षम विद्यार्थियों के डर के बगैर वे ऐसा कर सकते हैं। विषर्याय भी सत्य है। सौभाग्यवश, संकल्पनात्मक उपागम से विद्यार्थी किसी कक्षा कालांश शिक्षकों के कौशल स्तर की असावधानी के दौरान विविध स्तरों पर कार्य और सफलता प्राप्त कर सकते हैं।

एक संकल्पनात्मक उपागम विद्यार्थियों को स्वतंत्रतापूर्वक क्रियाओं/परिणामों के संबंधों का अन्वेषण एवं खोज करने की स्वतंत्रता देता है। वे अन्वेषण करते हैं कि जीत और हार केवल शारीरिक गतिविधि के परिणाम नहीं है। वे स्वयं निष्कर्ष पर पहुँचते हैं कि किसी की वातावरण के निश्चित पहलुओं को नियंत्रित करने और भविष्यवाणी करने की योग्यता के बारे में अधिक सीखा जा सकता है।

विद्यार्थियों के विविध अधिगम शैलियों को समायोजित करने के क्रम में वैकल्पिक शिक्षण विधियों का समावेश तथ्य को किसी प्रकार चुनौती नहीं देता है कि एक गतिविधि कार्यक्रम के माध्यम से मानवीय गतिविधि का अध्ययन व्यापक है न ही इंकार करता है कि शारीरिक शिक्षा की किसी अन्य विषय की अपेक्षा गति क्षेत्र से अधिक संबद्ध है।

प्रश्न 24. गुणवत्तायुक्त शारीरिक शिक्षा कार्यक्रम की विशेषताओं का उल्लेख कीजिए।

उत्तर–एक गुणवत्तायुक्त शारीरिक कार्यक्रम के निम्नलिखित लक्षण हैं–

विद्यार्थियों की रूचियों, सामर्थ्य और संस्कृतियों में विभिन्नताओं की पहचान करता है (Recognises the differences in students' interests, potential and cultures)—अधिगम गतिविधियों, उपकरणों और सामग्रियों का चयन विद्यार्थियों के भिन्न लक्षणों को प्रदर्शित करता है। अधिगम अवसरों की योजना बनाते समय सांस्कृतिक संपत्ति, लिंग, विशेष जरूरतों और विविध प्रकार की रूचियाँ विचारित की जाती है।

सक्रिय भागीदारी को प्रोत्साहित करता है (Encourages active participation)—शारीरिक शिक्षा कार्यक्रम में अधिगम अनुभव प्रत्येक विद्यार्थी के लिए अधिकतम गतिविधि और भागीदारी का समय प्रदान करता है। समूह कार्य के दौरान प्रत्येक अवसर सुनिश्चित करता है कि अधिगम गतिविधि में प्रत्येक विद्यार्थी की एक सक्रिय भूमिका है।

समस्या-समाधान कौशलों की अपेक्षा करता है (Requires problem-solving skills)—निर्णय-निर्माण और समस्या समाधान कौशलों को विकसित करने के क्रम में कार्यक्रम विद्यार्थियों को समस्याओं को पहचानने और खोजने की चुनौतियाँ देता है, उन्हें हल करने के सक्रिय रास्ते तलाशते हैं और विविध प्रकार से समाधान प्रस्तुत करते हैं।

सकारात्मक मनोवृत्तियों के विकास को प्रोन्नत करता है (Promotes the development of positive attitudes)—विद्यार्थी अनुभवों को प्रदर्शित करते हैं जो उन्हें शारीरिक गतिविधि और इसके मूल्य का दीर्घ जीवन तथा स्वास्थ्य पर प्रभाव का आनंद लेने को प्रोत्साहित करता है। वे अन्वेषण करने, जोखिम उठाने, उत्सुकता प्रदर्शित करने, दूसरों के साथ समन्वयपूर्वक कार्य करने को प्रोत्साहित होते हैं और शारीरिक स्वस्थता के एक व्यक्तिगत स्वास्थ्य-समृद्धि के स्तर को प्राप्त करते हैं। अनुभवों की सभी गतियाँ सकारात्मक वैयक्तिक और सामाजिक व्यवहारों के विकास के लिए अवसर प्रदान करती है।

वैयक्तिक कौशलों को विकसित करता है (Develops personal skills)—जहाँ भी संभव है, शारीरिक शिक्षा कार्यक्रम को समुदाय में जो हो रहा है उससे जोड़ता है। विद्यार्थी आधारभूत सामाजिक कौशलों, सम्मिलित टीम कार्य, समस्या समाधान, नेतृत्व और प्रभावी संप्रेषण को विकसित करते हैं जो उनके लिए भविष्य में मूल्यवान होंगे।

प्रश्न 25. इंट्राम्यूरल (Intramural) से आप क्या समझते हैं? एक प्रभावी इंट्राम्यूरल कार्यक्रम आयोजित करने के चरणों को बताइए।

अथवा

आंतरिक खेल/गतिविधि को परिभाषित करें। ये विद्यार्थियों को किस प्रकार से लाभ पहुँचाते हैं? [अप्रैल–2016, प्रश्न सं. 37]

उत्तर– 'इन्ट्राम्यूरल' लैटिन शब्दों "इन्ट्रा" (Intra) व 'म्यूरलिस' (Muralis) से बना है। इन्ट्रा का अर्थ है–अंदर व म्यूरलिस का अर्थ है–दीवार (Wall)। अतः इन्ट्राम्यूरल का अर्थ, उन गतिविधियों या क्रियाओं से है, जो चार दीवारी या संस्थान के परिसर के अंदर खेली जाती हैं। ये गतिविधियाँ या खेल केवल विद्यालय या संस्थान के विद्यार्थियों के लिए आयोजित की जाती हैं। इन गतिविधियों में दूसरे विद्यालय का कोई भी विद्यार्थी भाग नहीं ले सकता। वास्तव में, इन्ट्राम्यूरल प्रतियोगिता एवं संस्थान के सभी विद्यार्थियों को खेलों में भाग लेने के लिए अभिप्रेरित करने वाले सर्वोत्तम साधनों में से एक है। "प्रत्येक विद्यार्थी प्रत्येक खेल के लिए है तथा प्रत्येक

खेल प्रत्येक विद्यार्थी के लिए है" यह इन्ट्राम्यूरल का आदर्श वाक्यांश हो सकता है। इसमें कोई संदेह नहीं है कि नियमित शारीरिक शिक्षा के कार्यक्रम विद्यार्थियों में अच्छी आदतों, कौशल, ज्ञान व अन्य सामाजिक गुणों को विकसित कर रहे हैं, लेकिन इन्ट्राम्यूरल के प्रभावी कार्यक्रम और भी अधिक विकास कर सकते हैं।

ये गतिविधियाँ या क्रियाएँ, विद्यार्थियों के लिए सबसे अधिक आनंददायक तथा प्रसन्नतादायक होती हैं। ऐसी प्रतियोगिताओं से वे अधिक-से-अधिक शैक्षिक लाभ प्राप्त करते हैं। इसलिए विद्यार्थियों की बड़ी संख्या को इन्ट्राम्यूरल क्रियाओं या गतिविधियों के विस्तृत क्षेत्र में अवश्य शामिल किया जाना चाहिए।

निम्नलिखित कदम क्रम में उठाने पर आपको एक समग्र एवं प्रभावी आंतरिक कार्यक्रम के विकास के माध्यम से अग्रणी बनाएँगे–

(1) कार्यक्रम की संरचना का निर्धारण करना।
(2) कार्यक्रम के लिए नेतृत्व की अपेक्षाओं का वर्णन करना।
(3) कार्यक्रम को अच्छी तरह चलाने के लिए नेताओं की भर्ती और प्रशिक्षण का निर्धारण करना।
(4) नीतियों को सूत्रबद्ध करना जो कार्यक्रम को सभी के लिए स्वच्छ बनाएगा।
(5) नीतियों को सूत्रबद्ध करना जो कार्यक्रम को सभी के लिए सुरक्षित बनाएगा।
(6) भागीदारों को आकर्षित करने के लिए प्रवर्तक रणनीतियों को विकसित करना।
(7) भागीदार की सफलता और उपलब्धि के उत्सव मनाने का निर्धारण करना।
(8) वित्तीय संसाधनों पर विचार करना और एक बजट बनाना।
(9) गतिविधियों का आविष्कार करना जो कार्यक्रम के मिशन को संपादित करें।
(10) लीगों और टूर्नामेंटों के उपयोग में निपुण होना।
(11) प्रत्येक इवेंट के विवरणों की योजना बनाना।
(12) कार्यक्रम का मूल्यांकन करने और सुधारने के लिए मूल्यांकन उपकरणों को विकसित करना।

प्रश्न 26. एक्स्ट्राम्यूरल (Extramural) से क्या तात्पर्य है? इसके गुण और दोष बताइए।

उत्तर– 'एक्स्ट्राम्यूरल' शब्द लैटिन शब्दों 'एक्स्ट्रा' (Extra) व 'म्यूरलिस' (Muralis) से बना है। एक्स्ट्रा का अर्थ है। बाहरी (Outside) व म्यूरलिस का अर्थ है– दीवार (Wall)। अत: एक्स्ट्राम्यूरल का अर्थ उन गतिविधियों या क्रियाओं से है, जो किसी विद्यालय या शिक्षण संस्थान की चार दीवारी से बाहर की जाती है या खेली जाती हैं। इसका अर्थ है कि वे गतिविधियाँ या क्रियाएँ जो एक शिक्षण संस्थान या विद्यालय द्वारा आयोजित की जाती हैं व दो या दो से अधिक विद्यालयों के विद्यार्थी उनमें भाग लेते हैं, उन्हें एक्स्ट्राम्यूरल्स कहा जाता है।

एक्स्ट्राम्यूरल गतिविधियों के गुण तथा दोष निम्नलिखित हैं–

गुण (Merits)–

• यह समान संस्था के विद्यार्थियों में देशभक्ति और एकता सृजित करने में सहायता करता है।
• यह एक टीम के प्रत्येक खिलाड़ी को एक विशिष्ट भूमिका प्रदान करता है जो उन्हें उत्तरदायी बनाता है।

- यह अन्य संस्था के खेलों, टीम और प्रशिक्षकों का उद्घाटन करने में विद्यार्थियों की सहायता करता है।
- यह खेल के क्षेत्र में विद्यार्थियों के लिए विविध कैरियर अवसरों को प्रदान करता है।

दोष (Demerits)—
- विद्यार्थी जीतने के लिए अनैतिक साधनों का उपयोग कर सकते हैं।
- वे बदले और ईर्ष्या की अनावश्यक भावनाएँ विकसित कर सकते हैं।
- उन पर बहुत अधिक मनोवैज्ञानिक तनाव हो सकता है।
- बहुत अधिक धन और समय खर्च करने की जरूरत होती है।

प्रश्न 27. पाठ योजना क्या है? इसके विभिन्न चरणों का उल्लेख कीजिए।

अथवा

योजना पद्धति के कोई दो मुख्य सोपान लिखें।

[अप्रैल—2016, प्रश्न सं. 29]

अथवा

शारीरिक शिक्षा की पाठ योजना तैयार करते समय पाठ से पूर्व क्या तैयारी करेंगे, बहुत संक्षेप में लिखें। [अक्तूबर—2016, प्रश्न सं. 23]

उत्तर— पाठ योजना एक लचीली (Elastic) तथा क्रमबद्ध (Systematic) योजना है जिसके द्वारा उद्देश्यों (Objectives) की प्राप्ति होती है। यह उन सभी प्रतिकारकों (variables) का समन्वय करती है जो पठन-पाठन क्रिया (Teaching-learning process) को प्रभावित करें, इसमें विद्यालय का दर्शन (Philosophy), छात्रों की प्रकृति (Nature of students), शिक्षा-संबंधी अनुभव (Educational experiences), शिक्षक की योग्यता (Ability of teacher) तथा छात्रों का निरीक्षण (Supervision) आदि आते हैं। कोई भी पाठ योजना आदर्श (Ideal) नहीं कहलाती है, यह शिक्षक की योग्यता से संबंधित होती है। पाठ योजना शिक्षक के व्यक्तिगत प्रयोग हेतु तैयार की जाती है। पाठ योजना को शिक्षक जितना उत्तम बनाना चाहता है बना सकता है, परंतु एक उत्तम पाठ योजना वह कहलाती है जिसमें छात्रों की मानसिक क्रिया (Mental Process) तीव्र हो तथा छात्र उसमें सक्रिय रहें।

साधारण रूप में हम यह कह सकते हैं कि पाठ योजना अध्यापक के कक्षा अनुभवों का परिणाम है। इसके द्वारा अध्यापक को यह ज्ञात होता है कि उसके विद्यार्थियों का मानसिक स्तर क्या है, उनका विषय संबंधी ज्ञान क्या है, अध्यापक के पढ़ाने के उद्देश्य क्या हैं, किस विधि से उसे पाठ को प्रस्तुत करना है तथा पाठ को ग्राह्य व आकर्षक बनाने हेतु वह किन-किन सहायक सामग्रियों का प्रयोग करेगा। इस प्रकार पाठ योजना अध्यापक द्वारा वह पूर्व निर्धारित योजना है जिसके द्वारा अध्यापक वांछित ज्ञान व अनुभव को शिक्षा के उपयुक्त उपकरणों का प्रयोग कर मनोवैज्ञानिक विधि से विद्यार्थियों को देने का प्रयास करता है।

पाठ योजना के चरण (Stages of Lesson Planning)

पाठ योजना के तीन चरण हैं। शारीरिक शिक्षा में एक पाठ की योजना करते समय प्रत्येक इन चरणों का अवश्य अनुकरण करते हैं—

चरण-1 पाठ से पूर्व की तैयारी
- लक्ष्य निश्चित है।
- विषय वस्तु सूचीबद्ध है।
- विधि निश्चित है।
- विद्यार्थी का प्रवेश स्तर निश्चित है।

चरण-2 पाठ-योजना और कार्यान्वयन
- इकाई का शीर्षक दिया गया है।
- निर्देशात्मक लक्ष्य निर्धारित है।
- उद्देश्य निश्चित है।
- मूलाधार तैयार हैं।
- विषय वस्तु पुनरावलोकित हैं।
- निर्देशात्मक प्रक्रियाएँ बनाई गई हैं।
- मूल्यांकन प्रक्रियाएँ शुरू होती हैं।
- सामग्रियाँ प्रयुक्त है।

चरण-3 अध्याय के पश्चात् की गतिविधियाँ

अध्याय के पश्चात् गतिविधियाँ की जाती हैं, जिनमें मूल्यांकन करना, दुहराना और योजना करना शामिल हैं।

मूलभूत गतिविधियों में सम्मिलित होती हैं– शारीरिक शिक्षा पाठ तीन मूलभूत गतिविधियों के सम्मिलन से नियोजित होता है–

1. उत्साह बढ़ाना–यह औपचारिक प्रशिक्षण से पहले शरीर को भार बर्दाश्त कराने के लिए तैयार करने के लिए किया जाता है। इन गतिविधियों में उछलना, लंबे डग भरना, शरीर को तानना आदि शामिल हैं। यह मांसपेशियों के तापमान, उपापचय, रक्त संचार, कंकाली मांसपेशियों के प्रतिवर्ती समय को बढ़ाने में सहायता करता है और एक एथलीट को मनोवैज्ञानिक रूप से तैयार करता है।

2. औपचारिक गतिविधियाँ–यह उन गतिविधियों को शामिल करता है जिनमें विद्यार्थियों को प्रशिक्षण की जरूरत होती है जो इस प्रकार हैं–आधारभूत मौलिक कौशल और खेलों के नियम शिक्षक एक समय पर एक कौशल को चुन सकता है और अपेक्षा के अनुरूप समूह में उन्हें प्रशिक्षित करता है।

3. मनोरंजनात्मक गतिविधियाँ–यह प्रशिक्षण सत्र के पश्चात् शांत होने को शामिल करता है। यह शरीर के तापमान और हृदयश्वसन दर को क्रमशः नीचे लाने में सहायता करता है। विद्यार्थियों को मुक्त रूप से खेलने देते हैं ताकि वे स्वाभाविक कौशलों को विकसित करें।

प्रश्न 28. शारीरिक शिक्षा की पाठ योजना के सिद्धांतों का वर्णन कीजिए।

उत्तर– शारीरिक शिक्षा की पाठ योजनाओं का नियोजन कुछ मौलिक सिद्धांतों के अनुसार किया जाता है जो एक गतिविधि अथवा गतिविधि वर्ग से दूसरी गतिविधि एवं गतिविधि वर्ग से भिन्न हो सकते हैं। वस्तुतः निम्नलिखित सिद्धांत सभी प्रकार की पाठ योजनाओं में समान रूप से कार्यान्वित होते हैं–

(1) आरंभिक व्यायाम (Warming Up)—प्रत्येक कठोर एवं ओजस्वी गतिविधि को आरंभ करने से पूर्व विद्यार्थियों को गर्माना आवश्यक है। आरंभिक व्यायाम के अभाव में पेशी-प्रणाली को क्षति होने की संभावना बढ़ जाती है। कक्षा को गर्माने के लिए जॉगिंग, दौड़, खिंचाव वाले व्यायाम तथा संचालन वाली प्रक्रियाओं का प्रयोग किया जा सकता है। उचित आरंभिक व्यायाम से श्वसन प्रक्रिया तथा रक्त प्रणाली तेज चलने लगती है। प्रत्येक गतिविधि पाठ योजना में 10 से 15 मिनट का समय आरंभिक व्यायाम के लिए सुरक्षित रखना चाहिए।

(2) सर्वांगीण विकास (All Round Development)—शारीरिक शिक्षा की गतिविधि पाठ योजनाओं का उद्देश्य बच्चे के व्यक्तित्व का विकास होना चाहिए। पाठ योजना में शरीर के सभी अंग-प्रत्यंगों के लिए एक समान व्यायाम प्रक्रियाओं का प्रावधान किया जाना चाहिए। सभी छोटी-बड़ी माँसपेशियों को विभिन्न व्यायाम कसरतों के माध्यम से आंदोलित करना आवश्यक है; इसमें बाहों, टाँगों, गर्दन तथा कमर की हरकतें शामिल होनी चाहिए।

(3) आयु तथा लिंग (Age and Sex)—गतिविधियों का चुनाव विद्यार्थियों की आयु तथा लिंग को सामने रखकर करना चाहिए। कक्षा पाँच के लिए चुनी गई प्रक्रियाएँ आठवीं कक्षा की गतिविधियों से भिन्न होनी चाहिए। उसी प्रकार आकार तथा स्वरूप में लड़कियों की गतिविधियाँ लड़कों की प्रक्रियाओं से अलग होनी चाहिए; वे लंबी अवधि की व्यायाम कसरतें संपन्न नहीं कर सकतीं।

(4) विकासोन्मुखता (Simple to Complex)—पाठ योजना के आरंभ में ही विद्यार्थियों के लिए कठोर व्यायाम कसरतें करना संभव नहीं होता। पाठ योजना हल्की-फुल्की व्यायाम प्रक्रियाओं से आरंभ होनी चाहिए जो धीरे-धीरे अधिक कठोर तथा कड़ी होती चली जानी चाहिए। पाठ योजना तथा उसमें शामिल की गई गतिविधियाँ विकासोन्मुख होनी आवश्यक हैं।

(5) व्यायाम पुनरावृत्ति (Repetition)—केवल एक ही बार की गई किसी भी व्यायाम कसरत का विकासीय मूल्य न के बराबर होता है। एक निश्चित कालावधि के लिए इसे बार-बार संपन्न करना आवश्यक है। सरल व्यायाम कसरतों की पुनरावृत्ति कम तथा जटिल प्रक्रियाओं की पुनरावृत्ति अधिक होनी चाहिए।

(6) पाठ योजना की निरंतरता (Continuity of the Lesson)—शिक्षण में परिमार्जन तथा कौशल्य-उपार्जन का मूलमंत्र पाठ योजना की निरंतरता है। एक बार आरंभ होने के पश्चात् पाठ योजना अंत तक अबाध्य चलती रहनी चाहिए। यदि कहीं कोई बाधा आती है तो शरीर ठंडा पड़ जाता है तो गतिविधि की सुत्थ्यता तथा लयबद्धता पर कुप्रभाव पड़ता है। अध्यापक को पाठ योजना की निरंतरता बनाए रखनी चाहिए।

(7) शिथिलन (Cool Down)—व्यायाम कसरत करने के पश्चात् शरीर को धीरे-धीरे न कि एकदम, वापिस पूर्व स्थिति में लाना चाहिए। इसके लिए हाथों-पैरों को हिलाना-डुलाना, शरीर विस्तार, गर्दन को ऊपर-नीचे करना, लंबी-गहरी साँसें लेना तथा इस प्रकार की अन्य कसरतें अत्यंत गुणकारी होती हैं।

सभी बड़े खेलों, एथलैटिक्स तथा अन्य मनोरंजक खेलों की पाठ योजना के निर्माण के सिद्धांत वैसे ही हैं, जैसे ऊपर बताए गए हैं। खेल तथा एथलैटिक्स की पाठ योजना में अधिक बल किसी विशेष कौशल की सिखलाई पर दिया जाता है जबकि सामान्य पाठ योजना में ध्यान संकेंद्रण सामान्य शारीरिक विकास पर होता है।

प्रश्न 29. शारीरिक शिक्षा में उपयोग की जाने वाली शिक्षण विधियों का उल्लेख करते हुए उनके गुण और दोष बताइए।

अथवा

स्वास्थ्य एवं शारीरिक शिक्षा के संबंध में दर्पण विधि के कोई दो लाभ लिखें।

[अक्तूबर–2016, प्रश्न सं. 22]

उत्तर– शारीरिक शिक्षा, शिक्षा का एक अभिन्न अंग है। वर्तमान शिक्षा प्रणाली में अनेक शिक्षण विधियाँ हैं जो कि सीखने-सीखाने की प्रक्रिया को सरल तथा प्रभावशाली बनाने में सहायक होती है। एक अच्छा शिक्षक बच्चों की जरूरतों को ध्यान में रखते भली-भांति यह समझ लेता है कि क्या पढ़ाना/सिखाना है तथा कैसे पढ़ाना/सिखाना है। शिक्षण के लिए उपयुक्त विधि का चुनाव शिक्षक के पूर्व प्रशिक्षण, दृष्टिकोण, अनुभव तथा सिखाई जाने वाली क्रिया के स्वरूप पर निर्भर करता है। अन्य विषयों की भांति शारीरिक शिक्षा की भी अनेक शिक्षण विधियाँ हैं उनमें से कुछ निम्नलिखित हैं–

आदेश विधि (Command Method)–आदेश विधि एक उपयोगी विधि है, जिसका प्रयोग शारीरिक शिक्षा और खेल-कौशल के अध्यापन में विस्तृत रूप से किया जाता है।

विभिन्न शारीरिक क्रियाओं, प्रदर्शनों, खेल अध्यापन को सफलता के लिए आदेश विधि एक अर्थपूर्ण उपकरण है। आदेश के महत्त्व को तभी समझा जा सकता है जब अध्यापक द्वारा आदेश का स्पष्ट, प्रभावशाली और स्पष्टता से सुनने योग्य उच्चारण किया जाता है।

शारीरिक शिक्षा में अनेक प्रकार की क्रियाएँ होती हैं। जिसमें कुछ क्रियाएँ आदेश पर की जाती है। कक्षा को व्यवस्थित रखने तथा व्यायाम को विधिवत सिखाने के लिए आदेश विधि का प्रयोग बहुत आवश्यक है।

इस विधि द्वारा विद्यार्थियों को किसी गतिविधि-विशेष को संपन्न करने का आदेश दिया जाता है। एक आदेश पर सभी विद्यार्थी एक जैसी क्रिया करते हैं जो देखने में बड़े सुंदर एवं आकर्षक लगते हैं। यदि आदेश स्पष्ट ढंग से दिए जाए तो उसके प्रति अनुक्रियाएँ भी सुंदर, स्पष्ट मनमोहक तथा चुस्त होती हैं।

प्रार्थना सभाओं, परेड मार्च पास्ट आदि के लिए आदेश विधि का अधिकतम उपयोग किया जाता है। जो शिक्षक आदेश देने की विधि में प्रयोग नहीं होते उन्हें समूह गतिविधियों तथा दल प्रक्रियाओं को आयोजित करने में कठिनाई आती है। विद्यार्थी चाहे प्राथमिक स्तर के हो या माध्यमिक स्तर के उन्हें सुझाव-बुझाव से कम परंतु आदेश विधि द्वारा ज्यादा अच्छी प्रकार से नियंत्रण में रखा जा सकता है।

गुण (Merits)–

(i) आदेश विधि से क्रिया तुरंत करके दिखाई जा सकती है।

(ii) इससे क्रिया में एकरूपता से आकर्षण दिखाई देता है।

(iii) क्रिया की दिशा और प्रकार स्पष्ट हो जाता है।

(iv) आदेश के शब्द इस प्रकार के हो कि जैसे केवल एक ही विद्यार्थी को आदेश दिया जा रहा हो।

(v) आदेश देते समय शिक्षक को आवाज में स्पष्टता, प्रभाविकता तथा कार्य साधकता का स्वर हो। आवाज का तात्पर्य ऊँचा, स्वर नहीं, अपितु शुद्ध उच्चारण है।

(vi) आदेश देते समय स्वर में आरोह-अवरोह का होना बहुत जरूरी है।

दोष (Demerits)—
1. आदेश विधि एक अरुचिकर और शिक्षण की उबाऊ शैली है।
2. यह विधि व्यक्तिगत जरूरतों और अंतरों के प्रति असंवेदी है।
3. इस विधि में सृजनात्मकता और वैयक्तिकता उन्नति नहीं करती है।
4. इस विधि में शिक्षण और विद्यार्थियों के बीच संबंध औपचारिक रहते हैं।

प्रदर्शन विधि (Demonstration Method)— शारीरिक क्रियाओं के शिक्षण की यह सर्वोच्च विधि है। शारीरिक शिक्षा में यह बहुत ही महत्त्वपूर्ण है कि क्रिया और कौशल को अपेक्षित व स्पष्ट रूप से प्रदर्शित किया जाए। जो कि शारीरिक प्रदर्शन पर ही निर्भर करता है। प्रदर्शन विधि का चुनाव सदैव विद्यार्थियों के मानसिक स्तर को देखकर किया जाना चाहिए। किसी भी क्रिया या कौशल का प्रदर्शन विद्यार्थी के मस्तिष्क पर पूरे चित्र की स्पष्ट व क्रमबद्ध छाप छोड़ता है। प्रदर्शन के दौरान विद्यार्थियों को उपयुक्त कक्षा संरचना में विश्राम की स्थिति में खड़ा रखना चाहिए।

प्रदर्शन जितना ही स्पष्ट, पूर्ण एवं आकर्षक होगा, उतना ही अधिक बच्चे क्रिया को व्यवहारिकता देने में समर्थ होंगे। बच्चे जितना अधिक क्रिया को व्यवहारिकता देंगे, उतना ही अधिक उन्हें कार्य में सम्मान उत्पन्न होगा तथा ज्ञान में परिपक्वता आएगी।

गुण (Merits)—
1. एक गतिविधि का निरूपण एक प्रतिमान के रूप में प्रस्तुत होता है।
2. यह निरूपित कौशल का एक मानसिक प्रतिबिम्ब बनाने में छात्रों की सहायता करता है।
3. यह गतिविधि या कौशल की स्पष्ट तस्वीर संचारित करने का सबसे सामान्य और प्रभावी साधन प्रदान करती है।
4. निरूपण, विद्यार्थियों के समक्ष निष्पादन के लिए एक मानक निर्धारित करता है।

दोष (Demerits)—
1. एक खराब तरह से किया गया निरूपण गलत गति कौशलों के विकास को नेतृत्व दे सकता है।
2. इसकी निश्चित कौशलों का निष्पादन करने की सीमाएँ हैं जैसे ऊँची कूद में शरीर की स्थिति या जिम्नास्टिक में समरसाल्ट की स्थिति आदि।

संपूर्ण-खंड-संपूर्ण विधि (Whole-Part-Whole Method)— यह विधि अध्यापन की क्रमवार व्यवस्था व नए कौशल और क्रिया को सिखाने से संबंधित है। शिक्षक सर्वप्रथम कौशल का पूर्ण विधि से प्रदर्शन करता है। उसके पश्चात् चरण बद्ध (भाग विधि) तरीके द्वारा अध्यापन करता है और अंततः पुनः पूर्ण विधि से समझाता है। जिससे कि पूरा कौशल विद्यार्थियों को आसानी से समझ आ सके। इस विधि में पूर्ण विधि एवं भाग विधि दोनों को क्रमानुसार प्रयोग में लाया जाता है।

पूर्ण अंश पूर्ण विधि का प्रयोग शिक्षक उस समय करता है, जबकि वह किसी क्रिया को बच्चों को पहले से बता चुका होता है अर्थात् शिक्षक पहले क्रिया का वास्तविक रूप प्रस्तुत करता है। इसके पश्चात् वह क्रिया को महत्त्वपूर्ण भागों में विभक्त कर बच्चों को समझाता है। जब बच्चे क्रिया के सभी भागों को समझ लेते हैं तब पुनः पूर्ण अंश तथा पूर्ण विधि द्वारा क्रिया

को एकरूपता दी जाती है। बड़े खेलों के मूलभूत कौशलों के शिक्षण ममें यह विधि बहुत उपयोगी है।

गुण (Merits)—

1. शारीरिक शिक्षा के शिक्षण की यह विधि सभी में सर्वोत्तम मानी जाती है विशेषत: सबसे कठिन तकनीक/कौशल को सीखने के लिए।
2. तकनीक पर निपुणता प्राप्त करने में यह विधि मार्मिक भूमिका निभाती है।
3. विभिन्न और कठिन परिस्थितियों में गति कार्यान्वयन के स्थिरीकरण में यह छात्रों की सहायता करता है।

गुण (Demerits)—

1. यह विधि छोटे बच्चों के लिए नहीं है क्योंकि वे जटिल तकनीक/कौशल में पूर्णता नहीं चाहते हैं।
2. इस विधि में बहुत अधिक समय लगता है।

दर्पण विधि (Mirror Method)— इस विधि द्वारा शिक्षक कौशल के प्रदर्शन को छात्रों को समझाता है और शिक्षक इस बात का ध्यान रखता है कि आमने-सामने की विपरीत स्थिति में खड़ा होने पर भी बच्चों को दिशा के बारे में कोई भ्रम न हो। जैसे छात्रों के समूह के सामने शिक्षक खड़ा होकर कौशल का प्रदर्शन करता है तो उस अवस्था में भी बाईं अथवा दाईं दिशा का भ्रम न हो तो शिक्षक छात्रों की स्थिति के अनुसार प्रदर्शन देगा अन्यथा छात्र दिशा-भ्रम होने के कारण समझ नहीं पाएँगे। उदाहरण के लिए जैसे प्रत्येक क्रिया बाएँ से दाएँ की ओर की जाती है तो शिक्षक बच्चों के समक्ष विपरीत तरीके से दाएँ से बाएँ की ओर प्रदर्शित करके दिखाएगा।

गुण (Merits)—

1. इस विधि के माध्यम से विद्यार्थी अपनी गतिविधि पर तत्काल प्रतिपुष्टि प्राप्त कर सकता है।
2. यह छोटे बच्चों के लिए एक आदर्श विधि है जहाँ वे अपने शरीर के अंगों को जानते हैं।

दोष (Demerits)—

त्रुटि में संशोधन छूट गया है।

प्रश्न 30. इंट्राम्यूरल प्रतियोगिता के लिए गतिविधियों का चयन किस प्रकार किया जाना चाहिए? चर्चा कीजिए।

उत्तर— इंट्राम्यूरल प्रतियोगिताओं में बहुत-सी गतिविधियाँ या क्रियाएँ होती हैं, जिन्हें इनके अंतर्गत किया जा सकता है। इंट्राम्यूरल के लिए गतिविधियों का चयन बहुत सावधानीपूर्वक किया जाना चाहिए। गतिविधियों का चयन मुख्यतया दो कारकों (Factors) जैसे—विद्यार्थियों की रुचियों व विद्यालय में उपलब्ध सुविधाओं पर आधारित होना चाहिए। इन कारकों के साथ-साथ हमें इंट्राम्यूरल्स के मनोरंजनदायक पहलुओं को भी नहीं भूलना चाहिए। सभी इंट्राम्यूरल गतिविधियाँ ऐसी होनी चाहिए, जिससे विद्यार्थियों को भरपूर मनोरंजन प्राप्त करने के अवसर मिल सकें। ये गतिविधियाँ शिक्षा के लक्ष्यों को प्राप्त कराने में सक्षम होनी चाहिए तथा विद्यार्थियों के सामान्य विकास में भी सहायक होनी चाहिए। अत: गतिविधियों का चयन निम्नलिखित वर्गों में से किया जाना चाहिए—

(1) मुख्य खेल (Main Games)—मुख्य खेलों में क्रिकेट, हॉकी, वॉलीबॉल, कबड्डी, बॉस्केट बॉल, तैराकी, एथलैटिक्स, लॉन टेनिस, टेबल टेनिस, फुटबॉल, बैडमिंटन आदि शामिल हैं।

(2) सामान्य खेल (General Games)—सामान्य खेलों में खो-खो, शटल दौड़, शेर-बकरी, आलू दौड़, लंगड़ी दौड़, बोरी दौड़, मेंढ़क कूद आदि शामिल हैं।

(3) द्वंद्वात्मक गतिविधियाँ (Combative Activities)—इनमें मुक्केबाजी, ताइक्वांडो, जूडो कराटे आदि शामिल हैं।

(4) लयात्मक गतिविधियाँ (Rhythmic Activities)—इन क्रियाओं में लयात्मक जिम्नास्टिक, लोकनृत्य, मास पी.टी., समूह नृत्य, एक नृत्य, लेजियम, डंबल, मार्चिंग आदि शामिल हैं।

(5) सृजनात्मक गतिविधियाँ (Creative Activities)—सृजनात्मक क्रियाओं में ड्राइंग, पेंटिंग, पेपर कटिंग, मूर्तिकला मॉडल एवं गार्डनिंग शामिल हैं।

(6) क्विज प्रतियोगिताएँ (Quiz Competition)—इसमें विभिन्न समय पर छात्रों की रुचि के अनुसार क्विज प्रतियोगिताएँ शामिल की जा सकती हैं।

प्रश्न 31. इंट्राम्यूरल के सामान्य सिद्धांतों का उल्लेख कीजिए।

उत्तर— किसी भी विद्यालय या संस्थान में इंट्राम्यूरल की गतिविधियों को शुरू करने से पूर्व कुछ सामान्य सिद्धांतों का पालन करना अत्यंत आवश्यक है जिनका संक्षिप्त वर्णन नीचे दिया गया है—

(1) स्थानीय परिस्थितियाँ और उपलब्ध इंफ्रास्ट्रक्चर (Local Conditions and Available Infrastructure)—इंट्राम्यूरल गतिविधियों का फिक्सचर बनाते समय स्थानीय परिस्थितियाँ, जैसे—खेल मैदानों की उपलब्धता, लोकप्रिय खेल-कूद एवं दूसरी अन्य सुविधाओं का भी ध्यान रखना आवश्यक है। शिक्षक, प्रशिक्षक एवं उपलब्ध खेल उपकरणों की पूर्णतया जानकारी होना भी आवश्यक है।

(2) खेल उपकरणों की गुणवत्ता एवं मानकता (Quality and Standard of Sports Equipment)—इंट्राम्यूरल की प्रतियोगिताओं के लिए प्रयुक्त सभी खेल उपकरण उच्च गुणवत्ता एवं मानकों के होने चाहिए तथा प्रतियोगिता पूर्व इनकी जाँच कर लेनी चाहिए, क्योंकि विद्यार्थियों की सुरक्षा इसी पर निर्भर करती है। निम्न गुणवत्ता वाले खेल उपकरणों से विद्यार्थियों को चोट लगने की संभावना अधिक बनी रहती है।

(3) वित्तीय स्थिति (Financial Condition)—इंट्राम्यूरल प्रतियोगिताएँ मुख्य रूप से विद्यालय के संस्थान की वित्तीय स्थिति पर आधारित होते हैं। यदि वित्तीय स्थिति अच्छी हो तो प्रतियोगिता में खर्चीले खेल भी शामिल किए जा सकते हैं एवं इंट्राम्यूरल गतिविधियों का आयोजन बेहतर ढंग से किया जा सकता है। विद्यालय में बजट कम होने की स्थिति में सस्ते एवं मनोरंजनात्मक खेल-कूद क्रियाओं को शामिल किया जा सकता है। विद्यालय प्रबंधन द्वारा इंट्राम्यूरल प्रतियोगिताओं का कार्यक्रम बजट के अनुसार समझ-बूझ से बनाना चाहिए ताकि विद्यार्थी इनका भरपूर लाभ उठा सकें, मनोरंजन कर सकें।

(4) उपयुक्त समय (Suitable Time)—इंट्राम्यूरल प्रतियोगिताओं का निर्धारण करते समय इस बात का विशेष ध्यान रखना चाहिए कि विद्यार्थियों के शैक्षिक कार्य में बाधा न पहुँचे,

क्योंकि शैक्षिक दिवसों में सभी विद्यार्थियों को इंट्राम्यूरल प्रतियोगिता में शामिल करने से उनकी पढ़ाई में हर्जाना होता है। अतः इंट्राम्यूरल क्रियाओं का कार्यक्रम वीकएंड या छुट्टी के दिन बनाया जा सकता है। समय के साथ मौसम का भी विशेष ध्यान रखना चाहिए, क्योंकि अच्छी प्रतियोगिता के आयोजन के लिए उपयुक्त एवं अच्छे मौसम का होना परम आवश्यक है।

(5) विद्यार्थियों की रुचि (Interest of Students)—इंट्राम्यूरल प्रतियोगिता के आयोजन की योजना बनाते समय विद्यार्थियों की रुचियों का विशेष ध्यान रखना चाहिए। यदि गतिविधियाँ विद्यार्थियों की रुचि के अनुरूप होंगी तो सभी विद्यार्थियों की भागीदारी संभव हो जाएगी एवं इंट्राम्यूरल के उद्देश्य की प्राप्ति होगी।

(6) विद्यार्थियों का उपयुक्त वर्गीकरण (Proper Classification of Students)— इंट्राम्यूरल प्रतियोगिता की गतिविधियों में भाग लेने से पूर्व विद्यार्थियों का वर्गीकरण आयु, ऊँचाई, भार, योग्यता, कक्षा आदि के आधार पर करना परमावश्यक है। सभी विद्यालयों या संस्थाओं में कुछ विद्यार्थी शारीरिक रूप से विकलांग होते हैं। ऐसे विद्यार्थियों को भी इन गतिविधियों में शामिल करना जरूरी है। अतः इन विद्यार्थियों को भी उपरोक्त कारकों के आधार पर वर्गीकृत करना चाहिए।

(7) चिकित्सा परीक्षण (Medical Examination)—इंट्राम्यूरल की गतिविधियों में विद्यार्थियों की भागीदारी से पूर्व सभी विद्यार्थियों का चिकित्सा परीक्षण कर लेना चाहिए ताकि बीमार एवं चोटग्रस्त विद्यार्थियों की पहचान हो सके। शारीरिक रूप से अस्वस्थ विद्यार्थियों को इन गतिविधियों में शामिल नहीं करना चाहिए।

(8) सकारात्मक दृष्टिकोण (Positive Outlook)—इंट्राम्यूरल की गतिविधियों का मुख्य उद्देश्य सभी विद्यार्थियों की खेलों में भागीदारी एवं भरपूर मनोरंजन प्रदान करना है। इसलिए सभी विद्यार्थियों को सकारात्मक खेल खेलना चाहिए। जीतना ही अंतिम लक्ष्य नहीं होना चाहिए। सभी विद्यार्थियों को अपने प्रदर्शन पर ध्यान देना चाहिए एवं बेहतर प्रदर्शन करने का प्रयास करना चाहिए। अच्छे खिलाड़ियों की प्रशंसा करनी चाहिए परंतु हारने वाले विद्यार्थियों का भी हौसला बढ़ाना चाहिए। अतः विद्यालय शिक्षकों, प्रशिक्षकों एवं विद्यार्थियों को सकारात्मक दृष्टिकोण से अच्छी खेल भावना का परिचय देते हुए सकारात्मक खेलना चाहिए।

प्रश्न 32. एक्स्ट्राम्यूरल प्रतियोगिताओं के महत्त्व पर संक्षिप्त टिप्पणी कीजिए।

उत्तर— शारीरिक शिक्षा के क्षेत्र में, एक्स्ट्राम्यूरल प्रतियोगिताएँ जरूरी होती हैं, क्योंकि एक्स्ट्राम्यूरल प्रतियोगिताओं के बिना शारीरिक शिक्षा के कार्यक्रम अधूरे होते हैं। निम्नलिखित बिंदु, एक्स्ट्राम्यूरल प्रतियोगिताओं के महत्त्व को दर्शाने में महत्त्वपूर्ण हैं—

(1) विद्यालयों को अपनी खेलों से संबंधित योग्यताओं को प्रकट करने के अवसर प्रदान करती है (Provide opportunities to schools to show their sports capabilities)—एक्स्ट्राम्यूरल प्रतियोगिताएँ विद्यालयों को अपनी खेलों से संबंधित क्षमताओं व योग्यताओं को प्रदर्शित करने के भरपूर अवसर प्रदान करती हैं। यदि एक विद्यालय के विद्यार्थी खेलों के क्षेत्र में अच्छी योग्यताएँ रखते हैं तथा एक्स्ट्राम्यूरल्स में अच्छा प्रदर्शन करते हैं, तो वे अपने विद्यालय या शिक्षण संस्थान के ताज में और भी चार चाँद लगा देते हैं। इससे उस विद्यालय की छवि में वृद्धि होती है।

(2) खेल प्रदर्शन के स्तर को बढ़ाने के लिए (For enhancing the standard of sports performance)–एक्स्ट्राम्यूरल प्रतियोगिताओं के द्वारा खेल प्रदर्शन में वृद्धि की जा सकती है। विशेष रूप से हारने वाली टीमें या हारने वाले विद्यालय अगले वर्ष आयोजित होने वाली एक्स्ट्राम्यूरल प्रतियोगिताओं में अपने प्रदर्शन को बेहतर बनाने के लिए कठिन अभ्यास कर सकते हैं।

(3) खेल तकनीकों की उचित जानकारी प्रदान करते हैं (Provide appropriate knowledge of sports techniques)–खेलों की नई तकनीकों की उचित जानकारी के लिए एक्स्ट्राम्यूरल प्रतियोगिताएँ आवश्यक होती हैं। ऐसी टीमें जिनको विभिन्न खेलों की उचित व नई तकनीकों का पता नहीं होता, वे एक्स्ट्राम्यूरल प्रतियोगिताओं में भाग लेने से नई तकनीकों की जानकारी प्राप्त कर सकती हैं।

(4) शारीरिक शिक्षा के कार्यक्रमों को और अधिक प्रभावी बनाने व लागू करने के लिए (For making and implementing the programmes of physical education more effective)–एक्स्ट्राम्यूरल शारीरिक शिक्षा के कार्यक्रमों को अधिक प्रभावी बनाने व लागू करने के लिए अति आवश्यक होते हैं। एक्स्ट्राम्यूरल्स खेलों के आधार का विस्तार करने में भी सहायक होते हैं।

(5) खेलों में भाग लेने के अवसरों में वृद्धि करते हैं (Improve the opportunities in sports)–एक्स्ट्राम्यूरल प्रतियोगिताएँ, विभिन्न विद्यालयों के विद्यार्थियों को खेलों में भाग लेने के अवसरों में वृद्धि करती हैं। बहुत से विद्यालय, जो ऐसी प्रतियोगिताओं में भाग नहीं लेते, वे भी अभिप्रेरित हो जाते हैं तथा परिणामस्वरूप ऐसे विद्यालय एक्स्ट्राम्यूरल्स में भाग लेना प्रारंभ कर देते हैं।

प्रश्न 33. निम्नलिखित पर संक्षिप्त टिप्पणी कीजिए–

(क) स्कूल असेंबली

अथवा

विद्यालय में प्रातःकालीन सभा के आयोजन के कोई दो कारण लिखें।

[अप्रैल–2016, प्रश्न सं. 25]

उत्तर–विद्यालय की सभाएँ, प्रारंभिक विद्यालय की जनसंख्या के बड़े खंड को एक साथ सूचना साझा करने के लिए आयोजित की जाती हैं, जो महत्त्वपूर्ण उद्घोषणाओं के लिए एक मुखा-भिमुख स्थान प्रदान करता है तथा विद्यालय के अंदर समुदाय की एक समझ को पोषित करता है। सभाएँ संपूर्ण विद्यालय की हो सकती हैं यदि स्थान और अग्नि सुरक्षा नियम स्वीकृति देते हैं या प्राथमिक, माध्यमिक या कनिष्ट माध्यमिक विद्यार्थियों के चयनित श्रोताओं के लिए आयु से संबद्ध विषयों पर आयोजित हो सकते हैं। कभी-कभी विद्यालय के प्रधानाचार्य बाहर होते हैं या सभाओं में व्यस्त रहते हैं तो शिक्षकों को बारी-बारी से विद्यालय सभाओं का आयोजन करने के लिए कहते हैं।

सीखने-सिखाने की प्रक्रिया में यों तो विद्यालय का हर क्षण अति महत्त्वपूर्ण होता है, लेकिन 'मोर्निंग असेंबली' यानी प्रार्थना सभा का वक्त इसलिए अधिक महत्त्व रखता है, क्योंकि इस

समय समूचे विद्यालय को एक नजर में समेटा जा सकता है। प्रार्थना सभा में सभी शिक्षक-शिक्षार्थी एक साथ उपस्थित होते हैं और मिल कर गतिविधियों में भाग लेते हैं। सभी कक्षाओं के बच्चे एक साथ बैठते हैं और बच्चों को बड़े समूह के सामने बोलने का मौका मिलता है जिससे बड़े समूह में एक साथ ज्यादा बच्चों को सीखने का मौका मिलता है। साथ ही यह विद्यालय संबंधित निर्णय, सूचना, आदेश, निर्देश में सबको अवगत कराने का सर्वोत्तम समय होता है। विद्यालय में सुबह की सभा शिक्षकों और विद्यार्थियों को नियमित और पाबंद बनाता है। सुबह की सभा के उपयुक्त और सुनियोजित व्यवस्था के माध्यम से हम विद्यार्थियों में निश्चित रूप से अच्छी आदतें, आचरण, मनोवृत्तियों, मूल्य, समयनिष्ठा, नियमितता, स्वच्छता आदि को विकसित कर सकते हैं।

(ख) मार्च पास्ट (परेड) (March Past)

उत्तर—परेड (parade) या मार्च (march) एक प्रकार का जुलूस होता है जिसमें चलने वाले अक्सर किसी विशेष वेशभूषा में संगठित ढंग से चलते हैं। भारतीय उपमहाद्वीप व ब्रिटेन में 'परेड' आमतौर पर सैनिक दस्तों के जुलूस को ही कहते हैं, हालाँकि यह गैर-सैनिक लोगों की चाल को भी कहा जा सकता है। परेड के साथ-साथ अक्सर संगीत-वाद्य बजाने वाले और झाँकियाँ या अन्य ध्यान आकर्षित करने वाली वस्तुएँ उठाए हुए लोग भी होते हैं। परेडों को गणतंत्र दिवस जैसे उत्सवों पर, संकटग्रस्त क्षेत्रों में जनता को आश्वासित करने के लिए, युद्धस्थिति में अधिकृत क्षेत्र में शत्रु का मनोबल तोड़ने के लिए और अन्य स्थितियों में आयोजित किया जाता है।

(ग) खेल दिवस (Sports Day)

उत्तर—विद्यालयों द्वारा प्रत्येक वर्ष बच्चों के सर्वांगीण विकास के लिए खेल दिवस का आयोजन किया जाता है। खेल दिवस के उद्घाटन या समापन समारोह में विद्यार्थियों द्वारा विशेष प्रदर्शन, जैसे– डंबल, मास पी.टी., लेजियम, पिरामिड, एरोबिक, नृत्य व गायन तथा योगासन का प्रदर्शन भी किया जाता है। खेल दिवस से भविष्य की प्रतियोगिताओं के लिए उत्कृष्ट खिलाड़ियों के चयन का अवसर मिलता है।

(घ) कैलिस्थैनिक्स (Calisthenics)

उत्तर—व्यक्ति को अपना दैनिक जीवन सुचारू रूप से चलाने के लिए तथा शरीर को ताकतवर, सुदृढ़, एवं सुडौल बनाने के लिए जो व्यायाम किए जाते हैं उन्हें कैलिस्थैनिक्स कहा जाता है ये व्यायाम दो प्रकार से किए जाते हैं–

(i) बिना किसी उपकरण की सहायता से किए जाने वाली व्यायाम/क्रियाएँ

(ii) हल्के उपकरणों की सहायता से किए जाने वाली व्यायाम क्रियाएँ जैसे डम्बल, लेजियम, वैंडस इत्यादि।

जो लोग शारीरिक श्रम नहीं करते उनके लिए व्यायामों का निरंतर अभ्यास उनके स्वास्थ्य के लिए बहुत जरूरी है। उनकी भूख-प्यास, पाचन शक्ति, शारीरिक लचक, शरीर की सहन करने की क्षमता, हृदय गति आदि में किसी प्रकार का विकार नहीं आता। इतना ही नहीं बड़े खेलों के कौशल सीखने के लिए कैलिस्थैनिक्स क्रियाएँ अद्वितीय भूमिका निभाती हैं।

व्यायाम एक समान सामूहिक शरीर की गतियाँ हैं। प्राथमिक और मध्य विद्यालय में इनका महत्त्व समस्त विश्व में मुख्यत: दो कारणों से स्वीकृत किया जाता है। (1) वे सबसे किफायती व्यायाम है इन्हें बहुत कम उपकरण अपेक्षित हैं और (2) इनका महान निरूपणात्मक मूल्य और जब बच्चों द्वारा समूह में किए जाते हैं तो आँखों को तृप्त कर देते हैं।

प्रश्न 34. समावेशी स्वास्थ्य और शारीरिक शिक्षकों के समक्ष आधारभूत चिंतन का वर्णन कीजिए। साथ ही सहायक सुझावों को सूचीबद्ध कीजिए।

उत्तर–समावेशी स्वास्थ्य और शारीरिक शिक्षकों से पूर्व आधारभूत चिंतन निम्न हैं–

- विवेचनात्मक चिंतक और समस्या समाधानकर्त्ता हो क्योंकि वे सार्थक, समावेशी शारीरिक गतिविधि प्रदान करने के लिए ज्ञान और कौशलों को विकसित करते हैं।
- चार प्रमुख विषय क्षेत्रों–गति संचाल कौशलों और खेल, खेल का प्रारूप, स्वास्थ्य संबंधी स्वस्थता, और साहस तथा बाहरी मनोरंजन के लिए व्यक्तिगत शारीरिक गतिविधि कार्यक्रमों को तैयार करें और योजना बनाएँ।
- विविध योग्यताओं के प्रति जागरूकता बढ़ाने, साथियों की सकारात्मक मनोवृत्तियों को पोषित करने और समावेगी शारीरिक गतिविधि पर केंद्रित समर्थन प्रयासों को बढ़ाने के लिए रणनीतियों एवं तकनीकें विकसित करें।
- समावेशी कार्यक्रम के साथ संबद्ध बाधाओं को पराजित करें।

सहायक सुझाव (Helpful Suggestions)–

1. अभिभावकों और विशिष्ट सहायक स्टॉफ के साथ सलाह करें।
2. जिन गतिविधियों को करने में विद्यार्थी सक्षम नहीं है उन्हें करना अपेक्षित नहीं है।
3. विशेष आवश्यकता वाले बच्चों को टीम और खेल के लिए चयन नहीं करें, ऐसे बच्चों का अंत में चयन करेंगे।
4. जब भी संभव हो विकलांग बच्चे द्वारा निष्पादित करने योग्य कार्यों को सृजित किया जाता है जो उनके स्वाभिमान में सहायता करता है।
5. अपवादी बच्चों से संबद्ध संगठनों के लिए संसाधनों की एक ऑनलाइन संपत्ति है। इन संसाधनों को खोजें।

प्रश्न 35. विशेष रूप से प्रतिभाशाली बच्चों के लिए शारीरिक शिक्षा में परामर्शदाता के रूप में शिक्षक की भूमिका स्पष्ट कीजिए।

उत्तर– विचलित विद्यार्थी के मूल्यांकन में यह अत्यंत महत्त्वपूर्ण है कि सलाहकार बच्चे की समस्या के निदानशास्त्र (etiology) के रूप में एक शुद्ध विभेदीकरण करें। कुछ मनोविकृति संबंधी लक्षण और निदान की श्रेणियाँ हैं जो प्रतिभासंपन्नता के लक्षणों का साम्य रखती हैं। निम्नलिखित मनोविकृति संबंधी नैदानिक श्रेणियाँ हैं जो सामान्यत अवलोकित की जाती हैं जो प्रतिभासंपन्नता से उसकी संबद्धता के कारण है। सलाहकारों को सावधानपूर्वक विचार करना चाहिए ताकि वे अपने रोगियों को समझ और उनका निदान कर सकें।

- ADHD : Attention Deficit Hyperactivity Disorder
- OCD : Obsessive Compulsive Disorder

- Bipolar Disorder (Manic Depression)
- Somatic Disorder
- Borderline Personality Disorder (or any of the axis II Diagnostic Categories)
  - PDD Pervasive Development Disorder
  - Autism
  - Anxiety Disorder
- कई अन्य दूसरे मनोविकृति संबंधी निदान श्रेणी जो प्रकृति में असामान्य हो सकती हैं।

इसके अतिरिक्त सलाहकार की भूमिका सूक्ष्मताओं से आच्छादित हैं जो विशेषत: उनकी प्रतिभा संपन्नता और उनकी प्रतिभासंपन्नता से संबंधित मुद्दों के ज्ञान से संबंध रखता है। प्रतिभाशाली लोग सलाहकारों के साथ प्रभावी रूप से कार्य करने में पूर्णत: तैयार होने चाहिए—

- **अपनी स्वयं की प्रतिभा संपन्नता को जानें**—एक सलाहकार को प्रतिभाशाली व्यक्ति के रूप में गुणों और अभावों के समान स्वयं के पहचान की एक स्पष्ट संकल्पना होना जरूरी है।
- प्रतिभाशाली बच्चों के लक्षणों का एक मजबूत सैद्धांतिक आधार और ज्ञान है।
- प्रतिभाशाली बच्चों के लिए उपलब्ध संसाधनों—समर्थन समूहों, अभिभावी संगठनों, शैक्षिक अवसरों, ग्रंथ-सूचियों आदि के प्रति जागरूक हों।
- **परामर्श के उपागम में सृजनात्मक हों।** अपेक्षाकृत अपारंपरिक अनुयायियों के लिए पारंपरिक परामर्श विधियाँ सर्वोत्तम विकल्प नहीं हो सकती।
- **याद रखें कि प्रतिभाशाली बच्चों में अपवादिक योग्यताएँ होती हैं।** अपवादिक बुद्धि और अंतवैयक्तिक योग्यताओं के द्वारा मूर्ख बनाना आसान है।
- **सहायता के लिए कहें।** अपवादिक मामले अपवादिक सहायता चाहते हैं। प्रतिभाशाली बच्चों का एक प्रमुख लक्षण है उनकी स्वतंत्रता की मजबूत समझ। परस्पर निर्भरता का प्रतिमान बनाएँ और अधिक ज्ञानी सहयोगियों की अंतर्दृष्टि को खोजें।
- **प्रतिभाशाली बच्चे प्राय: विपथगामी व्यवहार का निरूपण करते हैं।** सलाहकार करे उनके विपथगामी व्यवहार के लिए उनके मूल्य संरचना के प्रति सजग होना चाहिए और उनकी वास्तविक अनुभूतियों के प्रति सचेत होना चाहिए।
- **एक अधिवक्ता बनें।** बच्चे के साथ सम्मिलित अन्यों को शिक्षित कर तथा उनके लिए सेवाओं का समन्वय कर आपकी सलाहकार के रूप में भूमिका का विस्तार करना आपके लिए अपेक्षित हो सकता है।
- **अपने आप होना।** प्रतिभाशाली बच्चे संबंधी में विश्वसनीयता चाहते हैं। वे आविष्कृत शिक्षण विधियों के माध्यम से सही देखते हैं। वे अपनी पारस्परिक क्रियाओं से संबद्धता चाहते हैं और खोजते हैं।

परामश प्रक्रियाओं में संबोधित किए जाने वाले कुछ अधिक सार्थक मुद्दे हैं—

- **प्रतिभा संपन्नता को पहचानना और एक प्रतिभाशाली पहचान बनाना**—बच्चे को यथार्थ रूप से जानने के लिए अवसर प्राप्त होना जरूरी है कि वह कैसे प्रतिभाशाली है, प्रतिभा संपन्नता का उसके लिए क्या तात्पर्य है और कैसे प्रतिभासंपन्नता उसकी पहचान और जीवन में भूमिका निभाती है। पहचान संभवत सबसे सार्थक मुद्दा है जिसे परामर्श में संबोधित किया जाता है।

• **प्रतिभा संपन्ना से इंकार**–बहुत से प्रतिभाशाली बच्चे व्यथित होते हैं क्योंकि उनमें जागरूकता और उनकी प्रतिभासंपन्नता की स्वीकृति का अभाव होता है। प्रतिभाशाली होने को जानने और स्वीकार करने में उनकी सहायता करें और उन्हें उन पर लागू करें। यही मुद्दे प्रतिभाशाली बच्चे के अभिभावकों पर लागू होते हैं।

• **विचलन से जूझना**–प्रतिभासंपन्नता का अस्तित्व खंडों में हो सकता है से इंकार करें क्योंकि विपथगामी व्यवहार होना सदा एक स्वीकृत गुण नहीं होता है। बच्चे के व्यवहार में विचलन सामाजिक एवं संवेदनात्मक समस्याओं के संपूर्ण आयोजन का नेतृत्व कर सकता है। बच्चे को उसके विचलन के प्रति सजग होने में सहायता करना महत्त्वपूर्ण हैं और उन्हें व्यथित करने की अपेक्षा उनकी विभिन्नताओं को पोषित करने की विधियाँ विकसित करें।

• **पारिवारिक मुद्दे**–ये यहाँ आवृत्त करने के लिए जटिल और बहुसंख्यक हैं किंतु यह निर्णायक है कि परामर्श प्रक्रिया में या तो पारिवारिक उपचार के माध्यम से अभिभावकों की शिक्षा या अन्य सहायक सेवाओं के माध्यम से अभिभावकों की एक सक्रिय भागीदारी होती है।

• **कमियों का सामना करना**–प्रतिभाशाली के परामर्श का सामना करने में यह प्रारंभिक प्रसंगों में से एक और सर्वोत्तम है। एक बार परामर्शदाता बच्चे को प्रतिभासंपन्नता के विशिष्ट क्षेत्रों को पहचानने में पहली सहायता देता है तो फिर यह प्रक्रिया आगे प्रतिभाशाली बच्चे को कमियों के क्षेत्रों को पहचानने में सहायता कर सकती है। इन कमियों का सामना करना बच्चे और सलाहकार दोनों के लिए सबसे चुनौतीपूर्ण पहलू होंगे तथा दोनों के लिए लाभप्रद होगी।

प्रश्न 36. सुसाध्यकर्त्ता के रूप में शिक्षक की भूमिका स्पष्ट कीजिए।

उत्तर–सभी कक्षाकक्ष में शिक्षक और विद्यार्थी दोनों के शारीरिक, सामाजिक, संवेदनात्मक और मानसिक गुणों का एक समुच्चय होता है। ये एक को दूसरे के साथ अंत:क्रिया करने के तरीके को प्रभावित करती है और इस प्रकार अधिगम की प्रक्रिया आगे बढ़ेगी। शिक्षक जितना अधिक उनके बारे में, उनकी जरूरतों और शैक्षिक दर्शन तथा अपने विद्यार्थियों की प्रकृति के बारे में जानने में सक्षम है उतना ही अधिक वह विद्यार्थी के अधिगम को सुसाध्य करने की स्थिति में होगा। यह शिक्षक के अधिगम भूमिका का एक अंग है और यह अधिगम सुसाधक के रूप में उसकी भूमिका में शिक्षक की सहायता करता है।

शिक्षकों द्वारा विद्यार्थी के अधिगम में सहायता करने के लिए कुछ चीजें जरूर उपस्थित होती हैं। प्रक्रियाएँ जो सुसाधक के रूप में शिक्षक को समझनी हैं निम्नलिखित हैं–

- विद्यार्थियों को मूल्यांकित करना
- अधिगम की योजना बनाना
- योजना को लागू करना और
- प्रक्रिया को मूल्यांकित करना।

प्रश्न 37. एथलैटिक्स क्या है? इसमें कितने प्रकार के इवेंट्स शामिल किए जाते हैं? चर्चा कीजिए।

उत्तर– 'एथलेटिक्स' शब्द यूनानी भाषा के 'एथलोन' (Athlon) शब्द से लिया गया है जिसका अर्थ है–प्रतियोगिता या स्पर्धा (Contest)। 'एथलीट (Athlete) शब्द का अर्थ है वह

व्यक्ति जो शारीरिक क्रियाओं से संबंधित स्पर्धाओं या प्रतियोगिताओं में भाग लेता हो। पुराने समय में यूनान में एथलेटिक्स शब्द का प्रयोग बहुत कम होता था, बल्कि वे इन क्रियाओं को 'ट्रैक एंड फील्ड' कहा करते थे। वास्तव में, 12वीं शताब्दी में इंग्लैंड में ट्रैक एंड फील्ड का नाम बदलकर एथलेटिक्स रखा गया। उसी समय से यह नाम प्रसिद्ध हो गया। आजकल विश्व-स्तर की खेल प्रतियोगिताओं में एथलेटिक्स एक प्रसिद्ध खेल बन चुका है। 1928 ई. तक महिलाओं को एथलेटिक्स प्रतियोगिताओं (ओलंपिक) में भाग लेने की अनुमति नहीं होती थी। 1913 ई. में International Amateur Athletic Federation (IAAF) का गठन हुआ। यह समिति विश्व स्तर पर एथलेटिक्स की प्रतियोगिताओं के ऊपर अपना नियंत्रण रखती है तथा एथलेटिक्स की प्रतियोगिताओं का आयोजन भी कराती है।

एथलेटिक्स में दो प्रकार के इवेंटस शामिल किए जाते हैं।

1. ट्रैक इवेंटस (Track Events)–

• **छोटी दूरी की दौड़ें (Short Distance Races)**–100 मी., 200 मी., 400 मी. , 100 मी., हर्डल्स, 110 मी., हर्डल्स, 4 × 400 मी. रिले दौड़। इसे स्प्रिंट रेस के रूप में भी जाना जाता है। इन दौड़ों को पूर्ण बल और गति के साथ किया जाता है। स्टार्ट के प्रकार–स्टैंडिंग स्टार्ट और सिटींग स्टार्ट (क्राउच स्टार्ट, बंच स्टार्ट, मीडियम स्टार्ट तथा एलोंगेटिड स्टार्ट)।

• **मध्यम दूरी की दौड़े**–800 मी. व 1500 मी.। ऐसी दौड़ों में गति प्राय: एक समान रखी जाती है। एक एथलीट लंबे कदमों से दौड़ता है। 800 मी. दौड़ के अलावा सभी मध्यम दूरी की दौड़ों में खड़ी शुरुआत की जाती है।

• **लंबी दूरी की दौड़े**–इनमें 3000 मी., 5000 मी., 10000 मी., 3000 मी. स्टीपल चेज, क्रास कंट्री दौड़ और मैराथन दौड़ (42 कि.मी. 195 मी.) शामिल होती हैं। कदम छोटे और स्वचालित रूप से गिरना चाहिए। शरीर पूरी तरह से तनाव मुक्त होना चाहिए।

2. फील्ड इवेंट्स (Field Events)- जो स्पर्धाएँ ट्रैक पर आयोजित नहीं की जातीं वे सभी फील्ड स्पर्धाएँ कहलाती हैं। फील्ड स्पर्धा में कूदने व फेंकने वाली स्पर्धाएँ आती हैं।

• **कूदने वाली स्पर्धाएँ (Jumping Events)**–लंबी कूद, त्रिकूद, बाँसकूद, ऊँची कूद।

• **फेंकने वाली स्पर्धाएँ (Throwing Events)**–गोला फेंक, भाला फेंक, चक्का फेंक, तारगोला फेंक।

शब्दावली (Terminology)–

(i) लेन (Lane)–ट्रैक की रेखाओं के बीच का रास्ता जिस पर एथलीट दौड़ता है, लेन कहलाता है। एक ट्रैक में 8 लेन होती है। लेकिन अब अंतर्राष्ट्रीय स्तर की मीट में 9 लेन भी हो सकती है।

(ii) रिले (Relay)–इस रेस में चार ऐथलीट दौड़ते हैं जिसमें एक एथलीट एक निश्चित दूरी तय करता है। निश्चित दूरी तय करने पर प्रतीक्षा कर रहे उसी टीम के अगले एथलीट को बैटन देता है।

(iii) जाल (Cage)–सुरक्षा जाल जो हैमर तथा डिस्कस थ्रो के वृत्त के चारों ओर लगा होता है।

(iv) बैटन–लगभग 1 फीट लंबा और 1 ओंस वजन की लकड़ी की ज्योति। जिसे एक धावक दूसरे को सौंप देता है।

स्वास्थ्य एवं शारीरिक शिक्षा   143

(v) मैराथन—यह लंबी दूरी की दौड़ प्रतियोगिता है जिसकी आधिकारिक दूरी 42.195 किलोमीटर (26 मील और 385 गज) है।

(vi) दौड़पथ (Track)—यह अंडाकार सर्किट 400 मीटर का होता है।

एथलैटिक्स के लिए आवश्यक उपकरण (Equipment required for athletics meet)—

(1) स्टॉप वॉचेस
(2) स्कोर शीट्स
(3) फिनिशिंग पोल्स
(4) कॉर्ड
(5) बैटन
(6) क्लिप बोर्ड
(7) चेस्ट संख्या
(8) न्यायाधीश के बैठने के लिए स्थान
(9) झंडा
(10) स्टार्टिंग ब्लॉक्स
(11) नापने का फीता

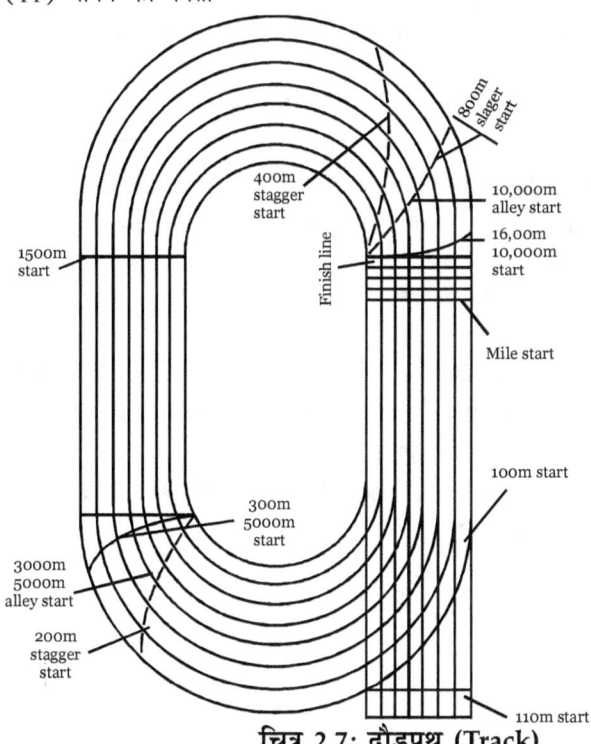

चित्र 2.7: दौड़पथ (Track)

प्रश्न 38. बैडमिंटन से संबंधित महत्त्वपूर्ण तथ्यों की विवेचना कीजिए।

अथवा

बैडमिंटन में प्रयुक्त तकनीक 'स्मैश' को परिभाषित करें। [अप्रैल–2016, प्रश्न सं. 23]

उत्तर–बैडमिंटन खेल की शुरुआत 1870 ई. के आस-पास महाराष्ट्र के पूना (पुणे) नगर में हुई। यहाँ पर ब्रिटिश सेना के भारतीय अधिकारियों ने इस खेल की शुरुआत की। आरंभ में इस खेल को 'पूना' नाम से जाना जाता था। सन् 1873 ई. में ब्रिटेन के नागरिक 'ड्यूक ऑफ न्यू फोर्ड' ने अपने नगर बैडमिंटन (ग्लूस्टर शहर) में इस खेल का प्रदर्शन किया। इसी शहर के नाम पर इस खेल को बैडमिंटन कहा जाने लगा।

इस खेल के नियम भी प्रथम बार पूना (पुणे) में ही बनाए गए, परंतु 1893 ई. में हैंपशायर (इंग्लैंड) में इन नियमों का मानकीकरण हुआ।

बैडमिंटन की सबसे बड़ी व्यक्तिगत अंतर्राष्ट्रीय प्रतियोगिता पहली बार 1899 में आयोजित की गई। इसे 1902 ई. में ऑल इंग्लैंड चैंपियनशिप का नाम दिया गया। इस खेल की अंतर्राष्ट्रीय स्तर पर नियामक संस्था अंतर्राष्ट्रीय बैडमिंटन महासंघ (I.B.F.) की स्थापना 1934 में हुई थी। सर जॉर्ज टॉमस इसके प्रथम अध्यक्ष थे।

1948 ई. में विश्व चैंपियन (पुरुष) 'थॉमस कप' की शुरुआत हुई। सन् 1957 में महिला चैंपियनशिप के लिए 'उबेर कप' की शुरुआत हुई। बैडमिंटन को 1988 में ओलंपिक में शामिल किया गया।

खेल के कोर्ट का आयाम (Dimension of the court)–कोर्ट आयताकार होता है और नेट द्वारा दो हिस्सों में विभाजित किया जाता है। आमतौर पर कोर्ट एकल और युगल दोनों खेल के लिए चिह्नित किए जाते हैं, हालाँकि नियम सिर्फ एकल के लिए कोर्ट को चिह्नित करने की अनुमति देता है। युगल कोर्ट एकल कोर्ट से अधिक चौड़े होते हैं, लेकिन दोनों की लंबाई एक समान होती है। अपवाद, जो अक्सर नए खिलाड़ियों को भ्रम में डाल देता है कि युगल कोर्ट की सर्व-लंबाई आयाम छोटा होता है।

कोर्ट की पूरी चौड़ाई 6.1 मीटर (20 फुट) और एकल की चौड़ाई सबसे कम 5.18 मीटर (17 फुट) होती है। कोर्ट की पूरी लंबाई 13.4 मीटर (44 फुट) होती है। सर्विस कोर्ट एक मध्य रेखा द्वारा कोर्ट की चौड़ाई को विभाजित करके चिह्नित होते हैं। नेट से 1.98 मीटर (6 फुट 6 इंच) की दूरी पर शॉर्ट सर्विस रेखा द्वारा और बाहरी ओर तथा पिछली सीमाओं द्वारा यह चिह्नित होता है। युगल में, सर्विस कोर्ट एक लंबी सर्विस रेखा द्वारा भी चिह्नित होता है, जो पिछली सीमा से 0.78 मीटर (2 फुट 6 इंच) की दूरी पर होती है।

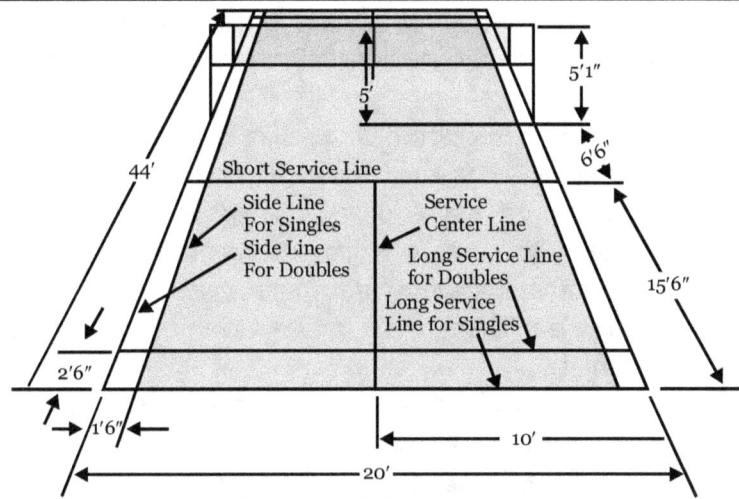

चित्र 2.8: कोर्ट का आयाम

नेट किनारों पर 1.55 मीटर (5 फीट 1 इंच) और बीच में 1.524 मीटर (5 फीट) ऊँचा होता है। नेट के खंबे युगल पार्श्व रेखाओं पर खड़े होते हैं, तब भी जब एकल खेला जाता है।

बैडमिंटन के नियमों में कोर्ट के ऊपर की छत की न्यूनतम ऊँचाई का कोई उल्लेख नहीं है। फिर भी, ऐसा बैडमिंटन कोर्ट अच्छा नहीं माना जाएगा अगर ऊँचा सर्व छत को छू जाए।

नियम (Rules)—हर खेल 21 प्वाइंट पर खेला जाता है, जहाँ खिलाड़ी एक रैली जीत कर एक प्वाइंट स्कोर करता है (यह उस पुरानी व्यवस्था से अलग है, जिसमें खिलाड़ी सिर्फ अपने सर्व जीतकर ही अंक पा सकते थे)। तीन खेल में सर्वोत्तम का एक मैच होता है।

रैली के आरंभ में, सर्वर और रिसीवर अपने-अपने सर्विस कोर्ट में एक-दूसरे के तिरछे खड़े होते हैं। सर्वर शटलकॉक को इस तरह हिट करता है कि यह रिसीवर के सर्विस कोर्ट में जाकर गिरे, यह टेनिस के समान है, सिवाय इसके कि बैडमिंटन सर्व कमर की ऊँचाई के नीचे से हिट किया जाना चाहिए और रैकेट शाफ्ट अधोमुखी होना चाहिए, शटलकॉक को बाउंस करने की अनुमति नहीं है और बैडमिंटन में खिलाड़ियों को अपने सर्व कोर्टों के अंदर खड़े रहना पड़ता है, जबकि ऐसा टेनिस में नहीं होता है।

जब सर्विंग पक्ष एक रैली हार जाता है, तब सर्व प्रतिद्वंद्वी या प्रतिद्वंद्वियों को मिल जाया करता है (पुरानी व्यवस्था के विपरीत, युगल में "सैकंड सर्व" नहीं होता है)।

अंक (Points)—प्रत्येक खेल कुल 21 प्वाइंट्स के होते हैं। एक मैच कुल 3 भागों में होता है। यदि दोनों दलों का स्कोर ही 20-20 हो चुका हो तो खेल तब तक जारी रहता है, जब तक दोनों में किसी एक को दो अतिरिक्त प्वाइंट की बढ़त न मिल जाए, मसलन 24-22 का स्कोर, वरना खेल 29 प्वाइंट्स तक जारी रहता है। 29 प्वाइंट्स के बाद एक 'गोल्डन प्वाइंट' के लिए खेल होता है, जो इस प्वाइंट को हासिल करता है वह खेल जीत जाता है।

फॉल्ट्स (Faults in Badminton)—कोई भी रैली फॉल्ट से ही खत्म होती है। फॉल्ट करने वाला खिलाड़ी रैली हार जाता है। फॉल्ट के कई कारण हो सकते हैं, जैसे—यदि सर्विस सही तरीके से नहीं हुआ तो फॉल्ट हो सकता है, मसलन सर्विस करते वक्त सर्वर का पाँव सर्विंग

लाइन पर पड़ गया हो या सर्विस के बाद शटल कोर्ट के बाहर जाकर गिरा हो। सर्विस के बाद यदि कॉक नेट में फँस जाता है, तो यह फॉल्ट में गिना जाता है। इन सबके अतिरिक्त फॉल्ट के कुछ कारण निम्नलिखित हैं—

- रिसीवर के साथी खिलाड़ी द्वारा सर्विस का जवाब देने पर।
- सर्विस के बाद या रैली के दौरान शटल नेट के पार न जाने पर।
- कॉक यदि किसी ऐसी वस्तु को छू जाता है जो कोर्ट के बाहर हो।
- एक ही खिलाड़ी द्वारा लगातार दो बार कॉक हिट करने पर फॉल्ट हो सकता है। यद्यपि रैकेट के हेड से स्ट्रिंग एरिया में आने के बाद के स्ट्रोक में फॉल्ट नहीं होता है।
- यदि एक ही कोर्ट में स्थित दो खिलाड़ी एक के बाद एक शटल स्ट्रोक करते हैं, तो इसकी गणना फॉल्ट में होगी।
- यदि आती हुई कॉक को रिसीवर कुछ इस तरह स्ट्रोक कर देता है, जिससे कॉक की दिशा विरोधी खिलाड़ी की तरफ नहीं रह जाती।
- खेल के दौरान यदि खिलाड़ी नेट को हाथ लगा देता है।
- खिलाड़ी खेल के दौरान यदि कोई ऐसी गतिविधि करता है, जिससे उसके विरोधी खिलाड़ी का ध्यान खेल से भटक जाता है और वह जवाबी स्ट्रोक देने में विफल हो जाता है तो भी फॉल्ट की संभावना होती है।

सर्विस (Service)—
(1) शॉर्ट सर्विस (Short Service)
(2) लाँग सर्विस (Long Service)

स्ट्रोक्स (Strokes)—
(1) फोरहैंड स्ट्रोक (Forehand Stroke)
(2) बैकहैंड स्ट्रोक (Backhand Stroke)
(3) ओवर हैड स्ट्रोक (Over Head Stroke)
(4) नेट स्ट्रोक (Net Stroke)

रैकेट को पकड़ना (Grip of Racket)—
(1) फोरहैंड ग्रिप (Forehand Grip)
(2) बैकहैंड ग्रिप (Backhand Grip)

स्टांस (Stance)—
(1) ग्राउंड स्टांस (Ground Stance)
(2) फोरहैंड रिटर्न (Forehand Return)
(3) बैक कोर्ट रिटर्न (Back Court Return)

मूल कौशल—
(1) सर्विस (हाई सर्विस, लो सर्विस)
(2) स्ट्रोक्स (फोरहैंड, बैकहैंड, ओवरहैंड तथा नेट स्ट्रोक)
(3) ड्रॉप
(4) स्मैश
(5) लोब शॉट, ड्राइव शॉट, प्लेसमेंट

शब्दावली (Terminology)–

- **बर्ड (Bird)**–बर्ड, शटल कॉक का दूसरा नाम है।
- **कोर्ट (Court)**–यह एक खेल का एरिया होता है जिसके साइड में साइड लाइंस तथा पीछे की तरफ बैक बाउंडरी लाइन होती हैं।
- **लैट (Let)**–किसी बाहरी अवरोध के कारण खेल के रुकने को लैट कहा जाता है। यह प्वाइंट द्वारा खेला जाता है। लैट तब भी दिया जाता है जब सर्विस करने वाला, सर्विस प्राप्त करने वाले के तैयार होने से पहले ही सर्विस कर देता है।
- **टॉस या लोब (Toss or Lob)**–यह एक ऐसा स्ट्रोक होता है जिसमें शटल को विरोधी की आधार रेखा की ओर ऊँचा व गहरा भेजा जाता है।
- **स्मैश (Smash)**–यह एक स्ट्रोक ही होता है जिसमें रैली खत्म करने के लिए शटल को नीचे की ओर तेजी से भेजा जाता है।
- **लव (Love)**–इस शब्द का प्रयोग 'जीरो' स्कोर के लिए किया जाता है।
- **सर्वर (Server)**–जो खिलाड़ी सर्विस करता है, उसे सर्वर कहते हैं।
- **नेट स्ट्रोक्स (Net Strokes)**–ये ऐसे स्ट्रोक्स होते हैं जो नेट के पास गिरने वाली शटल को विरोधी के कोर्ट में वापस भेजने के लिए लगाए जाते हैं।
- **साइड आउट (Side Out)**–जब एक खिलाड़ी या जोड़ा (pair) सर्विस करने का अधिकार खो चुका होता है तो साइड आउट कहा जाता है तथा शटल विरोधी खिलाड़ी या खिलाड़ियों को सर्विस करने के लिए दी जाती है।
- **मैच प्वाइंट (Match Point)**–वह अंक जो, यदि सर्वर के द्वारा जीता जाता है तो उसे मैच का विजेता बना देता है।
- **रोटेशन (Rotation)**–डबल्स की गेम में, रोटेशन एक ऐसा सिस्टम होता है जिसमें खिलाड़ी खेल के दौरान अपनी पोजिशन बदलते रहते हैं।
- **ड्रॉप शॉट (Drop Shot)**–ड्रॉप शॉट काफी हल्का स्ट्रोक होता है जिसमें शटल को फोरहैंड, बैकहैंड या दि हैंड स्ट्रोक लगाकर नेट के ऊपर से भेजा जाता है ताकि नेट को पार करने के बाद शटल नेट के पास ही विरोधी के कोर्ट में गिर जाए।

प्रश्न 39. 'वॉलीबॉल' खेल पर संक्षिप्त टिप्पणी कीजिए। इसके आयाम, नियमों, मूल कौशलों तथा खेल शब्दावली बताइए।

उत्तर–वॉलीबॉल का इतिहास लगभग 100 वर्ष पुराना है। वास्तव में, सन् 1895 में विलियम जी. मोर्गन के द्वारा वॉलीबॉल की शुरुआत हुई। भारतीय वॉलीबॉल संघ (Volleyball Federation of India) का गठन 1951 ई. में हुआ। सन् 1947 में अंतर्राष्ट्रीय वॉलीबॉल संघ (International Volleyball Federation) की स्थापना हुई।

प्रथम विश्व स्तर की प्रतियोगिता प्रॉग (Prague) में आयोजित की गई। टोकियो ओलंपिक में जो सन् 1964 में जापान में आयोजित किए गए थे, वॉलीबॉल को शामिल किया गया। भारत में 1952 ई. में प्रथम राष्ट्रीय चैंपियनशिप चेन्नई में आयोजित की गई।

ओलंपिक में, इसे 1964 में टोकियो ओलंपिक में शामिल किया गया। भारत में वॉलीबॉल को वाई.एम.सी.ए. द्वारा पुनःस्थापित किया गया था। यह अब एशियाई खेलों और ओलंपिक में एक बहुत ही लोकप्रिय खेल है।

आयाम (Dimension)—वॉलीबॉल एक खेल है। इसके मैदान की लंबाई 18 मीटर एवं चौड़ाई 9 मीटर होती है। लंबाई में इसको दो बराबर-बराबर भागों में बाँट दिया जाता है। तत्पश्चात् दो इंच (5 से.मी.) चौड़ाई की रेखा से इस मैदान की सीमा रेखा बना दी जाती है। किसी भी प्रकार की रुकावट मैदान के चारों तरफ, तीन मीटर तक और ऊँचाई में 7 मीटर तक नहीं होनी चाहिए। मध्य रेखा के समांतर दोनों तरफ उससे तीन मीटर की दूरी पर आक्रामक रेखा खींच दी जाती है। मैदान के पीछे की रेखा के साथ, बगल की रेखा से दोनों तरफ, क्रीड़ा क्षेत्र की ओर तीन मीटर की दूरी पर, मैदान के बाहर पीछे की ओर एक रेखा खींच दी जाती है। इसे सेवा क्षेत्र (Service area) कहते हैं।

मैदान के बीचों-बीच 9.5 मीटर लंबाई की एवं 1 मीटर चौड़ाई की साथ ही 10 से.मी. वर्गाकार छोटे-छोटे खानों वाले जाल को 2 मीटर 43 से.मी. (7 फुट 11.6 इंच) की ऊँचाई पर, बगल के दो मजबूत खंभों से बाँध दिया जाता है। इसकी ऊँचाई पुरुष एवं महिला वर्ग के लिए भिन्न-भिन्न है। पुरुष के लिए जहाँ 2 मीटर 43 से.मी. है, वहीं महिलाओं के लिए 2 मीटर 24 से.मी. होती है। सेंट्रल लाइन से दोनों ओर 3 मीटर की दूरी दो पैरलल लाइन खींची जाती है। इसे अटैक लाइन कहा जाता है। बैक लाइन से 20 सेंटीमीटर पीछे 15 सेंटीमीटर गुणा 5 सेंटीमीटर की दो लाइन खींची जाती है। इन दोनों लाइन के बीच फासला 9 मीटर का होता है। इसे सर्विस एरिया माना जाता है। यहीं से खिलाड़ी सर्विस भी करता है।

नए सामान्य नियम (Latest General Rules)—वॉलीबॉल खेल से संबंधित नए नियम निम्नलिखित हैं—

(1) सर्विस एरिया की चौड़ाई 3 मी. की अपेक्षा 9 मी. होती है।

(2) आक्रामक रेखा (Attack line) बाहर की ओर दोनों तरफ 1.75 मी. डॉटेड कर दी गई है।

(3) नए नियम के अनुसार 'लिबरो' (Libero) नामक खिलाड़ी टीम में एक विशेष खिलाड़ी होता है। वह केवल पीछे की पंक्ति का खिलाड़ी होता है। वह कोर्ट में आक्रामक क्षेत्र से आक्रमण नहीं कर सकता, केवल रक्षा के लिए खेल सकता है। उसकी टी-शर्ट बाकी खिलाड़ियों से अलग रंग की होती है। वह न तो सर्विस कर सकता है और न ही बॉल को ब्लॉक कर सकता है। वह आक्रमण क्षेत्र से स्मैश भी नहीं कर सकता। लिबरो की जगह निश्चित होती है अर्थात् वह रोटेशन में भाग नहीं ले सकता। यदि लिबरो को कोई चोट लग जाती है तो दूसरा लिबरो उसकी जगह पर बदला जा सकता है। उसकी टी-शर्ट पर पीछे की तरफ 'LIBERO' लिखा होना चाहिए। लिबरो को अनेक बार बदला जा सकता है।

(4) खेल प्रतियोगिता में रंगीन बॉल का प्रयोग किया जाता है।

(5) प्रत्येक सर्विस का जैसा कि टेबल टेनिस में होता है, उसी प्रकार इस खेल में प्रत्येक सर्विस का एक अंक होता है।

(6) अब लैट सर्विस (Let Service) की आज्ञा है।

(7) पहले चार सेट 25 अंकों के लेकिन पाँचवाँ सेट 15 अंकों का होता है।

(8) प्रथम सर्विस शरीर के किसी भाग से भी प्राप्त की जा सकती है बशर्ते कि बॉल एक बार ही शरीर के भाग को छुए।

(9) यदि टीम ए के लिए स्कोर 24 और टीम बी के लिए 25 है तो सेट दो बिंदुओं के

नेतृत्व के बाद तय किया जाएगा। एक सेट में 30 सेकंड में ज्यादा-से-ज्यादा दो बार आउट करने की अनुमति है।

मूल कौशल (Fundamental Skills) –

(1) सर्विस (Service) –
- साधारण सर्विस (Simple Service)
- टेनिस सर्विस (Tennis Service)
- राउंड सर्विस (Round Service)
- साइड आर्म फ्लोटिंग सर्विस (Side Arm Floating Service)
- ओवर हैड फ्लोटिंग सर्विस (Over Head Floating Service)

(2) पासिंग और प्लेसिंग (Passing and Placing) –
- चेस्ट पास (Chest Pass)
- अंडर आर्म पास (Under Arm Pass)
- ओवर हैड पास (Over Head Pass)

(3) स्पाइकिंग अथवा अटैक अथवा स्मैशिंग (Spiking or Attack or Smashing) –
- वन मैन अथवा सिंगल स्पाइक (One Man or Single Spike)
- टू मैन अथवा कॉम्पलेक्स स्पाइक (Two Men or Complex Spike)

(4) बूस्टिंग (Boosting) –
- लो सेट-अप (Low Set-up)
- हार्ड सेट-अप (Hard Set-up)
- डायगनल सेट-अप (Diagonal Set-up)

(5) ब्लॉकिंग (Blocking) –
- वन मैन ब्लॉकिंग (One Man Blocking)
- टू मैन ब्लॉकिंग (Two Men Blocking)
- थ्री मैन ब्लॉकिंग (Three Men Blocking)

(6) रिवर्स नेट बॉल (Reverse Net Ball)

(7) बंप (Bump)

शब्दावली (Terminology) – कुछ शब्दों की संक्षिप्त व्याख्या निम्नलिखित है–

(1) **डाइविंग (Diving)** – ऐसी बॉल उठाने या खेलने की कोशिश करना जो सामने मैदान पर गिरने वाली हो। ऐसा करने के लिए डाइविंग की जाती है।

(2) **बूस्टर (Booster)** – वह खिलाड़ी जो स्मैशर के लिए बॉल को ऊपर उठाता है, बूस्टर कहलाता है।

(3) **बूस्टिंग (Boosting)** – बूस्टिंग का अर्थ है– बॉल को ऊपर उठाना ताकि स्मैशर (Smasher) बॉल को स्मैश कर सके।

(4) **स्मैशर (Smasher)** – वह खिलाड़ी, जो लिफ्टर के द्वारा उठाई गई बॉल को स्मैश करता है।

(5) **ब्लॉक (Block)** – खिलाड़ी/खिलाड़ियों द्वारा स्मैश की हुई बॉल को नेट के पास जंप लेकर तथा हाथों को ऊपर उठाते हुए रोकना, ब्लॉक कहलाता है।

(6) **एंटीना (Antenna)**—दो लचीली छड़ियाँ, जो नेट के प्रत्येक साइड बैंड (side band) के बाहरी किनारों पर फिक्स होती हैं, उन्हें एंटीना कहा जाता है। विरोधियों के कोर्ट में बॉल इन एंटीनों के अंदर से ही गुजरनी चाहिए।

(7) **लिबरो (Libero)**—वह टीम का एक विशेष खिलाड़ी होता है। वह केवल रक्षात्मक खेल खेल सकता है। वह बॉल को अटैक एरिया के अंदर से स्मैश नहीं कर सकता। उसकी यूनिफॉर्म भी बाकी खिलाड़ियों से अलग होती है। वह रोटेशन में भाग नहीं ले सकता।

(8) **डिग (Dig)**—डिग उस खिलाड़ी के द्वारा बनाई जाती है, जिसका नेट के ऊपर बॉल के साथ प्रथम संपर्क होता है।

(9) **ऐस (Ace)**—यह वह अंक होता है जिसमें सर्विस करने के बाद बॉल विरोधी कोर्ट से वापस नहीं आती।

(10) **रोटेशन (Rotation)**—जब भी सर्विस करने का अवसर मिलता है तो उस समय छड़ी की दिशा में खिलाड़ियों को स्थिति बदलनी पड़ती है, जिसे रोटेशन कहते हैं।

(11) **स्पाइक**—एक सुरक्षात्मक शॉट जो नेट (जाल) के ऊपर बॉल को लेता है।

(12) **समय अवकाश**—टीम के प्रशिक्षक के आग्रह पर लिया गया एक वैधानिक अवकाश।

प्रश्न 40. 'कबड्डी' खेल से क्या तात्पर्य है? इसके आयाम, नियमों, मूल आक्रामक तथा रक्षात्मक कौशलों, मुख्य फाउल्स तथा खेल शब्दावली का वर्णन कीजिए।

उत्तर— कबड्डी पूर्णतया भारतीय खेल है। साधारण शब्दों में इसे ज्यादा अंक हासिल करने के लिए दो टीमों के बीच की एक स्पर्धा कहा जा सकता है। भारत एक ग्राम प्रधान देश है। अत: यह खेल गाँव में अत्यंत लोकप्रिय रहा है। भारत के अलावा पाकिस्तान तथा बांग्लादेश में भी यह खेल खेला जाता है। उत्तरी भारत, पंजाब, हरियाणा व देहली में इस खेल को गोल दायरे में खेला जाता है। अत: इस कारण इसे वृत्त कबड्डी या चक्रीय कबड्डी (Circle Kabaddi) कहा जाता है।

1938 ई. में इस खेल को कलकत्ता में आयोजित ओलंपिक खेलों में सम्मिलित किया गया। 1952 ई. में कबड्डी फेडरेशन की स्थापना हुई। 1962 ई. में कबड्डी को अखिल भारतीय स्कूल खेल प्रतियोगिताओं में सम्मिलित किया गया। 1971 ई. में 'नेशनल इंस्टीट्यूट ऑफ स्पोर्ट्स पटियाला' 6 सप्ताह की अवधि के अभिविन्यास पाठ्यक्रम प्रारंभ किए। 1973 ई. में 'एमैच्योर कबड्डी फेडरेशन ऑफ इंडिया' ने कबड्डी के नियमों को स्वीकृति दी। 1982 ई. में कबड्डी को देहली में हुई नवीं एशियाई खेलों में 'एशियन गेम फेडरेशन' के निर्णयानुसार सम्मिलित किया गया।

1973 ई. में बांग्लादेश की टीम ने अखिल भारतीय ग्रामीण कबड्डी खेल टीम में भाग लिया। 1976 ई. में बांग्लादेश की कबड्डी टीम ने भारत में 5 टेस्ट मैच खेले। जिनमें चार में भारत तथा एक में बांग्लादेश विजयी हुआ।

नियम तथा आयाम (Rules and Dimension)—यह खेल आमतौर पर 20-20 मिनट के दो हिस्सों में खेला जाता है। हर हिस्से में टीमें पाला बदलती हैं और इसके लिए उन्हें पांच मिनट का ब्रेक मिलता है। हालांकि आयोजक इसके एक हिस्से की अवधि 10 या 15 मिनट

की भी कर सकते हैं। पूरे मैच की निगरानी आठ लोग करते हैं: एक रेफरी, दो अंपायर, दो लाइंसमैन, एक टाइम कीपर , एक स्कोर कीपर और एक टीवी अंपायर। हर टीम में 5-6 स्टापर (पकड़ने में माहिर खिलाड़ी) व 4-5 रेडर (छूकर भागने में माहिर) होते हैं। एक बार में सिर्फ चार स्टापरों को ही कोर्ट पर उतरने की इजाजत होती है। जब भी स्टापर किसी रेडर को अपने पाले से बाहर जाने से रोकते हैं उन्हें एक अंक मिलता है लेकिन अगर रेडर उन्हें छूकर भागने में सफल रहता है तो उसकी टीम को अंक मिल जाता है।

अंक पाने के लिए एक टीम का रेडर (कबड्डी-कबड्डी बोलने वाला) विपक्षी पाले (कोर्ट) में जाकर वहां मौजूद खिलाडियों को छूने का प्रयास करता है। इस दौरान विपक्षी टीम के स्टापर (रेडर को पकड़ने वाले) अपने पाले में आए रेडर को पकड़कर वापस जाने से रोकते हैं और अगर वह इस प्रयास में सफल होते हैं तो उनकी टीम को इसके बदले एक अंक मिलता है। और अगर रेडर किसी स्टापर को छूकर सफलतापूर्वक अपने पाले में चला जाता है तो उसकी टीम के एक अंक मिल जाता और जिस स्टापर को उसने छुआ है उसे नियमत: कोर्ट से बाहर जाना पड़ता है।

इसका कोर्ट डॉज बॉल गेम जितना बड़ा होता है। कोर्ट का माप 13 मीटर गुणा 10 मीटर होता है। कोर्ट के बीचोबीच एक लाइन खिंची होती है जो इसे दो हिस्सों में बांटती है। कबड्डी महासंघ के हिसाब से कोर्ट का माँप 13 मीटर गुणा 10 मीटर होता है।

मैचों का आयोजन उम्र और वजन के आधार पर किया जाता है, परंतु आजकल महिलाओं की भी काफी भागेदारी हो रही है।

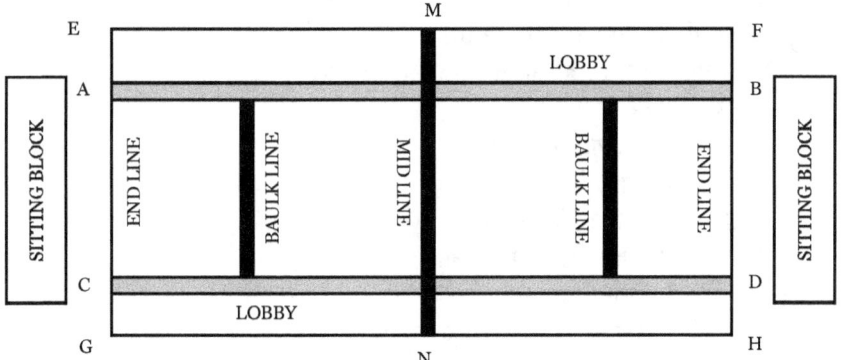

चित्र 2.9: कबड्डी कोर्ट

कबड्डी के मूलभूत कौशल (Fundamental Skills of Kabaddi)

1. कबड्डी-कबड्डी का उच्चारण
2. हाथों एवं पैरों की गतिविधियाँ
3. झाँसा देना
4. सतर्कता एवं नजर
5. आक्रमण के कौशल

(i) रेड प्रारंभ करना

(ii) रेड के समय शरीर की स्थिति

(iii) हाथ से छूना
(iv) पैरों से छूना
(क) अचानक टाँग मारना
(ख) बैठकर टाँग मारना
(ग) साइड से टाँग मारना
(घ) सामने टाँग मारना
(ड.) हवा में टाँग मारना
(च) घुमाकर टाँग मारना
(छ) खच्चर की तरह टाँग मारना

6. छलाँग लगाना

7. गिरना

8. रक्षात्मक कौशल (Defensive Skills)
(i) कलाई की पकड़
(ii) कंधे से ऊपर की पकड़
(iii) धड़ की पकड़
(iv) एक घुटने की पकड़
(v) दोनों घुटनों की पकड़
(vi) टखने की पकड़
(vii) डाइव लगाकर पकड़ना

मुख्य अनुचित कार्य (Main Fouls) —
(i) खिलाड़ियों के पैरों को गलत तरीके से पकड़ना
(ii) कबड्डी जोर से बोलना
(iii) शरीर पर तेल या ग्रीस लगाना।
(iv) बाल पकड़ना।
(v) खिलाड़ी के कपड़ों को पकड़ना।
(vi) विरोधी के पाले में श्वास तोड़ना।
(vii) खेल के दौरान मैदान से बाहर जाना।
(viii) विरोधी खिलाड़ियों को जानबूझ कर धक्का देना।
(ix) अनुचित भाषा का प्रयोग करना।

खेल शब्दावली (Terminology) —

(1) **लॉबी (Lobby)**—कबड्डी के मैदान के दोनों ओर एक मीटर चौड़ी पट्टी होती है। इस पट्टी को लॉबी कहा जाता है।

(2) **मिड या मार्च लाइन (Mid or March Line)**—वह लाइन जो मैदान (Court) को समान भागों में विभाजित करती है और जिस लाइन से रेडर कैंट शुरू करता है।

(3) **बॉक लाइन (Baulk Line)**—मिड लाइन के समानांतर प्रत्येक पाले में एक लाइन।

(4) **कैंट (Cant)**—रेडर द्वारा एक श्वास में लगातार कबड्डी-कबड्डी का उच्चारण करना ही कैंट कहलाता है।

(5) **एन्टीस (Antis)**—एन्टीस धावा करने वाले के विरुद्ध विरोधी होते हैं।

प्रश्न 41. खो-खो खेल से संबंधित महत्त्वपूर्ण तथ्यों का उल्लेख कीजिए।

उत्तर– खो-खो पूर्णतया भारतीय खेल है। इसका जन्म भारतीय परिवेश में हुआ। अभी तक इस खेल से संबधित प्रतियोगिता का आयोजन राष्ट्रीय स्तर पर ही संभव हो सका है। इसका आयोजन पुरुषों एवं महिलाओं के साथ-साथ वरिष्ठ एवं कनिष्ठ स्तर पर बालकों एवं बालिकाओं के लिए भी आयोजित किया जाता है।

प्रारंभ में इसके नियम ज्यादा कठोर नहीं होते थे। बाद में इस खेल की नियमावली बनाने के लिए एक कमेटी का गठन हुआ। सन् 1914 में डेकन जिमखाना पूना द्वारा इस खेल मे प्रारम्भिक नियमों का प्रतिपादन किया गया था। महाराष्ट्र फिजिकल एजुकेशन समिति द्वारा इस खेल से संबंधित साहित्य को क्रमशः को सन् 1935, 1938, 1943 एवं 1949 में विभिन्न चरणों में प्रकाशित कराकर प्रसारित किया गया। सन् 1960 में विजयवाड़ा में प्रथम राष्ट्रीय खेल का आयोजन किया गया। जिसमें पुरुषों की प्रथम राष्ट्रीय खो-खो चैंपियनशिप का आयोजन किया गया। वर्ष 1961 में महिलाओं की राष्ट्रीय खो-खो चैंपियन की शुरूआत हुई।

मैदान का विस्तार–

इस खेल के मैदान का आकार आयताकार होता है। समतल भूमि पर इसका रेखांकन किया जाता है। खेल के मैदान की लंबाई 29 मीटर और चौड़ाई 16 मीटर होती है। मैदान के चारों ओर 1.5 चौड़ाई की लॉबी होती है। मैदान के बीच एक गली बनाई जाती है। इस गली की चौड़ाई 30 से.मी. होती है। यह मैदान को दो बराबर भांगों में बाँट देती है। मैदान के दोनों सिरों पर गली के मध्य एक-एक पोल स्थापित किया जाता है, जिसकी ऊंचाई 120 से.मी. होती है और परिधि 30 से 40 से.मी. होती है। जिस सीमा-रेखा पर यह पोल लगा होता है, उस रेखा के समांतर 2.5 से.मी. का फासला होता है। ऐसी ही अगली 2 समांतर रेखाएँ 2.30 मीटर दूरी पर खींची जाती है। इससे आगे सभी समांतर रेखाएँ 2.30 मीटर की दूरी पर खींची जाती है। इन रेखाओं से गली में 30 से.मी. 30 से.मी. के 8 वर्ग बन जाते है।

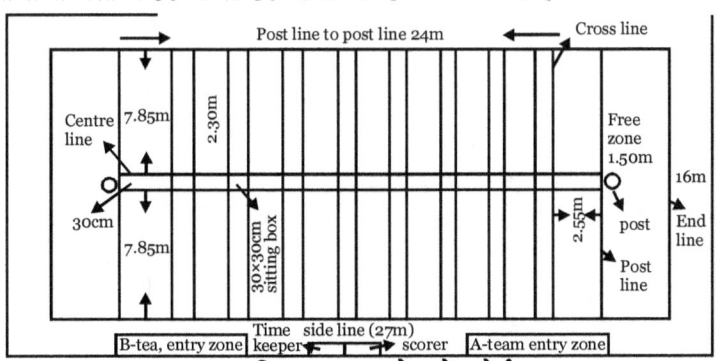

चित्र 2.10: खो-खो कोर्ट

खो-खो के नए सामान्य नियम–

1. बैठने व दौड़ने के लिए निर्णय टॉस द्वारा लिया जाता है।
2. रनर के दोनों पाँव यदि सीमा से बाहर चले जाते है, तो वह आउट माना जाता है।
3. चेंजर टीम के सदस्यों के बैठने की एक विशेष व्यवस्था होती है। खिलाड़ी नं। एक, तीन, पांच और सात का मुंह एक दिशा में तथा खिलाड़ी नं. दो, चार, छह और आठ का मुंह दूसरी दिशा में होता है।

4. 'रनर' टीम का खिलाड़ी केंद्र गली से दूसरी दिशा में तब तक नहीं जा सकता, जब तक कि वह पोल के चारों ओर घूम नहीं लेता।

5. चेंजर टीम दौड़ने वाला खिलाड़ी बैठे हुए खिलाड़ी के पास जाकर पीछे से ऊँची आवाज में उसे 'खो' शब्द बोलता है। इसे 'खो' देना कहा जाता है। कोई भी खिलाड़ी 'खो' के लिए बिना उठकर भाग नहीं सकता।

6. 'खो' लेकर दौड़ने वाला खिलाड़ी उठता है, अपनी दिशा का चुनाव करता है तथा उस दिशा में दौड़ने लगता है।

7. 'खो' मिलने के पश्चात् वह खिलाड़ी उठकर दौड़ता है तथा उसके स्थान पर 'खो' देना वाला खिलाड़ी बैठ जाता है।

8. खो लेने के पश्चात यदि उठने वाला खिलाड़ी सेंटर लाइन को क्रॉस कर जाता है, तो उसे फाउल माना जाता है।

9. यदि अंक बराबर हो तो एक अतिरिक्त पारी का आयोजन किया जाता है।

10. यदि कोई खिलाड़ी घायल हो जाए, तो उसके स्थान पर स्थानापन्न खिलाड़ी मे से किसी एक को नियुक्त कर दिया जाता है।

खो-खो के मूलभूत कौशल–खो-खो के मूलभूत कौशलों को दो भागों में बाँटा जा सकता है–

(1) चेंजिंग कौशल (Chasing Skills)–

- खो देना
- दिशा लेना
- टैपिंग करना
- पोल पर घूमना
- अचानक बदलना
- घेरना
- डाइव लगाना
- झूठी खो

(2) रनिंग कौशल (Running Skills)–

- खेल-खेल में पॉजीशन लेना
- दौड़ना
- घिरने से बचना
- पोल के पास पॉजीशन
- डॉजिंग
- सामने डॉजिंग देना
- पीछे डॉजिंग देना
- पोल पर डॉजिंग देना

खेल शब्दावली–

1. **कोर्ट** (Court)–खो-खो खेल का मैदान।
2. **खो (Kho)**–खो देते समय उच्चारण किए जाने वाला 'शब्द'।

3. रनर (Runner)—आगे दौड़ने वाले खिलाड़ी रनर कहलाते हैं।

4. चेंजर्स —वर्गों में बैठे हुए या पीछा करने वाले खिलाड़ी चेंजर्स कहलाते हैं।

5. इनिंग (Inning)—रनिंग या चेंजिंग करने के 9 मिनट के समय को इनिंग कहा जाता है।

6. क्रॉस लेन (Cross Lane)—प्रत्येक आयताकार 15 मी. लंबा और 30 से.मी. चौडा होता है वह केंद्रीय लेन को समकोण (90°) पर काटता है। यह स्वयं भी दो अर्द्धकों में विभाजित होता है। इसे क्रॉस लेन कहते हैं।

खो-खो खेल के लिए आवश्यक उपकरण—

(1) पोस्ट्स

(2) कॉर्ड

(3) स्टील का नापन का फीता

(4) लाइम पाउडर

(5) स्टॉप वॉचेस

(6) स्कोर शीट्स

(7) लार्ज स्कोर बोर्ड

(8) समय को दर्शाने वाली प्लेट

प्रश्न 42. छोटे मनोरंजनात्मक खेल से क्या तात्पर्य है? कुछ छोटे मनोरंजनात्मक खेलों का वर्णन कीजिए।

उत्तर—छोटे मनोरंजक खेलों में रिले दौड़, सहायक खेल (Lead-up) तथा अन्य प्रकार के अनियमित दल खेल होते हैं, इनके लिए किसी सख्त नियम-विधान की आवश्यकता नहीं होती है। इस प्रकार के खेलों के नियम राष्ट्रीय या अंतर्राष्ट्रीय संघ नहीं बनाते। ये खेल मजाकियाँ खेलों और मनोरंजनात्मक खेलों के रूप में जाने जाते हैं।

कुछ मनोरंजनात्मक खेल नीचे वर्णित किए गए हैं—

मोनार्क (Monarch)—मुट्ठीभर खिलाड़ियों को मुलायम फोम की गेंदे प्रदान की जाती हैं। ये मोनार्क जब गेंद को पकड़े रहते हैं तो स्थिर रहते हैं। जब आप सीटी बजाते हैं तो बाकी के खिलाड़ी चारों ओर दौड़ने लगते हैं जबकि मोनार्क गेंदों को धावकों पर फेंकता है। मोनार्क धावकों पर गेंद सीने के नीचे फेंकता है। मोनार्क के एक गेंद फेंकने के पश्चात् वे पुनः गेंद को फेंकने के लिए गेंद के पीछे दौड़ते हैं। यदि गेंद धावकों को लगती है तो धावक बैठ जाता है और वह 'टैगर' हो जाता है। यदि धावक फेंकी हुई गेंद को पकड़ लेता है तो वे इसे दूसरे धावकों पर फेंक सकते हैं या वे उसे रास्ते से बाहर हटा देते हैं। टैगर धावकों को टैग कर सकता है जैसे वे दौड़ते हैं और धावक टैगर में बदल जाते हैं। अंतिम कुछ धावक जो खड़े रह जाते हैं वे अगले खेल के मोनार्क हो जाते हैं।

डॉक्टर-डॉक्टर (Doctor-Doctor)—इस खेल में खिलाड़ियों को दो टीमों में बाँटा जाता है। प्रत्येक टीम शांतिपूर्वक एक खिलाड़ी को डॉक्टर के रूप में इसकी सूचना दूसरी टीम को दिए बगैर चुनता है। इस खेल के दौरान प्रत्येक टीम अपनी कोर्ट की तरफ रूक सकता है। शुरू करने के लिए प्रत्येक टीम को समान संख्या में कोमल गेंदें दें, खिलाड़ियों को निर्देश दें कि प्रत्येक के सीने के नीचे गेंद फेंके। आपके सीटी बजाने पर प्रत्येक टीम गेंदों को कोर्ट

के उस पार फेंकना शुरू कर देते हैं, और दूसरे टीम के सदस्यों को मारने की कोशिश करते हैं। जब एक खिलाड़ी को गेंद लगती है वह बैठ जाता है। टीम का डॉक्टर बैठे हुए खिलाड़ी को टैग कर सकता है, खेल के लिए पुनः सक्रिय करता है। खिलाड़ियों को चालाकी से प्रोत्साहित करता है ताकि विपक्षी टीम को उसे पहचानने में अधिक समय लगे कि वह डॉक्टर के रूप में कार्य कर रहा है। टीमों को दूसरे काम में लगाने से पहले निश्चित अवधि के लिए खेलें।

धोखा देने वाली गेंद को बंधक बनाना (Hostage Dodge Ball)—बंदीकर्त्ता के रूप में एक खिलाड़ी को पदस्थापित करें और बंदीकर्त्ता को तीन बंधकों को चुनने का निर्देश दें। शेष खिलाड़ी बंधक को स्पर्श किए बगैर फेंकी हुई गेंद से बंदीकर्त्ता को टेग करने की कोशिश करेंगें। जबकि बंदीकर्त्ता इस आक्रमण से बचने के लिए बंधकों को कवच के रूप में प्रयोग करते हैं। सभी खिलाड़ी चारों ओर घूम सकते हैं, किंतु बंधक पूरे समय बंदीकर्त्ता के संपर्क में रहते हैं। कोई बंधक गेंद से छुए जाने पर फेंकने वाला बन जाता है और बंदीकर्त्ता एक नया बंधक उसका स्थान लेने के लिए चुन सकता है। गेंद के साथ खिलाड़ी तब तक नहीं दौड़ता जब तक कि वे गेंद फेंक नहीं देते। विशेषतः बड़े समूहों के लिए बंदीकर्त्ता और बंधकों के कुछ समूह पदस्थापित होते हैं। एक पदस्थापित समय के पश्चात् समूहों को नए बंदीकर्त्ता पदस्थापित करने के लिए बदल दें।

सुबह की अभिलाषाएँ (Morning Wishes)—शिक्षक विद्यार्थियों को एक वृत्त बनाने को कहता है। एक विद्यार्थी वृत्त के बाहर खड़ा होना चाहिए हम उसे एक मित्र कहते हैं। मित्र वृत्त के चारों ओर दौड़ता है और एक खिलाड़ी को फँसाता है, फँसा हुआ खिलाड़ी वृत्त छोड़ देता है, और विपरीत दिशा में दौड़ने लगता है। वे अंतराल से वृत्त की विपरीत दिशा में मिलते हैं, वे रूकते हैं, हाथ मिलाते हैं, और तीन बार नमस्कार कहते हैं और अंतराल के बाद असली दिशा में दौड़ना जारी रखते हैं। जो खिलाड़ी अंतराल को पहले से समाप्त करता है वह जीत जाता है और दूसरे का स्थान ले लेता है और अगला मित्र बन जाता है।

जेक से मिलना (Join with Jack)—एक को छोड़कर सभी विद्यार्थी वृत्त के रूप में व्यवस्थित होते हैं अतिरिक्त वाला विद्यार्थी जैक के रूप में जाना जाता है। जैक वृत्त के अंदर खड़ा होता है। प्रत्येक खिलाड़ी वहीं एक चिह्न बनाता है और चिह्न के पीछे बैठ जाता है।

जैक के हाथ में एक छड़ी है और वह वृत्त के अंदर चारों ओर घूमता है। अपनी यात्रा के क्रम में वह खिलाड़ी के सामने छड़ी रखता है और कहता है मेरे साथ चलो तत्पश्चात् खिलाड़ी जैक के पीछे चलने लगता है और जैक के कंधे पर अपना हाथ रखता है। यह जैक के चार या पाँच अनुयायी होने तक जारी रहता है। फिर वह घर जाने को कहता है और सभी खाली-खाली स्थान के लिए दौड़ पड़ते हैं। एक जो खाली स्थान पा जाता है अगला जैक बन जाता है और खेल जारी रहता है।

आग से बचना (The Fire Escape)—इस खेल में कक्षा के सभी विद्यार्थियों को दो बराबर भागों में बाँट दिया जाता है। जिसमें एक दल के विद्यार्थी 6 मी. व्यास के गोलाकार क्षेत्र की रेखा के ऊपर खड़े रहते हैं एवं दूसरा दल पहले वाले दल के विद्यार्थियों के पीछे (एक के पीछे एक) आगे वाली की कमर पकड़कर खड़ा रहेगा। इन दोनों दलों के अलावा एक ओर विद्यार्थी होगा जो घेरे के बीच में खड़ा होगा। घेरे में बीच में खड़ा विद्यार्थी जैसे ही कहेगा "आग लगी" दोनों दलों के विद्यार्थी "भागो-भागो" कहते हुए घेरे के बाहर भागेंगें तथा जैसे ही घेरे

के अंदर का विद्यार्थी कहेगा "आग बुझ गई" दोनों दलों के विद्यार्थी अपने-अपने जोड़े के साथ पूर्व निर्धारित स्थान पर खड़े होने का प्रयास करेंगे। इस दौरान घेरे के अंदर का विद्यार्थी भी अपने साथी की तलाश में दौड़ेगा और यदि वह साथी पा लेता है तो नया विद्यार्थी जो अकेला बच गया भी यही कार्य करेगा।

धोखेबाज गेंद (Dodge Ball)—खिलाड़ी दो समान समूहों में विभाजित होते हैं। एक समूह सतह पर अंकित वृत्त के बाहर खड़ा होता है। और दूसरा समूह वृत्त के अंदर बिखर जाते हैं। वृत्त के बाहर के सदस्य अंदर के समूह के सदस्यों को गेंद के प्रयोग से घुटनों के नीचे मारने की कोशिश करते हैं। ये धोखा देने के लिए वृत्त को छोड़ने के अतिरिक्त उछल सकते हैं, झुक सकते हैं या शरण ले सकते हैं। खिलाड़ी जिसे घुटनों से नीचे गेंद लगती है प्रतियोगिता से बाहर हो जाता है। अंतिम खिलाड़ी जो वृत्त के अंदर रह जाता है विजेता घोषित होता है। फिर दोनों समूह स्थान परिवर्तित कर लेते हैं और खेल जारी रहता है।

रेल का इंजन (Train Engine)—इस खेल में बच्चे एक रेलगाड़ी (बच्चों की) बनाते हैं। नियम के अनुसार, बच्चों को अपने आगे वाले बच्चे की कमर थामकर एक लाइन में खड़े होना होता है। सबसे आगे वाला बच्चा इंजन का अभिनय करता है और उसके पीछे वाले बच्चे डिब्बों का अभिनय करते हैं। बच्चों की यह रेलगाड़ी अब एक घेरे में चलती है, जिसमें इंजन अर्थात् सबसे आगे वाला बच्चा रेलगाड़ी के इंजन जैसी आवाज निकालता है।

तालाब से किनारे और किनारे से तालाब (Pond to Bank and Bank to Pond)—सभी विद्यार्थियों को कुल्हे पर हाथ रखकर एक बड़े वृत्त के रूप में व्यवस्थित किया जाता है। जब शिक्षक 'तालाब में कहता है' तो विद्यार्थी दोनों पैरों से आगे कूदते हैं और जब शिक्षक कहता है "किनारे पर जाओ" वे दोनों पैरों से पीछे कूदते हैं। यदि कोई विद्यार्थी आदेश के अनुसार सही क्रिया करने में असफल रहता है तो वह अलग कर दिया जाएगा। यदि कोई विद्यार्थी क्रिया को करने में देर भी करता है तो वह भी बाहर निकाले जाने के लिए सोचा जाएगा। खेल जारी रहता है किंतु जो बाहर नहीं निकलता वह विजेता होगा।

प्रश्न 43. योग से आप क्या समझते हैं? इसके उद्देश्य तथा चरणों का वर्णन कीजिए।

अथवा

योग के तत्त्वों का संक्षिप्त वर्णन कीजिए।

उत्तर—योग तत्त्व बहुत सूक्ष्म विज्ञान पर आधारित एक आध्यात्मिक विषय है जो मन एवं शरीर के बीच सामंजस्य स्थापित करने पर ध्यान देता है। यह स्वस्थ जीवन-यापन की कला एवं विज्ञान है। ऐसा माना जाता है कि जब से सभ्यता शुरू हुई है तभी से योग किया जा रहा है। योग विद्या में शिव को पहले योगी या आदि योगी तथा पहले गुरु या आदि गुरु के रूप में माना जाता है। भारत में 3000 वर्ष ईसा पूर्व में पाए गए शिल्प तथ्यों में योगासनों का वर्णन किया जा चुका है। योग गुरु दावा करते हैं कि यह स्वस्थ जीवन का सबसे विकसित विज्ञान है जिन्हें जाँचा और परखा जा चुका है।

योग शब्द का अर्थ—योग शब्द का जन्म संस्कृत शब्द 'युज' से हुआ है; जिसका अर्थ है - स्वयं का सर्वश्रेष्ठ, (सुप्रीम) स्वयं के साथ मिलन. पतंजलि योग के अनुसार, योग का

अर्थ है मन को नियंत्रण में रखना. योग की कई शैलियाँ हैं, लेकिन हर शैली का मूल विचार मन को नियंत्रित करना है। योग का जन्म (मूल) है- सिंधु घाटी सभ्यता (इंडस वैली सिविलाईजेशन) जिसमें कई शारीरिक मुद्राएँ और आसन शामिल हैं, पर अब उसमें कई परिवर्तन किए गए हैं और आजकल हम जो योगाभ्यास करते हैं, वह उस पुरातन समय से काफी अलग है।

भारतीय दर्शन में योग विद्या का स्थान सर्वोपरि एवं विशेष है। भारतीय ग्रन्थो में अनेक स्थानो पर योग विद्या से सम्बन्धित ज्ञान भरा पड़ा है। वेदो, उपनिषदो,गीता एंव पुराणों आदि प्राचीन ग्रन्थों में योग शब्द वर्णित है। दर्शन में योग शब्द एक अति महत्त्वपूर्ण शब्द है जिसे अलग-अलग रूप में परिभाषित किया गया है।

योग सूत्र के प्रणेता महर्षि पतंजलि ने योग को परिभाषित करते हुए कहा है -

'योगष्चित्तवृत्तिनिरोधः'

अर्थात योग की स्थिति में साधक (पुरूष) की चित्तवृत्ति निरूध्द्धकाल में कैवल्य अवस्था की भाँति चेतनमात्र (परमात्म) स्वरूप रूप में स्थित होती है। इसीलिए यहाँ महर्षि पतंजलि ने योग को दो प्रकार से बताया है-

- सम्प्रज्ञात योग
- असम्प्रज्ञात योग

महर्षि याज्ञवल्क्य ने योग को परिभाषित करते हुए कहा है-

'संयोग योग इत्युक्तों जीवात्मपरमात्मनो।'

अर्थात् जीवात्मा व परमात्मा के संयोग की अवस्था का नाम ही योग है।

श्रीमद्भगवद्गीता में योगेश्वर श्रीकृष्ण ने कुछ इस प्रकार से परिभाषित किया है।

योगस्थः कुरू कर्माणि संगं त्यक्त्वा धनंजयः।

सिद्ध्यसिद्ध्योः समो भूत्वा समत्वं योग उच्यते।। 2/48

अर्थात् - हे धनंजय! तू आसक्ति त्यागकर समत्व भाव से कार्य कर।

सिद्धि और असिद्धि में समता-बुद्धि से कार्य करना ही योग हैं। सुख-दुःख, जय -पराजय, शीतोष्ण आदि द्वन्द्वों में एकरस रहना योग है।

आजकल मनुष्य जीवन को सुखमय एवं शांतिमय रूप से जीने के लिए योग अत्यन्त आवश्यक है। वास्तव में योग एक ऐसा समर्थ सशक्त माध्यम है जो संव्याप्त समस्याओं का समाधान ही नहीं बल्कि जीवन के उत्कृष्ट, समुन्नति एवं प्रभावशाली सिध्द करने में भी आधुनिक समय में सार्थक है।

योगाभ्यास के फलस्वरूप शरीर में हल्कापन, श्रम करने की क्षमता, स्थिरता एवं दुखः कष्ट को सहने की क्षमता में वृद्धि होती है पुराने से पुराने रोग नष्ट हो जाता है। योगाभ्यास करने वाला व्यक्ति हमेशा आलसी व्यक्ति से बुढापे तक श्रेष्ठ रहता है।

योग के उद्देश्य (Aim of Yoga)–योग अध्ययन का मुख्य उद्देश्य ऐसे व्यक्तियों का निर्माण करना है जिनका भावनात्मक स्तर दिव्य मान्यताओं से, आकांक्षाओं से, दिव्य योजनाओं से जगमगाता रहे जिससे उनका चिंतन और क्रियाकलाप ऐसा हो जैसा कि ईश्वर भक्तों का, योगियों का होता है क्योंकि ऐसे व्यक्तियों में क्षमता एवं विभूतियाँ भी उच्च स्तरीय होती हैं। वे सामान्य पुरुषों की तुलना में निस्थित ही समर्थ और उत्कृष्ट होते हैं और उस बचे हुए प्राण-प्रवाह को

अचेतन के विकास करने में नियोजित करते हैं। प्रत्याहार, धारणा, ध्यान, समाधि जैसी साधनाओं के माध्यम से चेतन मस्तिष्क को शून्य स्थिति में जाने की सफलता प्राप्त होती है।

महर्षि पतंजलि के अनुसार, योगसूत्र में योग के आठ तत्त्वों का वर्णन किया गया है इन्हें अष्टांग योग या अष्टपथ (Eight Steps) भी कहते हैं जिनके माध्यम से योग के परम या अंतिम लक्ष्य अर्थात् जीवात्मा का परमात्मा से मिलन को प्राप्त किया जाता सकता है। योग के आठ तत्त्व निम्नलिखित हैं–

1. यम
2. नियम
3. आसन
4. प्राणायाम
5. प्रत्याहार
6. धारणा
7. ध्यान
8. समाधि

योग के लक्ष्य की प्राप्ति के लिए प्रत्येक तत्त्व का अभ्यास बहुत महत्त्वपूर्ण होता है। एक तत्त्व में कुशल या निपुण हो जाने के बाद हमें दूसरे तत्त्व की ओर बढ़ना चाहिए।

प्रश्न 44. बच्चों के लिए योग की आवश्यकता तथा महत्त्व बताइए।

उत्तर–स्वस्थ जीवन जीने के लिए योग बहुत ही महत्त्वपूर्ण है। यह शरीर के सभी अंगों को चुस्त और दुरुस्त रखता है। योग से हमारा मन और मस्तिष्क भी स्वस्थ और स्थिर रहता है। यह बात पूरी दुनिया ने स्वीकार की है। यही वजह है कि दुनिया के ज्यादातर देशों में लोग योगाभ्यास करते हैं। योगाभ्यास केवल वयस्कों के लिए ही नहीं है बल्कि यह टीनएजर और बच्चों के लिए भी है। योग विद्यार्थियों के लिए बहुत जरूरी माना गया है क्योंकि विद्यार्थी जीवन में मन और मस्तिष्क का स्थिर होना बहुत जरूरी होता है, जिससे ध्यान को केंद्रित किया जा सके। बच्चों के लिए योग की आवश्यकता तथा महत्त्व को निम्न प्रकार दर्शाया गया है–

(1) छात्रों के लिए जरूरी है–योग शिक्षा जितनी कम उम्र से ली जाए, उतना ही शरीर को ज्यादा लाभ मिलता है। बच्चों का शरीर बड़ों की तुलना में ज्यादा लचकदार होता है इसलिए बच्चे चीजों को जल्दी और आसानी से सीख जाते हैं। स्वास्थ्य सलाहकार योग की सलाह देते रहते हैं लेकिन समय रहते अनुसरण न किया जाए तो बाद में बच्चे सुनते नहीं हैं। आज की तुलना में पहले के बच्चों के पास घर से बाहर खेलने के कई मौके होते थे लेकिन आज के बच्चे गैजेट्स के अलावा और कहीं अपना ध्यान केंद्रित नहीं कर पाते, जिस कारण बच्चों में शिक्षा के प्रति भी उदासीनता देखी जा रही है जिसका मूल कारण है–तन-मन का अस्वस्थ होना। स्वस्थ शरीर में स्वस्थ शिक्षा का निवास संभव है और यह काम योग से संभव है। योग से शरीर को रोगों से मुक्ति मिलती है और मन को शक्ति मिलती है। योग बच्चों के मन-मस्तिष्क को उसके कार्य के प्रति जागरूक करता है।

(2) दृढ़ता एवं एकाग्रता को बढ़ाता है–जिन विद्यार्थियों में पढ़ाई के प्रति अरुचि या मन न लगना जैसी समस्या होती है, उन विद्यार्थियों के लिए योगक्रिया चमत्कार जैसा काम

करती है। सुबह के वक्त योग करने से विद्यार्थियों में एकाग्रता और दृढ़ता बेहतर होती है। इससे तन-मन स्वस्थ और निरोग रहता है और बच्चे सभी क्षेत्र में अव्वल रहते हैं। योग के निरंतर अभ्यास से विद्यार्थियों में पढ़ाई की भावना प्रबल होती है।

(3) मन को आत्मविश्वास से भरता है—आजकल के बच्चों को पढ़ाई और प्रतियोगिता का बोझ बचपन से ही उठाना पड़ता है। बचपन से ही उनमें जीत की ऐसी भावना भर दी जाती है कि जब वे हारते हैं तो यह वे सहन नहीं कर पाते और अपना आत्मविश्वास खो बैठते हैं और अपने मन से भी कमजोर हो सकते हैं, इसलिए विद्यार्थियों को शुरू से योग शिक्षा देना बहुत आवश्यक है। योग से बच्चों की सहनशीलता बढ़ती है और मन शक्तिशाली होता है। योगाभ्यास से मन-मस्तिष्क का संतुलन बना रहता है जिससे दुःख-दर्द-समस्याओं को सहन करने की शक्ति प्रदान होती है। योग विद्यार्थियों को आगे बढ़ने की और आत्मविश्वास को बढ़ाने की शक्ति देता है।

(4) बुद्धि तेज होती है—वैसे तो मार्केट में कई तरह के टॉनिक उपलब्ध हैं दिमाग को तेज करने के लिए, जो कि महज एक छलावा से ज्यादा और कुछ नहीं है। लेकिन योग एक प्राकृतिक साधन है जिसका कोई मुकाबला नहीं। सही खान-पान और नियमित योगक्रिया से दिमाग को तेज करने में मदद मिलती है जिससे बच्चों में बचपन से ही अच्छी सोच का विकास होता है और वे सदा सकारात्मक बनते हैं। अपने बच्चों को योग का ज्ञान दें और उनकी बुद्धि को तेज करने में अपना योगदान दें।

(5) व्यसनों से निजात मिलती है—अधिकांश विद्यार्थियों को अपने शिक्षाकाल में ही बुरी संगत और बुरी लत लग जाती है जो उनके भविष्य के लिए बहुत ही हानिकारक साबित होते हैं। मादक द्रव्य का स्वास्थ्य पर इतना बुरा असर पड़ता है कि बच्चे अपनी राह भटक जाते हैं। लेकिन योग का नियमित अभ्यास इन व्यसनों से छुटकारा दिलाने में सक्षम है क्योंकि योग से मन-मस्तिष्क की चेतना जागृत होती है और बच्चों को अच्छी व गलत आदत का आभास होने लगता है। हमारे बच्चे मादक द्रव्य से पूर्ण रूप से दूर रहें उसके लिए उन्हें बचपन से ही योग की शिक्षा दें।

(6) लक्ष्य प्राप्ति में सहायक—योग का अभ्यास व्यक्तियों में छुपी हुई शक्तियों को जागृत करता है इसलिए वर्तमान परिवेश में शिक्षा जगत में योग की शिक्षा अनिवार्य है क्योंकि छात्र योग के बल पर अपने मस्तिष्क को शुद्ध करके विचार शक्ति को बढ़ा सकते हैं जिससे छात्रों को लक्ष्य प्राप्ति में सहायता मिलती है। जो बच्चे शुरू से ही योग करते हैं, वे अपने व्यवहार तथा कार्यों से दूसरों को प्रेरणा देते हैं। योग की सहायता से बच्चे अपने लक्ष्य को जल्दी भेद पाते हैं। जो लोग अपनी मंजिल तक नहीं पहुँच पाते और यदि उन्हें जीवन में लक्ष्य की प्राप्ति करनी है तो योग का अभ्यास आवश्यक है।

छात्रों को अपने जीवन निर्माण में योग का सहारा जरूर लेना चाहिए। योग हमारी शिक्षा में विकास करता है, सही मार्ग दिखाता है और हमें हर तरह से सक्षम बनाता है क्योंकि योग से शरीर निरोग रहता है और निरोगी काया जीवन के किसी भी पड़ाव को पार कर सकती है। अंत में हम यही कहेंगे योगाभ्यास सभी को करना चाहिए लेकिन बच्चों को योग की शिक्षा बचपन से दें जिससे वे बड़े होकर एक स्वस्थ और कुशल नागरिक बन सकें।

प्रश्न 45. शवासन से क्या अभिप्राय है? इसकी विधि, सावधानियों तथा लाभों को बताइए।

उत्तर–शवासन का नाम "शव" शब्द पर रखा गया है, जिसका मतलब होता है–मृतक शरीर या लाश। शवासन एक आराम करने की मुद्रा है। यह किसी भी योगाभ्यास का आखिरी आसन होना चाहिए। शवासन हमारे संपूर्ण शरीर और दिमाग को आराम देता है और कायाकल्प कर देता है।

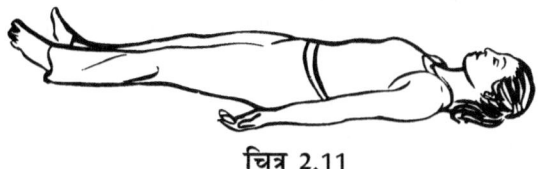

चित्र 2.11

विधि–

• पीठ के बल सीधे लेट जाइए। दोनों पैरों में अंतर 1 से 2 फुट तथा पैरों के पंजे बाहर की ओर तथा एड़ी अंदर की ओर दोनों हाथों को कमर के कुछ अंदर पर रखकर सीधे करें।

• हथेलियाँ ऊपर की ओर होनी चाहिए। गर्दन सीधी, आँखें बंद, सारा शरीर ढ़ीला तथा स्थिर रहना चाहिए।

•इसी स्थिति में 10-12 लंबे-गहरे श्वास लें और छोड़ दें।

•पैर की अँगूठे से लेकर चोटी तक प्रत्येक अंग का स्वयं निरीक्षण करें और शिथिलता का निर्देश दें व शरीर को शिथिल करें।

•इस आसन में लेटते हुए आपको शव का ध्यान आना चाहिए तथा विवेकपूर्ण चिंतन, मनन करते हुए अपने आपको आत्मकेंद्रित कीजिए।

लाभ–

• यह आसन तनाव को दूर करता है।

• उच्च रक्तचाप, मधुमेह, मनोविकार, दिल की बीमारी वगैरह में भी इस योगासन से लाभ होता है।

• इस योगासन से शरीर की थकान भी दूर होती है और मन को शांति मिलती है।

• शवासन करने से याददाश्त, एकाग्रशक्ति भी बढ़ती है।

सावधानियाँ–

•आसन को एक दरी पर करें।

•असमतल स्थान पर न करें।

•धीरे-धीरे और आराम से करें।

•आँखें बंद होनी चाहिए, यद्यपि कोई बंद आँखों से असहज र हो।

प्रश्न 46. हलासन क्या है? इसको करने की विधि बताइए।

उत्तर–जब हम हलासन आसन को करते हैं, तो हमारा शरीर हल जैसा हो जाता है, इसलिए हम इसे हलासन के नाम से जानते हैं। अगर इस आसन को सही तरीके से किया जाए तो सेहत के लिहाज से यह बहुत ही फायदेमंद आसन साबित हो सकता है। यह आसन मोटापा

को कम करते हुए मधुमेह, थायरॉइड आदि के लिए बहुत लाभकारी है। चूँकि इसकी आकृति हल के समान लगती है इसलिए इसको Plow Pose Yoga भी कहते हैं।

चित्र 2.12

विधि–

•सर्वांगासान में स्थित हो जाए। अब श्वास छोड़ते हुए पैरों को धीमे-धीमे सिर की दिशा में पीछे भूमि पर सीधा फैला दें।

•श्वास की गति सामान्य रहेगी। प्रारंभ में हाथों को सुविधा की दृष्टि से कमर के पीछे लगा सकते हैं। पूर्ण स्थिति में हाथ भूमि पर ही रखें। इस स्थिति में 30 सेकेंड रहें।

•वापस आते समय जिस क्रम से ऊपर आए थे उसी क्रम से भूमि को हथेलियों से दबाते हुए पैरों को घुटनों से सीधा रखते हुए भूमि पर टिकाएँ।

प्रश्न 47. शलभासन से आप क्या समझते हैं? इसकी विधि, सावधानियों तथा लाभों का वर्णन कीजिए।

उत्तर–शलभासन योग करते समय शरीर का आकार शलभ (Locust) किट की तरह होने के कारण इसे **शलभासन** या **Locust pose** कहा जाता है। कमर और पीठ के स्नायु मजबूत करने के लिए यह एक श्रेष्ठ आसन है।

चित्र 2.13

शलभासन योग विधि–

• सर्वप्रथम एक स्वच्छ और समतल जगह पर चटाई या दरी बिछा दें।
• अब पेट के बल लेटें तथा अपने दोनों हाथों को जाँघों (Thighs) के नीचे रखें।
• ठोड़ी को जमीन पर टिकाकर रखें।
• अब दोनों पैरों को बिना मोड़े हुए धीरे-धीरे ऊपर उठाएँ।
• अपनी क्षमतानुसार कुछ क्षण तक इसी स्थिति में रहें।
• धीरे-धीरे पैरों को नीचे लाएँ और पूर्वस्थिति में आएँ।
• जमीन पर लेटते समय श्वास लेना है और पैरों को ऊपर उठाते समय श्वास को रोककर रखना है। पैरों को नीचे लाते समय श्वास छोड़ना है।

सावधानियाँ– शलभासन योग करते समय निम्न सावधानियाँ बरतनी चाहिए–

(1) अपनी क्षमता से अधिक समय तक यह आसन नहीं करना चाहिए।

(2) इस आसन का समय धीरे-धीरे अभ्यास के साथ बढ़ाना चाहिए।

(3) पेप्टिक अल्सर, हर्निया, आँत की बीमारी और हृदय रोग के रोगियों को यह आसन नहीं करना चाहिए।

(4) मेरुदंड की समस्या होने पर डॉक्टर की राय लेकर ही यह आसन करें।

(5) गर्भिणी महिला या जिनका कुछ समय पहले कोई पेट का ऑपरेशन हुआ है, उन्हें यह आसन नहीं करना चाहिए।

लाभ–शलभासन करने से निम्न लाभ होते हैं–

(1) रीढ़ की हड्डी और कटी प्रदेश मजबूत होता है।

(2) साइटिका (गृध्रसी) से पीड़ित व्यक्तियों के लिए विशेष लाभकारी है।

(3) कमर और पैरों को मजबूती मिलती है।

(4) गर्दन और कंधों के स्नायु को मजबूती प्राप्त होती है।

(5) पेट और कमर की अतिरिक्त चर्बी कम करने में सहायक है। वजन कम होने में मदद होती है।

(6) पाचन (Digestion) में सुधार होता है।

प्रश्न 48. धनुरासन का क्या अर्थ है? इसकी विधि, सावधानियाँ तथा लाभ बताइए।

उत्तर–धनुरासन में शरीर का आकार धनुष के समान होने के कारण इसे **धनुरासन** नाम दिया गया है। अंग्रेजी में इसे Bow Pose कहा जाता है। भुजंगासन, शलभासन और धनुरासन Yoga को क्रम में किया जाता है। इन तीनों आसनों को **योगासनत्रयी** कहा जाता है।

रोजाना ये तीनों आसन क्रम में करने से शरीर का स्तंभ यानी रीढ़ की हड्डी लचीली और मजबूत रहती हैं। Weight loss करने के साथ यह Yoga महिलाओं के मासिक से जुड़ी समस्या में भी उपयोगी है।

चित्र 2.14

विधि–

•पेट के बल लेट जाइए। घुटनों से पैरों को मोड़े।

•दोनों हाथों से पैरों को टखनों के पास से पकड़िए।

•श्वास अंदर भरकर घुटनों एवं जंघाओं को क्रमशः उठाते हुए ऊपर की ओर ताने। पिछले हिस्से के उठने के पश्चात् पेट के ऊपरी भाग छाती, ग्रीवा एवं सिर को भी ऊपर उठाइए। नाभि एवं

पेट के आसपास का भाग भूमि पर ही टिके रहे तथा शेष भाग ऊपर उठा होना चाहिए। इस स्थिति में 10 से 30 सेकेंड तक रहें।

•श्वास छोड़ते हुए क्रमशः पूर्व स्थिति में आ जाइए।

लाभ–

•मधुमेह के रोग को ठीक करता है और जठराग्नि को प्रदीप्त करता है।

•मेरुदंड को लचीला एवं स्वस्थ बनाता है। सर्वाइकल, स्पोंडोलाइटिस, कमर दर्द एवं उदर रोगों में लाभदायक आसन है।

•सूर्यकेंद्र (नाभि) टलना दूर करता है।

•स्त्रियों की मासिक धर्म संबंधी विकृतियों में लाभदायक है।

•गुर्दों को पुष्ट करके मूत्र विकारों को दूर करता है। भय के कारण मूत्रस्राव होने जैसी स्थिति में लाभकारी है। रोग प्रतिरोधक तंत्र को मजबूत होने से आरोग्य बना रहता है।

सावधानियाँ–

(1) हर्निया, पेट में अल्सर, उच्च रक्तचाप, गर्दन में चोट, पेट का ऑपरेशन, सिरदर्द, माइग्रेन और आँत की बीमारी से पीड़ित व्यक्तियों को यह आसन नहीं करना चाहिए।

(2) गर्भिणी महिला को यह आसन नहीं करना चाहिए।

(3) अत्यधिक कमर दर्द होने पर प्रारंभ में केवल सरल धनुरासन करें और अभ्यास के साथ धनुरासन करना चाहिए।

प्रश्न 49. चक्रासन को परिभाषित कीजिए। इसकी विधि, सावधानियाँ तथा लाभ क्या हैं? वर्णन कीजिए।

उत्तर–चक्रासन को करते समय शरीर की आकृति चक्र जैसी बन जाती है, इसीलिए इसको चक्रासन कहा जाता है। यह धनुरासन के विपरीत होता है इसीलिए इसे उर्ध्व धनुरासन भी कहा जाता है। चक्रासन एक ऐसा आसन है जिससे न केवल हमारी हड्डियाँ मजबूत और लचीली होंगी बल्कि हम पूरे दिन ऊर्जावान भी महसूस करेंगे। चक्रासन रीढ़, कंधे, कमर, पीठ और पेट को स्वस्थ तो रखता ही है, साथ ही हमारी आँखों के लिए भी अच्छा माना जाता है। ऐसा माना जाता है कि यह आसन बढ़ती उम्र में ही हमें तंदरुस्त रखता है।

चित्र 2.15

विधि–

•पीठ के बल लेटकर घुटनों को मोड़िए। एड़ियाँ नितंबों के समीप लगी हुई हो।

•दोनों हाथों को उल्टा करके कंधों के पीछे थोड़े अंतर पर रखे।

•श्वास अंदर भरकर कटिप्रदेश एवं छाती को ऊपर उठाइए।

•धीरे-धीरे हाथ एवं पैरों को समीप लाने का प्रयत्न करें, जिससे शरीर की चक्र जैसी आकृति बन जाए।

•आसन छोड़ते समय शरीर को ढीला करते हुए कमर भूमि पर टिका दें। इस प्रकार 3-4 आवृत्ति करें।

लाभ–

•रीढ़ की हड्डी को लचीला बनाकर वृद्धावस्था नहीं आने देता। जठर एवं आँतों को सक्रिय करता है।

•शरीर में स्फूर्ति, शक्ति एवं तेज की वृद्धि करता है।

•कटिपीड़ा, श्वास रोग, सिरदर्द, नेत्र विकारों, सर्वाइकल व स्पोंडोलाईटिस में विशेष हितकारी है।

•हाथ पैरों की माँसपेशियों को सबल बनाता है।

•महिलाओं में गर्भाशय के विकारों को दूर करता है।

•मेरुदंड वृद्ध अवस्था तक स्वस्थ एवं सक्रिय बना रहता है तथा कमर संबंधित विकार दूर हो जाता है।

•शरीर में प्राण शक्ति तथा प्रतिरोधक क्षमता का विकास होता है। व्यक्ति में एंटिऑक्सिडेंट की निर्माण दर बढ़ जाती हैं जिससे व्यक्ति निरोग एवं दीर्घजीवी बनता है।

•चेहरे पर कांति बनी रहती हैं और झुर्रियाँ नहीं पड़ती।

सावधानियाँ–

•इसे धीरे-धीरे एवं सहजता से करें।

•पीछे को मुड़ते समय झटकों से बचें।

प्रश्न 50. प्राणायाम से क्या तात्पर्य है? इसके विभिन्न प्रकारों का वर्णन कीजिए।

उत्तर–प्राण का आयाम (नियंत्रण + विस्तार) ही प्राणायाम है। प्राण का सामान्य अर्थ है–'जीवनीय-शक्ति' अर्थात् जिस शक्ति के द्वारा व्यक्ति जीवित एवं क्रियारत रहता है। इस जीवनीय शक्ति को स्वस्थ, स्थिर, नियंत्रित व विस्तृत करना ही प्राणायाम है। सामान्य रूप से हमारे जीवन व शरीर का आधार है - प्राणवायु। अत: स्वांसोच्छवास द्वारा प्राण वायु को विज्ञानपरक रीति से समुचित रूप में ग्रहण व निकास की प्रक्रिया को भी प्राणायाम के रूप में जाना जाता है। अत: प्राणायाम से तात्पर्य है, श्वसन कार्य में प्रयुक्त एवं कार्य से उत्पन्न प्राण तत्त्व के नियमन का विकास करना।

प्राणायाम के मुख्य प्रकार निम्नलिखित हैं–

(1) नाड़ी शोधन (Nadi Shodhan)–नाड़ी शोधन प्राणायाम शरीर की अशुद्धियों को दूर करने के लिए किया जाने वाला प्राणायाम है। अन्य प्राणायाम की तरह इस प्राणायाम में भी साँस ली और छोड़ी जाती है। नाड़ी शोधन प्राणायाम से खून तो साफ होता ही है, साथ

ही खून में ऑक्सीजन का स्तर भी बढ़ जाता है।

चित्र 2.16

नाड़ी शोधन प्राणायाम करने के निम्नलिखित चरण हैं–

• एक आरामदेह स्थान पर पालथी मारे हुए स्थिति में बैठें।

• अब दाहिने हाथ के अंगूठे का प्रयोग अपनी दाईं नाक बंद करने के लिए करें। बाईं नाक का उपयोग कर गहरी श्वास लें।

• अब बाईं नाक बंद करें और दाईं नाक से श्वास छोड़ें।

• उसी प्रकार अब बाईं नाक बंद रखें, दाईं नाक से श्वास लें और बाईं नाक से श्वास छोड़े।

• आप इस व्यायाम को 10-15 मिनट तक जारी रख सकते हैं।

(2) शीतली प्राणायाम (Shitali Pranayama)– शीतली प्राणायाम करने से शरीर को ठंडक मिलती है, इसीलिए इस प्राणायाम को Cooling Breath भी कहा जाता है।

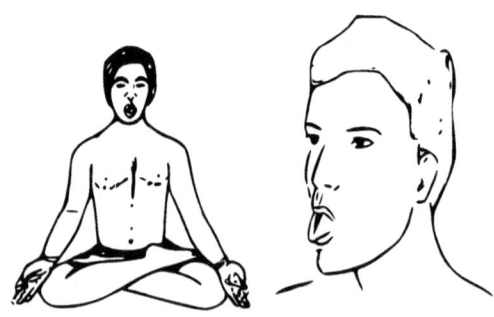

चित्र 2.17

विधि–

1. जीभ को बाहर निकालकर उसे दोनों ओर से मोड़कर कौए की चोंच जैसे बनाइए। होंठों की आकृति अंग्रेजी के अक्षर O जैसी बनाने से जीभा के दोनों किनारे मुडकर नाली जैसे बन जाते हैं। शुरू-शुरू में यह अभ्यास दर्पण में देखकर किया जा सकता है।

2. इसी चोंच जैसी बनी जीभ से वायु को अंदर खिंचिए।

3. कुम्भक करके नासिका मार्ग से प्रश्वास छोड़िए।

लाभ (Benefits)—

1. सीत्कारी और शीतली दोनों ही प्राणायाम शरीर को शीतलता पहुँचाते हैं। चर्मरोग एवं पित्र के विकास ठीक होते हैं।
2. स्वरतंतु स्वस्थ होकर वाणी सुरीली बनती है।
3. ग्रीष्मऋतु में प्यास लगने पर जल के अभाव में शीतली तृष्णा को शांत किया जा सकता है।

(3) उज्जायी प्राणायाम (Ujjayi Pranayama)— 'उज्जायी' शब्द का अर्थ होता है–विजयी या जीतने वाला। इस प्राणायाम के अभ्यास से वायु को जीता जाता है अर्थात् उज्जायी प्राणायाम से हम अपनी साँसों पर विजय पा सकते हैं और इसलिए इस प्राणायाम को अंग्रेजी में Victorious breath कहा जाता है। जब इस प्राणायाम को किया जाता है तो शरीर में गर्म वायु प्रवेश करती है और दूषित वायु निकलती है। उज्जायी प्राणायाम को करते समय समुद्र के समान ध्वनि आती है इसलिए इसे ओसियन ब्रीथ के नाम से भी जाना जाता है। इस प्राणायाम का अभ्यास सर्दी को दूर करने के लिए किया जाता है।

विधि (Procedure)—

(i) कष्ठ (Gloits) का आंशिक रूप से आकुंचन (contraction) करके श्वास को भीतर लीजिए। श्वास हृदय तक अनुभव होना चाहिए। कष्ठ के संकुचन से श्वास लेने पर सिसकने जैसी ध्वनि निकलेगी। वक्षस्थल को फुलाना और उदर को संकुचित करना चाहिए।

(ii) पूरा श्वास इस विधि से भरने के पश्चात् जलंधरबंध लगाकर श्वास को भीतर रोकिए।

(iii) बाएँ स्वर से उसी प्रकार संकुचित कष्ठ से श्वास को बाहर निकालिए।

लाभ (Benefits)— सभी नाड़ियों एवं धातुओं का शुद्धिकारक है। स्वर, कफ, गले के विकार दूर होते हैं। दमा के लिए बहुत लाभकारी है।

(4) कपालभाति प्राणायाम (Kapalabhati Pranayama)— संस्कृत में कपाल का अर्थ होता है–माथा या ललाट और भाति का अर्थ है–तेज। इस प्राणायाम का नियमित अभ्यास करने से मुख पर आंतरिक प्रभा (चमक) से उत्पन्न तेज रहता है। कपालभाति बहुत ऊर्जावान उच्च उदर श्वास व्यायाम है।

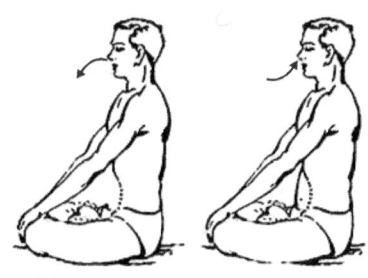

चित्र 2.18

विधि—

* अपनी रीढ़ की हड्डी को सीधा रखते हुए, आराम से बैठ जाएँ। अपने हाथों को आकाश की तरफ, आराम से घुटनों पर रखें।

- एक लंबी गहरी साँस अंदर लें।
- साँस छोड़ते हुए अपने पेट को अंदर की ओर खींचे। अपने पेट को इस प्रकार से अंदर खींचे की वह रीढ़ की हड्डी को छू ले। जितना हो सके उतना ही करें।
- पेट की मासपेशियों के सिकुड़ने को आप अपने पेट पर हाथ रख कर महसूस कर सकते हैं। नाभि को अंदर की ओर खींचे।
- जैसे ही आप पेट की मासपेशियों को ढीला छोड़ते हो, साँस अपने आप ही आपके फेफड़ों में पहुँच जाती है।

(5) दीर्घया प्राणयाम (Dirgaya Pranayama)–दीर्घ का अर्थ होता है–लंबा। यह प्राणायाम मनुष्य की आयु बढ़ाने वाला है अर्थात् दीर्घायु करने वाला। इस प्राणायाम से छाती, फेफड़े और माँसपेशियाँ मजबूत तथा स्वस्थ होती हैं। शरीर तनाव मुक्त रहकर फुर्तीला बनता है। तीन चरण में किए जाने वाले इस प्राणायाम को करने के चार स्टेप हैं–पहला साँस को नियंत्रित करना, दूसरा श्वास-प्रश्वास को नियंत्रित कर दीर्घ करना, तीसरा आंतरिक और चौथा बाहरी कुंभक का अभ्यास करना।

सर्वप्रथम आराम की मुद्रा में जमीन पर पीठ के बल लेट जाएँ। फिर हथेलियों को पेट पर हल्के से रखें। दोनों हाथों की मध्यमा अँगुली नाभि पर एक-दूसरे को स्पर्श करती रहे। फिर धीरे-धीरे श्वास छोड़ते हुए पेट को भी ढीला छोड़ दें। अब श्वास खींचते हुए पेट को फुलाइए।

इस क्रिया को 5 मिनट तक बार-बार दोहराएँ। क्रिया करते वक्त श्वास को पहले छाती में, फिर पसलियों में और फिर पेट में महसूस करना चाहिए। इस प्राणायाम क्रिया को बहुत ही आराम से करें। इस प्राणायाम को करते समय पेट की गति अर्थात् संकुचन, छाती और माँसपेशियों पर ध्यान रखना चाहिए। जब हम श्वास लेते हैं तो हमारे दोनों कंधे ऊपर आते हैं और श्वास छोड़ते हुए नीचे की ओर जाते हैं तो कंधों में भी श्वसन की लय को महसूस करें।

जिन लोगों को श्वसन संबंधी कोई रोग या परेशानी है अथवा फेफड़ों में कुछ शिकायत है, उन्हें इस योग को करने से पहले चिकित्सक और योग शिक्षक से सलाह लेनी चाहिए। प्राणायाम क्रिया के दौरान शरीर को सामान्य और सहज मुद्रा में रखें। श्वसन क्रिया में विशेष बल नहीं लगाना चाहिए और आराम से श्वास लंबी लेना और छोड़ना चाहिए। इस योग में पहले छाती, फिर पसलियाँ, इसके पश्चात् पेट श्वसन क्रिया में भाग लेता है अतः इसे तीन चरण श्वसन भी कहा जाता है।

यह योग मानसिक शांति एवं चेतना के लिए भी लाभप्रद होता है। यह शरीर में ऑक्सीजन के लेवल को बढ़ाता है तथा दूषित पदार्थ को बाहर निकालता है। यह प्राणायाम मनुष्य की आयु बढ़ाने वाला है अर्थात् दीर्घायु करने वाला। इस प्राणायाम से छाती, फेफड़े और माँसपेशियाँ मजबूत तथा स्वस्थ होती हैं। शरीर तनाव मुक्त रहकर फुर्तीदायक बनता है।

(6) अनुलोम-विलोम प्राणायाम–यह हजारों साल पुरानी विधि है इसका प्रयोग ऊर्जा में वृद्धि तथा मानसिक, शारीरिक और भावनात्मक स्वास्थ्य में व्यापक सुधार के लिए किया जाता था। इसके अभ्यास से आपको पूरे शरीर में एक सुखपूर्ण एवं रोमांचक अनुभूति होगी।

विधि–

- दाहिने हाथ के अंगूठे से दाहिने नासिका विवर (छिद्र) को बंद करते हुए बाएँ स्वर से गहरा श्वास भरें।
- बाएँ नासास्वर को अनामिका व मध्यमा अंगुली से बंद करें व दाहिने स्वर से अँगूठा हटाकर श्वास बाहर निकाल दें।

•अब दाहिने स्वर से श्वास लें तथा बाएँ से बाहर छोड़ दें।

•इस प्रकार निरंतर अनुलोम-प्रतिलोम रूप से श्वास प्रश्वास करें।

•इस प्रकार बीस से चालीस मिनट तक अभ्यास किया जा सकता है।

लाभ–

•इस प्राणायाम् से बहत्तर करोड़, बहत्तर लाख, दस हजार दो सौ दस नाड़ियाँ परिशुद्ध हो जाती हैं संपूर्ण नाड़ियों की शुद्धि होने से देह पूर्ण स्वस्थ, कांतिमय एवं बलिष्ठ बनता है।

•संधिवात, आमवात, गठिया, कम्पवात, स्नायु-दुर्बलता आदि समस्त वात रोग, मूत्ररोग, धातुरोग, शुक्रक्षय, अम्लपित्त, शीतपित्त आदि समस्त पित रोग, सर्दी, जुकाम, पुराना नजला, साइनस, अस्थमा, खाँसी, टॉन्सिक आदि समस्त कफ रोग दूर होते है। त्रिदोष प्रशमन होता है।

•हृदय की शिराओं में आए हुए अवरोध (ब्लोकेज) खुल जाते है। इस प्रणायाम का नियमित अभ्यास करने से लगभग तीन-चार माह में तीस प्रतिशत से लेकर चालीस प्रतिशत तक ब्लोकेज खुल जाते हैं। ऐसा हमने अनेक रोगियों पर प्रयोग करके अनुभव किया है।

•कॉलेस्ट्रोल, ट्राईग्लिस्राइड्स, एच.डी.एल. या एल.डी.एल. आदि की अनियमितताएँ दूर हो जाती है।

•नकारात्मक चिंतन में परिवर्तन होकर सकारात्मक विचार बढ़ने लगते हैं। आनंद, उत्साह व निर्भयता की प्राप्ति होने लगती है।

•संक्षेप में कह सकते हैं कि इस प्राणायाम् से तन, मन, विचार व संस्कार सब परिशुद्ध होते हैं। देह के समस्त रोग नष्ट होते हैं तथा मन परिशुद्ध होकर ओमकार के ध्यान में लीन होने लगता है। इस प्राणायाम् को 6 से 10 माह तक करने से मूलाधार चक्र में सन्निहित कुण्डलिनी शक्ति जो अधोमुख होती हैं,वह उर्ध्वामुख हो जाती हैं अर्थात् कुण्डलिनी जागरण की प्रक्रिया प्रारंभ हो जाती हैं।

बहुविकल्पीय प्रश्न

प्रश्न 1. अभीष्ट स्वास्थ्य बनाए रखने के लिए क्या अनिवार्य है?

(क) स्वस्थ बाल विकास

(ख) संतुलित जीवन चर्या

(ग) स्वास्थ्य देखभाल सेवाएँ

(घ) शिक्षा और साक्षरता

उत्तर– (ख) संतुलित जीवन चर्या

प्रश्न 2. मानसिक तंदरूस्ती किस कारक पर आधारित है?

(क) मानसिक स्थितियाँ और योग्यताएँ/चुनौतियाँ

(ख) मानसिक तंदरूस्ती और योग्यता
(ग) मानसिक तंदरूस्ती और शारीरिक स्थिति
(घ) संसाधन
उत्तर– (क) मानसिक स्थितियाँ और योग्यताएँ/चुनौतियाँ

प्रश्न 3. कारक जिसका प्रभाव नहीं पड़ता कि लोग स्वस्थ हैं या अस्वस्थ–
(क) शिक्षा और साक्षरता
(ख) भौतिक पर्यावरण
(ग) मातृभाषा
(घ) आय और सामाजिक स्थिति
उत्तर– (ग) मातृभाषा

प्रश्न 4. किस प्रकार का स्वास्थ्य जीवन में देखभाल एवं साझेदारी के संबंधों को आवृत्त करता है?
(क) शारीरिक स्वास्थ्य
(ख) सामाजिक स्वास्थ्य
(ग) मानसिक स्वास्थ्य
(घ) आध्यात्मिक स्वास्थ्य
उत्तर– (ग) मानसिक स्वास्थ्य

प्रश्न 5. 4 'R' क्या है?
(क) Refuse, Reuse, Reduce, Recycle
(ख) Refute, Reuse, Refuse, Recycle
(ग) Reduce, Reproduce, Refuse, Recycle
(घ) Refuse, Reproduce, Reduce, Recycle
उत्तर– (क) Refuse, Reuse, Reduce, Recycle

प्रश्न 6. प्लास्टिक की सामग्री, पॉलीथीन बैग इत्यादि जलाने से कौन-सी गैस निकलती है?
(क) कार्बन डाइऑक्साइड (CO_2)
(ख) कार्बन मोनोऑक्साइड (CO)
(ग) ऑक्सीजन (O_2)
(घ) क्लोरो-फ्लोरो कार्बन (CFCs)
उत्तर– (क) कार्बन डाइऑक्साइड (CO_2)

प्रश्न 7. कक्षाओं की दीवारों पर किस प्रकार के रंग होने चाहिए?
(क) भड़कीले

(ख) चटकीले
(ग) फीके
(घ) कोई भी रंग
उत्तर- (ख) चटकीले

प्रश्न 8. हवादार कक्षाकक्ष के लिए सबसे सस्ता साधन क्या है?
(क) दरवाजे (ख) कमरे
(ग) खिड़की (घ) छत
उत्तर- (ग) खिड़की

प्रश्न 9. हम पोषण को किस प्रकार वर्गीकृत कर सकते हैं?
(क) गेहूँ, चावल, पानी, विटामिन, घी, फल, सब्जी
(ख) कार्बोहाइड्रेट्स, वसा, प्रोटीन, खनिज लवण, विटामिन, मोटा चारा, पानी
(ग) आलू, दाल, गिरी, अंडा, पानी, सलाद, दूध
(घ) उपरोक्त में से कोई नहीं
उत्तर- (ख) कार्बोहाइड्रेट्स, वसा, प्रोटीन, खनिज लवण, विटामिन, मोटा चारा, पानी

प्रश्न 10. आहार को प्रभावित करने वाले कारक हैं–
(क) आयु, लिंग, शरीर का आकार
(ख) खाने की आदतें और सामाजिक रीतियाँ
(ग) जलवायु कारक, स्वास्थ्य की वृद्धि और स्थिति व मनोवैज्ञानिक कारक
(घ) उपरोक्त सभी
उत्तर- (घ) उपरोक्त सभी

प्रश्न 11. खनिज लवण के उदाहरण हैं–
(क) गेहूँ, चावल, आलू
(ख) घी, मक्खन, गिरी
(ग) दूध, पनीर, हरी पत्तेदार सब्जियाँ
(घ) सलाद, फल, सब्जियाँ
उत्तर- (ग) दूध, पनीर, हरी पत्तेदार सब्जियाँ

प्रश्न 12. बीमारियाँ किन तरीकों से फैल सकती हैं?
(क) भोजन और पानी
(ख) वायु
(ग) कीट-पतंगे और संपर्क
(घ) उपरोक्त सभी
उत्तर- (घ) उपरोक्त सभी

प्रश्न 13. मौलिक मुद्राएँ हैं–
(क) खड़ा होना
(ख) बैठना
(ग) लेटना
(घ) उपरोक्त सभी
उत्तर– (घ) उपरोक्त सभी

प्रश्न 14. निम्नलिखित में से कौन-सी स्वस्थ आदत है?
(क) नाखून चबाना
(ख) व्यायाम न करना
(ग) नकारात्मक सोच
(घ) समयनिष्ठा
उत्तर– (घ) समयनिष्ठा

प्रश्न 15. बेहतर परिणाम प्राप्त करने के लिए शिक्षक को निम्नलिखित में से अवश्य ध्यान रखना चाहिए–
(क) दो-चार बच्चों को प्रेरित करना चाहिए
(ख) बच्चों के साथ अच्छी आदतों को साझा करना चाहिए
(ग) बच्चों की समस्याओं पर ध्यान नहीं देना चाहिए
(घ) बच्चों को केवल पढ़ाई करनी चाहिए
उत्तर– (ख) बच्चों के साथ अच्छी आदतों को साझा करना चाहिए

प्रश्न 16. मेरूदंड का एक तिरछा विचलन है–
(क) लेटना
(ख) बैठना
(ग) पार्श्व वक्रता
(घ) सपाट पैर
उत्तर– (ग) पार्श्व वक्रता

प्रश्न 17. टीकाकरण कितने समय में किया जाता है?
(क) प्रति सप्ताह
(ख) प्रति वर्ष
(ग) प्रति माह
(घ) कभी भी
उत्तर– (ख) प्रति वर्ष

प्रश्न 18. स्वास्थ्यपूर्ण जीवन और .... एक सिक्के के दो पहलू हैं।

(क) सत्य वचन
(ख) बहादुरी
(ग) शारीरिक जाँच
(घ) मूल्यांकन
उत्तर- (ग) शारीरिक जाँच

प्रश्न 19. अच्छी नागरिकता किन विषयवस्तुओं पर आधारित है?
(क) सत्य बोलें
(ख) दूसरों की सहायता करें
(ग) सावधान रहें और बहादुर होना
(घ) उपरोक्त सभी
उत्तर- (घ) उपरोक्त सभी

प्रश्न 20. खेल के मैदान के नियम हैं-
(क) खेल के मैदान में सबको धक्का दें।
(ख) उल्टे-सीधे खेल खेलें।
(ग) घुमावों से दूर रहें जब वे प्रयोग में न हों।
(घ) दौड़ते या मैदान में खेलते समय नोंकदार वस्तुएँ लें।
उत्तर- (ग) घुमावों से दूर रहें जब वे प्रयोग में न हों।

प्रश्न 21. सीढ़ियाँ कैसी होनी चाहिए?
(क) आसान
(ख) छोटी
(ग) (क) और (ख) दोनों
(घ) उपरोक्त में से कोई नहीं
उत्तर- (ग) (क) और (ख) दोनों

प्रश्न 22. प्राथमिक चिकित्सा का सिद्धांत है-
(क) आतंकित होना
(ख) दृश्य का सर्वेक्षण करना
(ग) चोटिल व्यक्ति के चारों ओर भीड़ लगाना
(घ) अनावश्यक रूप से वस्त्र हटाना
उत्तर- (ख) दृश्य का सर्वेक्षण करना

प्रश्न 23. प्राथमिक चिकित्सा बॉक्स में क्या चीजें होनी चाहिए?
(क) कपास, डिटॉल, बरनॉल, वुल पैड, एंटीसेप्टिक क्रीम
(ख) कपास, पानी, कैंची, डिटॉल

(ग) कपास, डिटॉल, कैंची, वुल पैड, बरनॉल
(घ) उपरोक्त में से कोई नहीं
उत्तर— (क) कपास, डिटॉल, बरनॉल, वुल पैड, एंटीसेप्टिक क्रीम

प्रश्न 24. शारीरिक शिक्षा के लाभ हैं—
(क) बढ़ा हुआ स्वास्थ्य स्तर
(ख) उन्नत गत्यात्मक विकास
(ग) अधिक सक्रिय जीवन चर्या के प्रति झुकाव
(घ) उपरोक्त सभी
उत्तर— (घ) उपरोक्त सभी

प्रश्न 25. अधिक तकनीक रूप में कहें तो स्वस्थता कितने घटकों को धारण करती है?
(क) तीन
(ख) चार
(ग) पाँच
(घ) छह
उत्तर— (ग) पाँच

प्रश्न 26. सहनशक्ति, ताकत और लचीलापन निम्नलिखित में से किसमें सम्मिलित है?
(क) शारीरिक विकास
(ख) सामाजिक विकास
(ग) मानसिक एवं संवेदनात्मक विकास
(घ) उपरोक्त में से कोई नहीं
उत्तर— (क) शारीरिक विकास

प्रश्न 27. एक गुणवत्ता युक्त शारीरिक कार्यक्रम के लक्षण हैं—
(क) समस्या समाधान कौशलों की अपेक्षा करता है।
(ख) विद्यार्थियों की रुचियों, सामर्थ्य और संस्कृतियों में विभिन्नताओं की पहचान करता है।
(ग) सक्रिय भागीदारी को प्रोत्साहित करता है।
(घ) उपरोक्त सभी
उत्तर— (घ) उपरोक्त सभी

प्रश्न 28. बाह्य गतिविधियों की अच्छाई है—
(क) यह समान संस्था के विद्यार्थियों में देशभक्ति और एकता स्थापित करने में सहायता करता है।

(ख) विद्यार्थी जीतने के लिए अनैतिक साधनों का उपयोग कर सकते हैं।
(ग) वे बदले और ईर्ष्या की अनावश्यक भावनाएँ विकसित कर सकते हैं।
(घ) बहुत अधिक धन और समय खर्च करने की जरूरत होती है।
उत्तर- (क) यह समान संस्था के विद्यार्थियों में देशभक्ति और एकता स्थापित करने में सहायता करता है।

प्रश्न 29. पाठ योजना के चरण हैं-
(1) पाठ से पूर्व की तैयारी
(2) पाठ योजना और कार्यान्वयन
(3) अध्याय के पश्चात् की गतिविधियाँ
उपरोक्त पाठ योजना के चरण को क्रमबद्ध किया जा सकता है-
(क) (1), (2), (3)
(ख) (1), (3), (2)
(ग) (2), (1), (3)
(घ) (2), (3), (1)
उत्तर- (क) (1), (2), (3)

प्रश्न 30. शारीरिक शिक्षा पाठ मूलभूत गतिविधि है-
(क) उत्साह बढ़ाना
(ख) औपचारिक गतिविधियाँ
(ग) मनोरंजन गतिविधियाँ
(घ) उपरोक्त सभी
उत्तर- (घ) उपरोक्त सभी

प्रश्न 31. कारक जो आंतरिक गतिविधियों को संचालित नहीं करता-
(क) संस्थान का प्रकार
(ख) जलवायु
(ग) भूगोल
(घ) उपरोक्त में से कोई नहीं
उत्तर- (घ) उपरोक्त में से कोई नहीं

प्रश्न 32. निम्नलिखित में से कौन-सा कारक बच्चों की शारीरिक सेहत को प्रभावित करता है-
(क) मध्याह्न भोजन की गुणवत्ता
(ख) मातृभाषा
(ग) वर्दी का रंग
(घ) निर्देशन का माध्यम
उत्तर- (क) मध्याह्न भोजन की गुणवत्ता

प्रश्न 33. निम्नलिखित में से शरीर बनाने में मदद करने वाला पोषक तत्त्व कौन-सा है–

(क) प्रोटीन
(ख) वसा
(ग) विटामिन
(घ) खनिज लवण

उत्तर– (क) प्रोटीन

प्रश्न 34. निम्नलिखित में से कौन-सा संक्रामक रोग है–

(क) रक्तदाब
(ख) बुखार
(ग) मधुमेह
(घ) कुकुर खाँसी

उत्तर– (घ) कुकुर खाँसी

प्रश्न 35. किसी भी विद्यालय में निम्नलिखित में से कौन-सी स्थिति भगदड़ का कारण बन सकती है–

(क) मध्याह्न भोजन के गैर-व्यवस्थित ढंग से हो रहे वितरण की स्थिति
(ख) खेल के मैदान में खेल रहे बच्चों को अजीब-सी वस्तु दिख जाने पर
(ग) प्रातःकालीन सभा समाप्त होने पर
(घ) बाल सभा के दौरान तेज आवाज होने पर

उत्तर– (क) मध्याह्न भोजन के गैर-व्यवस्थित ढंग से हो रहे वितरण की स्थिति

प्रश्न 36. निम्नलिखित में से भोजन का मुख्य साधन/स्रोत क्या है–

(क) पौधे एवं जानवर
(ख) रसोईघर
(ग) बाजार
(घ) उद्योग-धंधे

उत्तर– (क) पौधे एवं जानवर

प्रश्न 37. निम्नलिखित में से कौन-सी बीमारी संक्रामक नहीं है–

(क) मलेरिया
(ख) तपेदिक
(ग) मधुमेह
(घ) चिकनपॉक्स

उत्तर– (ग) मधुमेह

प्रश्न 38. निम्नलिखित में से क्या प्राथमिक चिकित्सा के सिद्धांतों में शामिल नहीं है–
(क) ताजी हवा आने देना
(ख) आतंकित न होना
(ग) रक्तस्राव को रोकना
(घ) चोटिल व्यक्ति के आस-पास भीड़ लगाना
उत्तर– (घ) चोटिल व्यक्ति के आस-पास भीड़ लगाना

प्रश्न 39. बढ़ते बच्चों को उनका शरीर बनाने के लिए अधिक .... जरूरी है।
(क) वसा
(ख) प्रोटीन
(ग) विटामिन
(घ) कार्बोहाइड्रेट
उत्तर– (ख) प्रोटीन

प्रश्न 40. निम्नलिखित में से कौन-सी प्रक्रिया है जो सुसाधक के रूप में शिक्षक को समझनी है–
(क) अधिगम को समझाना
(ख) विद्यार्थियों को मूल्यांकित करना
(ग) प्रक्रिया को समझना
(घ) योजना को बताना
उत्तर– (ख) विद्यार्थियों को मूल्यांकित करना

प्रश्न 41. निम्नलिखित में से कौन-सी शब्दावली बैडमिंटन के खेल से जुड़ी है–
(क) बैटन
(ख) स्मैश
(ग) स्पाइक
(घ) कैंट
उत्तर– (ख) स्मैश

प्रश्न 42. एस क्या है?
(क) वापस की गई सर्विस पर अंक अर्जित करना
(ख) वॉलीबॉल खेल शब्दावली
(ग) (क) और (ख) दोनों
(घ) उपरोक्त में से कोई नहीं
उत्तर– (ख) वॉलीबॉल खेल शब्दावली

प्रश्न 43. निम्नलिखित में से कौन-सा प्राणायाम का प्रकार नहीं है–
(क) शवासन
(ख) उज्जयी
(ग) नाड़ी शोधन
(घ) कपालभाति
उत्तर– (क) शवासन

प्रश्न 44. योग के कितने चरण हैं?
(क) चार
(ख) पाँच
(ग) आठ
(घ) दस
उत्तर– (ग) आठ

प्रश्न 45. निम्नलिखित में से कौन-सा आसन भुजंगासन और शलभासन का संयोजन है–
(क) हलासन
(ख) शवासन
(ग) धनुरासन
(घ) चक्रासन
उत्तर– (ग) धनुरासन

☺☺☺

3. कार्य शिक्षा
(Work Education)

भूमिका

कार्य का तात्पर्य ऐसी गतिविधि से है जिसमें 'श्रम' निहित है। कार्य शिक्षा मूल्यों व आदतों के विकास के लिए उचित दृष्टिकोण अपनाने का आधार प्रदान करती है। कार्य शिक्षा को शिक्षा प्रणाली के अंतर्गत काफी पहले ही समावेश कर लिया गया था। जिसका उदाहरण प्राचीन भारत की, जब गुरू-शिष्यों को, जीवन जीने के लिए तथा सीखने के लिए, विभिन्न श्रम कार्यों में संलग्न रखते थे। कार्य और शिक्षा में किसी तरह का विरोधाभास नहीं था। 1937 में वुड और डाकोट द्वारा बच्चे के व्यक्तित्व के संतुलित विकास के लिए शिक्षा में शारीरिक श्रम से जुड़ी गतिविधियों की आवश्यकता पर बल दिया गया। कार्य शिक्षा बच्चों को उनके वास्तविक हितों और क्षमताओं को खोजने में सक्षम बनाती है, जो बाद में अध्ययन और व्यवसाय के उपयुक्त पाठ्यक्रम चुनने में सहायक होती हैं।

प्रश्न 1. कार्य से आप क्या समझते हैं? चर्चा कीजिए।

उत्तर–कार्य का शाब्दिक अर्थ होता है–किसी प्रयोजन से श्रम (विशेषकर), शारीरिक श्रम करना, प्रयास करना, किसी संकल्प या काम या उपलब्धि को प्राप्त करना या किसी/किन्हीं क्रियाकलापों में रत रहना आदि।

सामान्य रूप से कार्य के बारे में धारणा है कि यह ऐसी गतिविधि है जिसमें शारीरिक श्रम लगता है। स्वयं के लिए अथवा समाज के लिए किसी तरह के उत्पादन की दिशा में किया गया शारीरिक श्रम 'कार्य' कहलाता है। श्रम से जुड़ी हमारी कुछ गतिविधियाँ भोजन, वस्त्र जैसी आवश्यकताओं की पूर्ति से जुड़ी होती है, कुछ स्वयं हमारे शारीरिक व मानसिक स्वास्थ्य के लिए होती हैं, कुछ गतिविधियों का संबंध सामाजिक आर्थिक जीवन में प्रशासन एवं व्यवस्था से है और अंततः सभी का संबंध मानवीय हित से है। इस प्रकार से काम का तात्पर्य शारीरिक श्रम से जुड़ी उन गतिविधियों से है जो स्वयं व समाज के अन्य लोगों के प्रति दायित्व का निर्वाह करती है।

प्रश्न 2. कार्य तथा श्रम का महत्त्व बताइए।

उत्तर–किसी भी उपलब्धि का आधार श्रम है। श्रम के बगैर किसी भी क्षेत्र में स्थायी और पूर्ण सफलता अर्जित कर लेना असंभव है। श्रम की महत्ता का प्रतिपादन करते हुए एक नीतिकार ने कहा है, "उद्यम करने से ही कार्यों की सिद्धि होती है। इच्छा करने या सोचते-विचारते रहने से नहीं। सोते हुए सिंह के मुँह में पशुगण अपने आप ही नहीं चले जाते।" इस बात में कोई संदेह नहीं कि श्रम किए बगैर पेट की तृप्ति करना भी कठिन होता है। श्रम से खाद्य पदार्थ उपार्जन करने होंगे, फिर उन्हें पकाना पड़ेगा और हाथों से मुँह तक पहुँचाना पड़ेगा, तभी भूख मिट सकेगी। इसी तरह किसी भी कार्य के श्रम का मूल्य चुकाए बगैर सफलता प्राप्त नहीं की जा सकती। शारीरिक श्रम के महत्त्व को प्रतिपादित करने का यह एक दृष्टिकोण है। श्रम के दूसरे दृष्टिकोण को समझने के लिए आप स्वयं की दिनचर्या पर दृष्टि डाले और स्वयं से कुछ प्रश्न करें जैसे–

- आप जिस घर में रहते हैं उसके निर्माण में किसका श्रम निहित है? उस घर में लगी ईंट को बनाने में, ईंट, सीमेंट आदि की ढुलाई में, दीवार खड़ी करने में, छत के लिए ढूला बनाने (लिटर डालने) में, पुताई करने में किसका श्रम लगा होगा?
- भोजन की आवश्यकता को पूरा करने के लिए अनाज सब्जियाँ उगाने और उन्हें हम तक पहुँचाने में किसका श्रम संलग्न है?

व्यक्ति के जीवन का कोई भी पहलू चाहे वह पारिवारिक जीवन हो अथवा सामाजिक एवं व्यावसायिक, शारीरिक श्रम की परिधि से बाहर नहीं है। हमारी दिनचर्या के अनेक पल ऐसे हैं जहाँ शारीरिक श्रम को पृथक नहीं किया जा सकता अर्थात् मानवीय जीवन का संचालन शारीरिक श्रम पर ही निर्भर है। जो लोग सापेक्ष रूप से शारीरिक श्रम से नहीं जुड़े हुए हैं, उनका भी जीवन शारीरिक श्रम के बिना नहीं चल सकता। उनके रहने का निवास स्थल, उनके भोजन का प्रबंध, उनके द्वारा पहने गए वस्त्र, उनके द्वारा उपयोग में लाई जा रही वस्तुएँ जिस सड़क पर वे चलते हैं आदि, किसी न किसी व्यक्ति के शारीरिक श्रम का ही परिणाम हैं। कहने का

तात्पर्य यह है कि कार्य और मानव जीवन को अलग रखकर नहीं देखा जा सकता। मानवीय जीवन के लिए शारीरिक श्रम का बहुत महत्त्व है, कुछ के लिए यह आजीविका का साधन हैं तो कुछ के लिए शारीरिक एवं मानसिक स्वास्थ्य का माध्यम।

प्रश्न 3. कार्य तथा आजीविका के बीच संबंध स्पष्ट कीजिए।

उत्तर–कार्य और आजीविका (livelihood) में घनिष्ठ संबंध है। इस संबंध को समझने से पहले 'आजीविका' को परिभाषित करना जरूरी है। एक लुहार दिन भर श्रम करके फावड़े तैयार करता है और उन्हें बेचता है बदले में उसे धन मिलता है (पारंपरिक रूप देखें तो उसे धन की जगह अनाज इत्यादि जीवनोपयोगी सामग्री मिलती थी।) एक किसान कड़ी मेहनत कर अनाज उगाता है। कुछ फसल वह स्वयं के परिवार के लिए रखता है व कुछ बेच देता है। शिल्पकार बाँस से तरह-तरह की सजावटी व उपयोगी वस्तुएँ बनाते हैं और उन्हें बेच कर अपने घर का खर्च चलाते हैं। रिक्शा चालक दिन भर धूप, सर्दी, बरसात हर तरह के मौसम में यात्रियों को उनके गंतव्य स्थान तक पहुँचाता है और बदले में धन प्राप्त करता है, जिससे अपने जीवन की आवश्यकताओं यथा भोजन आदि प्राप्त कर सके। इन सब उदाहरणों द्वारा स्पष्ट है कि जीवनोपार्जन के उद्देश्य से श्रम में संलग्नता आजीविका कमाने का पर्याय है।

आज भारत जैसे विकाशील देश की अधिकांश जनसंख्या कामगार है जिसे अपनी आजीविका के लिए शारीरिक श्रम को आवश्यक युक्ति के रूप में अपनाना होता है। धन की अपेक्षा में दूसरे के लिए किए जाने वाला श्रम आजीविका से जुड़ा है। इस श्रम का जहाँ एक ओर आर्थिक मूल्य है तो दूसरी ओर सामाजिक मूल्य भी है। उदाहरण के लिए माना कोई बढ़ईगीरी का काम करता है। एक ओर तो वह इस कार्य के माध्यम से अपने घर की जरूरतें पूरा करने के लिए धन प्राप्त करता है, यह श्रम का आर्थिक मूल्य है। दूसरी ओर उसके श्रम के माध्यम से समाज के बहुत से लोगों के दिन-प्रतिदिन की जरूरतें पूरी होती हैं जैसे-दरवाजों के चौखट, फर्नीचर, लकड़ी के उपकरण, बेलन, हौंडी आदि। यह उसके श्रम का सामाजिक मूल्य कहलाएगा। इसका तात्पर्य यह हुआ कि वह अपने श्रम के माध्यम से मात्र अपने प्रति दायित्व का निर्वाह नहीं कर रहा है अपितु समाज के प्रति भी दायित्व निभा रहा है और सार्वजनिक जीवन में योगदान दे रहा है। श्रम के जरिए समाज के लिए किया गया उत्पादन मानव जीवन को समृद्ध बनाता है। घरेलू कार्यों यथा भोजन पकाना, सफाई करना, बर्तन माँजना, वस्त्रों की धुलाई इन सबमें भी श्रम निहित हैं। इस श्रम का सापेक्ष रूप से तो कोई मूल्य प्राप्त नहीं होता परंतु परिवार के सदस्यों को सुविधा मिलती है और वे आजीविकोपार्जन के लिए ऊर्जा प्राप्त करते हैं।

प्रश्न 4. कार्य, सुख तथा संतोष के बीच संबंधों को वर्णित कीजिए।

अथवा

कार्य का प्रसन्नता एवं संतुष्टि से क्या संबंध है? उदाहरण के साथ बताएँ।

[अप्रैल–2016, प्रश्न सं. 40]

उत्तर—आज अधिकाश लोगों की आजीविका श्रम से जुड़ी हुई है। किंतु वे केवल धन की अपेक्षा से ही कार्य नहीं करते हैं, वे किसी प्रकार के आनंद का भी अनुभव करते हैं। उदाहरण के लिए, कुम्हार मिट्टी के सकोरे बनाता है। यह सकोरों के आकार प्रकार में तरह-तरह के नमूने उकेरता है। यह वह धन प्राप्ति की लालसा से ही नहीं करता है, अपितु संभवतया उसे बहुत आनंद आता है। अपने खेत में लहलाती हुई फसल देख कर किसान सिर्फ इसलिए ही प्रसन्न नहीं होता कि उसे इस फसल का मूल्य मिलेगा। अपितु वह अपने श्रम के परिणाम पर मुग्ध होता है और प्रसन्नता का अनुभव करता है कि न जाने कितने लोगों की क्षुधा (hunger) पूर्ति करेगी यह फसल। कहने का तात्पर्य यह है कि शारीरिक श्रम प्रसन्नता व संतुष्टि से भी जुड़ा हुआ है। शारीरिक श्रम प्रसन्नता, संतुष्टि और आनंद के अनेक नए रास्ते खोलता है और यह प्रसन्नता सभी जीव-जंतुओं के साथ, हर आयु वर्ग के मनुष्य के साथ जुड़ी हुई हैं।

सूर्योदय के साथ ही चिड़ियों का दाना-चुगने के लिए उड़ान भरना, किसी भी अनापेक्षित स्थिति पर कुत्तों का चौकन्ना होकर भौंकना, कुछ पशुओं का शिकार पर निकल जाना यह सब कार्य प्राणी अपनी संतुष्टि के लिए करता है। छोटे-छोटे बच्चे जिनकी सूक्ष्म व स्थूल माँसपेशियाँ अभी विकसित नहीं हुई हैं, वे भी अपने सामने जो भी वस्तु आए उसे पकड़कर उठा-पटक करते हैं और खुश होते हैं, उसी प्रकार के वृद्ध व्यक्ति जो अब शारीरिक ऊर्जा के संदर्भ में शिथिल पड़ चुके हैं, पर घर में आने जाने वाले पर निगरानी रखते हैं। यह सब वे अपनी संतुष्टि और प्रसन्नता के लिए करते हैं।

अर्थात शारीरिक श्रम मात्र आजीविका कमाने या दायित्व भर निभाने के लिए नहीं किया जाता, यह आंतरिक प्रसन्नता व संतुष्टि के लिए भी किया जाता है। हम 'श्रम दान' जैसे अभियानों के बारे में भी सुना है। या हमने स्वयं भी कभी न कभी बिना किसी निजी हित के श्रम किया होगा। यह सब इसलिए क्योंकि शारीरिक श्रम शारीरिक व मानसिक स्वास्थ्य के लिए आवश्यक है जो अंततः प्रसन्नता व संतुष्टि प्रदान करता है। श्रम व संतुष्टि के संबंध को भलिभाँती समझने के लिए हम एक निजी संस्था द्वारा संचालित विद्यालय का उदाहरण लेते हैं।

राष्ट्रीय राजधानी क्षेत्र दिल्ली में एक विद्यालय है जो निजी संस्था द्वारा संचालित हैं जिसे आम जन पब्लिक स्कूल के नाम से जानते हैं। इस विद्यालय में आमतौर पर धनाढ़य वर्ग (reach people) के बच्चे आते हैं जिन्हें दिन-प्रतिदिन के जीवन में श्रम करने के अवसर नहीं मिलते। यहाँ कार्य शिक्षा के अंतर्गत आठवीं कक्षा के विद्यार्थियों ने विद्यालय के बाहर ईंटों के ढेर को साफ करने के लिए श्रमिकों की भाँति तसलों में ईंटें रखकर ढोई। उन अभिभावकों के मन में तरह-तरह की शंकाएँ उठ रही थी कि हमारे बच्चों से इतनी मेहनत करवाई जा रही हैं कहीं वे बीमार न पड़ जाएँ या उन्हें किसी प्रकार का संक्रमण न हो जाएँ। पर विद्यार्थियों ने बताया कि ईंटें ढ़ोने के बाद वे मन और शरीर से बहुत हल्का महसूस कर रहे हैं। और दिनों की अपेक्षा वे थके तो है किंतु किसी प्रकार के आंतरिक संतोष का अनुभव कर रहे हैं।

प्रश्न 5. कार्य शिक्षा से क्या तात्पर्य है? इसकी अवधारणा बताइए।

उत्तर—किसी भी देश के शिक्षा का मुख्य उद्देश्य एक ऐसी शिक्षा व्यवस्था का विकास करना होता है। जो अपने नागरिकों को अपनी प्रतिभा और हुनर के विकास का मौका दें। जिनकी जरूरत उसे जीवन भर रहती है। इसके लिए यह सुनिश्चित करना जरूरी है कि शारीरिक श्रम

को शिक्षा से जोड़ा जाए यानी कि कार्य शिक्षा को भौतिक व्यवस्था का अभिन्न अंग बनाया जाए।

कार्य शिक्षा, शिक्षा की एक विधि है जिसमें कक्षा में शिक्षा देने के साथ-साथ विद्यार्थियों को समाजोपयोगी कार्यों की व्यावहारिक शिक्षा भी प्रदान की जाती है।

गुरु रवीन्द्रनाथ टैगोर के शब्दों में–"सांस्कृतिक पुनर्जागरण के लिए शिक्षा को शारीरिक श्रम से अलग नहीं किया जा सकता।.... प्रत्येक विद्यार्थी को अपने विशिष्ट समुदाय के दायरे के बाहर विशाल व्यापक मानव समाज की सेवा के कुछ कार्यक्रमों में भाग लेना चाहिए। कार्य को शिक्षा के माध्यम के रूप में लिया जाना चाहिए क्योंकि अनुभव हमारे मस्तिष्क की खिड़कियाँ हैं।"

कार्य शिक्षा को उद्देश्यपूर्ण और सार्थक शारीरिक श्रम माना गया है जो शिक्षण प्रक्रिया के अंतरंग भाग के रूप में आयोजित किया जाता है। यह अर्थपूर्ण सामग्री के उत्पादन और समुदाय की सेवा के रूप में परिकल्पित होता है जिसमें बच्चे आत्मसंतोष तथा आनंद का अनुभव साझा करते हैं। कार्य शिक्षा ज्ञान, समझ, व्यवहारिक कौशल और मूल्यपरक जीवन क्रियाओं को भौक्षिक गतिविधियों में सम्मिलित करने पर जोर देती है।

प्रश्न 6. कार्य शिक्षा की विशेषताएँ बताइए तथा इसमें अंतर्निहित गतिविधियों और आवश्यक कारकों का उल्लेख कीजिए।

उत्तर–कार्य शिक्षा–कार्य शिक्षा की प्रमुख विशेषताएँ निम्न प्रकार हैं–

- हाथ और मस्तिष्क में समायोजन स्थापित करती है,
- भौक्षिक क्रियाओं में अंतर्निहित समाजोपयोगी शारीरिक श्रम है,
- सीखने की प्रक्रियाओं का अनिवार्य व महत्त्वपूर्ण घटक है,
- समुदाय के लिए उपयोगी सेवाओं अथवा उत्पादक कार्य के रूप में परिलक्षित होती है,
- बहुस्तरीय शिक्षा प्रणाली में शिक्षा के हर चरण में आवश्यक घटक के रूप में जुड़ी हुई है,
- करने के द्वारा सीखने के सिद्धांत पर आधारित हैं।

कार्य शिक्षा में अंतर्निहित गतिविधियाँ–

- समस्या समाधान, समालोचनात्मक सोच, निर्णय लेना आदि कौशलों का विकास करते हैं।
- सभी विषयों से जुड़े शिक्षकों की भागीदारी आमंत्रित करते हैं।
- विद्यार्थियों की आवश्यकताओं, रुचियों व क्षमताओं पर आधारित होते हैं।
- शिक्षा के स्तरों (Stages) के अनुसार विद्यार्थियों की दक्षताओं में वृद्धि करते हैं।
- व्यक्तित्व के विकास में सहायता करते हैं।
- व्यवसायिक तत्परता तथा उत्पादन संबंधी कुशलता में वृद्धि व विकास करते हैं।
- विविध प्रकार की युक्तियों, तकनीकों, उपकरणों व पदार्थों के साथ अंत:क्रिया के अवसर सुलभ कराते हैं।
- सामुदायिक सेवा संबंधी स्थितियों में अनुभव लेने के अवसर सुलभ करवाते हैं।
- कार्य जगत से परिचित करवाते हैं।

कार्य शिक्षा की सफलता के लिए निम्नलिखि कारक आवश्यक हैं–

- विचारों का खुलापन
- श्रम के प्रति आदर एवं सकारातमक दृष्टिकोण
- समुदाय व विद्यालय के बीच सकारात्मक संबंध
- सहयोग की भावना
- कल्पनाशीलता एवं रचनात्मक दृष्टिकोण

प्रश्न 7. कार्य शिक्षा के महत्त्व पर प्रकाश डालिए।

उत्तर–कार्य शिक्षा की महत्ता को निम्नलिखित परिप्रेक्ष्य में समझा जा सकता है–

1. सामाजिक रूप से वांछनीय मूल्यों का विकास करने में मदद मिलती है। नियमितता, समय की पाबंदी, स्वच्छता, आत्मनियंत्रण, परिश्रमशीलता, कर्त्तव्यबोध, सेवा भावना, उत्तरदायित्व की भावना, उद्‌यमशीलता, समानता के प्रति संवेदनशीलता भाई चारे की भावना, इन सभी गुणों का विकास मात्र किताबें पढ़ने या प्रवचन सुनने से नहीं होता बल्कि जब विद्यार्थी मिलजुल कर भिन्न-भिन्न प्रकार के कार्यकलाप करते हैं। तब स्वत: उनके आदर सामाजिक रूप से वांछनीय गुण पल्लवित होते हैं।

2. बच्चों में अपने शरीर की प्राकृतिक आवश्यकताओं को पूरा करने के लिए नियमित आदतों और सकारात्मक दृष्टिकोण का विकास होता है।

3. अपने आसपास के परिवेश के प्रति जागरूकता और संवेदनशीलता उत्पन्न करना तथा मानव जाति और पर्यावरण में अंत:संबंध के प्रति समझ विकसित होती है।

4. शारीरिक कार्य और श्रम के महत्त्व के प्रति समझ व सम्मान की भावना पैदा होती है।

5. कार्य शिक्षा के माध्यम से पोषण, आहार, संक्रामक रोग, स्वच्छता संबंधी नियमों की जानकारी मिलती है। कार्य के जरिए वे सामुदायिक स्वच्छता बनाए रखने के प्रति सचेत व सजग होते हैं।

6. स्वअभिव्यक्ति और रचनात्मकता के गुण का पोषण-प्रत्येक बच्चे में सृजन की पर्याप्त संभावनाएँ होती हैं और कलात्मक अभिव्यक्ति उसका स्वाभाविक लक्षण हैं। कार्य शिक्षा कलात्मक कार्यकलापों का आयोजन करके व्यक्तिगत आधार पर आत्म अभिव्यक्ति के अवसर प्रदान करता है।

7. सांस्कृतिक विरासत (Cultural Legacy) स्थानीय व राष्ट्रीय दोनों की सराहना करने की क्षमता तथा संरक्षण की भावना को पोषित करती है।

8. नेतृत्व की भावना व नेतृत्व कौशल को प्रस्फुटित करने में सहायता करती है। कुछ बच्चे स्वभावत: अंतर्मुखी होते हैं, पहल करने से झिझकते हैं। कार्य, शिक्षा बच्चों को इस तरह के अनुभव प्रदान करती है जिससे सरल से कार्यकलापों के द्वारा उनमें नेतृत्व कौशल को विकसित व पोषित किया जा सके।

9. आवश्यक जीवन कौशलों का विकास-शिक्षा का वास्तविक एवं आदर्श दायित्व है कि वह बच्चों को जीवन की चुनौतियों का सामना करने के लिए तैयार करें। कार्य शिक्षा विद्यार्थी में आवश्यक जीवन कौशलों यथा-समस्या समाधान, निर्णय लेना, सृजनात्मक सोच, समालोचनात्मक सोच, तदानुभूति, प्रभावी संप्रेषण, स्वयं की पहचान जैसे कौशलों का विकास करने में मदद करती है और बच्चों को दैनिक जीवन की माँगों और चुनौतियों से प्रभावी ढंग से निपटने के

योग्य बनाती है।

10. कार्य जगत से शिक्षा की संबद्धता स्थापित करना–कार्य शिक्षा समुदाय की विभिन्न कार्य परिस्थितियों को जानने और उनमें हिस्सा लेने के अवसर प्रदान करती है। काम तथा कामगारों की दिनचर्या को जानने के लिए प्रेरित करती है। समाज की उत्पादक गतिविधियों में भाग लेने के लिए भी प्रेरित करती है।

11. स्कूल व समुदाय में जुड़ाव–संपूर्ण विद्यालयी कार्यक्रम में संभवतया: कार्यशिक्षा एक ऐसा विषय है जो प्रभावशाली तरीके से विद्यालय को समुदाय के निकट लाता है। कार्य शिक्षा समुदाय की सांस्कृतिक सामाजिक पृष्ठभूमि का हर स्थिति में ध्यान रखती हैं। समुदाय के दस्तकारों को उनकी कला व हुनर के प्रदर्शन के लिए आमंत्रित करती है।

प्रश्न 8. कार्य शिक्षा के पाठ्यक्रम का वर्णन करते हुए पर्यावरण से संबंधित गतिविधियों तथा योजना की व्याख्या कीजिए।

उत्तर–समाजोपयोगी उत्पादक कार्य (Socially Useful Productive Work) की अभिधारणा को राष्ट्रीय शिक्षा नीति 1986 द्वारा स्वीकार किया गया और इसे सोद्देश्य से सारगर्भित शारीरिक कार्य के रूप में समझा गया। शिक्षा के सभी स्तरों पर इसे एक अनिवार्य घटक माना गया और यह सिफारिश की गई कि इसका प्रावधान सुगठित और क्रमबद्ध कार्यक्रम के रूप में किया जाना चाहिए। मुख्यत छः क्षेत्र सुझाए गए जहाँ से उत्पादक शारीरिक श्रम की परिस्थितियों को लेना चाहिए – स्वास्थ्य एवं स्वास्थ्य विज्ञान, आहार एवं पोषण, आवास, परिधान, संस्कृति एवं मनोरंजन तथा सामुदायिक कार्य व समाज सेवा।

कार्य शिक्षा के माध्यम से विद्यार्थियों में अनिवार्य जीवन कौशलों का विकास किया जाता है, अतः कार्य शिक्षा की विषय वस्तु का ताना-बाना रोजमर्रा की जिंदगी के इर्द-गिर्द ही बुना जाता है। इस विषय के अंतर्गत करवाए जाने वाले कार्यकलाप मुख्यतः छः क्षेत्रों से लिए जाते हैं–स्वास्थ्य एवं स्वास्थ्य विज्ञान, आहार एवं पोषण, आवास, परिधान, संस्कृति एवं मनोरंजन तथा सामुदायिक कार्य व समाज सेवा। ये छहों क्षेत्र किसी भी व्यक्ति की जिंदगी के अनिवार्य घटक हैं अतः कार्य शिक्षा की विषयवस्तु इनसे अलग नहीं हो सकती। कार्य शिक्षा की विषय वस्तु का आसपास की परिस्थितियों से संबंध होना अनिवार्य है।

प्राथमिक व उच्च प्राथमिक स्तर पर विषयवस्तु के मुख्यतः तीन घटक होंगे–पर्यावरण अध्ययन और उपयोग, सामग्री, औजार, तथा प्रविधियों से प्रयोग और तीसरा कार्य अभ्यास।

तीनों घटकों बच्चों उनके परिवारों तथा समाज की रोजमर्रा की आवश्यकता पूर्ति की जाने वाली क्रियाओं के इर्द-गिर्द से ही लिए जाएँगे। उत्पादक कार्य और आसपास के प्रति की जाने वाली सेवाओं में 'कार्य अभ्यास' बहुत ही महत्त्वपूर्ण है। मात्र एक बार कर लेने से यह निर्णय नहीं ले सकते कि बच्चे सब कुछ भलीभांति जान गए हैं या निपुण हो गए हैं।

कार्य शिक्षा की क्रियाओं/परियोजनाओं का वास्तविक चयन स्थान विशेष में उपलब्ध, प्राकृतिक, भौतिक और मानव संसाधनों और समाज विशेष की सामाजिक और आर्थिक पृष्ठभूमि पर निर्भर हो। क्रियाओं और परियोजनाओं के चयन में विविधता हो। पर्यावरण विषयक क्रियाएँ इस प्रकार हैं–

1. पर्यावरण स्वच्छता के कार्यक्रमों में अपनों से बड़ों का हाथ बँटाना-जैसे-पास-पड़ोस के पार्क में बिखरी पॉली पैक की थैलियों या दूसरे प्रकार के कचरे को उठाना, ठहरे हुए पानी के निकास का प्रबंध करना, खरपतवार निकालना, आवारा घूमते पशुओं के लिए उत्तरदायी संस्था को सूचना देना आदि।

2. घर से विद्यालय अथा अन्य किसी स्थान पर आते-जाते रास्ते में आने वाली वस्तुओं जैसे मकान, पेड़-पौधे, खंभों, दुकानों (जो कुछ भी हो) आदि का अवलोकन करना। इससे हम अपनों के प्रति संवेदनशील बनते हैं, उसके साथ एक आत्मीय संबंध करते हैं।

3. घर तथा आसपास चल रही कार्य व उत्पादन प्रक्रियाओं का अवलोकन जैसे घर ममें खाना बनते हुए देखना (सुविधानुसार हाथ भी बँटाना) दर्जी की दुकान, कुम्हार का चोंक पर बर्तन, घड़े बनाना, चिनाई का काम, पुताई का काम, रंगाई का काम, माल ढुलाई का काम, नाई का काम आदि।

4. अपने जूतों पर पॉलिश करना, रिबन, मोजे, रूमाल, अंत:वस्त्र की धुलाई करना, अपने बस्ते की सफाई करना, बटन टाँकना आदि।

5. घर-विद्यालय के पौधों को नियमपूर्वक पानी देना, खरपतवार निकालना एवं अन्य प्रकार की आवश्यक क्रिया करना।

6. उद्यान एवं खेतों में फसलों का अवलोकन, कार्य प्रक्रिया का अवलोकन, संबंधित सवाल पूछकर अपनी जिज्ञासा शांत करना।

7. आसपास के पेड़-पौधों के नामों और उपयोगिता से परिचित होना। उनकी देखभाल के लिए तत्पर रहना।

8. डाकघर, बस स्टेशन, रेलवे स्टेशन, अस्पताल, प्राथमिक चिकित्सा केंद्र, मवेशी खाना आदि में चल रही कार्य प्रक्रिया का अवलोकन करना।

9. सांस्कृतिक व धार्मिक पर्वों पर होने वाले आयोजनों व कार्यकलापों का अवलोकन करना आवश्यकतानुसार उन कार्यकलापों में हिस्सा लेना।

प्रश्न 9. कार्य शिक्षा के पाठ्यक्रम की सामग्रियों, उपकरणों तथा तकनीकों के प्रयोग के बारे में बताइए।

उत्तर—कुछ सामान्य चीजें जैसे औजार, सामग्री और तकनीक की आवश्यकता सभी को होती है चाहे वह मानव की दिन-प्रतिदिन की जिंदगी से जुड़ा छोटे से छोटा कार्य हो अथवा कोई बहुत बड़ा उद्योग। कार्य शिक्षा की विषयवस्तु विद्यार्थियों को दैनिक जीवन के कार्यकलापों की पूर्ति हेतु काम में आने वाले उपकरणों और सामग्री तथा तकनीक से परिचित करवाती है और अनुभव करने के अवसर भी प्रदान करती है जिससे विद्यार्थियों में प्रारंभिक स्तर की दक्षता का विकास हो सके। कुछ ऐसी क्रियाओं की सूची निम्न है–

1. खेलने की विविध सामग्रियों से परिचय।

2. मिट्टी, पुराने कागज, पुराने अखबार, बाँस, पत्ते, कपड़े की पुरानी कतरनें आदि से परिचय व उनसे खेलने अथवा काम की वस्तुएँ बनाना आना।

3. रसोई घर तथा घर में उपयोग आने वाले उपकरणों से परिचय क्षमतानुसार उनका उपयोग जानना व उपयोग करना।

4. सफाई और कपड़ों की धुलाई से काम आने वाले उपकरण व सामग्री जैसे–थपकी, ब्रुश, मशीन, बाल्टी, साबुन, डिटर्जेन्ट पाउडर आदि से परिचय व क्षमतानुसार उनका उपयोग करना आना।

5. पुष्प सज्जा, फूल पत्तों की माला गूँथना, गुलदस्ते बनाना।

6. भिन्न-भिन्न वस्तुओं की पहचान और उनका कहा-कहा उपयोग होता है, इसकी जानकारी रखना।

7. कलात्मक वस्तुएँ तैयार करने, ड्राइंग करने से जुड़ी वस्तुओं और उपकरणों के साथ क्रिया करना।

प्रश्न 10. 'कार्य अनुभव' पर संक्षिप्त टिप्पणी लिखिए।

उत्तर–कार्य अनुभव (work experience) का अर्थ है कार्य और अधिगम से अनुभव प्राप्त करना। यह न केवल विस्तृत जानकारी प्राप्त करने का अवसर प्रदान करता है बल्कि ऐसी परिस्थितियों में काम करने के अवसर भी प्रदान करता है जहाँ बच्चे बहुत कुछ सीख सकता है, सीखने का आनंद ले सकता है, अपने संदेह का समाधान प्राप्त कर सकता है। अपनी जिज्ञासा को पूरा कर सकता है तथा घर, परिवार, स्कूल और समुदाय की विभिन्न कार्य परिस्थितियों के बारे में जानकारी प्राप्त कर सकता है।

एक स्पष्ट विशिष्ट संप्रत्यय के रूप में सबसे पहली बार हमारे देश में प्रो. डी.एस.कोठारी की अध्यक्षता में बनाए गए 'एजुकेशन कमीशन' (1964-66) की रिपोर्ट में कार्यानुभव को इन शब्दों में 1966 में परिभाषित किया गया था–

"...Work experience... involves participation in some form of productive work under conditions approximating to those found in real life situations.."

-Report of the Education Commission, 1964-65, p.201

कार्यानुभव को एक साद्देश्य, अर्थपूर्ण हाथ का काम माना जाना चाहिए जिसे सीखने की प्रक्रिया को एक अभिन्न अंग होना चाहिए और जिससे या तो वस्तुओं का निर्माण होना चाहिए या समाज के लिए उपयोगी सेवाएँ मिलनी चाहिए। इसे सभी स्तरों की शिक्षा का एक आवश्यक अंग होना चाहिए। इसे संकुचित और श्रेणीबद्ध कार्यक्रमों के रूप में प्रदान किया जाना चाहिए।

प्रश्न 11. विद्यार्थियों के समूहीकरण पर संक्षिप्त व्याख्या कीजिए।

अथवा

कार्य शिक्षा से संबंधित विभिन्न गतिविधियों को करने के लिए समूह बनाना क्यों आवश्यक है? चर्चा कीजिए।

अथवा

समूह बनाने के दौरान किन महत्त्वपूर्ण कारकों को ध्यान में रखना चाहिए।

उत्तर–जब विद्यार्थी अपने विचारों एवं कल्पनाओं को एक आकार प्रदान करते हैं, तब वे खुशी का अनुभव करते हैं और जब वे समूहों में कार्य करते हैं तब–

- उनके अधिगम प्रक्रिया द्वारा प्राप्त आनंद की अनुभूति में सकारात्मक वृद्धि लेती है।

- वे समूह भावना का विकास करते हैं
- वे एक-दूसरे से सीखने और सिखाने का कौशल करते हैं,
- सहयोग, नेतृत्व जैसे गुणों का स्वतः विकास होता है।

कार्य शिक्षा के अधिकांश गतिविधियाँ इस प्रकार की होती है कि उन्हें यदि समूह में करवाया जाए तो बेहतर परिणामों की प्राप्ति संभव है।

दृष्टिकोण निर्माण से संबंधित गुण, मूल्य व कौशल और कुछ अन्य सामाजिक मूल्य जैसे–एक-दूसरे के प्रति व परिवेश के प्रति संवेदनशीलता, परानुभूति, सहयोग, अंत:निर्भरता के प्रति समझ, प्रकृति प्रेम, सौंदर्यानुभूति, श्रम का महत्त्व, नियमितता आदि समूह में कार्य करने अधिक मुखरित रूप से विकसित होते हैं। समूहों में काम करने से एक 'सांझी संस्कृति' का माहौल भी विकसित होता है।

उपरोक्त सकारात्मक पक्ष तभी उभर सकते हैं जब आपने योजनाबद्ध तरीके से विद्यार्थियों के समूहों का निर्माण किया हो। समूह निर्माण हेतु कुछ विशेष बिंदुओं को ध्यान में रखना चाहिए–

- क्या आप एक ही कक्षा के निम्न-निम्न समूह बना रहे हैं या दो-तीन कक्षाओं को मिलाकर विद्यार्थियों के समूह बना रहे हैं?

कार्यकलाप विशेष के उद्देश्यों को दृष्टिगत करते हैं दोनों ही स्थितियाँ आपके सामने होंगी। कुछ

कार्यकलापों के लिए आप कक्षानुसार समूह बनाएंगे और कुछ कार्यकलापों के लिए भिन्न-भिन्न कक्षाओं के मिले-जुले समूह। जैसे बालसभा, प्रात:कालीन सभा के आयोजन के लिए सभी कक्षाओं के विद्यार्थियों की भागीदारी। दोनों ही स्थितियों में आप विचार करें–

- सहशिक्षा होने पर मिला-जुला समूह बनाए
- शारीरिक चुनौती वाले बच्चों का पृथक समूह न बनाकर और बच्चों के समूह के साथ जोड़े और यह भी सुनिश्चित करें कि वहाँ उन्हें कोई अर्थपूर्ण भूमिका और उत्तरदायित्व दिया जाए।

सभी कुशाग्र व तीव्र गति से सीखने वाले बच्चों को एक साथ न रखें। कहने का तात्पर्य यह है कि मंद गति से सीखने वाले बच्चों व मेधावी छात्रों का मिला-जुला समूह बने। ऐसे समूहों के निर्माण से आपका उत्तरदायित्व आरंभ में कुछ बढ़ जाएगा। आपको सतत रूप से इस बात का अवलोकन करना है कि मेधावी/अधिक वय वाले/तीव्र गति से सीखने की क्षमता रखने वाले बच्चे दूसरे बच्चों को दबाए नहीं, उनकी बराबर की भागीदारी लें, उन्हें भी निर्णय लेने का अवसर दें, उनके निर्णयों व सुझावों को सुना जाए, समझा जाए और आवश्यकतानुसार क्रियान्वयन भी किया जाए। कहने का तात्पर्य यह है कि समूहों में प्रजातांत्रिक माहौल बनें, इसके लिए आरंभ में आपकी ओर से अधिक समय निवेश करने की मांग उत्पन्न होती है।

- आपके समूह निर्माण की प्रक्रिया को कुछ और घटक भी प्रभावित करेंगे
- स्थान की उपलब्धता
- संसाधनों-सामग्री व उपकरण, औजार आदि की पर्याप्तता,
- समय की उपलब्धता
- पर्यवेक्षण व मूल्यांकन की व्यवस्था

• विद्यार्थियों की संख्या

• कार्यकलाप की प्रकृति एवं निहित उद्देश्य

• अनेक बार विद्यार्थियों की रुचि, पूर्व अर्जित ज्ञान व प्रारंभिक प्रवेश व्यवहार को तो ध्यान में रखकर समूह निर्माण किया जाता है।

बहुत से बच्चे को घर पर ही ऐसा वातावरण मिलता है जहाँ उन्हें इच्छावश अथवा किसी विवशता के रहते बहुत सी उत्पादक प्रक्रियाओं से जुड़ना पड़ता है, या फिर दैनिक कार्यकलापों में एक निश्चित भमिका निभानी होती है। कक्षा में कुछ बच्चे ऐसे भी होंगे जिन्हें घर के कार्यकलापों में भाग लेने के अवसर न मिलते हों, जिनके निज के कार्यकलाप माता-पिता के सहयोग से पूरे होते हों। दोनों प्रकार के बच्चों के प्रारंभिक व्यवहार के स्तरों में भिन्नता होगी। एक को प्रदत्त कार्यकलाप से जुड़े ज्ञान, तकनीकियों, सामग्री की आधी/पूरी समझ हो सकती है और दूसरे को जरा भी अनुभव नहीं होगा।

विभिन्न पहलूओं पर भली भांति विचार करके ही अध्यापक को समूह की रचना करनी चाहिए। यह आवश्यक नहीं कि एक कार्यकलाप विशेष के लिए बनाए समूह या सत्र के आरंभ में बनाए गए समूह स्थायी रहेंगे। अध्यापक समय-समय पर समूहों के गठन में परिवर्तन भी कर सकते हैं। परिवर्तन के लिए आपके पास जरूर कुछ आधार होंगे। जैसे–

• पिछले समूहों की कार्य प्रणाली

• नई परिस्थितियाँ

• कार्यकलाप की प्रकृति में बदलाव,

• आपके द्वारा नवाचार करने की चेष्टा।

प्रश्न 12. कार्य शिक्षा में गतिविधियों का आयोजन करते समय 'समय आवंटन' के महत्त्व को समझाइए।

उत्तर–कार्य शिक्षा के अंतर्गत गतिविधि की प्रकृति, उद्देश्य और उसके आधार पर प्राप्त होने वाले अपेक्षित परिणामों को प्रकृति के आधार पर प्रत्येक गतिविधि का समय निर्धारित किया जा सकता है। यह आवश्यक नहीं कि प्रत्येक गतिविधि के समस्त सोपान विद्यालय में ही संपन्न करवाए जाएँ। कुछ ऐसे भी कार्यकाप हो सकते हैं जिनका प्रथम सोपान विद्यालय में अध्यापक के प्रदर्शन से आरंभ हो तत्पश्चात् विद्यार्थी घर, समुदाय में जाकर अपनी-अपनी सुविधानुसार उस प्रक्रिया का अनुभव करें।

समय के संबंध में महत्त्वपूर्ण दृष्टिकोण है–कौन सा कार्यकलाप सत्र/वर्ष के किस समय करना है। इस बिंदु का निर्धारण कार्यकलाप की प्रकृति, विद्यालय व समुदाय की आवश्यकता पर निर्भर करेगा।

कार्य शिक्षा अध्यापक होने के नाते आप योजना बना सकते हैं कि इस माह अर्थात् प्रवेश प्रक्रिया के दौरान विद्यालय में क्या-क्या अतिरिक्त कार्यकलाप होने चाहिए और उनमें से कौन से कार्यकलाप कार्य शिक्षा कार्यक्रम का अंग बन सकते हैं–

1. विद्यालय की पोशित बस्तियों (जहाँ से बच्चे दाखिले के लिए विद्यालय आते हैं) में विद्यालय के दाखिले संबंधी नियमों की जानकारी व्यक्तिगत संपर्क द्वारा, डुगडुगी पिटवा कर माता-पिता की नुक्कड बैठक आमंत्रित कर दी जा सकती है।

2. प्रवेश का समय विद्यालय में कुछ विशेष प्रबंध करने होते हैं, जैसे विद्यालय के मुख्य द्वारा पर दिशा-निर्देश देने संबंधी कार्य, अभिभावकों के बैठने का प्रबंध, निरक्षर माता-पिता द्वारा प्रवेश पत्र न भर पाने की स्थिति में उनका प्रवेश पत्र भरने में मदद करना, सभी के लिए पेयजल की व्यवस्था करना आदि। यह भी कार्य शिक्षा कार्यक्रम के कार्यकलापों की संभावना खोजी जा सकती है।

3. अप्रैल माह के पश्चात् मई व जून ग्रीष्म अवकाश का समय होता है, आप योजना बना सकते हैं कि मौसम को देखते हुए विद्यार्थियों को कौन-से कार्य दिए जाए। बीजों का संग्रह, पत्तियों का संग्रह, आम की गुठली से पपीहा बनाना, आग का पना बनाना, आम की किस्में जानना, अवकाश के किसी भी दस दिन की डायरी लिखना टूटी-फूटी वस्तुओं का संग्रह करना आदि कार्यकलाप घर पर करने के लिए दिए जा सकते हैं।

4. ग्रीष्म अवकाश के पश्चात् माह जुलाई में विद्यालय पुनः खुलते हैं। जब आपके पास जुलाई के मौसव व विद्यालय की गतिविधियों को देखते हुए अनेक कार्यकलाप हैं, आप कक्षा विशेष के विद्यार्थियों की शारीरिक-मानसिक क्षमता के अनुसार कोई भी कार्यकलाप चुन सकते हैं-

5. जुलाई माह में आमतौर पर बारिशें होती हैं। अध्यापक स्थान की उपलब्धता को देखते हुए कृषि संबंधी कार्य भी करवा सकते हैं। इसके अतिरिक्त बारिश के बाद सीलन से बचने के उपाय, दालों का भंडारण, कपड़ों की सुरक्षा पर भी कोई गतिविधि सोची जा सकती है।

जुलाई में ही 11 जुलाई को विश्व जनसंख्या दिवस होता है। इस दिवस के उद्देश्यों को ध्यान में रखते हुए अनेक कार्यकलाप हो सकते हैं जैसे-

(क) जागरूकता रैली, प्रभात फेरी, नुक्कड नाटक व सभाओं का आयोजन

(ख) जनसंख्या संबंधी नारे लिखवाना।

6. अगस्त माह स्थानीय व राष्ट्रीय पर्वों का माह होता है। पर्वों की प्रकृति के अनुसार राखी बनाना, झंडे बनाना, सांस्कृतिक कार्यक्रमों का आयोजन आदि कार्यकलापों के बारे में विचार किया जा सकता है।

प्रश्न 13. कार्य शिक्षा में स्थान का आवंटन क्यों महत्त्वपूर्ण है? वर्णन कीजिए।

उत्तर-कार्य शिक्षा से संबंधित कार्यकलापों के सफल संचालन हेतु स्थान की उपयुक्तता आवश्यक है। प्राथमिक स्तर पर कार्य शिक्षा क्रियाएँ सरल और बच्चों के लिए आनंददायी होती है। वे पर्यावरण अध्ययन के रूप में कार्य परिस्थितियों तथा कार्य की प्रारंभिक प्रक्रियाओं के अवलोकन के रूप में होती है। यदि आप इस तथ्य को भली-भांति समझ गए हैं तो 'स्थान निर्धारण' करने में किसी प्रकार की कठिनाई का अनुभव नहीं होता यदि हम पर्यावरण अध्ययन कार्य प्रक्रियाओं के अवलोकन को ही अपने कार्यक्रमों में सम्मिलित करते हैं तो निसंदेहात्मक रूप से हमारा स्थान विद्यालय का कक्ष न होकर स्थानीय बस्ती का कोई हिस्सा होगा जैसे-

- सब्जी विक्रेता की दुकान, रेहड़ी,
- दर्जी की दुकान,
- डाकघर, बैंक, राशन की दुकान
- फल, संरक्षण केंद्र,

- सार्वजनिक नल,
- कुम्हार का कार्य स्थल,
- मोची का कार्य स्थल,
- सामुदायिक केंद्र,
- बस्ती विकास केंद्र,
- प्रौढ़ एवं अनौपचारिक शिक्षा केंद्र,
- पार्क, खेल बाग-बगीचे, क्यारियाँ,
- सुविधा वंचित समूहों के लिए बनाए गए विशेष सुविधा केंद्र जैसे अंध-विद्यालय वृद्धजनों के लिए गृह, बालगृह
- अपना बाजार सुपर बाजार आदि
- लघु कुटीर
- साप्ताहिक बाजार
- समय-समय पर लगने वाले मेलें।

स्थान के संदर्भ में कुछ महत्त्वपूर्ण बिंदुओं को ध्यान में रखना आवश्यक हैं–

1. कार्यस्थल की विद्यालय से दूरी (Distance of working place from school)–यदि कार्य स्थल विद्यालय से बहुत दूर है तो आने-जाने में ही समय वशाक्ति दोनों का ही अपव्यय होगा। इसलिए कम दूरी वाले कार्यस्थलों को प्राथमिकता दें।

2. भौगोलिक तथा सामाजिक पारिस्थिति (Geographical and Social Condition)–भौगोलिक, से यहाँ तात्पर्य मौसम की दशा को लेकर है, बहुत अधिक ठंड, प्रचंड गरमी व बारिश के दिनों में बच्चों को बाहर के कार्य स्थलों पर ले जाने से बचें। बच्चों का स्वास्थ्य व सुरक्षा आपकी चिंता का विषय है। सामाजिक परिस्थिति से तात्पर्य है बस्ती में या कार्य स्थल के आस-पास किसी विशेष घटना (दुखद/सुखद) का घटित होना। राजनैतिक रैलियों, विवाह तथा धार्मिक जलसे, आगजनी आदि। परिस्थितियों में भी भ्रमण की योजना नहीं बनानी चाहिए।

3. बच्चों की संख्या (Number of Students)–योजना में बच्चों की संख्या को नजर अंदाज नहीं किया जा सकता। कितने बच्चों को आप एक साथ कार्य स्थल के अवलोकन हेतु ले जा सकते हैं–इसका निर्णय लेना आवश्यक होगा।

प्रश्न 14. विभिन्न वर्गों के लिए कार्य शिक्षा के नियोजन सत्र पर टिप्पणी कीजिए।

अथवा

पर्यावरण के सुंदरीकरण से संबंधित विभिन्न गतिविधियों का उल्लेख कीजिए।

अथवा

विद्यार्थियों में सांस्कृतिक धरोहरों के प्रति लगाव व सम्मान की भावना पैदा करने के लिए की जाने वाली किन्हीं दो गतिविधियों के नाम लिखें।

[अप्रैल–2016, प्रश्न सं. 28]

उत्तर–विद्यालयी शिक्षा के भिन्न-भिन्न स्तरों पर कार्य शिक्षा संबंधी गतिविधियों की योजना

बनाते समय निम्नलिखित बिंदुओं पर ध्यान देना आवश्यक है–

- बच्चों को स्व-अभिव्यक्ति के अवसर।
- बच्चों को उनके आस-पास के परिवेश का अवलोकन करने और उसके प्रति रुचि जागृत करने का अवसर।
- अपने दिन-प्रतिदिन के कामों को सही तरीके से करने में सहायता।
- प्राकृतिक संसाधनों के संरक्षण के प्रति जागरूकता।
- भिन्न-भिन्न क्रियाओं से प्राप्त अनुभवों के एकीकरण में सहायता।
- दिन-प्रतिदिन की समस्याओं को सुलझाने के लिए आधारभूत कौशल प्राप्त करने में बच्चों की सहायता।
- समूह में रहने और दूसरों की सहायता करने से संबंधित सकारात्मक दृष्टिकोण उत्पन्न करने में मदद।

मूलभूत जरूरतों की श्रेष्ठतर पूर्ति से जुड़े कार्यकलाप (Activities related to better fulfillment of basic needs)–इस क्षेत्र के अंतर्गत निम्नलिखित कार्यकलाप सम्मिलित किए जा सकते हैं–

1. स्वास्थ्य एवं स्वच्छता (Health and Hygiene)

- व्यक्तिगत सफाई के प्रति जागरूकता अपने काम में आने वाली वस्तुओं की सफाई एवं रख-रखाव।
- कॉपी-किताबों पर जिल्द चढ़ाना।
- घर एवं विद्यालयों में सफाई बनाए रखनां
- छोटी-मोटी मरम्मत,टाटपट्टी, बुक रैक, दरी, पोस्टर, केलेंडर, चार्टपेपर या अन्य तस्वीरों का रख-रखाव।

2. भोजन एवं कृषि (Food and Agriculture)

- विभिन्न प्रकार के बीज, वन उत्पाद्य, खाद व मिट्टी की पहचान।
- कृषि के काम में प्रयुक्त सामान्य उपकरणों, कृषि उत्पादों एवं खाद की पहचान।
- कम्पोस्ट खाद के गड्ढे को तैयार करना, क्यारियाँ तैयार करना, अच्छे बीजों का चुनाव करना आना, बीज बोना
- पोधों की देखभाल एवं रखरखाव।
- खाद्य एवं फल संरक्षण।
- चाय, कॉफी, जलजीरा, आदि बनाना आना।
- शर्बत, अचार बनाना।
- घड़े मिट्टी का ड्रम, गुलदानों की सहायता से कूलर तैयार करने का प्रयास करना।
- प्लास्टिक, जूट, डोरी आदि की सहायता से झींगा तैयार करना।

3. आवास (Residence)

- घास, नारियल की छाल, जूट, तुरई की छाल, पतली तार, जाली, अनुपयोगी स्पंज, मोजे से बोतल साफ करने वाला ब्रुश, साफ करने वाला झामा बनाना।
- रैक, मेज, कुर्सी, स्टूल, चारपाई, नल की मामूली मरम्मत करना आना।

4. वस्त्र (Clothes)

- टी.वी/बक्से आदि के लिए कवर बनाना आना।
- गुड़िया, कठपुतली बनाना आना
- बची हुई ऊन, कपड़ों के टुकड़ों, जूट आदि से आराम, पायदान बनाना।

परिवेश के सौंदर्यीकरण से संबंधित कार्यकलाप (Activities related to beautification of environment)

1. उपयोगी वस्तुएँ बनाना (Making useful things)

- पैन/पैंसिल होल्डर, पिन होल्डर, कूड़ादान, पत्रपेटी, हाथ का पंखा बनाना।
- मुखौटे बनाना।
- मैकरमे का काम
- विद्यालय में डिस्प्ले बोर्ड केलिए सामग्री तैयार करना।
- टूटी चूड़ियों या किसी और सामग्री से मिट्टी के बर्तनों को सजाना।
- मिट्टी से खिलौने बनाना।

2. सजावट हेतु सामग्री तैयार करना (Preparing material for decoration)

- कपड़ों की कतरनों से, पतले रंगीन कागजों से, तार, मोती, धागों आदि की मदद से फूल बनाना।
- मिट्टी के बर्तनों पर सजावट करना।
- मिट्टी से खिलौने, चिड़ियाँ, जानवरों आदि की आकृति बनाना।
- सुतली, बान, प्लास्टिक केधागों से सजावटी वस्तुएँ बनाना।
- पुरानी ऊन से मैट आदि बनाना।
- बाँस से फूलदान बनाना।

सामुदायिक सेवा से संबंधित कार्यकलाप (Activities related to community services)

- मुहल्ले की सफाई अभियान में भाग लेना।
- त्यौहार आदि उत्सव आने पर समुदाय में लोगों के साथ सजावट के काम में हिस्सा बँटाना।
- बड़े-बूढ़ों की यथा संभव आवश्यकतानुसार मदद करना।
- विद्यालय परिसर, कक्षा की सफाई में क्षमतानुसार हाथ बँटाना।
- शारीरिक रूप से चुनौती वाले व्यक्तियों की दिन-प्रतिदिन के कार्यों में मदद करना।

सांस्कृतिक विरासत, राष्ट्रीय एकता से संबंधित कार्यकलाप (Activities related to cultural legacy and National integration)

- विभिन्न राज्यों के लोगों की खान-पान, रहन-सहन संबंधी आदतों का पता लगाना।
- जगह-जगह की हस्त कला की जानकारी इकट्ठी करना।
- संगीत वाद्य यंत्रों, नृत्यों की जानकारी, उनके चित्र इकट्ठे करना।
- स्वतंत्रता दिवस, गणतंत्र दिवस व अन्य राष्ट्रीय त्यौहारों की जानकारी व उन्हें मनाना।
- राष्ट्रीय झंडा व अन्य राष्ट्रीय चिह्न, जैसे-चक्र, आदि के चित्र बनाना।

पर्यावरण जागरूकता से संबंीत कार्यकलाप (Activities related to

Environmental Awareness)

- पर्यावरण प्रदूषण से संबंधित चित्र एवं समाचार एकत्रित करना।
- पर्यावरण को प्रदूषित करने वाले कारकों के चित्र बना उन्हें बुलेटिन बोर्ड पर लगाना।
- पर्यावरण प्रदूषण से संबंधित नारे बनाना व उन्हें लोगों तक पहुँचाना।
- पर्यावरण प्रदूषण के हानिकारक प्रभावों से संबंधित चार्ट बनाना।
- वन महोत्सव, वृक्षारोपण जैसे कार्यक्रमों में हिस्सा लेना।

प्रश्न 15. प्राथमिक शिक्षा के संदर्भ में कार्य शिक्षा के लिए सामग्री के चयन तथा समन्वय पर चर्चा कीजिए।

उत्तर—सेवा संबंधी परिणामों के लिए सामाजिक परिस्थितियाँ एवं परिवेश हमारे लिए सदैव उपलब्ध हैं परंतु जहाँ कुछ बनाने का संदर्भ आता है वहाँ अध्यापक या तो विद्यार्थियों को घर से सामग्री लाने के लिए कहते हैं या विद्यालय में उस सामग्री को खरीदने के लिए अतिरिक्त फंड की बात करते हैं।

जहाँ तक उपकरणों की बात है जेसे चॉक, मोमबत्ती आदि बनाने के लिए खांचे या फिर बाँधनी आदि के लिए पतीले आदि विद्यालय की ओर से उपलब्ध करवाए जाने चाहिए। यदि किसी कारणवश विद्यालय नहीं दे पा रहा तो समुदाय का सहयोग लेकर इन सब उपकरणों की उपलब्धता के बारे में विचार किया जा सकता है। यदि यह भी संभव नहीं है तो यह जरूरी नहीं कि हम किन्हीं और गतिविधियों के बारे में विचार नहीं कर सकते।

1. प्रकृति से सरलतापूर्वक उपलब सामग्री।
2. अनुपयोगी सामग्री
3. कम लागत वाली सामग्री

तालिका 3.1

प्रकृति से सरलता से उपलब्ध सामग्री	अनुपयोगी सामग्री	कम लागत वाली सामग्री
पौधे, बांस, पत्तियों, बीज, फल-फूल, पेड़, तने, पेड़ की छाल, जूट, नारियल के खोपरे, नारियल की छाल, रेत, मिट्टी, कंकर/पत्थर, पानी, ग्लू, नीम, लाख।	खाली डिब्बे, पंख, लकड़ी एवं गत्ते के डिब्बे, उपयोग की गई फोम/स्पंज, जूते के डिब्बे, खाली माचिस के डिब्बे, कतरने, पुराना कंबल, पुरानी चटाई, पुराने अखबार, पुरानी पत्रिकाएँ, उपयोग किए गए प्लास्टिक के बैग, सॉफ्ट ड्रिंक की बोतलों के ढक्कन, उपयोग किए हुए प्लास्टिक के कप। पतली तार/मोटी तार, टूथ पेस्ट के ढक्कन, अनुपयोगी पैन, पुराने ब्लेड, पुराने पोस्टकार्ड, ग्रीटिंग कार्ड, पुरानी स्टैम्प, पुराने लिफाफे, धागे, कार्क, बटन, चेन, साइकिल की ट्यूब, आइसक्रीम की चम्मचें, अंड़े के छिलके, पुरानी झाड़ू, पुरानी टोकरी, उपयोग किए गए बटन।	साधारण परंतु महत्त्वपूर्ण उपकरण-कैंची, चाकू, पैमाना, टेप, गोंद, मोमबत्ती, कपड़ा, नापने का फीता, वाशर कीलें। स्कू, धागे, लकड़ी के टुकडे, ब्रुश। रंग, नील, गेरू, तरह-तरह के कागज, रेक्सीन, तार, रबर।

इस सूची को ध्यानपूर्वक देखने से यह पता चलता है कि यह सारी सामग्री हमारे आस-पास ही उपलब्ध है। हमें इस सामग्री के लिए कहीं दूर जाने की आवश्यकता नहीं। आपकी सूची पूर्वोक्त सूची से बड़ी हो सकती है। यदि बच्चों से इस प्रकार की सामग्री को ढूँढकर विद्यालय में इकट्ठा करने के लिए कहा जाए तो वे यह काम बड़े उत्साह से करेंगे। इस सामग्री की एक सूची भी बनाई जानी चाहिए और यह भी लिखा जाना चाहिए कि कौन-सी सामग्री कब इकट्ठ की गई व किसके द्वारा की गई। जब कभी कोई बच्चा दुर्लभ वस्तु लाता है तो प्रार्थना सभा आदि में उसे सम्मानित करें। इस सप्ताह की आकर्षक सामग्री इस प्रकार के आकर्षक नारे भी लिख कर लगा सकते हैं। इससे बच्चों में उत्साह बढ़ेगा भिन्न भिन्न सामग्री को एकत्र करने का। इससे बच्चों में कई सकारात्मक बातों का विकास होगा।

1. वैज्ञानिक
2. व्यवस्थित तरीके से वस्तुओं को रखना।

3. आस-पास के पर्यावरण का अवलोकन करने की शक्ति का विकास।

सोच-समझकर आयोजित की गई गतिविधियाँ बच्चों को सीखने के कई सुंदर अवसर प्रदान करती है। स्वयं निर्णय लेने से पहले यह अच्छा रहेगा कि बच्चों से ही पूछें कि संग्रह की गई सामग्री से कौन-सी वस्तु बनानी चाहिए। चर्चा के समय कौन-सी सामग्री का स्रोत क्या है, उसके उपयोग क्या हैं? इन पर भी बातचीत की जा सकती है।

प्रश्न 16. सामग्रियों तथा उपकरणों का किस प्रकार भंडारण तथा प्रबंधन किया जाता है? चर्चा कीजिए।

उत्तर–विद्यालयों विशेषकर सरकारी विद्यालयों में प्रयोगशालाओं में नाना प्रकार के बहुमूल्य उपयोगी उपकरण मौजूद रहते हैं, उपयोग में लाई जाने वाली सामग्री की कमी भी दिखाई नहीं देती, फिर भी बच्चे प्रायोगिक कार्य नहीं कर पाते क्योंकि–

- उपकरण कार्य नहीं कर पाते,
- सामग्री खराब निकल जाती है।

यह सिर्फ इस वजह से होता है कि उपकरणों की सही रूप से न तो देखभाल की जाती है और न ही उपयोग। आवश्यकता है ऐसे दृष्टिकोण की कि यह सामग्री व उपकरण हमारा ही है और इसकी देखभाल, प्रबंधन व भंडारण भी उन्हीं कौशलों व भाव की माँग करता है, जिन कौशलों के साथ हम अपने घर के सामान का प्रबंधन करते हैं।

विद्यालय में सबसे पहले जरूरी है कि कार्य शिक्षा के अंतर्गत मंगवाए गए उपकरणों की एक सूची बनाएँ और स्टॉक रजिस्टर में उसकी दिए गए कॉलमों के अनुसार प्रविष्टियाँ भरें। प्रबंधन के लिए केवल इतना ही पर्याप्त नहीं है, नीचे लिखे बिंदुओं को भी ध्यान में रखना आवश्यक है–

1. आवश्यकतानुसार उपकरणों व सामग्री की उपलब्धता सुलभ बनाएँ। यहाँ सुलभ बनाने से तात्पर्य है कि उपकरणों व सामग्री के प्रयोग में संकोच न करें। बहुत से विद्यालयों में बहुत सा सामान मात्र इसलिए उपयोग में नहीं लाया जाता कि कहीं टूट-फूट न जाए। अधिकांश उपकरण बिना उपयोग में लाए ही बेकार हो जाते हैं।

2. जब भी प्रयोग के लिए विद्यार्थियों को दिए जाएँ, उनका सावधानीपूर्वक उपयोग किए जाने से संबंधित मुख्य बिंदु बताए जाएँ।

3. उपयोग के बाद रूई या पुराने सूती कपड़े से पोंछकर ही वापिस रखा जाए।

4. रखने के स्थान की देखभाल भी आवश्यक है। जिस स्थान-अलमारी, बक्सा मेज आदि पर सामग्री या उपकरण रखा जाना है, वह साफ-सुथरा है या नहीं इस बात का भी ख्याल रखना चाहिए। उसकी धूल हटाना निश्चित रूप से आवश्यक है।

5. यदि किन्हीं कारणों से उपकरण उपयोग में नहीं आ रहे तो भी बीच-बीच में उन्हें निकालकर उनकी झाड़-पोंछ करनी जरूरी है। आवश्यकतानुसार उन्हें धूप रोशनी में भी रखना जरूरी है।

6. कुछ उपकरण ऐसे भी होते हैं जिन्हें 'आयलिंग' की जरूरत है। अतः सही समय व सही मात्रा में तेल भी डालने की अवधि सुनिश्चित करनी चाहिए।

7. आमतौर पर उपकरणों के संबंध में यह प्रवृत्ति देखी गई है कि उनमें थोड़ी सी खराबी

आने पर उन्हें बेकार घोषित कर दिया जाता है। संभवया आप इस प्रवृत्ति से बचना चाहेंगे। उपकरण के संबंध में तकनीकी समझ रखने वाले विशेषज्ञ से सलाह लेकर ही उसे फेंकने अथवा पुनः उपयोग में लाने का निर्णय करेंगे।

8. छोटी मोटी टूट-फूट को ठीक करने से संबंधित कौशल भी अध्यापक को आना चाहिए और अपन विद्यार्थियों में भी यह गुण विकसित करना चाहिए कि आवश्यकतानुसार उपकरणों की छोटी-मोटी मरम्मत वे स्वयं कर सकें।

प्रश्न 17 अनुभव देने और पाठ्यचर्या के विभिन्न विषय को एकीकृत करने के लिए विधियों का उल्लेख कीजिए।

अथवा

अंतर्विषयक विषयों में अनुभवों को देने की विधियाँ बताइए।

अथवा

कार्य शिक्षा से संबंधित गतिविधियों को विभिन्न विषयों के साथ जोड़ने के बारे में सुझाव दीजिए।

उत्तर– भारतीय शीक्षा आयोग 1964-66 (Kothari Commission) ने औपचारिक शिक्षा की अति अकादमिक प्रकृति में बड़े बदलाव की जरूरत महसूस की थी। गांधी जी ने उत्पादक कार्य को अनिवार्य रूप में शिक्षा प्रक्रिया में शामिल करने की बात कही थी। उनके अनुसार गणित, विज्ञान, पर्यावरण, इतिहास, भूगोल और नागरिक शास्त्र सभी विषयों की शिक्षा तकली, बढ़ईगिरी, लुहारी, खेती, छपाई, और दूसरे उत्पादक कामों के माध्यम से होनी चाहिए। उन्होंने दूरगामी सामाजिक परिवर्तन की शैक्षिक प्रक्रिया को भी काम के साथ जोड़ने की बात कही थी। कहने का तात्पर्य यह है कि किसी भी वस्तु/घटना/परिघटना या स्थिति विशेष से जुड़े सैद्धांतिक ज्ञान को पृथक रूप से समझाने के स्थान पर कार्य के माध्यम से समझाना चाहिए।

कार्यशिक्षा संबंधी गतिविधियों विद्यालयी पाठ्यक्रम में पृथक रूप से न आयोजित करके अन्य पाठ्यचर्यक विषयों के साथ समन्वित कर आयोजित व संचालित की जानी चाहिए। भिन्न-भिन्न विषयों से कार्यशिक्षा संबंधी गतिविधियों का जुड़ाव करने के संदर्भ में कुछ सुझाव इस प्रकार हैं–

1. भाषा (Language)–भाषा के संदर्भ में निम्नलिखित बिंदु विचारणीय हैं–

- संप्रेषण हेतु आकर्षक तथा सार्थक शीर्षक सुझाना
- उचित शब्दों एवं सरल वाक्यों का प्रयोग
- किए गए कार्य के संबंध में लिखित अभिव्यक्ति
- व्यवस्थित क्रम के विचारों का प्रस्तुतीकरण
- अनुभवों को सुसंबद्ध रूप में लिखना
- छोटे तथा सरल वाक्यों में आलेख तैयार करना
- शब्द संपदा में वृद्धि
- मुहावरों का प्रयोग
- संदर्भ में व्याकरण का प्रयोग

2. गणित (Mathematics)–कार्य शिक्षा से संबंद्ध गतिविधियाँ गणितीय ज्ञान प्राप्त

करने में सहायक हैं जैसे–

(i) श्यामपट्ट की पुताई करते समय कई तत्त्वों पर ध्यान दें–

- क्षेत्रफल, लंबाई-चौड़ाई के अनुसार सामग्री की लागत।
- समय का अनुमान।
- मानवीय ऊर्जा/श्रम की खपत

(ii) तरह-तरह की ज्यामितीय आकृतियों का ज्ञान

(iii) किसी भी वस्तु के निर्माण के बाद उसका मूल्य निकालना।

(iv) माप लेने का कौशल

(v) संख्याओं का ज्ञान व समझ

(vi) माप लेने की इकाइयों की समझ व उन्हें एक-दूसरे में परिवर्तित करना आना।

(vii) सूद ब्याज आदि अवधारणाओं का परिचय

3. पर्यावरण अध्ययन, सामाजिक ज्ञान इतिहास आदि (Environmental studies, social sciences and History etc.)–

सभी कार्य व विधि (method) का अपना एक भव्य इतिहास होता है। काम करने के दौरान उस काम के ऐतिहासिक महत्त्व की जानकारी प्राप्त करना किताब द्वारा प्राप्त किए गए ज्ञान से कहीं अधिक महत्त्वपूर्ण व सार्थक है। कार्यशिक्षा के अंतर्गत करवाई जाने वाली गतिविधियाँ बहुत से सामाजिक सांस्कृतिक व ऐतिहासिक विषयों के प्रति सूक्ष्म व गहन समझ बनाती है जैसे–

- कृषि कार्य से संलग्न लोगों का रहन-सहन।
- आवश्यकता व आपूर्ति में संबंध।
- मानव व पशु जीवन का संबंध।
- उद्योग एवं पर्यावरण।
- वस्तुओं के निर्माण में श्रम का महत्त्व।
- मूल्यों का निर्धारण
- जाति एवं श्रम

विज्ञान परक सिद्धांत भी कार्य के दौरान समझे जा सकते हैं जैसे–घिरनी कैसे कार्य करती है, उत्तोलक व फलक्रम के क्या सिद्धांत हैं, दालों को भिगोकर बनाने से क्या लाभ हैं, संतुलित आहार में पहले से चली आ रही मान्यताओं के क्या अर्थ हैं आदि।

प्रश्न 18. कार्य शिक्षा से संबंधित शिक्षण-अधिगम विधियों का वर्णन कीजिए।

अथवा

भ्रमण विधि से आपका क्या तात्पर्य है? इस विधि के लाभ भी बताइए।

अथवा

कार्य शिक्षा के संदर्भ में परियोजना विधि के कोई चार मुख्य चरण रेखांकित करें।

[अक्तूबर–2016, प्रश्न सं. 28]

उत्तर–कार्य शिक्षा के कार्यकलापों के आयोजन के लिए क्या पद्धतियाँ हैं या किस प्रकार

विधियाँ होनी चाहिए, इसका निर्धारण अनेक बातों से होता है। इन निर्धारक कारकों में मुख्यत: निम्नलिखित बातें सम्मिलित हैं–

• कार्य अनुभव के स्वरूप व उद्देश्य के बारे में हमारी क्या धारणाएँ हैं;

• हमारे विचार से बच्चे किस प्रकार से व्यवहार करते हैं, वे व्यवहार के तरीकों को कैसे सीखते और विकसित करते हैं;

• हर बच्चे को अपने अधिकतम आत्म-साधन के लिए उपयुक्त तरी से अनुभव करने अथवा कार्य साधने के अवसर प्रदान किए जाए, इस बारे में हमारी क्या मान्यताएँ हैं?

उपरोक्त सवालों के उत्तर आपको कार्य शिक्षा की पद्धतियों का स्वरूप निर्धारित करने में सहायता प्रदान करते है। अध्यापक अच्छी तरह जानते हैं कि कार्य शिक्षा के अंतर्गत बच्चों को हाथ से काम करने के अवसर दिए जाते हैं। जब तक वे अपने हाथों से किसी कार्य को नहीं करेंगे, तब तक उस काम से जुड़ा अनुभव प्राप्त नहीं कर सकेंगे। अत: कार्य शिक्षा से जुड़ी अनुभव पद्धतियों में विद्यार्थियों की सक्रिय भागीदारी के लिए विशेष संभावनाएँ होती हैं। कार्य अनुभव की कुछ पद्धतियाँ इस प्रकार हैं–

1. अवलोकन विधि (Observation Method)–यह ज्ञानार्जन की सबसे सरल एवं प्रभावी विधि है जिसमें बालक स्वयं क्रियाशील रहकर किसी वस्तु या तथ्य का बारीकी से निरीक्षण कर ज्ञान प्राप्त करता है, यह माना जाता है कि बालक जितना आकि अपनी ज्ञानेंद्रियों का प्रयोग किसी कार्य को सीखने में करेगा उसका ज्ञान उतना ही स्थाई हो सकेगा, यह विधि किसी वस्तु को ध्यान से देखने और उनके क्रियाकलापों तथा रचना एवं स्वभाव विभिन्न अंगों की जानकारी करने पर आधारित है।

इस विधि का उपयोग हम दो प्रकार से करते हैं–

• विद्यार्थी को किसी भी घटना, वस्तु अथवा सामाजिक-सांस्कृतिक परिघटनाओं का अवलोकन करने के लिए कहना और उसके आधार पर अपने ज्ञान व समझ में वृद्धि करना।

• सामाजिक परिवेश में होने वाली आर्थिक प्रक्रियाओं का, कार्यस्थलों का अवलोकन करके अनुभव प्राप्त किए जाते हैं।

जहाँ तक सामाजिक-सांस्कृतिक घटनाओं का संबंध है, इसके लिए विद्यार्थियों को किसी प्रकार के निर्देश नहीं दिए जाते अपितु कक्षा में कुछ इस प्रकार से सत्र आयोजित किए जाते हैं कि वे अवलोकन की गई घटनाओं व प्रक्रियाओं का वर्णन कक्षा में करें तदुपरांत अन्य विद्यार्थी अपनी-अपनी टिप्पणी देते हैं। किस प्रकार की घटनाओं के अवलोकन को कार्य शिक्षा कार्यक्रम में स्थान दिया जा सकता है। यद्यपि यह प्रश्न सर्वथा अविवेकपूर्ण समझ का परिचय देता है, क्योंकि जीवन से जुड़ी प्रत्येक घटना कार्य शिक्षा का विषय क्षेत्र है।

2. प्रदर्शन विधि (Demonstration method)–प्रदर्शन विधि वह शिक्षण विधि है जिसमें किसी संरचना, कार्य प्रणाली तथ्य तथा दृश्श को स्पष्ट किया जा सकता है। इस विधि में छात्र इंद्रियों की सहायता से जटिल प्रक्रिया का सरलता से बोध करते हैं। इस विधि द्वारा शिक्षण करने पर मूर्त से अमूर्त शिक्षण का अनुसरण किया जाता है। प्रदर्शन विधि में अध्यापक कक्षा में चार्ट, मॉडल का आयोजन करके संबंधित विषयवस्तु का स्पष्टीकरण करता है।

कार्य शिक्षा की यह पद्धति सामान्य से विशिष्ट की ओर बढ़ती है। अर्थात् एक क्रिया विशेष की प्रक्रिया विद्यार्थियों के सम्मुख प्रस्तुत की जाती है। प्रक्रिया के प्रदर्शन के साथ-साथ विशेष

उदाहरणों द्वारा प्रक्रिया से जुड़े नियमों की सत्यता प्रमाणित की जाती है। इस विधि के अनुसरण हेतु निम्नलिखित सोपान हैं–

• **नियमों का कार्य प्रक्रिया सहित प्रस्तुतीकरण (Demonstration of procedure with rules)**–जिन नियमों को प्रस्तुत करना अभीष्ट होता है, उन्हें तर्कपूर्ण ढंग से विश्लेषित कर लिया जाता है और विद्यार्थियो की मानसिक क्षमता के अनुकूल उन्हें क्रमपूर्वक प्रस्तुत किया जाता है।

• **कार्य प्रक्रिया से जुड़े नियमों के अंदर संबंध निरूपण (To establish relationship between the rules related to the procedure)**–नियमों को प्रस्तुत करने के बाद उनसे जुड़े तर्कयुक्त संबंधों का निर्धारण किया जाता है। इसे विश्लेषण की प्रक्रिया भी कहा जाता है। 'ऐसा क्यों किया जा रहा है?' और प्रस्तुत नियम प्रयुक्त हो सकते हैं?

• **उदाहरणों की पुष्टि (Justification through examples)**–तर्कपूर्ण कार्य पद्धति के लिए यह सोपान अत्यावश्यक है कि आप गमलों में पौधे लगाने की प्रक्रिया का प्रदर्शन कर रहे हैं। आप बच्चों को दिखा रहे हैं कि मिट्टी किस प्रकार भुरभुरी की जाती है, ऐसा करना क्यों जरूरी है, इस पर प्रश्न भी कर रहे हैं, साथ-साथ आप उनके अनुभवों के आधार पर उदाहरण भी प्रस्तुत कर रहे हैं।

3. प्रयोगात्मक विधि (Practical method)–इस विधि के अंतर्गत विद्यार्थी किसी निश्चित लक्ष्य की प्राप्ति के लिए प्रयोगात्मक रूप में कार्य करते हैं। इस विधि द्वारा स्वयं नई परिस्थितियों में अपने पूर्व अनुभव के आधार पर कार्य करके सीखने के सिद्धांत पर बल दिया गया है। प्रयोग करते समय विद्यार्थी की समस्त ज्ञानेंद्रियाँ तथा कर्मेंद्रियाँ सक्रिय रूप से कार्यशील रहती हैं। विद्यार्थी एक अंवेषक के रूप में कार्य करते हैं क्योंकि प्रयोगात्मक विधि में स्वयं सीखने की प्रक्रिया महत्त्वपूर्ण होती है।

इस पद्धति के कतिपय आधारभूत सिद्धांत इस प्रकार हैं–

• **स्वयं करके सीखना (Learning by doing)**–संपूर्ण प्रक्रिया में विद्यार्थियों की सक्रिय भूमिका मुख्य होती है। उन्हें केवल उतनी ही सूचना दी जाती है जो उनमें कार्य में प्रवृत्त होने के लिए रुचि व उत्साह पैदा कर सकें शेष उन्हें स्वयं ही प्रयास करके खोजना पड़ता है।

• **विद्यार्थियों की कार्यशीलता (Activeness of Students)**–चूंकि विद्यार्थी स्वयं करके सीख रहे हैं अत: स्वाभाविक है कि उनकी क्रियाशीलता मुख्य रूप से मुखरित हों निष्क्रिय रहकर वे समस्या समाधान, नई खोज या किसी भी सिद्धांत का प्रतिपादन नहीं कर सकते।

• **मनोवैज्ञानिकता (Psychological)**–इस विधि में विद्यार्थी अपनी रुचि, जिज्ञासा, आवश्यकताओं उत्साह व स्वाभाविक कार्यशैली के अनुसार कार्य करते हैं। वे अपने पूर्व अनुभवों का भरपूर लाभ उठा सकते हैं।

• **वैज्ञानिकता (Scientific)**–विद्यार्थी स्वयं कार्य में प्रवृत्त हैं, हर सोपान के प्रति 'क्यों' सवाल उत्पन्न कर उसका उत्तर खोजते हैं, क्रमबद्ध तरीके से कार्य करते हैं अत: उनमें वैज्ञानिक तत्परता के कौशल का विकास होता है। वे अपने आपको एक अन्वेषक की स्थिति में रखकर सिद्धांतों, नियमों तथा स्थापनाओं की जाँच करते हैं। वस्तुस्थिति का अवलोकन करने तथ्यों की पहचान करने आदि में विशेष सजगता का दृष्टिकोण अपनाते हैं।

4. योजना विधि (Project Method)–योजना विधि ही एक ऐसी विधि है जिसका

प्रयोग करके लगभग सभी विषयों की शिक्षा दी जा सकती है। विज्ञान की सभी शाखाओं के शिक्षण में तो यह विधि विशेषकर लाभदायक है जिनमें प्रयोगात्मक एवं व्यावहारिक कार्य शामिल होते हैं। इस विधि के जन्मदाता हैं—अमेरिका के प्रसिद्ध शिक्षाशास्त्री जॉन डीवी (John Dewey) के योग्य शिष्य सर विलियम किलपैट्रिक। उन्होंने डीवी के प्रयोजनवाद (Pragmatism) से प्रभावित होकर ही इस विधि द्वारा शिक्षा के सभी अंगों को एकता के सूत्र में पिरोकर शिक्षण को रुचिकर एवं जीवनोपयोगी बनाने का प्रयत्न किया है। 'प्रोजेक्ट' या परियोजना शब्द के विभिन्न पक्षों को समझने के लिए पहले यह आवश्यक है कि इसका अर्थ समझा जाए।

प्रोजेक्ट या परियोजना शब्द का अर्थ—परियोजना या प्रोजेक्ट शब्द को कई शिक्षा शास्त्रियों ने कई प्रकार से परिभाषित किया है। सभी ने इसकी अलग-अलग परिभाषाएँ दी हैं।

किलपैट्रिक (Kilpatrik) के अनुसार, "प्रोजेक्ट वह उद्देश्यपूर्ण कार्य है जिसे लगन के साि सामाजिक वातावरण में किया जाता है।"

बेलर्ड (Ballard) के अनुसार, "प्रोजेक्ट यथार्थ जीवन का ही एक भाग है जो विद्यालय में प्रदान किया जाता है।"

प्रो. स्टीवेन्सन (Prof. Stevenson) के अनुसार, "प्रोजेक्ट एक समस्यामूलक कार्य है जिसे स्वाभाविक परिस्थितियों में पूर्ण किया जाता है।"

यह विधि निम्नलिखित बुनियादी सिद्धांतों पर आधारित है—

(i) उद्देश्य का सिद्धांत

(ii) क्रियाशीलता का सिद्धांत

(iii) स्वतंत्र वातावरण का सिद्धांत

(iv) उपयोगिता का सिद्धांत

(v) अनुभवशीलता का सिद्धांत

(vi) वास्तविकता का सिद्धांत

इस पद्धति में किसी उद्देश्यपूर्ण क्रिया द्वारा विद्यार्थियों को उपयोगी शिक्षा प्रदान की जाती है। यह तभी संभव हो सकता है जब योजना का चुनाव एवं क्रियान्वयन उचित रूप से किया जाए।

इसके लिए एक निश्चित प्रक्रिया अपनानी होती है जिसके मुख्य सोपान निम्नलिखित हैं—

(i) स्थिति प्रदान करना

(ii) प्रोजेक्ट का चयन

(iii) प्रोजेक्ट बनाना

(iv) योजना का क्रियान्वयन

(v) मूल्यांकन

(vi) रिकार्ड करना

5. भ्रमण विधि (Excursion Method)—कक्षा की चारदीवारी के भीतर प्रदत्त किताबी ज्ञान से समृद्ध विद्यार्थी की स्थिति उस मेंढक के समान ही है जिसे वह कुआँ ही समुद्र लगने लगता है। वस्तुतः 'भ्रमण' कार्य शिक्षा के लिए एक चमत्कारी विधि है। कार्य शिक्षा में सीखने-सिखाने की प्रक्रिया में भ्रमण विधि के बहुत से लाभ हैं—

- कक्षा में सत्रों की व्यवस्था वाले वातावरण में पढ़ने से एकरसता और नीरसता आ जाती

है और भ्रमण विधि इस दिशा में एक रचनात्मक बदलाव ला सकती है।

• जिस विषय की सैद्धांतिक चर्चा कक्षा में की जाती है, उसका विद्यार्थियों को व्यावहारिक ज्ञान होना भी आवश्यक है और भ्रमण विधि इस दिशा में एक महत्त्वपूर्ण भूमिका अदा करती है।

• भ्रमण करने पर विद्यार्थियों की अवलोकन करने की क्षमता विकसित होती है, भ्रमण के दौरान वे कार्य को वास्तविक स्थिति में होता हुआ देखते हैं, वस्तु का यथास्थिति में अवलोकन करते हैं।

• भ्रमण द्वारा प्राप्त ज्ञान स्थायी होता है क्योंकि इसमें विद्यार्थियों की सक्रिय भागीदारी होती है।

• भ्रमण के दौरान विद्यार्थी को समूह में कार्य करने का अवसर प्राप्त होता है।

• भ्रमण के माध्यम से विद्यार्थियों में इस बात की भी समझ विकसित होती है कि दूसरे स्थानों पर किस प्रकार व्यवहार करना चाहिए, लोगों से किस तरह संवाद किया जाए आदि।

प्रश्न 19. कार्य शिक्षा में गतिविधियों का चयन करने के लिए मानदंड तथा आधार का वर्णन कीजिए।

अथवा

कार्य शिक्षा में गतिविधियों का चयन करते समय किन बिंदुओं को ध्यान में रखना चाहिए?

अथवा

कार्य छिाक्षा के अंतर्गत गतिविधियों का चयन करते समय ध्यान रखने योग्य किन्हीं चार मुख्य बिंदुओं को स्पष्ट करें। [अक्तूबर–2016, प्रश्न सं. 39]

उत्तर–अपने विषय के अंतर्गत जब भी शिक्षक गतिविधियों का चयन करते हैं तो वे कुछ महत्त्वपूर्ण बिंदुओं को ध्यान में अवश्य रखते हैं क्योंकि–

• कक्षा में बैठे विद्यार्थियों के अनुभव तरह-तरह के हैं,

• उनकी रुचि, क्षमताएँ, रुझान एक समान नहीं हैं,

• उनकी सामाजिक-आर्थिक पृष्ठभूमि भी भिन्न-भिन्न हैं,

• अध्यापकों के अनुभवों व कौशल आधारित ज्ञान की अपनी एक सीमा है,

• उनके परिवेश में उपलब्ध संसाधनों की भी सीमा होती है।

कई ऐसे बिंदु हैं जिनके आधार पर शिक्षक अपने विद्यालय के लिए तरह-तरह के कार्यकलापों की योजना बनाते हैं। ऐसे ही कुछ बिंदु निम्नलिखित हैं–

(1) कार्य शिक्षा का उद्देश्य (Objectives of work education)–सर्वप्रथम यह ध्यान रखना आवश्यक है कि करवाए जाने वाले कार्यकलाप में 'कार्य शिक्षा' के उद्देश्य निहित हों। कार्य शिक्षा का प्रत्येक कार्य-कलाप सोद्देश्य और अर्थपूर्ण होना चाहिए। यह आवश्यक नहीं है कि हर कार्यकलाप से सभी उद्देश्यों की पूर्ति होती है।

(2) बच्चों की पृष्ठभूमि (Background of the children)–कार्य शिक्षा के कार्यकलापों का चयन करते समय हमारे लिए उन बच्चों के सामाजिक, सांस्कृतिक व आर्थिक परिवेश की जानकारी व समझ बहुत आवश्यक है जिन बच्चों से कार्यकलाप करवाए जाने हैं।

(3) बच्चों का स्तर, रुचि एवं आवश्यकताएँ (Level of students, Interest and Need)—कार्यकलाप का चयन और बच्चों का शारीरिक, मानसिक विकास दोनों का आपस में गहरा संबंध है।

शारीरिक व मानसिक क्षमता के साथ-साथ बच्चों की रुचि व आवश्यकताएँ भी महत्त्वपूर्ण हैं। बच्चे यदि बागवानी के कार्यकलापों में अधिक रुचि ले रहे हैं तो बागवानी से ही जुड़ी कुछ ऐसी गतिविधियाँ ले सकते हैं जो बहुउद्देशीय हों।

(4) समय व स्थान की उपलब्धता (Availability to time and space)—हर प्रकार के कार्यकलाप के लिए एक निश्चित समय व उपयुक्त स्थान की आवश्यकता होती है। 'समय' की जरूरत को दो कोणों से देखा जा सकता है—

प्रथम—किसी कार्यकलाप विशेष के लिए कितना समय चाहिए।

द्वितीय—कौन-सा कार्यकलाप कब करवाया जाए?

दोनों बिंदुओं पर आप सरलतापूर्वक विचार कर सकते हैं। अपने अनुभवों के आधार पर आप निश्चित रूपेण यह तय कर पाएँगे कि अमुक गतिविधि को कितना समय चाहिए। यहाँ गतिविधि की प्रकृति के साथ-साथ करने वाले विद्यार्थियों की संख्या भी महत्त्वपूर्ण है।

उदाहरण के तौर पर, 'विद्यालय परिसर के गमलों पर गेरू रंगने' की गतिविधि के लिए हमने यदि एक घंटा निश्चित किया है तो यह अवश्य सोचा होगा कि हमारे पास कितने गमले हैं, कितने विद्यार्थी हैं और गमले रंगने की सामग्री जैसे कूची इत्यादि कितनी हैं और गेरू घोलने की तैयारी भी इसी एक घंटे की अवधि में सम्मिलित है अथवा उसके लिए अलग से समय निश्चित किया गया है, क्या प्रत्येक विद्यार्थी एक-एक गमले पर रंग करेगी/करेगा अथवा यह एक सामूहिक कार्यकलाप होगा? इन सब बिंदुओं के आधार पर गतिविधि की समयावधि के चयन हेतु महत्त्वपूर्ण आधार प्रदान करता है।

'स्थान' के संबंध में हम कुछ बिंदुओं पर विचार कर सकते हैं जो प्रश्न के रूप में नीचे दिए जा रहे हैं—

- क्या चुना गया स्थल बच्चों को शारीरिक, मानसिक व भावनात्मक सुरक्षा प्रदान करने में सक्षम है?
- वैयक्तिक व सामूहिक कार्यकलापों के लिए बच्चों को बैठाने, चलने-फिरने आदि की सुविधा है या नहीं?
- बच्चों द्वारा उपयोग में लाई जाने वाली सामग्री को सुविधापूर्वक रखा जा सकता है या नहीं?
- कार्यकलाप के दौरान आपके द्वारा चल-फिर कर मॉनीटरिंग की जा सकती है अथवा नहीं और आप द्वारा कार्य का प्रदर्शन करते समय सभी बच्चे सरलतापूर्वक देख पा रहे हैं या नहीं?

(5) संसाधनों की उपलब्धता (Availability of Resources)—शिक्षक की इच्छा है कि वह अपने विद्यार्थियों को सीपियों की सहायता से कुछ कार्य करवाए क्योंकि उसकी शिक्षिका ने भी सीपियों का कार्य करवाकर उसके अंदर की रचनात्मक शक्ति व सौंदर्यानुभूति का विकास किया था। इसी सोच के रहते वह विद्यार्थियों को तरह-तरह की आकृति व आकार वाली सीपियाँ लाने के लिए कहती हैं। आप अगले दिन के दृश्य का अनुमान कर सकते हैं। जी हाँ 40 बच्चों की संख्या में से मात्र 3 विद्यार्थी सीपियाँ लाए हैं वह भी बहुत कम।

शिक्षिका निराश है। दो दिन का समय देती है दो दिन बाद भी स्थिति वही है। उसके अनुसार–

- बच्चे इतनी सुंदर गतिविधि क्यों नहीं करना चाहते?
- अभिभावक सामग्री जुटाने में मदद क्यों नहीं करते?

संसाधन व सामग्री का चुनाव स्थानीय परिवेश से हटकर नहीं हो सकता है। नदी, समुद्र आदि के किनारे बसे कस्बों, शहरों के बच्चे से तो अपेक्षा की जा सकती है सीपियाँ इकट्ठी करने की परंतु हर क्षेत्र के बच्चे तो प्रत्येक वस्तु का जुगाड़ नहीं कर सकते हैं।

प्रश्न 20. विद्यालय में बच्चों के लिए विभिन्न गतिविधियों के आयोजन तथा संचालन के लिए सामग्रियों, उपकरणों तथा बनाने की विधि का वर्णन कीजिए।

अथवा

पुराने मोजे तथा फेल्ट मैटेरियल की मदद से एक कठपुतली बनाने की विधि बताइए।

उत्तर–किसी भी गतिविधि के आयोजन हेतु भिन्न-भिन्न प्रविधियों, तकनीकों व सामग्रियों का प्रयोग किया जा सकता है। किसी भा गतिविधि के संचालन की विधि स्थान व व्यक्ति के अनुभवों के आधार पर भिन्न होंगी। कुछ गतिविधियाँ निम्न हैं–

(1) रबर का खिलौना (Rubbery Toy)–अपेक्षित अधिगम-परिणाम निम्न हैं–

- अनुपयोगी वस्तुओं से खिलौने बनाने की ललक पैदा होगी।
- लंबाई-चौड़ाई का ज्ञान होगा।
- विभिन्न प्रकार के आकार बनाने आ जाएँगें।
- अपनी रुचि के नए खेलों की कल्पना कर सकेंगे।

उपकरण एवं सामग्री (Material and Tools)–

- रबड़ की एक पुरानी चप्पल।
- एक परकार (कम्पास)।
- बालपेन की खाली रिफिल।
- बाँस की पतली डंडी।
- पतला मजबूत धागा।
- मोटा धागा।
- माचिस की जली तीलियाँ।
- चाकू।
- पुराने अखबार की गड्डी जिस पर रखकर रबर को काटा जा सके। (रबर काटने से चाकू की धार खराब नहीं होगी।)

बनाने की विधि (Procedure to Make)–

- पुरानी (काम न आने वाली) हवाई चप्पल से एक 5 से.मी. चौड़ी पट्टी काटें।
- इसी पट्टी में से v आकार के टुकड़े काटें (जितने निकल सकते हों।)
- कम्पास की नोक से टुकड़ों के दोनों सिरों में v एक-एक छेद करें। चित्र में दिखाए अनुसार छेद थोड़े तिरछे और अंदर की ओर हों।

• बॉलपेन की रिफिल के दो टुकड़े कर लें। और इन्हें v आकार के सिरों में किए गए छेदों में डाल दें।

• मजबूत और पतले धागे के 125 से.मी. लंबे दो टुकड़े लें। दोनों के एक-एक सिरे को बाँस की डंडी के सिरों पर कसकर बाँधें। डंडी के बीचों बीच एक खाँचा बनाएँ। इसमें मोटे धागे का छल्ला बाँधें (खाँचे से छल्ला इधर-उधर भागेगा नहीं)।

• धागों के दूसरे सिरों को रिफिल के टुकड़ों में से पिरोकर बाहर निकालें। अब उनमें चित्र में दिखाए अनुसार एक-एक माचिस की तीली बाँध दें।

• बीच के छल्ले को कील से लटका दें।

• अब दोनों तीलियों को एक-एक हाथ में पकड़ें। उन्हें हल्के से खींचें जिससे धागों में कुछ तनाव पैदा हो। अब धागों को बारी-बारी से खींचे—बाएँ, दाएँ, बाएँ, दाएँ। आप देखेंगे कि रबर का v अब ऊपर चढ़ रहा है। धागों को ढ़ीला छोड़ने पर रबड़ का v सरक कर नीचे आ जाता है। इस क्रिया को दोहराएँ।

(2) माचिस के सिर वाली गुड़िया (Doll with match box head)—अपेक्षित अधिगम परिणाम निम्न हैं—

• पुरानी चीजों का नया उपयोग करना सीखना।

• हाथ और आँखों का समन्वय स्थापित होगा।

• कागज पर रंग की सहायता से तरह-तरह की शक्लें बनाना सीख सकेंगे।

• कहानी सुनाना, नए-नए शब्द बनाना सीखेंगे।

• नाटक करना सीख सकेंगे।

उपकरण एवं सामग्री (Material and Tools)—

• पुराने अखबार

• मोटी डोरी या सुतली।

• माचिस का बाहरी खोखा।

• झाडू की सींक।

• गत्ते पर बना रंगीन चेहरा।

• फेविकोल

बनाने की विधि (Procedure to Make)—

• माचिस के खोखे की लंबी मध्य रेखा पर फेवीकोल से सींक को चिपकाएँ। सींक का दो-तिहाई भाग माचिस के खोखे के बाहर निकला हो। बाद में इस सींक पर शरीर का मध्य भाग चिपकेगा।

• कार्ड के चेहरे को माचिस पर चिपका दें।

• अखबार की 7 से.मी. से 12 से.मी. चौड़ाई की लंबी-लंबी पट्टियाँ काटें।

• एक पट्टी को पैंसिल पर कस कर लपेटें।

• कागज की आखिरी तह को फेविकोल से चिपकाएँ। फिर पैंसिल को दबा कर बाहर निकाल दें।

• अखबार की ऐसी नौ नलियाँ बनाएँ।

• हाथ बनाने के लिए दो नलियों में से डोरी को पिरोएँ। हथेली वाले सिरे पर धागे में गाँठ

बाँध दें।

• डोरी के मध्य भाग को गर्दन के स्थान पर सींक से बाँधें। बाकी डोर में दो और नलियाँ पिरोकर दूसरा हाथ बनाएँ। दूसरी हथेली की जगह पर भी गाँठ लगाएँ।

• इसी प्रकार टाँगें और पैर भी बनाएँ। टाँगों की डोरी में शरीर वाली नली में से पिरोकर उन्हें गर्दन के स्थान पर सींक से बाँध दें। (अगर छड़ी से चलने वाली कठपुतली बनाना चाहते हैं तो एक लंबी व मजबूत छड़ का उपयोग करें।)

• रंगीन कागज या कपड़ों की कतरनों से कठपुतली के कपड़े भी बनाए जा सकते हैं।

(3) माचिस की तीलियों के फूल (Match stick flowers)– अपेक्षित अधिगम-परिणाम निम्नलिखित हैं–

• अनुपयोगी वस्तुओं से खेल-खिलौने बनाना सीख सकेंगे।
• कैंची से भिन्न-भिन्न आकार काटना सीख सकेंगे।
• समूह में कार्य करना सीख सकेंगे।
• प्रकृति के तरफ आकर्षित होंगे।

उपकरण एवं सामग्री (Material and Tools)–

• माचिस की तीलियाँ–16
• कोल्ड्र ड्रिंक पीने वाली स्ट्रॉ–01
• फेविकोल
• मोती–01

बनाने की विधि (Procedure to Make)–

• सबसे पहले चार्ट पेपर के दो गोल टुकड़े काट लीजिए और इन्हें आपस में चिपका लीजिए, चार्ट पेपर के इन टुकड़ों का आकार माचिस की तीलियों से छोटा होना चाहिए।

• अब माचिस की 4 तीलियाँ इस गोले के बीच में इस तरह चिपका दीजिए कि एक प्लस (+) का चिह्न बन जाए।

• अब माचिस की 12 तीलियाँ इस प्रकार तिरछी चिपकाइए कि आपका फूल 16 बराबर भागों में बँट जाए।

• अब फूल के बीचों-बीच एक सुंदर नग या मोती चिपका दीजिए।
• फूल के पीछे की तरफ एक स्ट्रॉ चिपकाइए।
• इस तरह तैयार है माचिस की तीलियों से बना रंग-बिरंगा सुंदर फूल।

(4) मोजे से कठपुतली बनाना (Making a Puppet with socks)–अपेक्षित अधिगम-परिणाम निम्नलिखित हैं–

• विद्यार्थी कठपुतली के कपड़े बनाने के लिए उपयोगी कपड़े पहचानने में सक्षम होंगे।
• कठपुतली को मापने में सक्षम हो जाएगा।
• आकार और माप के अनुसार कपड़े काटने में सक्षम हो जाएगा।
• कठपुतली के बारे में कहानी की कल्पना करने में सक्षम होगा।

उपकरण एवं सामग्री (Material and Tools)–

• एक साफ, लम्बा मोजा
• गूगली आँखें

- फेल्ट मेटेरियल
- ग्लू गन
- एक बड़ी सूई और मजबूत
- ठोस धागा
- कैंची,
- कठपुतली को आकर्षक बनाने व सजाने के लिए शीशे, आभूषण, मोती, ऊन, पाइप केश बनाने का खास धागा इत्यादि।

बनाने की विधि (Procedure to Make)–

- अपनी पसंद से किसी भी रंग का एक पुराना साफ मोजा लीजिए– अच्छा होगा अगर इसकी लंबाई आपकी कोहनी तक हो क्योंकि उसमें आप अपनी बाँह डालेंगे।
- ज्यादा बारीक या छेद वाला मोजा न लें।
- कोई भी कपड़ा चलेगा पर कैंची इस्तेमाल करने के लिए मजबूत सूती कपड़ा लेना अच्छा है।
- कठपुतली का व्यक्तित्व काफी हद तक मोजे के चयन पर निर्भर करता है। जैसे चितकबरे मोजे से तेंदुआ, चीता और डाल्मेशियन कुत्ते बनते हैं। धारीदार मोजो से जिब्रा, बाघ और जेलबर्ड्स बना सकते हैं। सादे मोजे के रंग के आधार पर अनेक प्रकार की वस्तुएँ बनती हैं। सफेद मोजे का सफेद चूहा और ग्रे मोजे का हाथी ऐसे कुछ उदाहरण हैं। इसलिए अपनी मोजे की कठपुतली के व्यक्तित्व को ध्यान में रखकर मोजा चुनें।
- अपनी पसंद से गूगली आँखों को ग्लू गन व गर्मपिघले हुए गोंद से चिपकाइए या सिल दीजिए।–ये कहाँ लगानी है, मोजे के नीचे भाग में या अँगूठे के छोर पर, इनकी संख्या, नाप और रंग सब आपकी पसंद पर निर्भर है। अक्सर ये आँखे, आस-पास, या नाक के करीब, या किसी अनपेक्षित जगह पर जँच सकतीहै। इसलिए चिपकाने से पहले विभिन्न स्थानों में रखकर देखें।
- गोंद सूखने के बाद, कठपुतली के अंदर अपनी बाँह डालें–ऊँगलियों के नीचे अंगूठे को दबाकर मुँह का आकार बनाएँ। दूसरे हाथ से उसको मुँह के अंदर जैसा, दबा हुआ बनाएँ। आपकी बाँह देखने में सर्प जैसी लगनी चाहिए।
- अब अन्य बेसिक्स के लिए क्या करें? जीभ के लिए एक दूसरे रंग का छोटा अंडाकार बनाएँ या लटकी हुई जीभ का शेष इस्तेमाल करें। वास्तव में फेल्ट की जीभ बनाकर सर्प की जीभ के समान "v" काट सकते हैं। फेल्ट की नाक भी बना सकते हैं। छोटा ट्रायेन्गल या गोलाकार काटकर एक प्यारी सी नाक बनाएँ। इसे मुँह के ऊपर सिलें या चिपका दें। यदि विस्कर्स भी बनाई हों तो इन्हें नाक के नीचे लगाएँ।

अगर अपनी कठपुतली के विस्कर्स बनाना पसंद हो तो विस्कर्स के नाप की सुतली या डोरी काटकर मुँह के ऊपर बीच में सिल सकते हैं। ध्यान रखें कि ये आदमी की मूँछों जैसी न हों।

- केश बनाने के लिए इसी सुतली का उपयोग कर सकते हैं–कठपुतलियाँ ज्यादातर बारीकी से नहीं बनाई जाती हैं। एक गुच्छा सुतली से उनका केश बनाने की सोच सकते हैं। फेल्ट के टुकड़े खड़े-खड़े चिपकाकर स्पाइक्स व स्केल्स बनाने की कल्पना कर सकते हैं। इन्हें फेल्ट

से काटकर इच्छानुसार जहाँ चाहें आसानी से सिल सकते हैं।

• भुजाएँ बनाने के लिए फेल्ट में लपेटे हुए पाइप क्लीनर का उपयोग करें –इससे वह खड़ा हो सकेगा। लपेटे हुए रोल को ग्लू से चिपका लें और उसका एक छोर कठपुतली से जोड़ दें। इस रोल के आखिर में दो काट देकर आसानी से उंगलियाँ बनाएँ। काटने से तीन उंगलियाँ बनेंगी और रोल का ये भाग हथेली जैसे फैल जाएगा। उनके किनारे गोल करके अपनी पसंद से उंगलियों का शेप करें। अगर आपको अपनी कठपुतली को कपड़े पहनाना अच्छा लगता है तो अपने मनपसंद कपड़े बना कर पहनाएँ।

(5) शेर का सुंदर मुखौटा बनाना–अपेक्षित अधिगम परिणाम निम्नलिखित हैं–

• विद्यार्थी प्रक्रिया में उपयोग की जाने वाली उपयुक्त चीजों की पहचान करने में सक्षम हो जाएँगे।

• कहानी कहने और कविता पढ़ने जैसी स्थिति में मुखौटा के उपयोग को जानने में सक्षम हो जाएँगे।

• आँखों, नाक, आदि के 3 डी व्यू समझने में सक्षम हो जाएँगे।

उपकरण एवं सामग्री (Material and Tools)–

• कागज और प्रिंटर चित्र छापने के लिए (पोस्टकार्ड जितना मोटा रंगीन कागज अच्छा रहेगा।)

• क्रेयॉन और मार्कर मुखौटा रंगने के लिए

• कैंची और स्टेपलर

• लगभग एक फुट लंबी इलास्टिक की डोरी

बनाने की विधि (Procedure to Make)–

• ऊपर दिए गए पहले चित्र पर क्लिक करने के लिए शेर की बड़ी आकृति खोलें।

• आँखों रेखा के भीतर की ओर मुखौटे के बाहर का हिस्सा काट कर निकाल दें।

• सिर के नाप से एक इंच छोटा काटकर इलास्टिक की डोरी स्टैपलर की सहायता से जमा दें। बस तैयार है शेर का सुंदर मुखौटा। इसी प्रकार आप जोकर, बिल्ली तथा भूत आदि का मुखौटा भी बना सकते हैं।

नोट (Note)–

• आँखों के लिए 'बिंदी' का उपयोग किया जा सकता है।

• नाक के लिए टूथपेस्ट के ढक्कन का उपयोग किया जा सकता है।

• बाल के लिए जूट का उपयोग किया जा सकता है।

• होंठ के लिए आइसक्रीम स्टिक को इस्तेमाल किया जा सकता है।

प्रश्न 21. कार्य शिक्षा के संदर्भ में समुदाय की भूमिका स्पष्ट कीजिए।

उत्तर–एक निश्चित भू-भाग में निवास करने वाले सामाजिक/आर्थिक/सांस्कृतिक अथवा धार्मिक समूह जो सभी सदस्यों के सहयोग से अपने उद्देश्यों की पूर्ति के लिए कार्य करते हैं, समुदाय कहलाता है। समुदाय के लोग एक निश्चित स्थान पर निवास करते हैं। फिर भी हम यह समझ पाते हैं कि समुदाय की परिकल्पना में निम्नलिखित शर्तें निहित हैं–

• समुदाय अलग-अलग व्यक्तियों से मिलकर बनता है, जैसे जीव अलग-अलग

कोशिकाओं से मिलकर।

• जाने-अनजाने सब व्यक्ति एक सांझे लक्ष्य से बंधे होते हैं।

• समुदाय के सदस्यों के बीच कोशिकाओं और जीव के बीच संबंध की तरह एक बंधन होता है और आदान-प्रदान का सिलसिला होता है।

• एक निर्धारित लक्ष्य के लिए सभी व्यक्ति एकजुट होकर प्रयास करते हैं और अनुभवों को बाँटते हैं।

महात्मा गाँधी ने विद्यालय और समुदाय को नजदीक आने पर बल दिया, यदि शिक्षा के द्वारा नई सामाजिक व्यवस्था की स्थापना करनी है तो दोनों अलग-अलग नहीं रह सकते।

अध्यापकों और अभिभावकों के बीच सामाजिक दूरी कम होने से शिक्षण प्रक्रियाएँ समृद्ध होती हैं। समुदाय को बच्चों की जरूरतों के बारे में उतना ही चिंतित होना चाहिए जितना कि एक विद्यालय को। ऐसा किसी भी स्थिति में मान्य नहीं होना चाहिए कि समाज बच्चे के विकास व शैक्षिक उपलब्धियों के लिए विद्यालय को पूरी तरह से उत्तरदायी माल लें। विद्यालय समुदाय से अपेक्षा करता है कि–

• बच्चों को नियमित रूप से विद्यालय भेजा जाए

• विद्यालय के प्रति उनकी समयबद्धता का ध्यान रखा जाए

• विद्यालयी शैक्षिक प्रक्रियाओं की मॉनीटरिंग में हिससेदारी बढ़ाए,

• कार्य शिक्षा संबंधी गतिविधियों के चयन में सुझाव प्रदान करें

• विद्यालय की समय सारणी में कार्य शिक्षा हेतु आवश्यकता समय सुनिश्चित करने के संदर्भ में अपने मत प्रस्तुत करें,

• कार्य शिक्षा की प्रयोगशाला स्थापित करने में सक्रिय योगदान दें। उदाहरण के लिए आवश्यक उपकरणों, व सामग्री के क्रय-विक्रय में भागीदारी, उनके रखरखाव की जानकारी का संप्रेषण आदि।

• कार्य शिक्षा के अंतर्गत भ्रमण के आयोजन में सहयोग देना।

• गतिविधियों के प्रदर्शन में सहयोग।

• विद्यार्थियों के आकलन व मूल्यांकन में सक्रिय भागीदारी।

इन बिंदुओं के अतिरिक्त अध्यापक बहुत से ऐसे क्षेत्रों की संभाव्यता पर विचार कर सकते हैं जहाँ समुदाय की भागीदारी को आमंत्रित कर कार्य शिक्षा के क्रियान्वयन को प्रभावशाली बनाया जा सकता है। यहाँ पर एक और बिंदु भी महत्त्वपूर्ण है वह यह कि विद्यालय समुदाय से अपेक्षाएँ ही न करें अपितु समुदाय के लिए भी अपनी सेवाएँ उपलब्ध करवाएँ अर्थात् परस्पर क्रिया के माध्यम से एक-दूसरे के पूरक बने। अध्यापकों और अभिभावकों के बीच सामाजिक दूरी कम होने से शिक्षण प्रक्रियाएँ समृद्ध होती हैं। विद्यालय एक अलग संस्था न होकर समाज का एक हिस्सा बने जिसके लिए विद्यालय को अपने द्वारा समाज के लिए खोलने होंगे।

विद्यालय भी समाज के लिए बहुत सी गतिविधियाँ कर सकता है। जैसे–

• कार्य शिक्षा के अंतर्गत इस तरह की गतिविधियों का चयन करें जिनके माध्यम से समुदाय में सार्वजनिक पेय जल स्थानों की सफाई, गड्ढ़ों का भराव, सार्वजनिक उद्यानों में बागवानी, कम्पोस्ट खाद का प्रबंधन आदि किया जा सके।

• शिल्पकारों से साक्षात्कार का आयोजन करवाया जाए जिससे उनकी शिल्प को तो

पहचान मिले ही और उनका आत्मविश्वास भी बढ़े।

• विद्यार्थियों द्वारा विद्यालय न जा पाने वाले बच्चों व प्रौढ़ निरक्षरों की संख्या का पता लगवाने के लिए सर्वेक्षण करवाया जा सकता है। केवल सर्वेक्षण करवाना ही पर्याप्त नहीं होगा अपितु कुछ इस तरह की गतिविधियाँ आयोजित की जानी चाहिए जिनके अंतर्गत प्रौढ़ शिक्षा केंद्रों का आयोजन व संचालन किया जा सके। तथा विद्यालय न जा पाने वाले बच्चों को विद्यालय जाने के लिए अभिप्रेरित किया जाए।

• पल्स पोलियों जैसे अभियानों को सफल बनाने में विद्यालय स्थान देने के साथ-साथ अध्यापकों व विद्यार्थियों का सहयोग भी प्रदान करें।

• सामाजिक उत्सवों के आयोजन में साज-सज्जा संबंधी सहभागिता दर्ज करें।

• श्रमजीवियों के महत्त्व से विद्यार्थियों को इस तरह से परिचित करवाया जाए कि वे उनके प्रति सम्मान की भावना पैदा करें।

• स्थानीय दस्तकारी के काम की प्रदर्शनी का आयोजन करने में विद्यालय अग्रणी भूमिका का परिचय दें।

प्रश्न 22. कार्य शिक्षा का क्रियान्वयन करने के लिए सामुदायिक संसाधनों की पहचान कीजिए तथा उनका उपयोग बताइए।

अथवा

आकलन में माता-पिता की भूमिका का संक्षिप्त वर्णन कीजिए।

उत्तर–अध्यापन के लिए केवल पाठ्यपुस्तकों का ही नहीं बल्कि अनेक शिक्षण संसाधनों का उपयोग किया जा सकता है। हमारे इर्द-गिर्द ऐसे संसाधन उपलब्ध हैं जिनका उपयोग हम कक्षा में कर सकते हैं, और जिनसे हमारे छात्रों को अधिगम में सहायता मिल सकती है। अतः विद्यालयी व समुदाय के आपसी संबंध में अहम बात यह है कि समुदाय व परिवेश को संसाधन के रूप में देखा जाए। ग्रामीण और शहरी दोनों ही पर्यावरण और समुदाय पाठ्यचर्या निर्माण के महत्त्वपूर्ण संसाधन हैं।

ग्रामीण पर्यावरण की विराटता और उनका शांत खुलापन जिसमें खेल, जगत, तालाब, नदी, पेड़, फलों के बगीचे, पक्षी, पशु आदि सब सम्मिलित हैं, पाठ्यचर्या के मुख्य घटक हैं। इसी प्रकार व्यस्त व्यापार केंद्र, औद्योगिक परिसर, छोटे-बड़े आवास समूह, नृत्य-संगीत, नाट्यशालाएँ, कुश्ती-व्यायाम के अखाड़े सभी जगह से पाठ्यचर्या निर्माण के लिए अनेक तत्त्व मिलते हैं।

सीखने सिखाने की प्रक्रिया में समुदाय का सहयोग (Co-operation of Community in the Teaching Learning Process)–पाठ्यक्रम में बहुत से ऐसे क्रियाकलाप एवं खेल हैं जो बच्चों के माता-पिता उनसे घर पर करवा सकते हैं। भाषा, सामाजिक अध्ययन, कला के अंतर्गत बहुत सी विषय-वस्तु को सभी तो नहीं पर कुछ बच्चों के माता-पिता अवश्य ही करवा पाने में सक्षम होंगे तथा करवाने में गौरव का अनुभव भी करेंगे। माता-पिता का पढ़ा-लिखा होना जरूरी नहीं है। अनपढ़ माता-पिता भी सीखने-सिखाने में सहयोग दे सकते हैं। ऐसे ही गाँव के मिस्त्री, कुम्हार, बढ़ई तथा अन्य कारीगर बच्चों को छोटे से छोटा और बड़े से बड़ा कार्य तथा सुदंर वस्तुएँ बनाने का आनंद बच्चों को प्राप्त करा सकते हैं। मिट्टी के खिलौने बनाने, स्थानीय परिवेश से भली-भाँति जानकारी देने के कार्य के लिए बस्ती/गाँव/शहर के बड़े-बूढ़ें अच्छे स्रोत हो सकते हैं।

• अध्यापक बच्चों को भ्रमण पर ले जा सकते हैं। अकेले ले जाने में कठिनाई महसूस हो सकती है। ऐसे में क्या आप भ्रमण को स्थगित कर देंगे या फिर किसी अभिभावक का सहयोग आमंत्रित करना पसंद करेंगे।

• स्थानीय परिवेश में बहुत-से ऐसे पेड़-पौधें हैं जिनकी आपको पहचान नहीं, शायद और शिक्षकों को भी नहीं। शिक्षक कक्षा में बच्चों से जानकारी लेने में हिचकिचाएँ नहीं कि किसके माता-पिता हमें वनस्पति जगत से अवगत करा सकते हैं।

• किसी प्रकार से आप यह जान गए हैं कि अमुक बच्चे के माता-पिता/भाई-बहन या अन्य रिश्तेदार सरल यौगिक क्रियाओं में निपुण हैं। आप उनका सहयोग ले सकते हैं।

• मेले-त्यौहार आदि के आयोजन में तो अभिभावकों की भूमिका की कोई सीमा नहीं है। सामाजिक पृष्ठभूमि को ध्यान में रखते हुए आप उनकी भूमिका एवं सहयोग के क्षेत्र व सीमाएँ तय कर सकते हैं।

बच्चों एवं विद्यालय के मूल्यांकन की प्रक्रिया में समुदाय का सहयोग (Contribution of community in evaluation process of children and school)–मूल्यांकन का उद्देश्य बच्चों के विषय ज्ञान के बारे में सूचनाएँ एकत्रित करना ही नहीं अपितु उनके व्यक्तित्व के विकास के बहुआयामी पहलुओं की जानकारी रखना भी है। इस जानकारी के आधार पर ही हमें व्यक्ति विशेष की आवश्यकता को ध्यान में रखते हुए सामूहिक क्रियाकलापों का आयोजन करना चाहिए। इस प्रकार की मूल्यांकन प्रक्रिया में बच्चों के परिवार का सहयोग जरूरी है क्योंकि हमें इस विषय में यह देखना जरूरी है कि बच्चों के व्यवहार में क्या कुछ परिवर्तन पाया गया है? क्या उनका बच्चा अपनी चीजें ठीक से रखता है और वह साफ-सुथरा रहता है, क्या वह बड़ों का आदर करता है और क्या वह अपने मित्रों व पड़ोंसियों को गाँव की सुविधाओं के बारे में जानकारी देता है? इन सब बातों की जानकारी हमें बच्चों के माता-पिता/अभिभावकों व पास-पड़ोस से मिलती हैं। हमें इस प्रकार की जानकारी लेने में न तो हिचकिचाना चाहिए और न ही उनके द्वारा दी गई जानकारी पर अविश्वास प्रकट करना चाहिए।

प्रश्न 23. कार्य शिक्षा में वृद्धि हेतु माता-पिता से संपर्क करने के लिए किन विधियों का उपयोग किया जाता है? वर्णन कीजिए।

अथवा

कार्य शिक्षा के प्रति सकारात्मक दृष्टिकोण पैदा करने के लिए आप क्या उपाय करेंगे? कोई एक बिंदु लिखें। [अप्रैल–2016, प्रश्न सं. 30]

उत्तर–प्राय: यह देखा जाता है कि विद्यालय की समय सारणी में कार्य शिक्षा को यथोचित समय दिया जाता है परंतु व्यवहारिकता में कार्य शिक्षा के लिए निर्धारित सत्रों का आबंटन अन्य पाठ्यचर्यक विषयों के लिए कर दिया जाता है। तर्क यह प्रस्तुत किया जाता है कि ये विषय अपेक्षाकृत बहुत महत्त्वपूर्ण एवं कठिन हैं। अत: इन विषयों के लिए अधिक समय देने की आवश्यकता है।

संभवतया: अभिभावक पढ़ाई-लिखाई के वास्तविक स्वरूप से परिचित नहीं है और वे पुस्तकीय ज्ञान को ही पढ़ाई-लिखाई समझते हैं। ऐसे में कार्य शिक्षा के अध्यापकों का कर्त्तव्य बनता है कि वे अभिभावकों के लिए औपचारिक रूप से अभिविन्यास कार्यक्रमों का आयोजन

करें जिनमें वे कार्य शिक्षा के महत्त्व का प्रतिपादन करें।

किसी भी अकादमिक सत्र में निम्नलिखित स्थितियों अभिविन्यास कार्यक्रमों के आयोजन हेतु चिह्नित की जा सकती हैं–

• **विद्यार्थी के घर जाना (Home Visit)**–आम तौर पर छोटे शहरों और एकल पाली वाले विद्यालयों में अध्यापक बच्चों की प्रगति के संदर्भ में उनके घर जाकर जाँच-पड़ताल/संप्रेषण करते हैं जो विद्यालय की संवेदनशीलता का परिचायक है। महानगरीय परिवेश में स्थित विद्यालयों में ऐसे संपर्क कम ही बनाए जाते हैं। अध्यापक अन्य आवश्यक मुद्दों के साथ-साथ कार्य शिक्षा की महत्ता का विचार भी अभिभावकों तक संप्रेषित कर सकते हैं।

• **शिक्षक अभिभावक संघ की बैठकें (PTA Meetings)**–ग्रामीणी एवं शहरी दोनों ही परिवेशीय व्यवस्था में विद्यालयों द्वारा शिक्षक अभिभावक संघ बनाए जाते हैं। विद्यालयों में इस संघ की नियमित बैठकें आयोजित की जाती है। इन बैठकों में अन्य महत्त्वपूर्ण मुद्दों के साथ-साथ कार्य शिक्षा के महत्त्व पर भी चर्चा की जा सकती है।

• **अभिभावक-अध्यापक बैठक (Parent's Teachers' Meeting)**–विद्यार्थियों की प्रगति का सिलसिलेवार ब्यौरा अभिभावकों तक पहुँचाने के लिए निश्चित समय नियतकर विद्यालयों में अभिभावकों को आमंत्रित किया जाता है। इन बैठकों में आमतौर पर विद्यार्थी के व्यवहार विशेष प्रदर्शन, उपलब्धियों व प्रगति के बारे में सृजित किया जाता है। अध्यापक इन बैठकों के माध्यम से भी कार्य शिक्षा की अवधारणा व अनिवार्यता को संप्रेषित कर सकते हैं। उन्हें कार्य शिक्षा के वास्तविक **स्व**रूप का परिचय देते हुए कार्य शिक्षा के प्रति उनकी नकारात्मक सोच को बदल सकते हैं।

• **अनौपचारिक भेंट (Informal Meetings)**–जिन समुदायों में विद्यालय व समुदाय की भौगोलिक दूरी बहुत अधिक नहीं है और विद्यालय के अध्यापक भी (सभी नहीं तो कुछ ही) उसी समुदाय से संबंध रखते हैं तो वे आते जाते अनौपचारिक रूप से भी अपने विचारों से अभिभावकों को अवगत करवा सकते हैं। संप्रेषण इतना प्रभावशाली हो कि अभिभावक इस बात की समझ स्थापित कर लें कि कार्य शिखा क्यों महत्त्वपूर्ण हैं?

• **जननी क्लब की बैठकें (Meeting's of Mother's Club)**–बहुत से विद्यालयों में माताओं की सम्मिलित बैठकें आमंत्रित की जाती हैं। अक्सर स्कूलों में माता के स्थान पर माताएँ बच्चों को छोड़ने-लेने अथवा मध्यावकाश में उन्हें भोजन पहुँचाने का कार्य करती हैं। घर पर भी उनकी पढ़ाई, गृहकार्य आदि पर वे ही ध्यान देती हैं। चूंकि वे सतत् रूप से बच्चे की पढ़ाई से जुड़ी हुई है, अतः उनके क्लब बनाने और उनमें बच्चों की शिक्षा संबंधी बातें करना शिक्षा में गुणवत्ता में वृद्धि करता है। जननी क्लब के माध्यम से भी समुदाय को कार्य शिक्षा के महत्त्व से परिचित करवाया जा सकता है। यदि किसी विद्यालय विशेष में जननी क्लब के सीान पर पिता क्लब/पिता मंडल आदि बनाए गए हैं तो उनके द्वारा भी अध्यापक अपना उद्देश्य पूरा कर सकते हैं।

प्रश्न 24. मूल्यांकन से क्या तात्पर्य है? मूल्यांकन तथा आकलन एक-दूसरे से किस प्रकार भिन्न हैं? चर्चा कीजिए।

उत्तर–मूल्यांकन का अर्थ (Meaning of Evaluation)–मूल्यांकन एक प्रक्रिया है

जिसके द्वारा अधिगम परिस्थितियों तथा सीखने के अनुभवों के लिए प्रयुक्त की जाने वाली सभी विधियों एवं प्रविधियों की उपादेयता की जाँच की जाती है। मूल्यांकन शब्द शिक्षा तथा मनोविज्ञान में विभिन्न अर्थों में प्रयुक्त किया गया है तथा इसको कई प्रकार से परिभाषित भी किया गया है–'क्वालेन तथा हन्ना' की परिभाषा अधिक सार्थक प्रतीत होती है। उसके अनुसार–

"विद्यालय में हुए छात्रों के व्यवहार परिवर्तन के संबंध में प्रदत्तों के संकलन तथा उनकी व्याख्या करने की प्रक्रिया को मूल्यांकन कहते हैं।"

("Evaluation is the process of gathering and interpreting evidence on changes in the behaviour of all students as they progress through school.")

JW Raiston के अनुसार–"मूल्यांकन में शिक्षा कार्यों में बल दिया जाता है और व्यापक व्यक्तित्व से संबंधित परिवर्तनों पर भी विशेष रूप से ध्यान दिया जाता है।"

डांडेकर के अनुसार–"मूल्यांकन हमें बताता है कि बालक ने किस सीमा तक किन उद्देश्यों को प्राप्त किया है।"

गुड्स के शब्दों में "मूल्यांकन एक ऐसी प्रक्रिया है, जिससे सही ढंग से किसी वस्तु का मापन किया जा सकता है।"

Evaluation is a process of ascertaining or judging the value or amount of something by careful appraisal.

राष्ट्रीय शैक्षिक अनुसंधान एवं प्रशिक्षण परिषद् (NCERT) के अनुसार, "मूल्यांकन प्रक्रिया के तीन महत्त्वपूर्ण बिंदु हैं–

(1) शिक्षण के उद्देश्य
(2) सीखने के अनुभव कितने प्रभावशाली रहे
(3) व्यवहार परिवर्तन।

उपरोक्त तीनों बिंदु मिलकर मूल्यांकन प्रक्रिया को पूरा करते हैं। इन तीनों के संबंध को त्रिभुजाकार आकृति से निम्न प्रकार प्रदर्शित किया जा सकता है–

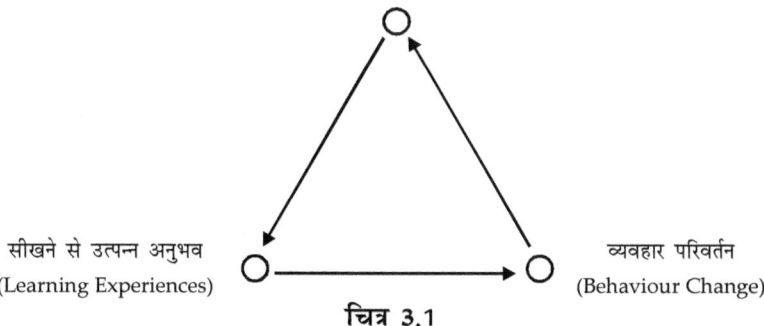

चित्र 3.1

मूल्यांकन के अंतर्गत किसी गुण या विशेषता का मूल्य निर्धारित किया जाता है अर्थात् मूल्यांकन द्वारा परिमाणात्मक तथा गुणात्मक दोनों ही प्रकार की सूचनाएँ प्राप्त होती हैं। मूल्यांकन के अर्थ को स्पष्ट करते हुए कहा जा सकता है कि–

मूल्यांकन	=	मापन	+	मूल्य निर्धारण
(Evaluation)		**(Measurement)**		**(Value judgement)**
		(Quantitative)		**(Qualitative)**

इस प्रकार मूल्यांकन का आशय मापन के साथ-साथ मूल्य निर्धारण से है अर्थात् अधिगम द्वारा विद्यार्थी में अपेक्षित व्यवहारगत परिवर्तन किस सीमा तक हुए? इसका मूल्य निर्धारण (मूल्यांकन) करके निर्णय देना है। अत: मापन, मूल्यांकन का ही एक भाग है जो सदैव उसमें निहित रहता है।

आकलन तथा मूल्यांकन में अंतर (Difference between Assessment and Evaluation)—बहुधा लोग आकलन तथा मूल्यांकन में कोई अंतर नहीं मानते लेकिन यदि विस्तार एवं गहन अध्ययन किया जाए तो अंतर इस प्रकार है–

तालिका 3.2

क्रम संख्या	आंकलन (Assessment)	मूल्यांकन (Evaluation)
1.	संरचनात्मक (Formative)	योगात्मक (Summative)
2.	प्रक्रिया प्रधान (Processing based) a. सुधार करना (Improvement) b. किस प्रकार सीखा (How Learning is going)	उत्पाद प्रधान (Product Based) मूल्य निर्धारण (Valuation) क्या सीखा गया (What's been Learned)
3.	परिलक्षित (Reflective)	प्रतिबंधित सीमित (Prescriptive)
4.	निदानात्मक (Diagnostic)	निर्णयात्मक (Judgemental)
5.	सुधार के क्षेत्रों की पहचान	ग्रेड तथा अंक प्रदान करना
6.	लचीलापन (Flexibility)	निर्धारित (Fixed)
7.	सहयोगात्मक (Competitive) परस्पर सीखना (Learn from Each Other)	प्रतिस्पर्धात्मक (Competitive) एक दूसरे को हटाना (Beat each other out)

प्रश्न 25. सतत् एवं व्यापक मूल्यांकन क्या है? मूल्यांकन के मुख्य बिंदुओं को सूचीबद्ध कीजिए।

उत्तर—सतत् और व्यापक मूल्यांकन (सी.सी.ई.) (continuous and comprehensive evaluation) का आशय विद्यार्थियों के विद्यालय आधारित मूल्यांकन की उस प्रणाली के बारे में है, जिसमें विद्यार्थियों के विकास के सभी पहलुओं की ओर ध्यान दिया जाता है।

यह निर्धारण की विकासात्मक प्रक्रिया है, जो दोहरे उद्देश्यों पर बल देती है। ये लक्ष्य हैं—व्यापक आधार वाली शिक्षा प्राप्ति का मूल्यांकन और निर्धारण और दूसरी ओर आचरणात्मक परिणामों का मूल्यांकन और निर्धारण।

इस योजना में, 'सतत्' शब्द का उद्देश्य इस बात पर बल देना है कि बच्चों की 'संवृद्धि और विकास' के अभिज्ञात पहलुओं का मूल्यांकन एक घटना होने की बजाय एक सतत् प्रक्रिया है, जो अध्यापन शिक्षा प्राप्ति की संपूर्ण प्रक्रिया के अंदर निर्मित है और शैक्षिक सत्र की समूची अवधि में फैली होती है। इसका अर्थ है—निर्धारण की नियमितता, यूनिट परीक्षण की आवृत्ति, शिक्षा प्राप्ति की कमियों का निदान, सुधारात्मक उपायों का उपयोग, पुनः परीक्षण और अध्यापकों और छात्रों के स्व-मूल्यांकन के लिए उन्हें घटनाओं के प्रमाण का फीडबैक।

दूसरे शब्द 'व्यापक' का अर्थ है कि यह योजना विद्यार्थियों की संवृद्धि और विकास के शैक्षिक और सह-शैक्षिक दोनों क्षेत्रों को समाहित करने का प्रयास करती है। चूँकि योग्यताएँ, अभिवृत्तियाँ और अभिरुचियाँ अपने आपको लिखित शब्दों से भिन्न अन्य रूपों में प्रकट करती हैं, इसलिए इस शब्द में विभिन्न प्रकार के साधनों और तकनीकों (परीक्षण और गैर-परीक्षण दोनों) के उपयोग और शिक्षा प्राप्ति के क्षेत्रों में शिक्षार्थियों के विकास को आँकने के लक्ष्यों का उल्लेख किया गया है, जैसे—

- ज्ञान
- समझना/बोध
- अनुप्रयोग
- विश्लेषण
- मूल्यांकन
- सृजन

इस प्रकार, यह योजना एक पाठ्यचर्या संबंधी पहल है, जिसमें परीक्षण के स्थान पर संपूर्णवादी शिक्षा प्राप्ति पर जोर दिए जाने का प्रयास किया गया है। इसका लक्ष्य अच्छे स्वास्थ्य, उपयुक्त कौशलों और वांछनीय (desirable) गुणवत्ता वाले और इसके अलावा शैक्षिक उत्कृष्टता वाले अच्छे नागरिकों का निर्माण करना है। आशा की जाती है कि यह विद्यार्थियों को जीवन की चुनौतियों का सामना विश्वास और सफलतापूर्वक करने के लिए सुसज्जित करेगी।

मूल्यांकन के विशिष्ट बिंदु (Main points of evaluation)—मूल्यांकन के विशिष्ट बिंदु निम्न हैं—

- मूल्यांकन का परिणाम विद्यार्थी के प्रगति पत्र पर प्रदर्शित किया जाए,
- मूल्यांकन की प्रक्रिया में सैद्धांतिक व क्रियात्मक पक्षों को एकीकृत रूप से लिया जाए परंतु साथ ही वास्तविक प्रायोगिक कार्य के मूल्यांकन पर अधिक बल दिया जाए,
- ज्ञान और कौशल के समेकन पर बल दिया जाए,

• सीखने की प्रक्रिया की तरह मूल्यांकन की प्रक्रिया भी आनंदमयी हो।

• मूल्यांकन विकासात्मक हों और उसका निरंतरता तथा व्यापकता पर पर्याप्त जोर रहें।

• बच्चों की गतिविधियों में भागीदारी के अवलोकन को मूल्यांकन का मुख्य आधार बनाया जाए। अवलोकन के साथ-साथ मौखिक प्रश्नोत्तर तकनीक भी उपयोग में लाई जा सकती है।

• कार्यकलापों में विद्यार्थियों की प्रवीणता सुनिश्चित करने के लिए मूल्यांकन निदानात्मक व उपचारात्मक प्रकृति का होना चाहिए।

• यद्यपि आंतरिक रूप से किए जाने वाले मूल्यांकन का ही प्रावधान हो परंतु विद्यार्थियों के परिपक्वता स्तर को देखते हुए बाह्य मूल्यांकन की पद्धति को अपनाया जा सकता है। इस अवस्था में यह ध्यान रखा जाना चाहिए कि बाहर से आने वाले मूल्यांकनकर्त्ता विद्यालय की स्थितियों, विद्यार्थियों के सामाजिक-आर्थिक स्तर और कार्यकलापों के निर्धारित उद्देश्यों से भली-भांति परिचित हों।

• मूल्यांकन के परिणाम सतर संपोषण करने वाले हो, न कि विद्यार्थी में निराशा के भाव लाने वाले।

• विशेष आवश्यकता वाले विद्यार्थियों के लिए मूल्यांकन प्रक्रिया में यदि परिवर्तन अपेक्षित है तो अवश्य करना चाहिए। दया या सहानुभूति जैसे भावों की अपेक्षा प्रेरणा व प्रोत्साहन जैसे भावों को आधार बनाना चाहिए।

• आवश्यकता मूल्यांकन प्रक्रिया में आधुनिक प्रौद्योगिकी का उपयोग करने से संकोच न किया जाए।

• स्व मूल्यांकन, साथियों तथा समुदाय (विशेषकर अभिभावक व संपर्क में आने वाले अन्य व्यक्ति) द्वारा मूल्यांकन को भी मूल्यांकन प्रक्रिया का हिस्सा बनाया जा सकता है।

• मंद, औसत और तीव्र गति से सीखने वाले विद्यार्थियों के लिए भिन्न-भिन्न युक्तियों का उपयोग किया जाए।

• अंततः विद्यार्थियों की क्षमताएँ, संसाधनों की उपलब्धता, आरंभिक व्यवहार, विद्यालयी पर्यावरण, प्राप्त किए जाने वाले उद्देश्य, विषयवस्तु की प्रकृति और शिक्षकों द्वारा दिए जाने वाले प्रोत्साहन को भी मूल्यांकन के समय ध्यान में रखा जाए।

प्रश्न 26. मूल्यांकन/आकलन की विधियों तथा तकनीकों का उल्लेख कीजिए।

अथवा

पोर्टफोलियो से आपका क्या अभिप्राय है? मूल्यांकन की प्रक्रिया में पोर्टफोलियो कैसे उपयोगी है? वर्णन कीजिए।

अथवा

कार्य शिक्षा के संदर्भ में आकलन करने के कोई चार मूलभूत तरीके बताएँ।

[अप्रैल–2016, प्रश्न सं. 39]

उत्तर–शिक्षक आकलन की विधियों का प्रयोग करके विद्यार्थियों की प्रगति तथा विकास के बारे में जानकारी प्राप्त कर सकते हैं।

आकलन करने की चार मूलभूत विधियाँ हैं, उदाहरणार्थ–

व्यक्तिगत आकलन (Individual Assessment)–व्यक्तिगत आकलन में किसी

व्यक्ति विशेष पर फोकस होता है जब वह कार्य संपादित कर रहा हो। यह शिक्षक को बच्चे की व्यक्तिगत सामर्थ्य एवं कमजोरी को स्पष्ट पहचान बनाने में मदद करता है।

समूह आकलन (Group Assessment)—समूह आकलन में एक समूह में एक साथ काम करने वाले बच्चों के कार्य की प्रगति तथा अधिगम पर फोकस होता है। अधिगम की यह विधि सामाजिक कौशलों, सहयोगी अधिगम प्रक्रिया तथा बच्चे के व्यवहार के मूल्य आधारित आयामों को जाँचने में अधिक उपयोगी पाई गई है।

स्व-आकलन (Self-Assessment)—स्व-आकलन, बच्चे के ज्ञान, कौशल प्रक्रियाओं, अभिरुचि, अभिवृत्ति आदि की प्रगति एवं सीखने पर स्वयं का आकलन है। यह कुछ नैतिक मूल्य, जैसे—ईमानदारी, स्वयं की कमियों को स्वीकारोक्ति, किसी की सामर्थ्य एवं कमजोरी को जाँचने में भी सहायक होती है। यह महत्त्वपूर्ण है कि स्व-आकलन शिक्षक की सक्रिय भागीदारी द्वारा होता है।

सहपाठी आकलन (Assessment by Classmate)—यह एक बच्चे अथवा बच्चों के समूह को अन्य बालकों के आकलन करने से संबंधित है। यह अंतर्वैयक्तिक कौशलों को प्रखर करता है। यह बच्चों में भेदभावरहित अभिवृत्ति को विकसित करने, श्रवण कौशल को बढ़ाने, टीम भावना को अंगीकार करने, नेतृत्व गुण तथा समय प्रबंधन में सहायक हो सकता है।

आकलन के उपकरण और तकनीकें (Tools and Techniques of Assessment)—

- अवलोकन
- साक्षात्कार
- जाँच सूची
- संचयी आलेख
- प्रश्नावली
- फोटो/पोर्टफोलियो
- परियोजना कार्य
- प्रतियोगिता
- गतिविधियाँ
- समूह कार्य
- परीक्षा
- प्रश्न फोरम
- वाद-विवाद
- भाषण
- निर्धारण मापनी
- सत्रीय कार्य

आकलन के कुछ उपकरणों तथा तकनीकों को निम्न प्रकार वर्णित किया गया है—

(1) **अवलोकन (Observation)**—विद्यार्थियों का प्राकृतिक वातावरण (तथा निर्मित वातावरण में) में व्यवस्थित रूप से अवलोकन करना, विद्यार्थियों की शैक्षणिक और सहगामी क्रियाओं के निष्पादन के बारे में तथा उनके प्रभावित व्यवहार के बारे में आँकड़े एकत्रित करने

के लिए, एक उपयोगी तकनीक है। विद्यार्थियों की विभिन्न क्षेत्रों में प्रगति और व्यवहार, जैसे–बोलना, हस्तलेखन, गायन, नृत्य, नाट्य कला, समयबद्धता, समय का सदुपयोग, सौहार्दपूर्ण संबंध, बड़ों को आदर देना आदि का मूल्यांकन पेपर-पेंसिल परीक्षण के माध्यम से नहीं किया जा सकता है। इन सबका आकलन, अवलोकन तकनीकों के द्वारा किया जा सकता है। एक अवलोकनात्मक तकनीक एक विशेष अवलोकनात्मक उपकरण के इस्तेमाल को इंगित करता है, जैसे–जाँच सूची, निर्धारण मापनी या वृत्तांत अभिलेख। Lehmann (1999) के अनुसार अवलोकनात्मक तकनीक का अर्थ एक व्यक्ति के व्यवहार का अवलोकन और अभिलेखन करने की विधि से है। हम अपने विद्यार्थियों का अवलोकन काफी नजदीक से उनके साथ मिलकर उनके क्रियाकलापों में भाग लेकर (प्रतिभागी अवलोकन) या हम उनका दूर से अवलोकन कर सकते हैं। जब वे व्यक्तिगत रूप से या सामूहिक रूप से कई क्रियाकलापों में रहते हैं (दर्शक के रूप में अवलोकन) हम उनका अवलोकन प्रत्यक्ष रूप से कर सकते हैं जब उनको यह मालूम होता है कि उनका अवलोकन किया जा रहा है या अप्रत्यक्ष रूप से जब विद्यार्थियों को ज्ञात नहीं होता कि उनका अवलोकन किया जा रहा है, अवलोकन उद्देश्यपूर्ण (एक निश्चित योजना बनाकर) ढंग से कर सकते हैं या संयोगवश (विशिष्ट व्यवहार का संयोगिक अवलोकन) अवलोकन कर सकते हैं। परंतु विद्यार्थियों के कार्यों का प्रत्यक्ष या अप्रत्यक्ष ढंग से बार-बार अवलोकन करके अधिगम प्रगति के बारे में लगातार पृष्ठ पोषण (प्रतिपुष्टि) प्राप्त किया जा सकता है। हम सही समय पर त्रुटियाँ या समस्याओं को पहचान करके उनके निराकरण के लिए सुधारात्मक योजना बना सकते हैं।

(2) साक्षात्कार (Interview)–साक्षात्कार व्यक्तियों से सूचना संकलित करने का सर्वाधिक प्रचलित साधन है। विभिन्न प्रकार की परिस्थितियों में इसका प्रयोग किया जाता रहा है। साक्षात्कार में किसी व्यक्ति से आमने-सामने बैठकर विभिन्न प्रश्न पूछे जाते हैं तथा उसके द्वारा दिए गए उत्तर के आधार पर उसकी योग्यताओं का मापन किया जाता है।

(3) जाँच सूची (Check List)–जाँच सूची का प्रयोग अभिरुचियों, अभिवृत्तियों तथा भावात्मक रक्षा के लिए किया जाता है। इसमें कुछ कथन दिए जाते हैं और उन कथनों के संबंध में छात्रों को 'हाँ' अथवा 'नहीं' में उत्तर अंकित करना होता है। इस प्रकार के कथनों की सूची की रचना करते समय उद्देश्य स्पष्ट होने चाहिए। प्रत्येक कथन को किसी विशिष्ट उद्देश्य का मापन करना चाहिए, जैसे–

(i) आपको शिक्षण सोपानों का स्मरण करने में रुचि है। हाँ/नहीं

(ii) आप पाठ योजना की रचना करने में रुचि लेते हैं। हाँ/नहीं

(iii) आपको कक्षा शिक्षण के प्रस्तुतीकरण में आनंद मिलता है। हाँ/नहीं

(iv) आपको छात्रों के कार्यों की प्रशंसा करना अच्छा लगता है। हाँ/नहीं

इस जाँच सूची से छात्राध्यापकों की शिक्षण में रुचि का मूल्यांकन किया जा सकता है।

(4) संचित अभिलेख पत्र (Cumulative Record)–छात्रों के व्यक्तित्व के विभिन्न पक्षों में आए व्यवहार परिवर्तनों एवं उपलब्धियों को एक ही प्रपत्र में लिखकर सुरक्षित रखा जाता है, यह संचित अभिलेख पत्र कहलाता है। विद्यालयों में प्रत्येक छात्र के संबंध में सूचनाओं को क्रमबद्ध रूप में व्यवस्थित किया जाता है। इसमें शैक्षिक प्रगति, मासिक परीक्षा फल, उपस्थिति, योग्यता तथा विद्यालय की अन्य क्रियाओं में भाग लेने आदि का आलेख प्रस्तुत किया

जाता है। छात्र की प्रगति तथा कमजोरियों को जानने के लिए अभिभावकों, शिक्षकों तथा प्रधानाचार्य के लिए यह अधिक उपयोगी आलेख होता है।

(5) प्रश्नावली (Questionnaire)–प्रश्नावली प्रश्नों का एक समूह है जिसे शिक्षक द्वारा विद्यार्थी के सम्मुख प्रस्तुत किया जाता है तथा वह उसका उत्तर देता है। प्रश्नावली का प्रयोग व्यक्तिगत तथा सामूहिक दोनों रूपों में किया जा सकता है। यदि प्रश्नावली का प्रयोग समूह के लिए किया जाता है तो यह समय, धन और श्रम की बचत करने में सहयोगी होता है। कक्षाकक्ष में पूछे जाने वाले प्रश्नों की भाषा सरल व स्पष्ट होनी चाहिए। अपमानजनक, संदिग्ध और शर्मनाक प्रश्न नहीं पूछे जाने चाहिए।

(6) छायाचित्र/पोर्टफोलियो (Photographs/Portfolio)–पोर्टफोलियो का अर्थ है–समय की एक निश्चित अवधि में विद्यार्थियों द्वारा किए गए कार्यों का संग्रह। ये रोजमर्रा के काम भी हो सकते हैं या फिर शिक्षार्थी के कार्यों के उत्कृष्ट नमूने भी हो सकते हैं। उदाहरण के लिए, बच्चों के भाषा विकास–कार्मिक प्रगति का रिकॉर्ड रखना।किसी समारोह में किए गए प्रदर्शन हेतु बनाई गई वस्तुओं के फोटोग्राफ पोर्टफोलियो को और अधिक समृद्ध कर सकते हैं।

पोर्टफोलियो किसी विद्यार्थी के क्रमिक विकास का सबसे प्राथमिक रिकार्ड उपलब्ध करवाते हैं। किसी वर्ष के दो महीनों के कार्य के नमूने देखकर विद्यार्थी के विकास का सटीक प्रमाण प्राप्त हो जाता है। इसके द्वारा विद्यार्थी स्वयं अपनी प्रगति का अवलोकन कर पाते हैं।

आपको पोर्टफोलियो का निर्माण करते समय कुछ मुख्य बातें ध्यान में रखनी चाहिए। पोर्टफोलियो में कुछ रिकार्ड सम्मिलित करने से पूर्व उसके औचित्य पर विचार कर लें। सभी कागज/वस्तुएँ शामिल करने से पोर्टफोलियो निरर्थक बनकर रह जाएगा। पोर्टफोलियो निर्माण में विद्यार्थी को सहयात्री बनाएँ। उसको क्रमसूची, लेबल, तिथि आदि के अनुसार व्यवस्थित करें ताकि किसी विशिष्ट सूचना को जब आवश्यकता हो, तुरंत प्राप्त किया जा सके। संभव हो तो प्रत्येक पृष्ठ पर टिप्पणियाँ लिखें और तिथि दर्ज करें।

(7) परियोजना कार्य (Project Work)–परियोजना कार्य में एक विद्यार्थी अथवा विद्यार्थियों का छोटा समूह सम्मिलित हो सकता है। यह विद्यार्थियों को एकत्रित सूचना/आँकड़ों के आधार पर समस्या को पहचानने, किसी कार्य योजना का प्रारूप बनाने, समस्या से रू-ब-रू होने, उपयुक्त संसाधनों की खोज करने, स्वयं की योजना को लागू करने तथा निष्कर्ष निकालने के अवसर प्रदान करती है। इस प्रक्रिया में विद्यार्थी विज्ञान के मूलभूत सिद्धांतों, विज्ञान की विधि एवं प्रक्रियाओं को सीखता है तथा किसी वैज्ञानिक अन्वेषण में सम्मिलित विभिन्न चरणों से उसका सामना होता है। परियोजना से संबंधित क्रियाकलापों में प्रयोगशाला का उपयोग, पुस्तकालय में पढ़ना, मल्टीमीडिया, इंटरनेट, क्षेत्र से अथवा घर पर सर्वेक्षण/साक्षात्कार/नमूने इकट्ठे करके, आँकड़े/सूचनाओं को एकत्र करना सम्मिलित हो सकते हैं।

परियोजना कार्य स्वतंत्र समालोचनात्मक सोच की योग्यता बढ़ाने में, विज्ञान में रुचि के प्रेरण में, उत्सुकता बढ़ाने में सहायता करता है तथा साधन तथा तकनीक के उपयोग के अनुभव प्रदान करने के साथ-साथ दैनिक परिस्थितियों को विज्ञान से जोड़ने तथा आत्मविश्वासी बनाने में सहायता करता है। परियोजना कार्य विशेषकर उच्च प्राथमिक स्तर पर जहाँ तक संभव हो विद्यालय समय में ही करने चाहिए। यदि परियोजना कार्य की प्रकृति इस प्रकार की हो कि उसे विद्यालय समय के अतिरिक्त करना पड़े तो शिक्षक को यह कार्य स्वयं विद्यार्थियों द्वारा करने

के लिए प्रोत्साहित किया जाना चाहिए।

परियोजना का प्रकार, इसकी अवधि तथा जिस माह में यह किया जाना है, विषयवस्तु की प्रकृति तथा स्थानीय परिस्थितियों के अनुरूप होना चाहिए। समूह में किया गया परियोजना कार्य, सामाजिक विशेषताएँ, जैसे–नेतृत्व गुण, सहयोग, संवेदनशीलता, सहनशीलता को सहज विकसित करता है।

प्रश्न 27. आकलन में सहपाठी/सहयोगी समूह की भूमिका स्पष्ट कीजिए।

अथवा

कार्य शिक्षा से संबंधित गतिविधियों में सहयोगी समूह की भूमिका के बारे में अपने विचार लिखिए।

अथवा

आकलन की प्रक्रिया में सहपाठी की भूमिका का महत्त्व बताएँ।

[अक्तूबर–2016, प्रश्न सं. 40]

उत्तर–सतत् एवं सारगर्भित मूल्यांकन विद्यार्थी की प्रगति को संपूर्ण दृष्टि से देखता है। जिस प्रकार से यह भिन्न-भिन्न तकनीकों तथा उपकरणों के प्रयोग को महत्त्व देता है, उसी प्रकार से यह मूल्यांकनकर्त्ताओं में भी विभिन्नता की माँग करता है। कहने का तात्पर्य यह है कि मूल्यांकन के लिए अध्यापक के साथ-साथ और लोगों से भी अपेक्षा करता है कि वे विद्यार्थी के आकलन व मूल्यांकन की प्रक्रिया में अपने विचार बिंदुओं से अवगत करवाएँ और प्रति पुष्टि देने का कार्य करें।

यहाँ पर 'और लोगों' में विद्यार्थियों के सहपाठियों की भूमिका को नकारा नहीं जा सकता। इस इकाई में पहले भी सहपाठियों या पठन साथी की भूमिका पर चर्चा की जा चुकी है।

सीखने की प्रक्रिया के दौरान विद्यार्थी अपने साथियों से अपने कार्य के बारे में तरह-तरह के सवाल करते हैं–

- "रेखा, जरा बताना तो मैंने ये रंग सही भरा है या नहीं, क्या कोई और रंग लगा लूँ तो ज्यादा आक्रमिक नजर आएगा?"
- "जरा देखकर तो बताओ कि इस कठपुतली के कान सही जगह लगे हैं या नहीं? गत्ते की जगह क्या कपड़े की कतरनों से कान बना लूँ?"
- "अनु, देखो तो सही। मैंने मिट्टी को भुरभुरा (Powdery) करने की पूरी कोशिश की है। क्या और भुरभुरा बनाया जाए।"

इन सवालों के माध्यम से विद्यार्थी अपने साथियों से अपने कार्य का आकलन करवाने की चेष्टा कर रहे हैं। कक्षा में कुछ परिस्थितियाँ ऐसी भी आती हैं जब विद्यार्थी अपने साथियों को उनके काम के बारे में अपनी टिप्पणियाँ से अवगत करवाते हैं। उदाहरणस्वरूप–

- "सिद्धार्थ, मुखौटा तो तुमने बहुत ही सुंदर बनाया है मगर यह टिकाऊ नहीं है। अगर चार्ट पेपर की जगह तुमने कार्टरशीट लगाई होती तो यह अधिक दिन तक उपयोग में लाया जा सकता था।"
- "बाँधनी का दुपट्टा तो निखर कर आया है पर तुमने इतने बड़े-बड़े दाने क्यों बाँधे? इससे दुपट्टे में कहीं-कहीं खालीपन नजर आ रहा है।"

* अरे! तुम खाँचे में सीधे ही मोम क्यों डाल रहे हो? थोड़ा सा सरसों का तेल रूई में भिगोकर खाँचों पर लगा लो तो मोमबत्ती निकालने में परेशानी नहीं होगी।

यहाँ पर सहपाठी एक दूसरे का अनौपचारिक रूप से आकलन कर रहे हैं और कार्य के बेहतर निष्पादन के लिए सुझाव भी दे रहे हैं।

प्रश्न 28. विद्यार्थी के प्रगति रिपोर्ट के लिए उनके माता-पिता से संपर्क/सूचित करने के तरीकों तथा बिंदुओं का उल्लेख कीजिए।

अथवा

छात्रों तथा उनके माता-पिता को उनकी प्रगति के बारे में सूचित करना क्यों आवश्यक हैं?

अथवा

विद्यार्थी के अभिभावकों को उसकी प्रगति से संबंधित संप्रेषित की जाने वाली कोई दो बातें लिखें। [अक्तूबर–2016, प्रश्न सं. 29]

उत्तर–विद्यार्थियों और अभिभावकों को उनकी प्रगति के बारे में बताना बहुत जरूरी है। जब तक आकलन के परिणामों को बच्चों और उनके अभिभावकों तक संप्रेषित नहीं किया जाएगा, तब तक आकलन के उद्देश्यों की पूर्ति नहीं हो सकेगी।

विद्यार्थियों और अभिभावकों को प्रगति के बारे में बताने के कुछ कारण निम्नलिखित हैं–

* अभिभावकों को बच्चे की व्यक्तिगत और विशेष उपलब्धियों, जरूरतों, व्यवहार आदि के बारे में बताना।
* सीखने की उपयुक्त स्थितियों और तरीकों की योजना बनाना।
* बच्चे की रुचि, क्षमताओं, दृष्टिकोण आदि की पहचान करने में उसकी और उसके अभिभावकों की मदद करना।
* अभिभावकों और बच्चों को स्व आकलन के लिए प्रोत्साहित करना।
* आकलन की प्रक्रिया के प्रति भय को समाप्त करना।

संप्रेषण के तरीके (Method of Communication)–चूंकि सतत् एवं सारगर्भित मूल्यांकन हर समय चलने वाली प्रक्रिया है अतः इसको अभिभावकों तक पहुँचाने के तरीके भी विविधता में लिए जाते हैं। आमतौर पर सभी अभिभावक जानना चाहते हैं कि उनके बच्चे विद्यालय में क्या कुछ कर रहे हैं और क्या सीख रहे हैं। दूसरे बच्चे किस तरह का प्रदर्शन कर रहे हैं और उनके बच्चे का प्रदर्शन उनसे किस तरह भिन्न है। शिक्षक आमतौर पर "अच्छा, बहुत अच्छा, और मेहन की जरूरत है" जैसी टिप्पणियाँ कर देते हैं। किंतु यह पर्याप्त नहीं है। जहाँ तक संभव हो, आप अभिभावकों को स्पष्ट भाषा में, समझ में आने वाले शब्दों/वाक्यों में बच्चे के बारे में बताएँ।

* बच्चा क्या कर सकता है? क्या करना चाहता है? क्या कुछ करने में कठिनाई है?
* बच्चे ने किस तरह सीखा (प्रक्रिया)
* बच्चे द्वारा किए गए कार्यों के नमूने दिखाए
* सहयोग, उत्तरदायित्व, पहलकदमी, संवेदनशीलता, रुचि आदि के बारे में बात करें।
* अभिभावक किस तरह बच्चों की मदद कर सकते हैं, इस बारे में सुझाव देना।
* अभिभावकों से बच्चे के घर के जीवन, कार्यों और व्यवहार के बारे में पूछना।

संप्रेषण के बिंदु (Points of Communication)—अभिभावकों को निम्नलिखित बिंदुओं पर प्रगति संप्रेषित करें—

विद्यार्थी का नाम:

विभाग :

कार्यकलाप का नाम :

- कार्य में प्रयुक्त समय (विद्यार्थी द्वारा)
- कार्य में प्रयुक्त औजारों की उपयुक्तता
- कार्य में प्रयुक्त सामग्री की उपयुक्तता
- अपनाई गई तकनीक या विधि
- बनाई गई वस्तु के उपयोग
- आधारभूत वैज्ञानिक सिद्धांत
- समूह में सहयोग
- कार्य के प्रति तत्परता
- सुरक्षित तरीके से कार्य करने की शैली,
- कार्यस्थल की व्यवस्था
- उत्पाद का प्रस्तुतीकरण

यदि कार्यकलाप की प्रकृति उत्पाद बनाने की प्रक्रिया न होकर 'सेवा' पर आधारित है तो मुख्यत: मूल्यों व दृष्टिकोण संबंधी बिंदुओं पर ध्यान देने की जरूरत है।

बहुविकल्पीय प्रश्न

प्रश्न 1. कार्य शिक्षा के अंतर्गत करवाई जाने वाली गतिविधियों का चयन किसके द्वारा किया जाना चाहिए?

(क) कार्य शिक्षा के अध्यापक द्वारा
(ख) शिक्षा आयोग द्वारा
(ग) अध्यापक, अभिभावक और विद्यार्थी द्वारा
(घ) विद्यालय अधिकारी द्वारा

उत्तर— (ग) अध्यापक, अभिभावक और विद्यार्थी द्वारा

प्रश्न 2. कार्य शिक्षा के अंतर्गत बनाई गई वस्तु का मूल्यांकन करते समय किस आयाम पर विशेष ध्यान देना चाहिए?

(क) प्रयुक्त सामग्री
(ख) रूपसज्जा
(ग) प्रयुक्त प्रक्रिया
(घ) संलग्न समय

उत्तर– (क) प्रयुक्त सामग्री

प्रश्न 3. कार्य शिक्षा के संदर्भ में समूह निर्माण के बारे में कौन-सी बात सही है?
(क) लड़के-लड़कियों का समूह अलग हो
(ख) चुनौतीपूर्ण बच्चों का समूह अलग हो
(ग) त्वरित गति से सीखने वाले बच्चों का समूह अलग हो
(घ) भिन्न प्रकृति व क्षमता वाले बच्चों का मिला-जुला समूह हो
उत्तर– (घ) भिन्न प्रकृति व क्षमता वाले बच्चों का मिला-जुला समूह हो

प्रश्न 4. जुलाई माह को ध्यान में रखते हुए कार्य शिक्षा की सर्वाधिक उपयुक्त गतिविधि कौन-सी होगी?
(क) रंगोली बनाना
(ख) पाठ्यपुस्तकों पर जिल्द चढ़वाना
(ग) मोमबत्ती बनवाना
(घ) दीवारों/गमलों पर गेरू रंगवाना
उत्तर– (घ) दीवारों/गमलों पर गेरू रंगवाना

प्रश्न 5. निम्नलिखित में से कौन-सा उद्देश्य कार्य शिक्षा का नहीं है?
(क) शारीरिक श्रम के महत्त्व से विद्यार्थियों को परिचित करवाना
(ख) हाथ और मस्तिष्क में समन्वयन के मौके देना
(ग) सामुदायिक संसाधनों की पहचान करना।
(घ) प्राकृतिक संसाधनों के संग्रहण की भावना का विकास करना
उत्तर– (घ) प्राकृतिक संसाधनों के संग्रहण की भावना का विकास करना

प्रश्न 6. कार्य शिक्षा की सफलता के लिए जरूरी है–
(क) विचारों में विलोपन
(ख) सहयोग की भावना
(ग) श्रम के प्रति नकारात्मक सोच
(घ) समुदाय व विद्यालय के बीच नकारात्मक संबंध
उत्तर– (ख) सहयोग की भावना

प्रश्न 7. कार्य शिक्षा के उद्देश्य बच्चों को अपनी, अपने परिवार व ----- की आवश्यकताएँ जानने के लिए प्रोत्साहित/उत्साहित करते हैं।
(क) अपने विद्यालय
(ख) समुदाय
(ग) अपने माता-पिता
(घ) अपने मित्र व संबंधी
उत्तर– (ख) समुदाय

प्रश्न 8. समूहों में काम करने से कैसा माहौल विकसित होता है?
(क) सांझी संस्कृति
(ख) संवेदनशीलता
(ग) सौंदर्यानुभूति
(घ) प्रेम
उत्तर– (क) सांझी संस्कृति

प्रश्न 9. निम्नलिखित में से कौन-सा बिंदु भाषा के संदर्भ में विचारणीय नहीं है?
(क) मुहावरों का प्रयोग
(ख) शब्द संपदा में वृद्धि
(ग) उचित शब्दों एवं सरल वाक्यों का प्रयोग
(घ) माप लेने का कौशल
उत्तर– (घ) माप लेने का कौशल

प्रश्न 10. 'बच्चों को जो कुछ भी प्रदर्शित किया जाता है वे उससे सीखने का प्रयास करते हैं।' यह धारणा किस विधि में विद्यमान है?
(क) प्रदर्शन विधि
(ख) प्रयोगात्मक विधि
(ग) योजना पद्धति
(घ) उपरोक्त में से कोई नहीं
उत्तर– (क) प्रदर्शन विधि

प्रश्न 11. माचिस से गाड़ियाँ बनाने के लिए निम्नलिखित में से किस उपकरण की आवश्यकता नहीं होगी?
(क) कैंची
(ख) रबड़ की एक पुरानी चप्पल
(ग) माचिस की डिब्बियाँ
(घ) रंगीन कागज के टुकड़े
उत्तर– (ख) रबड़ की एक पुरानी चप्पल

प्रश्न 12. विद्यालय समुदाय से अपेक्षा करता है कि–
(क) बच्चों को नियमित रूप से घर भेजा जाए
(ख) विद्यालय के प्रति उनकी समयबद्धता को नकारा जाए
(ग) गतिविधियों के प्रदर्शन में सहयोग
(घ) विद्यार्थियों के आकलन व मूल्यांकन में निष्क्रिय भागीदारी
उत्तर– (ग) गतिविधियों के प्रदर्शन में सहयोग

प्रश्न 13. मूल्यांकन प्रक्रिया द्वारा किन बिंदुओं पर विचार किया जाता है?
(क) उद्देश्य प्राप्त करने की प्रक्रिया
(ख) कक्षा एवं विद्यालय में जो सीखने के अनुभव उत्पन्न किए, उनकी प्रभावोत्पादकता
(ग) निश्चित किए गए उद्देश्यों की प्राप्ति किस स्तर तक
(घ) उपरोक्त सभी
उत्तर- (घ) उपरोक्त सभी

प्रश्न 14. मूल्यांकन आकलन से _____ है।
(क) व्यापक
(ख) समानार्थी
(ग) पर्यायवाची
(घ) उपरोक्त में से कोई नहीं
उत्तर- (क) व्यापक

प्रश्न 15. निम्नलिखित में से कौन-सा कथन सही है?
(क) ज्ञान व कौशल के समेकन पर बल दिया जाए
(ख) मूल्यांकन का परिणाम विद्यार्थी के प्रगति पत्र पर न दर्शाए
(ग) सीखने की प्रक्रिया की विलोम है मूल्यांकन की प्रक्रिया
(घ) उपरोक्त सभी
उत्तर- (क) ज्ञान व कौशल के समेकन पर बल दिया जाए

प्रश्न 16. 'बच्चे द्वारा स्वयं के सीखने से संबंधित उसके द्वारा स्वयं की जाँच' आकलन के किस तरीके को दर्शाता है?
(क) व्यक्तिगत आकलन
(ख) सामूहिक आकलन
(ग) स्व आकलन
(घ) सहपाठियों द्वारा आकलन
उत्तर- (ग) स्व आकलन

प्रश्न 17. सहपाठियों द्वारा किया गया आकलन किस प्रक्रिया में बहुत महत्त्वपूर्ण हैं?
(क) पढ़ाने की
(ख) सीखने की
(ग) परीक्षा की
(घ) अवलोकन की
उत्तर- (ख) सीखने की

प्रश्न 18. प्रश्न अनुसूची को पूरा करने में मुख्य भूमिका निभाते हैं–

(क) स्वयं विद्यार्थी
(ख) स्वयं अध्यापक
(ग) स्वयं विद्यार्थी, अध्यापक की मदद से
(घ) उपरोक्त में से कोई नहीं
उत्तर– (ग) स्वयं विद्यार्थी, अध्यापक की मदद से

प्रश्न 19. एक निश्चित समयावधि में विद्यार्थी द्वारा किए गए कार्यों का संग्रह है–
(क) पोर्टफोलियो
(ख) संचयी अभिलेख
(ग) प्रश्न अनुसूची
(घ) परियोजना कार्य
उत्तर– (क) पोर्टफोलियो

प्रश्न 20. परियोजनाओं के माध्यम से करवाया जाता है–
(क) आंकड़ों का संग्रह
(ख) आंकड़ों का विश्लेषण
(ग) आंकड़ों का संग्रह और विश्लेषण
(घ) आंकड़ों की व्याख्या और सामान्यीकरण
उत्तर– (ग) आंकड़ों का संग्रह और विश्लेषण

प्रश्न 21. प्रकृति से सरलता से उपलब्ध सामग्री का उदाहरण हैं–
(क) फल-फूल, बीज व पेड़-पौधे
(ख) नारियल के खोपरे व छाल
(ग) रेत, मिट्टी व कंकड़/पत्थर
(घ) उपरोक्त सभी
उत्तर– (घ) उपरोक्त सभी

प्रश्न 22. समय के संबंध में महत्त्वपूर्ण दृष्टिकोण है–
(क) कार्यकलाप की प्रकृति
(ख) कौन-सा कार्यकलाप सत्र/वर्ष के किस 'समय' करना है।
(ग) विद्यालय व समुदाय की आवश्यकता
(घ) उपरोक्त सभी
उत्तर– (ख) कौन-सा कार्यकलाप सत्र/वर्ष के किस 'समय' करना है।

प्रश्न 23. घनिष्ठ संबंध है–
(क) कार्य और आजीविका का
(ख) विद्यार्थी और अध्यापक का
(ग) चयन और मूल्यांकन का

(घ) विद्यालय और समुदाय का
उत्तर– (क) कार्य और आजीविका का

प्रश्न 24. प्राथमिक व उच्च प्राथमिक स्तर पर विषय-वस्तु के घटक हैं–
(क) पर्यावरण अध्ययन और उपयोग
(ख) सामग्री, औजार तथा प्रविधियों से प्रयोग
(ग) कार्य अभ्यास
(घ) उपरोक्त सभी
उत्तर– (घ) उपरोक्त सभी

प्रश्न 25. स्थान के संदर्भ में महत्त्वपूर्ण बिंदु हैं–
(क) कार्यस्थल की विद्यालय से दूरी
(ख) बस्ती विकास केंद्र
(ग) सार्वजनिक स्थान
(घ) सामुदायिक केंद्र
उत्तर– (क) कार्यस्थल की विद्यालय से दूरी

☺☺☺

Feedback is the breakfast of Champions.

Ken Blanchard

You can Help other students.
"Inform any error or mistake in this book."

We and Universe
will reward you for Your Kind act.

Email at : feedback@gullybaba.com
or
WhatsApp on 9350849407

प्रश्न पत्र

DIPLOMA IN ELEMENTARY EDUCATION
प्रारंभिक स्तर पर कला, स्वास्थ्य और शारीरिक तथा कार्य शिक्षा का अधिगम
(Learning in Art, Health & Physical and Work Education at Elementary Level)

(508)
अप्रैल, 2016

निर्देश: प्रश्न संख्या 1 से 15 बहु-विकल्पीय प्रश्न हैं। चार विकल्प (A), (B), (C) और (D) में से सबसे उपयुक्त उत्तर चुनिए और अपनी उत्तर-पुस्तिका में लिखिए:

Note: Question Nos. **1** to **15** are multiple-choice questions. Choose appropriate answer among the four alternatives (A), (B), (C) and (D) and write your answer in the answer-book:

प्रश्न 1. दृश्य एवं शिल्प कला के लिए निम्नलिखित में से अपेक्षित सामग्री कौन-सी है?
(A) मोम और मिट्टी
(B) मंच
(C) वाद्ययंत्र
(D) परिधान

Which of the following materials is relevant for visual arts and crafts?
(A) Wax and clay
(B) Stage
(C) Musical instruments
(D) Costumes

उत्तर– (A) मोम और मिट्टी

प्रश्न 2. कला-कार्य के मूल्यांकन हेतु सर्वश्रेष्ठ तकनीक है:
(A) प्रश्नोत्तर विधि

(B) पेपर-पेन्सिल परीक्षा
(C) अवलोकन विधि
(D) साक्षात्कार विधि

The best technique for the evaluation of any artwork is:
(A) question-answer method
(B) paper-pencil test
(C) observation method
(D) interview method

उत्तर– (C) अवलोकन विधि

प्रश्न 3. पानी से भरे सिरेमिक के सात कटोरों का प्रयोग करके किस वाद्ययंत्र की ध्वनि का आनंद लिया जा सकता है?

(A) सितार
(B) जलतरंग
(C) हारमोनियम
(D) सरोद

The sound of which musical instrument can be produced by using seven ceramic bowl with water?
(A) Sitar
(B) Jaltarang
(C) Harmonium
(D) Sarod

उत्तर– (B) जलतरंग

प्रश्न 4. 'हरा समंदर गोपीचंदर' यह गीत किस श्रेणी में आएगा?

(A) लोकगीत
(B) देशभक्ति गीत
(C) भक्तिगीत
(D) बालगीत

The song, 'Hara Samandar Gopichander' will belong to the category of
(A) folk song
(B) patriotic song
(C) religious song
(D) children song

उत्तर– (D) बालगीत

प्रश्न 5. निम्नलिखित में से कौन निष्पादन कला के साथ कार्य करते हैं?

(A) रंगसाज

(B) रजाईसाज
(C) नाटककार
(D) वास्तुविद

Among the following, who is the ones work with performing art?
(A) Dyers
(B) Quiltmakers
(C) Dramastists
(D) Architects

उत्तर– (C) नाटककार

प्रश्न 6. निम्नलिखित में से भोजन का मुख्य साधन/स्रोत क्या है?
(A) पौधे एवं जानवर
(B) रसोईघर
(C) बाजार
(D) उद्योग-धंधे

Which of the following is the main source of food?
(A) Plants and animals
(B) Kitchen
(C) Market
(D) Industries

उत्तर– (A) पौधे एवं जानवर

प्रश्न 7. निम्नलिखित में से 'दुलत्ती' या 'पीछे से पैर से प्रहार' का मूल आक्रामक कौशल किस खेल से संबंधित है?
(A) वॉलीबॉल
(B) खो-खो
(C) ऊँची कूद
(D) कबड्डी

Which of the following games is related to the fundamental offensive skill called mule kick or black kick?
(A) Volleyball
(B) Kho-kho
(C) High Jump
(D) Kabaddi

उत्तर– (D) कबड्डी

प्रश्न 8. निम्नलिखित में से कौन-सा आसन भुजंगासन और शलभासन का संयोजन है?

(A) हलासन
(B) धनुरासन
(C) शवासन
(D) चक्रासन

Which of the following Asanas is the combination of Bhujangasana and Shalbhasana?
(A) Halasana
(B) Dhanurasana
(C) Savasana
(D) Chakrasana

उत्तर– (B) धनुरासन

प्रश्न 9. निम्नलिखित में से कौन-सी बीमारी संक्रामक नहीं है?
(A) मलेरिया
(B) तपेदिक
(C) मधुमेह
(D) चिकनपॉक्स

Which of the following diseases is not contagious?
(A) Malaria
(B) Tuberculosis
(C) Diabetes
(D) Chickenpox

उत्तर– (C) मधुमेह

प्रश्न 10. कक्षा-कक्षों में अधिक प्रकाशीय प्रभाव के लिए दीवारों पर कैसे रंग होने चाहिए?
(A) चटकीले
(B) धुँधले
(C) हलके
(D) शेडदार

What type of colour should be there on the walls of classrooms to give more lighting effect?
(A) Bright/warm
(B) Dim
(C) Light
(D) Shaded

उत्तर– (A) चटकीले

प्रश्न 11. निम्नलिखित में से क्या प्राथमिक चिकित्सा के सिद्धांतों में शामिल नहीं है?

(A) ताजी हवा आने देना

(B) आतंकित न होना

(C) रक्तस्त्राव को रोकना

(D) चोटिल व्यक्ति के आसपास भीड़ लगाना

Which of the following is not included in the principles of first aid?

(A) Let the fresh air come in
(B) Do not panic
(C) Stop bleeding
(D) Create crowd around the injured person

उत्तर– (D) चोटिल व्यक्ति के आसपास भीड़ लगाना

प्रश्न 12. बढ़ते बच्चों को उनका शरीर बनाने के लिए अधिक......... जरूरी है।

(A) वसा

(B) प्रोटीन

(C) विटामिन

(D) कार्बोहाइड्रेट

Growing children need more____ to build their body.

(A) fats
(B) proteins
(C) vitamins
(D) carbohydrates

उत्तर– (B) प्रोटीन

प्रश्न 13. कार्य शिक्षा के अंतर्गत करवाई जाने वाली गतिविधियों का चयन किसके द्वारा किया जाना चाहिए?

(A) कार्य शिक्षा के अध्यापक द्वारा

(B) शिक्षा आयोग द्वारा

(C) अध्यापक, अभिभावक और विद्यार्थी द्वारा

(D) विद्यालय अधिकारी द्वारा

By whom the selection of activities for work education will be done?

(A) By the teacher of work education
(B) By Education Commission
(C) By teachers, parents and students
(D) By the authority of school

उत्तर– (C) अध्यापक, अभिभावक और विद्यार्थी द्वारा

प्रश्न 14. कार्य शिक्षा के अंतर्गत बनाई गई वस्तु का मूल्यांकन करते समय किस आयाम पर विशेष ध्यान देना चाहिए?

(A) प्रयुक्त सामग्री

(B) रूपसज्जा

(C) प्रयुक्त प्रक्रिया

(D) संलग्न समय

Which aspect should be given more emphasis while evaluating the thing prepared under work education?

(A) The material used
(B) Appearance
(C) The process used
(D) Time taken

उत्तर– (A) प्रयुक्त सामग्री

प्रश्न 15. कार्य शिक्षा के सदंर्भ में समूह निर्माण के बारे में कौन-सी बात सही है?

(A) लड़के-लड़कियों का समूह अलग हो

(B) चुनौतीपूर्ण बच्चों का समूह अलग हो

(C) त्वरित गति से सीखने वाले बच्चों का समूह अलग हो

(D) भिन्न प्रकृति व क्षमता वाले बच्चों का मिलाजुला समूह हो

Which of the following statements is right with reference to group formation in work education?

(A) Separate group for boys and girls
(B) Separate group for challenged children
(C) Separate group for children learning quickly
(D) Mixed group for the children having different nature and ability

उत्तर– (D) भिन्न प्रकृति व क्षमता वाले बच्चों का मिलाजुला समूह हो

प्रश्न संख्या 16 से 30 के अति संक्षिप्त उत्तर दीजिए:

Answer Question Nos. 16 to 30 very briefly:

प्रश्न 16. कला के कोई चार आधारभूत सिद्धांत लिखें।

Write any *four* basic principles of art.

उत्तर– देखें अध्याय-1, प्रश्न 15

प्रश्न 17. पारंपरिक भारतीय रंगमंच के कोई चार उदाहरण दें।

Cite any *four* examples of traditional Indian theatre.

उत्तर– देखें अध्याय-1, प्रश्न 13

प्रश्न 18. रंगोली बनाने में प्रयुक्त किन्हीं चार सामग्रियों के नाम लिखें।

Write any *four* types of material to be used in Rangoli making.

उत्तर– देखें अध्याय-1, प्रश्न 20

प्रश्न 19. ग्रामीण या शहरी दोनों में से किसी एक परिवेश के फेरीवालों की कोई दो आवाजें लिखें।

Write any *two* voices of street vendors from rural or urban content.

उत्तर– फेरीवालों की कोई दो आवाजें निम्न हैं–

(i) *केले लेलो...*

(ii) *नारियल पानी वाले...*

प्रश्न 20. निष्पादन कला में प्रयुक्त तत्त्व 'अन्वेषण' को परिभाषित करें।

Define 'exploration' as an element of performing art.

उत्तर– देखें अध्याय-1, प्रश्न 31

प्रश्न 21. स्वस्थ जीवन जीने के दो लाभ लिखें।

Write *two* advantages of leading a healthy life.

उत्तर– देखें अध्याय-2, प्रश्न 3

प्रश्न 22. आप कक्षा पाँच के विद्यार्थियों को कक्षा के कचरा निस्तारण हेतु क्या गतिविधि करवाएँगे?

Which activity would you organise with the students of Class V for refuse disposal?

उत्तर– देखें अध्याय-2, प्रश्न 5

प्रश्न 23. बैडमिंटन में प्रयुक्त तकनीक 'स्मैश' को परिभाषित करें।

Define 'smash' as a technique of badminton.

उत्तर– देखें अध्याय-2, प्रश्न 38

प्रश्न 24. भूकंप आने पर किए जाने वाले किन्हीं दो उपायों के बारे में लिखें।

Write any *two* measures to be taken at the time of earthquake.

उत्तर– देखें अध्याय-2, प्रश्न 14

प्रश्न 25. विद्यालय में प्रातःकालीन सभा के आयोजन के कोई दो कारण लिखें।

Write about any *two* reasons for organizing morning assembly in the school.

उत्तर– देखें अध्याय-2, प्रश्न 33

प्रश्न 26. 'संतुलित आहार' से आप क्या समझते हैं?

What do you understand by the term 'balanced diet'?

उत्तर– देखें अध्याय-2, प्रश्न 6

प्रश्न 27. बच्चों के लिए शारीरिक गतिविधियों में व्यस्त होने के क्या सामाजिक लाभ हैं?

What are the social benefits of engaging children in physical activities?

उत्तर– देखें अध्याय-2, प्रश्न 20

प्रश्न 28. विद्यार्थियों में सांस्कृतिक धरोहरों के प्रति लगाव व सम्मान की भावना पैदा करने के लिए की जाने वाली किन्हीं दो गतिविधियों के नाम लिखें।

Write the names of any *two* activities which help to develop feeling of respect and concern for cultural heritage among the students.

उत्तर– देखें अध्याय-3, प्रश्न 14

प्रश्न 29. योजना पद्धति के कोई दो मुख्य सोपान लिखें।

Write down any *two* major steps of planning system.

उत्तर– देखें अध्याय-2, प्रश्न 27

प्रश्न 30. कार्य शिक्षा के प्रति सकारात्मक दृष्टिकोण पैदा करने के लिए आप क्या उपाय करेंगे? कोई एक बिंदु लिखें।

What initiatives would you take to create positive views for work education? Write down any *one* point.

उत्तर– देखें अध्याय-3, प्रश्न 23

प्रश्न संख्या 31 से 40 के उत्तर संक्षेप में दीजिए:

Answer Question Nos. 31 to 40 briefly:

प्रश्न 31. कला के रूप में 'कागज मोड़ना' किस प्रकार से बच्चों के लिए उपयोगी है?

How is 'paper folding' as an art form useful for the children?

उत्तर– देखें अध्याय-1, प्रश्न 29

प्रश्न 32. विद्यालय की समय-सारिणी के अनुसार कला-संबंधी गतिविधियों के लिए समय का नियोजन किस तरह प्रभावशाली रूप में किया जा सकता है?

According to the timetable of the school, how can be time be organised effectively for art education activities?

उत्तर– देखें अध्याय-1, प्रश्न 45

प्रश्न 33. विद्यार्थियों को उनके कला-कार्य के संबंध में प्रतिपुष्टि देना क्यों आवश्यक है?

Why is it essential to provide feedback to the students for their artwork?

उत्तर– देखें अध्याय-1, प्रश्न 56

प्रश्न 34. क्षेत्रीय कला रूप प्राथमिक स्तर पर बच्चों के जीवन में किस तरह से सार्थक भूमिका निभाते हैं?

How do local art forms play a meaningful role in children's life at primary level?

उत्तर– देखें अध्याय-1, प्रश्न 11

प्रश्न 35. किसी पुल का अवलोकन विद्यार्थियों में कला की समझ किस तरह से पैदा करेगा?

How does the observation of a bridge develop an understanding of art among the students?

उत्तर– सभी कला कार्यों के पास क्रम और संयोजन की अपनी समझ है। कलाकार निश्चय करते हैं कि वे कैसे अपने विचारों को संयोजित करें। जब विद्यार्थियों ने किसी पुल का अवलोकन किया, तब उन्होंने आकृति एवं संरचनात्मक शक्ति के बीच संबंध का अन्वेषण किया। अब वे स्वयं विभिन्न प्रकार की सामग्रियों, जैसे–मिट्टी, कागज, कार्डबोर्ड, थर्माकॉल, लकड़ी इत्यादि का उपयोग करके एक कृत्रिम पुल बना सकते हैं।

प्रश्न 36. आसनात्मक विकृति किसे कहते हैं? किन्हीं दो आसनात्मक विकृतियों के बारे में संक्षेप में बताएँ।

What is postural deformity? Write in brief about any *two* postural deformities.

उत्तर– देखें अध्याय-2, प्रश्न 10

प्रश्न 37. आंतरिक खेल/गतिविधि को परिभाषित करें। ये विद्यार्थियों को किस प्रकार से लाभ पहुँचाते हैं?

Define intramural games. How are they useful for the students?

उत्तर– देखें अध्याय-2, प्रश्न 25

प्रश्न 38. विद्यालयी कक्षाओं में उचित वायुसंचार के लिए किस प्रकार के प्रावधान होने चाहिए?

What type of provisions should be made in school classrooms for adequate ventilation?

उत्तर– देखें अध्याय-2, प्रश्न 5

प्रश्न 39. कार्य शिक्षा के संदर्भ में आकलन करने के कोई चार मूलभूत तरीके बताएँ।

Write any *four* basic techniques of evaluation with reference to work education.

उत्तर– देखें अध्याय-3, प्रश्न 26

प्रश्न 40. कार्य का प्रसन्नता एवं संतुष्टि से क्या संबंध है? उदाहरण के साथ बताएँ।

What is the relation of work with joy and satisfaction? Write with example.

उत्तर– देखें अध्याय-3, प्रश्न 4

निम्नलिखित प्रश्नों के उत्तर विस्तारपूर्वक लिखें:
Answer the following questions elaborately:

प्रश्न 41. 'कला अनुभूति' से आप क्या समझते हैं? बच्चों की कला-संबंधी आवश्यकताएँ किस प्रकार से किसी गतिविधि के आयोजन में अध्यापक की भूमिका तय करती हैं?

What do you understand by 'art experience'? How does the art-related needs of the children decide the role of teacher in organizing any activity?

उत्तर– देखें अध्याय-1, प्रश्न 42 और प्रश्न 48

प्रश्न 42. पाठ-योजना को परिभाषित करते हुए इसके कोई दो लाभ बताएँ। पाठ-योजना बनाते समय आप किन सिद्धांतों को ध्यान में रखेंगे? उदाहरण सहित बताएँ।

Mention any *two* benefits of lesson planning by giving its definition. Which principles would you keep in mind while preparing a lesson? Write with examples.

उत्तर– देखें अध्याय-2, प्रश्न 27 और प्रश्न 28

☺☺☺

जीवन हमें हमेशा दूसरा मौका जरूर देता है, जिसे कल कहते हैं।

DIPLOMA IN ELEMENTARY EDUCATION
प्रारंभिक स्तर पर कला, स्वास्थ्य और शारीरिक तथा कार्य शिक्षा का अधिगम
(Learning in Art, Health & Physical and Work Education at Elementary Level)

(508)
अक्तूबर, 2016

निर्देश: प्रश्न संख्या 1 से 15 बहु-विकल्पीय प्रश्न हैं। चार विकल्प (A), (B), (C) और (D) में से सबसे उपयुक्त उत्तर चुनिए और अपनी उत्तर-पुस्तिका में लिखिए:

Note: Question Nos. **1** to **15** are multiple-choice questions. Choose appropriate answer among the four alternatives (A), (B), (C) and (D) and write your answer in the answer-book:

प्रश्न 1. विद्यालयी शिक्षा के प्राथमिक स्तर पर कला शिक्षा के संदर्भ में बच्चों के लिए कौन-सा अनुभव महत्त्वपूर्ण है?

(A) मिट्टी के खिलौने पकाना
(B) मिट्टी से तरह-तरह के खिलौने बनाना
(C) मूर्ति-संग्रहालय का भ्रमण
(D) मिट्टी के खिलौनों पर रंगाई करना

Which experience from the following is important for the children of primary stage of school education with reference to art education?
(A) Baking of the clay toys
(B) Making different types of toys with clay
(C) Visit to a museum for statues
(D) Colouring the clay toys

उत्तर– (B) मिट्टी से तरह-तरह के खिलौने बनाना

प्रश्न 2. विद्यालयी शिक्षा के प्राथमिक स्तर पर संगीत कला की सर्वाधिक उपयुक्त गतिविधि है:

(A) विद्यालय में प्रसिद्ध गायक के गायन का आयोजन

(B) विद्यार्थियों से देशभक्ति-गीत तैयार करवाना

(C) विद्यार्थियों को अपने निकट परिवेश की ध्वनियाँ सुनने के लिए कहना

(D) विद्यार्थियों को शास्त्रीय संगीत सुनवाना

The most appropriate activities of music at the primary level of school education is

(A) organization of concert of a famous singer in the school
(B) asking students to learn patriotic songs
(C) asking students to listen to the sounds of his/her immediate environment
(D) asking children to listen to classical music

उत्तर– (C) विद्यार्थियों को अपने निकट परिवेश की ध्वनियाँ सुनने के लिए कहना

प्रश्न 3. आमतौर पर किस उम्र में बच्चे चित्रों की एक शब्दावली सृजित कर लेते है जैसे कि एक बच्चे/बच्ची, एक घर, एक बिल्ली आदि का चित्र?

(A) पाँच वर्ष

(B) तीन वर्ष

(C) आठ वर्ष

(D) दो वर्ष

Generally, at what age the children create a vocabulary of images such as the picture of a child, a house, a cat etc.?

(A) Five years
(B) Three years
(C) Eight years
(D) Two years

उत्तर– (A) पाँच वर्ष

प्रश्न 4. बाटिक तकनीक के जरिए नमूने तैयार करते समय किस सामग्री का प्रयोग अत्यावश्यक है?

(A) पेंसिल

(B) गोंद

(C) स्याही

(D) मोम

The use of which material from the following is highly needed while preparing patterns from Batik technique?

(A) Pencil
(B) Glue
(C) Ink
(D) Wax

उत्तर– (D) मोम

प्रश्न 5. "बहु बुद्धि सिद्धांत के अनुसार जो बच्चे कला कक्षाओं में भाग लेते हैं वे अधिगम की एक वृद्ध क्षमता विकसित कर लेते हैं।" यह कथन किसने कहा?

(A) चॉम्स्की
(B) जॉन ड्युवी
(C) हॉवर्ड गार्डनर
(D) वाइगोत्सकी

"According to the theory of multiple intelligences, students who participate in art classes develop an increased capacity to learn". Who has made this statement?

(A) Chomski
(B) John Dewey
(C) Howard Gardener
(D) Vygotsky

उत्तर– (C) हॉवर्ड गार्डनर

प्रश्न 6. निम्नलिखित में से कौन-सा कारक बच्चों की शारीरिक सेहत को प्रभावित करता है?

(A) मध्याह्न भोजन की गुणवत्ता
(B) मातृभाषा
(C) वर्दी का रंग
(D) निर्देशन का माध्यम

Which factor among the following influences the physical health of the children?

(A) Quality of mid-day meal
(B) Mother tongue
(C) Colour of the uniform
(D) Medium of instruction

उत्तर– (A) मध्याह्न भोजन की गुणवत्ता

प्रश्न 7. निम्नलिखित में से कौन-सा कथन आपकी दृष्टि में सही है?

(A) कक्षायी परिवेश बच्चों के स्वास्थ्य को प्रभावित नहीं करता है
(B) स्वास्थ्य एवं स्वच्छता संबंधी आदतें विद्यालयी पाठ्यचर्या के माध्यम से नहीं सिखाई जा सकती हैं
(C) खराब सेहत का प्रभाव शैक्षिक उपलब्धियों पर पड़ सकता है
(D) बच्चों के स्वास्थ्य का उत्तरदायित्व पूरी तरह से अभिभावकों पर है

Which of the following statements is *correct* in your opinion?
(A) The classroom environment does not have an impact upon the health of children
(B) Habits related to health and hygiene cannot be taught through school curriculum
(C) Poor health can influence the academic achievements
(D) The wholesale responsibility of the health of children lies upon the parents

उत्तर– (C) खराब सेहत का प्रभाव शैक्षिक उपलब्धियों पर पड़ सकता है

प्रश्न 8. निम्नलिखित में से शरीर बनाने में मदद करने वाला पोषक-तत्त्व कौन-सा है?
(A) प्रोटीन
(B) वसा
(C) विटामिन
(D) खनिज लवण

Which nutrient from the following helps in body building?
(A) Protein
(B) Fats
(C) Vitamins
(D) Minerals

उत्तर– (A) प्रोटीन

प्रश्न 9. निम्नलिखित में से कौन-सा संक्रामक रोग है?
(A) रक्तदाब
(B) बुखार
(C) मधुमेह
(D) कुकुर खाँसी

Which of the following diseases is a communicable disease?
(A) Blood pressure
(B) Fever
(C) Diabetes
(D) Whooping cough

उत्तर– (D) कुकुर खाँसी

प्रश्न 10. किसी भी विद्यालय में निम्नलिखित में से कौन-सी स्थिति भगदड़ का कारण बन सकती है?
(A) मध्याह्न भोजन के गैर-व्यवस्थित ढंग से हो रहे वितरण की स्थिति
(B) खेल के मैदान में खेल रहे बच्चों को अजीब-सी वस्तु दिख जाने पर
(C) प्रातःकालीन सभा समाप्त होने पर

(D) बाल सभा के दौरान तेज आवाज होने पर

Which situation from the following can be the cause of stampede in any school?
(A) Distribution of mid-day meal in unorganised manner
(B) When the children see any strange object while the children are playing in playground
(C) At the end of morning assembly
(D) Loud sound during children assembly

उत्तर– (A) मध्याह्न भोजन के गैर-व्यवस्थित ढंग से हो रहे वितरण की स्थिति

प्रश्न 11. निम्नलिखित में से कौन-सी शब्दावली बैडमिंटन के खेल से जुड़ी है?
(A) बैटन
(B) स्मैश
(C) स्पाइक
(D) कैन्ट

Which terminology from the following is related to badminton?
(A) Baton
(B) Smash
(C) Spike
(D) Cant

उत्तर– (B) स्मैश

प्रश्न 12. निम्नलिखित में से कौन-सा प्राणायाम का प्रकार नहीं है?
(A) शवासन
(B) उज्जयी
(C) नाड़ी शोधन
(D) कपालभाती

Which from the following is *not* the type of Pranayam?
(A) Shavasana
(B) Ujjayi
(C) Nadi Sodhana
(D) Kapalabhati

उत्तर– (A) शवासन

प्रश्न 13. निम्नलिखित में से कौन-सा उद्देश्य कार्य शिक्षा का नहीं है?
(A) शारीरिक श्रम के महत्त्व से विद्यार्थियों को परिचित करवाना
(B) हाथ और मस्तिष्क में समन्वयन के मौके देना
(C) सामुदायिक संसाधनों की पहचान कराना
(D) प्राकृतिक संसाधनों के संग्रहण की भावना का विकास करना

Which objective from the following is *not* the objective of work education?
(A) Make the students aware of dignity of manual work
(B) Giving opportunity for hand and brain coordination
(C) Identification of resources available in the community
(D) Development of a feeling of collection of natural resources

उत्तर— (D) प्राकृतिक संसाधनों के संग्रहण की भावना का विकास करना

प्रश्न 14. जुलाई माह को ध्यान में रखते हुए कार्य शिक्षा की सर्वाधिक उपयुक्त गतिविधि कौन-सी होगी?

(A) रंगोली बनाना
(B) पाठ्यपुस्तकों पर जिल्द चढ़वाना
(C) मोमबत्ती बनवाना
(D) दीवारों/गमलों पर गेरू रंगवाना

Keeping in view the month of July which activity is the most appropriate activity of work education?
(A) Making Rangoli
(B) Book binding (cover on text books)
(C) Candle making
(D) Painting earthen colour on walls/earthen pots

उत्तर— (D) दीवारों/गमलों पर गेरू रंगवाना

प्रश्न 15. सूत कातने की गतिविधि का आयोजन करने के लिए सर्वोत्तम विधि कौन-सी होगी?

(A) प्रदर्शन विधि
(B) फिल्म प्रदर्शन
(C) सूत कताई केंद्र का मुआयना
(D) परियोजना कार्यविधि

Which will be the most appropriate method for organizing the spinning activity?
(A) Demonstration method
(B) Film show
(C) Visit to a spinning centre
(D) Project method

उत्तर— (C) सूत कताई केंद्र का मुआयना

प्रश्न संख्या 16 से 30 का अति संक्षेप में उत्तर दे:
Answer Question Nos. 16 to 30 very briefly:

प्रश्न 16. बाजार से रंग न उपलब्ध होने पर हरा और पीला रंग किन स्रोतों (प्राकृतिक) से प्राप्त किया जा सकता है?

From which sources (natural) green and yellow colours can be obtained if these are not available from the market?

उत्तर– हरा रंग: पत्तों, घास, पालक (सब्जी) से

पीला रंग: हल्दी या पीले गेंदे के फूल से

प्रश्न 17. कला संबंधी गतिविधियों के मूल्यांकन के परिप्रेक्ष्य में वैयक्तिक भिन्नता को स्पष्ट करें।

Explain individual differences with reference to evaluation of art education activities.

उत्तर–कला शिक्षा गतिविधियों का मूल्यांकन करने के समय, एक एक शिक्षक को व्यक्तिगत मतभेदों को ध्यान में रखना होता है। प्रत्येक बच्चे के वृद्धि और विकास विभिन्न पर्यावरण में होती है। आनुवांशिकता और पर्यावरणीय केंद्र, दोनों ही मनुष्यों में पाए गए व्यापक व्यक्तिगत मतभेदों की भूमिका निर्धारक कहे जाते हैं।

बुद्धिमता के संबंध में व्यक्तियों के बीच व्यापक व्यक्तिगत मतभेद भी मौजूद है।

वास्तव में, कोई भी दो व्यक्ति, समान जुड़वा या व्यक्ति समान वातावरण में पोषित, को समान मानसिक ऊर्जा के साथ संपन्न नहीं किया जाता है। इस प्रकार, कला शिक्षा से संबंधित गतिविधियों का मूल्यांकन करते समय, एक शिक्षक को व्यक्तिगत रचनात्मकता कला के काम के पीछे बच्चे की भावना के बारे में सोचना चाहिए। चाहे गतिविधि के उद्देश्य ने अपना लक्ष्य हासिल कर लिया हो, क्या गतिविधि से बच्चे की सोच में कोई फर्क पड़ा? आदि।

प्रश्न 18. विभिन्न निष्पादन कलाओं के आधारभूत तत्त्वों को चिन्हित करें।

Identify the fundamental elements of different types of performing arts.

उत्तर– देखें अध्याय-1, प्रश्न 31

प्रश्न 19. नाटकों के लिए विचार और अंत:प्रेरणा के कौन-कौन से साधन हो सकते हैं?

What could be the sources of ideas and inspiration for dramas?

उत्तर– देखें अध्याय-1, प्रश्न 9

प्रश्न 20. कला को मानवीय कल्पना, कौशल और आविष्कार द्वारा सृजित विचारों की अभिव्यक्ति क्यों कहा गया है?

Why has art been called the expression of ideas created by human imagination, skill and invention?

उत्तर– देखें अध्याय-1, प्रश्न 1

प्रश्न 21. किसी व्यक्ति के आहार को प्रभावित करने वाले कोई दो कारक लिखें।

Write any *two* factors which influence the food of an individual.

उत्तर– देखें अध्याय-2, प्रश्न 6

प्रश्न 22. स्वास्थ्य एवं शारीरिक शिक्षा के संबंध में दर्पण विधि के कोई दो लाभ लिखें।

Write any *two* benefits of mirror method in context of health and physical education.

उत्तर– देखें अध्याय-2, प्रश्न 29

प्रश्न 23. शारीरिक शिक्षा की पाठयोजना तैयार करते समय पाठ से पूर्व क्या तैयारी करेंगे, बहुत संक्षेप में लिखें।

Write in very brief the pre-lesson preparation while preparing the lesson plan of physical education.

उत्तर– देखें अध्याय-2, प्रश्न 27

प्रश्न 24. घर में आग संबंधी दुर्घटनाओं से बचाव के लिए कौन-सी दो मुख्य सावधानियाँ बरती जा सकती हैं?

What are the *two* important preventive measures which can be taken to prevent fire incidents at home?

उत्तर– देखें अध्याय-2, प्रश्न 14

प्रश्न 25. किसी एक कर्मचारी की खराब सेहत उसकी संस्था का संगठन को किस प्रकार से प्रभावित करती है?

How does the ill health of an employee affect his/her institution/organization?

उत्तर– जब किसी संस्था का कोई कर्मचारी बीमार हो या उसकी सेहत सही नहीं हो तो वह संस्था में कम उपस्थित रहता है जिससे संस्था के उत्पादकता पर प्रभाव पड़ता है। अगर वह उपस्थित रहता भी है तो उसकी उत्पादक क्षमता सेहतगंद कर्मचारियों के अपेक्षा कम ही रहती है।

प्रश्न 26. बच्चों में अच्छी आदतों का विकास करने में अध्यापक की भूमिका से जुड़े कोई दो बिंदु चिन्हित करें।

Identify any *two* points related to the role of teacher in developing good habits among children.

उत्तर– देखें अध्याय-2, प्रश्न 11

प्रश्न 27. 'सपाट पैर' की विकृति से ग्रस्त विद्यार्थी को क्या उपचार सुझाया जा सकता है?

What curative measures can be suggested to the student who is suffering from 'flat foot'?

उत्तर– देखें अध्याय-2, प्रश्न 10

प्रश्न 28. कार्य शिक्षा के संदर्भ में परियोजना विधि के कोई चार मुख्य चरण रेखांकित करें।

Mention any *four* important steps of project method with reference to work education.

उत्तर– देखें अध्याय-3, प्रश्न 18

प्रश्न 29. विद्यार्थी के अभिभावकों को उसकी प्रगति से संबंधित संप्रेषित की जाने वाली कोई दो बातें लिखें।

Write any *two* points to be conveyed to the parents of the students about his/her progress.

उत्तर— देखें अध्याय-3, प्रश्न 29

प्रश्न 30. विद्यालय द्वारा विद्यार्थियों को सामुदायिक सेवा से जोड़ने के संबंध में कोई एक मुख्य उद्देश्य लिखें।

Write any *one* important objective of involving students with community service by the schools.

उत्तर— विद्यालय द्वारा विद्यार्थियों को सामुदायिक सेवा से जोड़ने के उपरांत वे संतुष्टि और खुशी का अनुभव करेंगे।

प्रश्न संख्या 31 से 40 का संक्षेप में उत्तर दें:
Answer Question Nos. 31 to 40 briefly:

प्रश्न 31. वाइगोत्स्की के अनुसार "एक शिक्षक का कार्य बच्चे को उसके 'वर्तमान स्तर' से 'सम्भाव्य स्तर' तक लाना है"। उदाहरण देते हुए इस कथन को स्पष्ट करें।

According to Vygotsky—"The job of an educator is to take the child from her 'present level' to 'potential level'," Explain this statement by giving example.

उत्तर— देखें अध्याय-1, प्रश्न 53

प्रश्न 32. आप अपने विद्यार्थियों को कहानी सुनाते समय कठपुतलियों का प्रयोग करना चाहते हैं। कठपुतली बनाते समय आप किन दो महत्त्वपूर्ण बातों को ध्यान में रखेगें?

You want to make use of puppets while telling a story to the children. What *two* important points will you keep in mind while making puppets?

उत्तर— कठपुतली बनाते समय अध्यापक को यह ध्यान रखना चाहिए कि यह केवल एक साधन है। कठपुतली मजेदार और कहानी के अनुरूप होना चाहिए।

प्रश्न 33. विद्यार्थियों में सौंदर्यबोध का विकास करने के लिए विद्यालय में क्या-क्या किया जा सकता है? उदाहरण के साथ लिखें।

To develop the sense of beauty in students, what can be done in school? Write with example.

उत्तर— देखें अध्याय-3, प्रश्न 14

प्रश्न 34. विद्यालय में 'कला दिवस' का आयोजन करना है। इसके लिए कला शिक्षा संबंधी कोई चार मुख्य गतिविधियाँ सुझाएँ।

You want to organise 'Art Day' in the school. Suggest any *four* important art education activities for this day.

उत्तर— For 'Art Day', a teacher can organise the activities like, dance, singing, music, and regional art and craft, etc.

प्रश्न 35. किसी भी सतह पर ग्रैफीटो तकनीक से चित्र बनाने की प्रक्रिया का संक्षेप में वर्णन करें।

Describe the process of making a picture on any surface with the help of graffito technique.

उत्तर— देखें अध्याय-1, प्रश्न 12

प्रश्न 36. संवेदनात्मक रूप से स्वस्थ होने के मुख्य लक्षण क्या होते हैं?

What are the main characteristics of being healthy at emotional level?

उत्तर— देखें अध्याय-2, प्रश्न 2

प्रश्न 37. "स्वस्थ जीवन शैली सही मायनों में प्राप्त की गई अच्छी शिक्षा का परिणाम है।" उदाहरण देते हुए इस कथन की पुष्टि करें।

"Healthy life style is actually the result of good education." Support this statement with the help of an example.

उत्तर— देखें अध्याय-2, प्रश्न 4

प्रश्न 38. प्रातःकालीन सभा में स्वास्थ्य एवं शारीरिक शिक्षा को आधार बनाते हुए क्या-क्या गतिविधियाँ आयोजित की जा सकती हैं? किन्हीं चार का उल्लेख करें।

What activities can be organised in the morning assembly keeping in view health and physical education? Mention any *four* activities.

उत्तर— प्रार्थना सभा में सभी शिक्षक-शिक्षार्थी एक साथ उपस्थित होते हैं और मिल कर गतिविधियों में भाग लेते हैं। सभी कक्षाओं के बच्चे एक साथ बैठते हैं और बच्चों को बड़े समूह के सामने बोलने का मौका मिलता है जिससे बड़े समूह में एक साथ ज्यादा बच्चों को सीखने का मौका मिलता है।

सुबह की सभा महत्त्वपूर्ण कारकों में से एक है जो शिक्षकों और विद्यार्थियों को नियमित और पाबंद बनाता है। सुबह की सभा के उपयुक्त और सुनियोजित व्यवस्था के माध्यम से हम विद्यार्थियों में निश्चित रूप से अच्छी आदतों, आचरण, मनोवृत्तियों, मूल्य, समयनिष्ठा, नियमितता, स्वच्छता आदि को विकसित कर सकते हैं। इसी क्रम में सुबह की सभा सह-शैक्षिक गतिविधियों जैसे कविता-पाठ, क्विज का आयोजन, तात्कालिक भाषण स्व-अभिव्यक्ति आदि का क्षेत्र भी प्रदान करती है।

प्रश्न 39. कार्य शिक्षा के अंतर्गत गतिविधियों का चयन करते समय ध्यान रखने योग्य किन्हीं चार मुख्य बिंदुओं को स्पष्ट करें।

Mention any *four* important points to be kept in mind while selecting activities for work education.

उत्तर– देखें अध्याय-3, प्रश्न 19

प्रश्न 40. आकलन की प्रक्रिया में सहपाठी की भूमिका का महत्त्व बताएँ।

What is the importance of peer in the process of evaluation?

उत्तर– देखें अध्याय-3, प्रश्न 27

निम्नलिखित प्रश्नों के उत्तर विस्तारपूर्वक लिखें:

Answer the following questions elaborately:

प्रश्न 41. कला शिक्षा में मूल्यांकन के सूचकों/संकेतकों की अवधारणा क्या है? अच्छे संकेतकों के लक्षण बताते हुए शारीरिक एवं गत्यात्मक, मानसिक एवं सामाजिक-सवेंदनात्मक विकास के चार-चार संकेतक बताएँ।

What is the concept of indicators in the process of evaluation in art education? Mention *four* indicators for each developmental category-physical and motor, mental and socio-emotional development.

उत्तर– देखें अध्याय-1, प्रश्न 58 और प्रश्न 59

प्रश्न 42. आपके विद्यार्थी चॉक बनाने की प्रक्रिया में संलग्न हैं। उनके आकलन के लिए आप किन-किन उपकरणों एवं तकनीक का उपयोग करेंगे? किन संकेतकों के आधार पर मूल्यांकन करेंगे? उदाहरण देते हुए वर्णन करें।

Your students are involved in the process of chalk making. Which tool and techniques will you use for their assessment? Which indicators will be the bases of evaluation? Explain with examples.

उत्तर–चॉक बनाने की प्रक्रिया में शामिल छात्रों का आकलन करने के लिए, समूह मूल्यांकन विधि का उपयोग किया जा सकता है जो पूरी तरह से समूह में परिवर्तन की गुणवत्ता या मात्रा के बारे में जानकारी एकत्र कर रहा है। आकलन तकनीकों को मूल्यांकन के लिए लागू किया जा सकता है। जिसमें बच्चों के विषय में सबसे उत्तम जानकारी 'प्राकृतिक' स्थिति में एकत्र की जा सकती है। कुछ जानकारी शिक्षण के समय शिक्षार्थियों के विषय में शिक्षकों के अवलोकनों पर आधारित है। अन्य जानकारी गतिविधियों कार्यों पर छात्रों के नियोजित और उद्देश्यपूर्ण अवलोकन पर आधारित है। अवलोकन के समय, अवलोकन को टिप्पणियों में अभिलिखित किया जा सकता है अन्यथा अवलोकन की वैधता क्षतिग्रस्त हो जाएगी।

एक सूचक एक लक्षण या संकेत प्रदान करता है कि जो कुछ मौजूद है वह सत्य है। इसका उपयोग किसी स्थिति या स्थिति की उपस्थिति या स्थिति दिखाने के लिए किया जाता है। यहाँ, मूल्यांकन का आधार भौतिक और मोटर विकास संकेतक होगा। उदाहरण के लिए

सहनशक्ति और गतिविधि स्तर, अनुग्रह, वैकल्पिकता, आँखों के समन्वय, सकल मोटर विकास, ठीक मोटर विकास इत्यादि जैसे संकेतकों का मूल्यांकन किया जाएगा।

G.P.H बुक का मुख्य उद्देश्य परीक्षा में ज्ञान के साथ-साथ अच्छे अंक दिलाना है।

☺☺☺

पवित्र मन सबसे उत्तम तीर्थ है

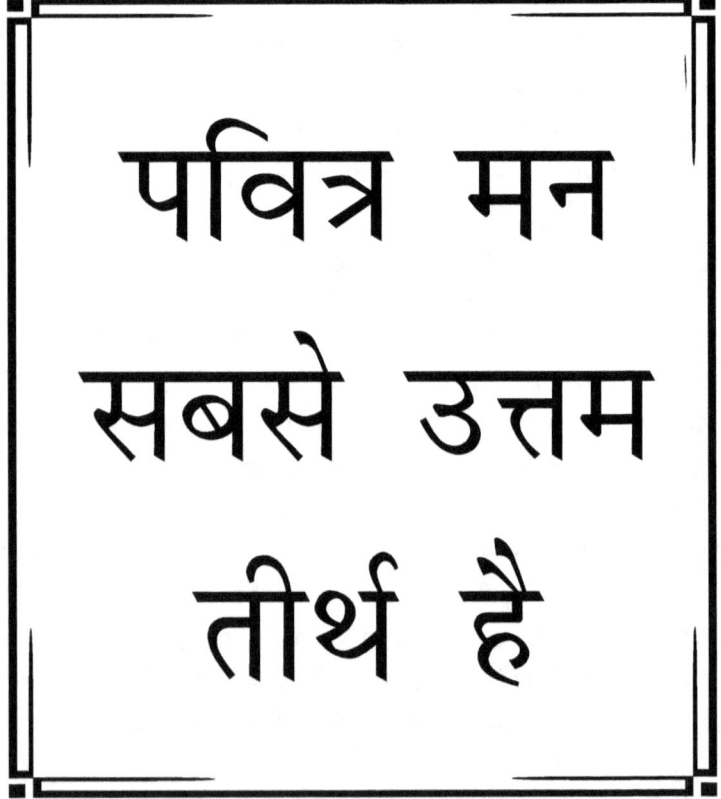

GULLYBABA PUBLISHING HOUSE PVT. LTD.
ISO 9001 & 14001 CERTIFIED CO.

NIOS D.El.Ed.

First Year

Course-501: भारत में प्राथमिक शिक्षा: एक सामाजिक-सांस्कृतिक परिप्रेक्ष्य

Course-502: प्राथमिक विद्यालयों में शैक्षणिक प्रक्रिया

Course-503: प्रारंभिक कक्षाओं में भाषा सीखना

Course-504: प्रारंभिक स्तर पर गणित का अधिगम

Course-505: प्रारंभिक स्तर पर पर्यावरण का अधिगम (EVS)

Second Year

Course-506: समावेशी संदर्भ में बच्चों को समझना

Course-507: समुदाय और प्राथमिक शिक्षा

Course-508: प्राथमिक स्तर पर कला, स्वास्थ्य और शारीरिक तथा कार्य शिक्षा का अधिगम

Optional

Course-509: उच्च प्राथमिक स्तर पर सामाजिक विज्ञान का अधिगम

Course-510: उच्च प्रारंभिक स्तर पर विज्ञान का अधिगम

All Books are also available in English Medium

 # WE'D LOVE IT IF YOU'D LIKE US!
/gphbooks

We're now on Facebook!
Like our page to stay on top of the useful, greatest headlines & exciting rewards.

Our other awesome Social Handles:

| gphbooks | 9350849407 | gphbooks | +Gullybabagphbook | gphbook |
| For awesome & informative videos for IGNOU students | Order now through WhatsApp | We are in pictures | Adding something in you | Words you get empowered by |

www.ingramcontent.com/pod-product-compliance
Lightning Source LLC
LaVergne TN
LVHW021806060526
838201LV00058B/3254